Die Versorgung und Entsorgung von Mieterhaushalten

Springer
Berlin
Heidelberg
New York
Barcelona
Hongkong
London
Mailand
Paris
Singapur
Tokio

Solveig Meier

Die Versorgung und Entsorgung von Mieterhaushalten

Eine Untersuchung der Rechtsbeziehung zwischen den leistungserbringenden Unternehmen und den Mietvertragsparteien

Springer

Dr. iur. Solveig Meier
Küstenkanalstr. 50
D-26188 Edewecht/Husbäke

ISBN-13: 978-3-540-65150-5 e-ISBN-13: 978-3-642-60029-6
DOI: 10.1007/978-3-642-60029-6

ISBN 978-3-540-65150-5 Springer-Verlag Berlin Heidelberg New York

Die Deutsche Bibliothek - CIP-Einheitsaufnahme
Meier, Solveig:
Die Versorgung und Entsorgung von Mieterhaushalten : eine Untersuchung der Rechtsbeziehungen zwischen den leistungserbringenden Unternehmen und den Mietvertragsparteien / Solveig Meier. - Berlin; Heidelberg; New York; Barcelona; Hongkong; London; Mailand; Paris; Singapur; Tokio : Springer 1998
ISBN 978-3-540-65150-5

Umschlaggestaltung: Erich Kirchner, Heidelberg

SPIN 10697574 64/2202-5 4 3 2 1 0 - Gedruckt auf säurefreiem Papier

Meinen Eltern

und

Holger

Mit freundlicher Abdruckgenehmigung der BREMER ENTSORGUNGSBETRIEBE

Geleitwort

Die Einsparung ökologischer Ressourcen stößt besonders dort auf Grenzen, wo der Verbraucher für eine übermäßige Beanspruchung selbst gar nicht in vollem Umfang einzustehen hat. So ist aber die Situation bei der Mehrheit der privaten Haushalte, nämlich den Mieterhaushalten, die bisher keine verbrauchsabhängige Abrechnung der Kosten von Wasserversorgung, Wasserentsorgung und Müllentsorgung in direkten Verträgen mit den Trägern der Versorgung und Entsorgung durchgesetzt haben. Die Vermieter sind ebenfalls an solchen Direktverträgen interessiert, da sie dann Aufwand und Risiken der Weiterleitung der hierfür anfallenden Kosten vermeiden könnten. Auch der Gesetzgeber hat im 4. Mietrechtsänderungsgesetz die Möglichkeit geschaffen, daß sich die Vermieter und die Mieter auf eine derartige Abrechnung direkt zwischen den Mieterhaushalten und den Trägern der Versorgung und Entsorgung einigen. Diese Initiative ist jedoch steckengeblieben, weil die jeweiligen Träger nicht mitgespielt haben.

Die Arbeit geht deshalb der Frage nach, ob nicht bereits de lege lata aus den ökologisch inspirierten Vorschriften der Wasserversorgung, Wasser- und Müllentsorgung ein Recht der Mieter auf Abschluß eines direkten Vertrages mit deren Trägern hergeleitet werden kann. Diese Frage wird von der Verfasserin - sicher auch zur Überraschung der an diesen Fragen interessierten Verbände - in differenzierter Weise bejaht, was die Versorgung und Entsorgung mit Wasser angeht, während sich bei der Müllentsorgung nur ein rechtspolitisches Handlungspostulat für den Gesetzgeber ergibt. Privatrechtliche und öffentlichrechtliche Vorschriften werden hierfür systematisch verzahnt, wie dies in der Literatur bisher nicht geschehen ist. Das Einsparpotential, das mit der Anerkennung eines Anspruchs auf Direktvertragsabrechnung verbunden ist, ist so gewaltig, daß sich nicht nur die Verbände der Mieter und der Vermieter mit dem wohlbegründeten Vorstoß der Verfasserin auseinanderzusetzen haben, sondern auch Gesetzgeber und Gerichte. Ich wünsche dem Werk daher eine breite Resonanz gerade in der Praxis.

Bremen, den 10. Juni 1998
Prof. Dr. Peter Derleder
Universität Bremen

Geleitwort

Die Einsparung ökologischer Ressourcen stößt besonders dort auf Grenzen, wo der Verbraucher für eine übermäßige Beanspruchung selbst gar nicht in vollem Umfang einzustehen hat. So ist aber die Situation bei der Mehrheit der privaten Haushalte, nämlich den Mieterhaushalten, die bisher keine verbrauchsabhängige Abrechnung der Kosten von Wasserversorgung, Wasserentsorgung und Müllentsorgung in direkten Verträgen mit den Trägern der Versorgung und Entsorgung durchgesetzt haben. Die Vermieter sind ebenfalls an solchen Direktverträgen interessiert, da sie dann Aufwand und Risiken der Weiterleitung der hierfür anfallenden Kosten vermeiden könnten. Auch der Gesetzgeber hat im 4. Mietrechtsänderungsgesetz die Möglichkeit geschaffen, daß sich die Vermieter und die Mieter auf eine derartige Abrechnung direkt zwischen den Mieterhaushalten und den Trägern der Versorgung und Entsorgung einigen. Diese Initiative ist jedoch steckengeblieben, weil die jeweiligen Träger nicht mitgespielt haben.

Die Arbeit geht deshalb der Frage nach, ob nicht bereits de lege lata aus den ökologisch inspirierten Vorschriften der Wasserversorgung, Wasser- und Müllentsorgung ein Recht der Mieter auf Abschluß eines direkten Vertrages mit deren Trägern hergeleitet werden kann. Diese Frage wird von der Verfasserin - sicher auch zur Überraschung der an diesen Fragen interessierten Verbände - in differenzierter Weise bejaht, was die Versorgung und Entsorgung mit Wasser angeht, während sich bei der Müllentsorgung nur ein rechtspolitisches Handlungspostulat für den Gesetzgeber ergibt. Privatrechtliche und öffentlichrechtliche Vorschriften werden hierfür systematisch verzahnt, wie dies in der Literatur bisher nicht geschehen ist. Das Einsparpotential, das mit der Anerkennung eines Anspruchs auf Direktvertragsabrechnung verbunden ist, ist so gewaltig, daß sich nicht nur die Verbände der Mieter und der Vermieter mit dem wohlbegründeten Vorstoß der Verfasserin auseinanderzusetzen haben, sondern auch Gesetzgeber und Gerichte. Ich wünsche dem Werk daher eine breite Resonanz gerade in der Praxis.

Bremen, den 10. Juni 1998
Prof. Dr. Peter Derleder
Universität Bremen

Vorwort

Die Arbeit erörtert, warum die Kostenabrechnung direkt mit Mietern, wie sie sich bei der Strom- und Gasversorgung längst durchgesetzt hat, nicht auch bei Wasser, Abwasser und Müll zu praktizieren ist. Eine evident verbrauchs- und verursachungsgerechte Direktabrechnung mit Mietern wird im neuen § 4 Abs. 5 Miethöhegesetz eher strukturiert als umfassend normiert, denn diese Norm regelt nur das Mietverhältnis, nicht aber die Pflichten und Lasten der Versorgungs- und Entsorgungsunternehmen, insofern wirkt sie - gelinde gesagt - sektoral. In der Gesetzgebung bestand offensichtlich (noch) kein Wille, die Versorger und Entsorger komplementär in die Pflicht zu nehmen bzw. die Struktur der Leistungsbeziehungen sowohl im privatrechtlichen als auch im öffentlich-rechtlichen Milieu umfassend zu aktualisieren und zu harmonisieren.

Grundlage meiner Themenwahl war daher die Frage, ob es die Rechtslage zuläßt, dem gesetzgeberischen ersten Schritt in Richtung „Ressourcenschonung" (durch verbrauchs- und verursachergerechte Direktabrechnung mit den Mietern) die vernünftigen weiteren Schritte folgen zu lassen. Insoweit war der Frage nachzugehen, ob sich nicht aus den Vorschriften über den Kontrahierungszwang und aus den Spezialgesetzen über den ökologischen Umgang mit Wasser und Abfall ein Anspruch der Mieterhaushalte auf direkte Leistungsbeziehungen mit den Versorgungs- und Entsorgungsträgern herleiten läßt. Was die Wasserversorgung und die Entwässerung anbetrifft, wird dies in dieser Arbeit bejaht, während sich für die Müllentsorgung das rechtspolitische Bedürfnis ergibt, daß der Gesetzgeber tätig wird - und zwar ist er gefordert, die Länderabfallgesetze zu verschärfen.

Konkrete Regelungsvorschläge, wie den Mietern ein Recht auf Begründung eigener Leistungsbeziehungen gesetzlich und satzgemäß eingeräumt werden kann, werden im 8. Kapitel getroffen. Mit diesen Vorschlägen und den zuvor gelieferten Begründungszusammenhängen hoffe ich, dazu beizutragen, daß die rechtlichen Voraussetzungen für eine ökologisch vernünftige und dringend notwendige Direktabwicklung der Versorgungs- und Entsorgungsbeziehungen unmittelbar zwischen Mieterhaushalten und Leistungserbringern geschaffen wird.

Das Manuskript dieses Buches wurde im Wintersemester 1997/98 als Dissertation im Fachbereich Rechtswissenschaft der Universität Bremen eingereicht und in nahezu unveränderter Form angenommen.

Bedanken möchte ich mich zuerst bei meinem Doktorvater, Herrn Prof. Dr. Peter Derleder, der mich zu diesem Thema angeregt und mich bestens betreut hat.

Mein Dank gilt außerdem Herrn Prof. Dr. Roland Dubischar, der die Arbeit als Zweitkorrektor betreut hat, sowie Herrn Prof. Dr. Dieter Hart und Herrn Prof. Dr. Gerd Winter, die dem Prüfungsausschuß im Rahmen des Doktorandenkolloquiums angehört haben.

Des weiteren möchte ich mich bei der Verbandsleitung des Oldenburgisch-Ostfriesischen Wasserverbandes Brake (OOWV), den Herren Heinz zu Jührden, Hans-Peter Blohm sowie Claus Barwig bedanken, die mir nicht nur sämtlich vorhandene Literatur zur Verfügung stellten, sondern mir auch im Rahmen einer Beschäftigung als juristische Beraterin mein Verständnis für die rechtlichen Zusammenhänge in der Wasserversorgung gefördert und mir auch Einblick in die praktische Seite der Wasserversorgung gewährt haben.

Mein ganz persönlicher Dank gilt schließlich meinen Eltern, die mich in meinen Bestrebungen bestärkt und mir in jeder Hinsicht zur Seite gestanden haben, sowie meinem Lebensgefährten Holger Heyrmann, der mich außerdem mit viel Verständnis und Geduld unterstützt hat.

Edewecht, im Frühjahr 1998
Dr. Solveig Meier

Inhaltsverzeichnis

4. Kapitel

5. Kapitel

6. Kapitel

7. Kapitel

8. Kapitel

Anhang

Abkürzungsverzeichnis

A

a.A	andere(r) Auffassung
AbfAlGMV	Abfallwirtschafts- und Altlastengesetz für Mecklenburg-Vorpommern vom 4. August 1992 (GVBl. S. 450, GS Meckl.-Vorp. Gl. Nr 2129-1), geändert durch § 15 des Enteignungsgesetzes vom 2. März 1993 (GVBl. S. 178)
AbfGLSA	Abfallgesetz des Landes Sachsen-Anhalt vom 14. November 1991 (GVBl. S. 422), geändert durch Gesetz vom 18. August 1993 (GVBl. S. 412)
AcP	Archiv für civilistische Praxis (Zeitschrift)
AEB	Allgemeine Entsorgungsbedingungen
AEU	Abwasserentsorgungsunternehmen
AGBG	Gesetz zur Regelung des Rechts der Allgemeinen Geschäftsbedingungen vom 9.12.1976 (BGBl. I S. 3317)
AJ	Abfalljahrbuch (Zeitschrift)
Anm.	Anmerkung
Art.	Artikel
AT	Allgemeiner Teil
ATV	Abwassertechnische Vereinigung e.V. in St. Augustin
Aufl.	Auflage
AVB	Allgemeine Versorgungsbedingungen
AVBWasserV	Verordnung über allgemeine Bedingungen für die Versorgung mit Wasser (AVBWasserV) vom 20.6.1980 (BGBl. I S. 750)

B

Bad.-Württ	Baden-Württemberg
BauOLSA	Gesetz über die Bauordnung des Landes Sachsen-Anhalt vom 23. Juni 1994 (GVBl. LSA S. 723)
BayAbfAlG	Bayrisches Abfallwirtschafts- und Altlastengesetz vom 27. Februar 1995 (GVBL. S. 64)
BayGO	Gemeindeordnung für den Freistaat Bayern i.d.F. der Bekanntmachung vom 6. Januar 1993 (GVBl. S. 65)
BayVbl.	Bayerische Verwaltungsblätter

BayWG	Bayerisches Wassergesetz i.d.F. der Bekanntmachung vom 19. Juli 1994 (GVBl. S. 823) geändert durch Gesetz vom 26. Juli 1995 (GVBl. S. 353)
BB	Betriebsberater (Zeitschrift)
BbgBO	Brandenburgische Bauordnung vom 1. Juni 1994 (GVBl. I S. 126)
BbgWG	Brandenburgisches Wassergesetz vom 13. Juli 1994 (GVBl. I S. 302)
Bd.	Band
BGB	Bürgerliches Gesetzbuch vom 18. August 1896 (RGBl. S. 195)
BGBl.	Bundesgesetzblatt
BGW	Bundesverband der deutschen Gas- und Wasserwirtschaft e.V., Bonn
BMWi	Bundesministerium für Wirtschaft
BR-Drucks.	Bundesrats-Drucksache
BremAGAbfG	Bremisches Ausführungsgesetz zum Gesetz über die Vermeidung und Entsorgung von Abfällen i.d.F. der Bekanntmachung vom 15. September 1988 (Brem.GBl. S. 241), zuletzt geändert durch Gesetz vom 1. Oktober 1996 (GBl. S. 285)
BrWG	Bremisches Wassergesetz vom 26. Feb. 1991 (GBl. S. 65) zuletzt geändert durch Gesetz vom 2. Nov. 1993 (GVBl. S. 351)
BT-Drucks.	Bundestags-Drucksache
BUND	Bund für Umwelt- und Naturschutz Deutschland
II. BV	II. Berechnungsverordnung i.d.F. vom 12.10.1990 (BGBl. I 2178)
BWG	Berliner Wassergesetz

D

dgl.	dergleichen
DIN	Deutsche Industrie-Norm
Diss.	Dissertation
DÖV	Die öffentliche Verwaltung (Zeitschrift)
DVGW	Deutscher Verein des Gas- und Wasserfaches e.V. (Zeitschrift)
DW	Die Wohnungswirtschaft (Zeitschrift)
DWW	Deutsche Wohnungswirtschaft (Zeitschrift)

E

EGAB	Erstes Gesetz zur Abfallwirtschaft und zum Bodenschutz im Freistaat Sachsen vom 12. August 1991 (GVBl. S. 306), geändert durch Art. 6 des Gesetzes vom 4. Juli 1994 (GVBl. S. 1261)
einschl.	einschließlich
EnergieG	Gesetz zur Förderung der Energiewirtschaft (Energiewirtschaftsgesetz) vom 13. Dezember 1935 (BGBl. III S. 752-1)
ESVGH	Entscheidungen des Hessischen Verwaltungsgerichtshofs und des Verwaltungsgerichtshofs Bad.-Württ. mit Entscheidungen der Staatsgerichtshöfe beider Länder

ET	Energiewirtschaftliche Tagesfragen
etc.	et cetera
EVU	Energieversorgungsunternehmen

F

f.	folgende Seite
ff.	folgende Seiten
Frhr.	Freiherr

G

GBl.	Gemeindeblatt
gem.	gemäß
GG	Grundgesetz für die Bundesrepublik Deutschland vom 23. Mai 1949 (BGBl. S. 1)
ggf.	gegebenenfalls
GO	Gemeindeordnung
GO BW	Gemeindeordnung für Baden-Württemberg i.d.F. vom 3. Oktober 1983 (GBl. S. 578, ber. S. 720), zuletzt geändert durch Gesetz vom Dezember 1991 (GBl. S. 860)
GO MV	Kommunalverfassung für das Land Mecklenburg-Vorpommern vom 18. Februar 1994 (GVOBl. S. 249)
GO NW	Gemeindeordnung für das Land Nordrhein-Westfalen i.d.F. der Bekanntmachung vom 13. August 1984 (GVNW S. 475), zuletzt geändert durch Gesetz vom 3. April 1992 (GVNW S. 124)
grds.	grundsätzlich
gtz	Deutsche Gesellschaft für Technische Zusammenarbeit GmbH
GVBl.	Gesetz- und Verordnungsblatt/Gemeindeverwaltungsblatt
GVOBl.	Gemeindeverordnungsblatt
GVU	Gasversorgungsunternehmen
GWF/R+S	Recht und Steuern im Gas- und Wasserfach (Zeitschrift)

H

HAbfAG	Hessisches Abfallwirtschaftsgesetz i.d.F. vom 26. Februar 1991 (GVBl. I S. 106, GVBl. II 89-1), zuletzt geändert durch Gesetz vom 20. Dezember 1994 (GVBl. I S. 764)
Hans. OLG	Hanseatisches OLG
Hdb.	Handbuch
Hg./hg.	Herausgeber/herausgegeben
h.M.	herrschende Meinung

HmbAbfG	Hamburgisches Abfallwirtschaftsgesetz vom 1. Dezember 1992 (GVBl. S. 251), zuletzt geändert durch Gesetz vom 27. September 1995 (GVBl. S. 221)
HWaG	Hamburger Wassergesetz vom 20. Juni 1960 (GVBl. S. 335), zuletzt geändert durch Gesetz vom 26. April 1995 (GVBl. S. 97)
HWG	Hessisches Wassergesetz i.d.F. des Fünften Gesetzes zur Änderung des Hessischen Wassergesetzes vom 25. Sept. 1996 (GVBl. I S. 384)

I

i.d.F.	in der Fassung
insb.	insbesondere
i.S.d.	im Sinne der/des
i.S.v.	im Sinne von
i.V.m.	in Verbindung mit
IWSA	International Wal(t)er Supply Association (Zeitschrift)

K

Kap.	Kapitel
kg	Kilogramm

L

LAbfGB	Landesabfallgesetz für Berlin vom 21. Dezember 1993 (GVBl. S. 651) LAbfGBW Landesabfallgesetz Baden-Württemberg vom 8. Januar 1990 (GBl. S. 1), zuletzt geändert durch Gesetz vom 12. Dezember 1994 (GBl. S. 653)
LAbfGNW	Abfallgesetz für das Land Nordrhein-Westfalen vom 21. Juni 1988 (GVBL. S. 250), zuletzt geändert durch Gesetz vom 7. Februar 1995 (GV.NW. S. 134)
LAbfVG	Vorschaltgesetz zum Abfallgesetz für das Land Brandenburg vom Januar 1992 (GVBl. S. 16), zuletzt geändert durch Gesetz vom 11. Mai 1995 (GVBl. I S. 87)
LAbfWAG	Landesabfallwirtschafts- und Altlastengesetz (des Landes Rheinland-Pfalz) in der Fassung vom 30. April 1991 (GVBl. S. 251), zuletzt geändert durch Gesetz vom 5. April 1995 (GVBl. S. 71)
LAbfWG	Abfallwirtschaftsgesetz für das Land Schleswig-Holstein vom 6. Dezember 1991 (GVOBl. S. 640, GS Schl.-H. II, Gl.Nr. 2129-3), geändert durch Gesetz vom 17. April 1993 (GVOBl. S. 172)
LBauOM-V	Landesbauordnung des Landes Mecklenburg-Vorpommern (GVBl. M-V S. 518/GS Meckl.-Vorp. Gl.Nr. 2130-3)
LG	Landgericht

LWaGMV	Landeswassergesetz Mecklenburg-Vorpommern, vom 30. Nov. 1992 (GVOBl.MV S. 669, GS Meckl.-Vorp. Gl. Nr. 753-2), geändert durch § 15 des Enteignungsgesetzes vom 2. März 1993 (GVOBl. MV S. 178)
LWG	Landeswassergesetz
LWGNW	Landeswassergesetz Nordrhein-Westfalen, i.d.F. der Bekanntmachung vom 25 Juni 1995 (GV.NW. S. 926)
LWGRh.-Pf.	Landeswassergesetz Rheinland-Pfalz, vom 14. Dez. 1990 (GVBl. 1991, S. 11) zuletzt geändert am 14. Juli 1993 (GVBl. S. 394)
LWGSH	Landeswassergesetz Schleswig-Holstein, vom 7. Feb. 1992

M

m^3	Kubikmeter
m.Anm.	mit Anmerkung (von)
MDR	Monatsschrift für deutsches Recht (Zeitschrift)
MEU	Müllentsorgungsunternehmen
MHG	Gesetz zur Regelung der Miethöhe vom 18. Dezember 1974 (BGBl. I S. 3603 f)
Mio	Millionen
MuA	Müll und Abfall (Zeitschrift)
MüKo	Münchener Kommentar
MV	Mecklenburg-Vorpommern
m.w.N.	mit weiteren Nachweisen

N

NAbfG	Niedersächsisches Abfallgesetz i.d.F. vom 14. Oktober 1994 (GVBl. S. 468)
NBauO	Niedersächsische Bauordnung i.d.F. vom 13. Juli 1995 (Nds. GVBl. S. 199) geändert durch Gesetz vom 28. Mai 1996 (Nds. GVBl. S. 252)
NGO	Niedersächsische Gemeindeordnung
NJW	Neue Juristische Wochenschrift (Zeitschrift)
NMV	Verordnung über die Ermittlung der zulässigen Miete für preisgebundene Wohnungen (Neubaumietenverordnung 1970) i.d.F. der Bekanntmachung vom 12. Oktober 1990 (BGBl. I S. 2203) geändert durch Art. 2 Vierte VO zur Änderung wohnrechtlicher Vorschriften vom 13. Juli 1992 (BGBl. I S. 1250)
NW	Nordrhein-Westfalen

NWG	Niedersächsisches Wassergesetz, i.d.F. vom 20. August 1990, zuletzt geändert durch Gesetz vom 16. Nov. 1995 (Nds. GVBl. S. 425) und durch Art. 7 des Gesetzes vom 20. Dez. 1995 (Nds. GVBl. S. 478)
NWVBl.	Nordrhein-Westfälische Verwaltungsblätter

O

o.g.	oben genannte(s/n)
OLG	Oberlandesgericht
OVG	Oberverwaltungsgericht

R

RdE	Recht der Elektrizitätswirtschaft (Zeitschrift)
Rdn.	Randnummer
RG	Reichsgericht
RGZ	Reichsgerichtsentscheidung
RiM	Rechtsentscheide im Mietrecht 3 Bd., hg. von Müller/Oske/ Becker/Blümel
Rspr.	Rechtsprechung

S

S.	Seite
SAbfG	Saarländisches Abfallgesetz vom 3. Juni 1987 (Amtsbl. S. 849), geändert durch Gesetz vom 1. Juni 1994 (Amtsbl. S. 982)
SächsBO	Sächsische Bauordnung i.d.F. der Bekanntmachung vom 26. Juli 1994 (SächsGVBl. S. 1401)
SächsGO	Gemeindeordnung für den Freistaat Sachsen i.d.F. vom 21. April 1993 (GVBl. S. 301), geändert durch Gesetz vom 19. Juli 1993 (GVBl. S. 577)
Sächs. OVG	Sächsisches Oberverwaltungsgericht
SächsWG	Sächsisches Wassergesetz, vom 23. Feb. 1993 (GVBl., S. 201), geändert durch Gesetz vom 4. Juli 1994 (GVBl. S. 1261)
SchR	Schuldrecht
StuG	Stadt und Gemeinde
SVGW	Schweizerischer Verein für das Gas- und Wasserfach (Zeitschrift)
SWG	Saarländisches Wassergesetz, vom 11. Dez. 1989 (Amtsbl. S. 1641), berichtigt vom 18. Juni 1993 (Amtsbl. S. 558), geändert durch Gesetz vom 9. Juni 1993 (Amtsbl. S. 706)

T

Teilbd.	Teilband
ThAbfAG	Thüringer Abfallwirtschafts- und Altlastengesetz vom 31. Juli 1991 (GVBl. S. 273), geändert durch Gesetz vom 8. Dezember 1995 (GVBl. S. 363)
ThürBO	Thüringer Bauordnung i.d.F. der Bekanntmachung vom 3. Juni 1994 (GVBl. S. 553)
ThürWG	Thüringer Wassergesetz vom 10. Mai 1994 (GVBl. S. 445), geändert durch Gesetze vom 10. Mai 1994 (GVBl. S. 478) und vom 19. Dez. 1995 (GVBl. S. 413)

U

u.	und
usw.	und so weiter

V

VersR	Versicherungsrecht (Zeitschrift)
VGH	Verwaltungsgerichtshof
vgl.	vergleiche
VKU	Verband kommunaler Unternehmen e.V., Köln
VKU-ND	VKU - Nachrichtendienst

W

WEU	Wasserentsorgungsunternehmen
WGBW	Landeswassergesetz Baden-Württemberg vom 1. Juli 1988 (GBl. S. 269) zuletzt geändert durch Art. 11 des Sonderbehörden- und Eingliederungsgesetzes vom 12. Dez. 1994 (GBl. S. 653)
WGLSA	Landeswassergesetz Sachsen-Anhalt, vom 31. Aug. 1993 (GVBl. S. 477), geändert durch Art. 3 des Gesetzes vom 13. April 1994 (GVBl. LSA S. 508)
WHG	Wasserhaushaltsgesetz
WM	Wohnungswirtschaft und Mietrecht (Zeitschrift)
WVU	Wasserversorgungsunternehmen

Z

z.B.	zum Beispiel

ZfB	Zeitschrift für Betriebswirtschaft
ZFP	Zeitschrift für Forschung und Praxis
ZfW	Zeitschrift für Wasserrecht
ZMR	Zeitschrift für Miet- und Raumrecht
z.T.	zum Teil

1. Kapitel

Einleitung

Durch die Einführung der Direktabrechnung in § 4 Abs. 5 MHG hat der Gesetzgeber sein Interesse an einer Direktabrechnung der Versorgungs- und Entsorgungsverhältnisse zwischen Unternehmen und Mieter gezeigt und dabei im wesentlichen ökologischen Grundgedanken Rechnung getragen. In der Praxis ist die Direktabrechnung jedoch auf vielfältige Widerstände gestoßen, die durch die mangelnde Koordination von Versorgungs- und Entsorgungsrecht einerseits und Mietvertragsrecht andererseits Auftrieb erhalten. Die Arbeit unternimmt den Versuch, die Rechtsgebiete besser aufeinander abzustimmen und den ökologischen Zielsetzungen des Gesetzgebers de lege lata soweit wie möglich gerecht zu werden.

Anknüpfungspunkt dieser Arbeit ist also § 4 Abs. 5 MHG, insbesondere S. 1 Nr. 2 dieser Regelung (s. dazu das 2. Kapitel). Danach kann der Vermieter durch schriftliche Erklärung bestimmen, daß die Kosten der Wasserversorgung, der Entwässerung und der Müllabfuhr unmittelbar zwischen den Mietern und denjenigen abgerechnet werden, die die entsprechenden Leistungen erbringen. Womöglich kann aber auch der Mieter aufgrund vertraglicher Regelung gegenüber dem Vermieter (s. dazu das 3. Kapitel) eine verbrauchsgerechte Abrechnung durchsetzen.

Jedoch erlangt § 4 Abs.5 S.1 Nr.2 MHG in der Praxis kaum Bedeutung, denn er regelt nicht das Verhältnis zwischen Vermieter und Leistungserbringer, sondern nur das Verhältnis zwischen Vermieter und Mieter; es handelt sich um eine rein mietvertragliche Regelung, die gegenüber den Leistungserbringern keinerlei Rechtswirkungen entfaltet. Insofern ist sowohl die Praktizierung der Direktabrechnung als auch der Abschluß von Direktverträgen mit den Mietern praktisch nur möglich, wenn das jeweilige Versorgungs- bzw. Entsorgungsunternehmen dem zustimmt. Und dies tut es in der Regel gerade nicht, weil sich für dieses aus einer Umstellung der Verträge auf die Mieter weitgehend nur Nachteile ergeben: Die Anzahl der Vertragspartner würde um ein Vielfaches ansteigen, was wiederum einen Zuwachs an Verwaltungs-, Betreuungs- und Installationsaufwand mit sich brächte und dementsprechend zumindest zunächst höhere Kosten zur Folge hätte. Außerdem müßten die Unternehmen das Risiko der Zahlungsunfähigkeit bzw. -unwilligkeit von Mietern nun selbst tragen, und der Vermieter als „kostenlose Inkassostelle" fiele weg.

§ 4 Abs.5 S.1 Nr.2 MHG erlangt also nur dann praktische Bedeutung, wenn der Leistungserbringer bereit ist, mit den Mietern Direktbeziehungen aufzunehmen, sei es nun auf vertraglicher Basis oder nur rein abrechnungstechnisch. Und dies ist bisher die Ausnahme. Ein Anspruch des Vermieters gegen die Leistungserbringer auf Direktabrechnung und/oder Direktvertrag ist jedenfalls nicht aus dem MHG (§ 4 Abs.5 S.1 Nr.2) herleitbar. Alles in allem ändert sich also trotz der Schaffung des § 4 Abs.5 S.1 Nr.2 MHG nach wie vor nichts an der Tatsache, daß Vertragspartner der Leistungserbringer grundsätzlich die Vermieter sind, obwohl die Leistungen ausschließlich den Mietern, nicht aber den Vermietern von Mietwohnungen zugute kommen.

Und dies löst gerade den bekämpften negativen ökologischen Effekt aus, daß die Mieter viel mehr Wasser verbrauchen, als eigentlich notwendig wäre. Denn den Umlagemaßstab für die Verteilung der Wasser- und Abwasserkosten eines Mehrfamilienhauses bestimmt nach dieser Rechtspraxis der Vermieter, nämlich im Rahmen des Mietvertrages. Er kann einen verbrauchsunabhängigen Maßstab, z.B. die Umlage nach Wohnfläche oder Personenzahl, wählen. Dadurch bezahlt der sparsame Mieter für den weniger preis- und umweltbewußten Mitmieter mit und erhält folglich keinen Anreiz zum Wassersparen. Denn die Kosten sind bekanntlich ein wirkungsvoller Faktor für die Entwicklung von bewußten Verbrauchsgewohnheiten bei der Bevölkerung, was beispielsweise die Benzinpreise beweisen.

Gleichermaßen sieht es bezüglich der Müllentsorgung aus. Der Vermieter kann für Mehrfamilienhäuser grundsätzlich Gemeinschaftsmüllbehälter wählen und die Kosten verursacherunabhängig auf die einzelnen Mietparteien umlegen. Ein Überblick über die von den jeweiligen Mietparteien verursachten Müllmengen ist dann ausgeschlossen, so daß auch hier der sparsame Mieter für den weniger kosten- und umweltbewußten Mitmieter mitbezahlen muß und somit keinen Anreiz zur Müllvermeidung erhält. Und sowohl in der Schaffung eines Anreizes zur Müllvermeidung als auch zur Verringerung des Wasserverbrauchs ist ein großes Potential an Einsparmöglichkeiten zugunsten der Natur zu erblicken. Dieses Potential durch Begründung von Direktbeziehungen zwischen Leistungserbringer und Mieter auszunutzen, vermag § 4 Abs. 5 MHG nach bestehender Praxis jedenfalls nicht. Bei Weigerung der Leistungserbringer, mit den einzelnen Mieterparteien direkte Vertragsbeziehungen aufzunehmen oder zumindest die direkte Abrechnung zu gestatten, läuft § 4 Abs. 5 MHG zweifellos leer. Aufgabe dieser Arbeit ist es daher zu prüfen, ob eine solche Weigerung der Versorgungs- und Entsorgungsunternehmen nach geltendem Recht überhaupt zulässig ist. Diese Haltung der meisten Leistungserbringer könnte mit den bestehenden umweltbezogenen Regelungen des Wasser- und Abfallrechtes kollidieren und daher eine Änderung in ihrem bisherigen Verhalten erforderlich machen.

Den Rücken gestärkt für ihre bisherige Haltung gegenüber Mietern bekommen die Unternehmen durch die mangelnde Koordination im Versorgungs- und Entsorgungsrecht. Denn die Leistungserbringer sind nach geltendem Recht durchaus berechtigt, die Aufnahme direkter Vertragsbeziehungen mit den Mietern zu verweigern. Sie berufen sich auf ihre Vertragsbedingungen bzw. auf ihre Satzungen. Diese schreiben ausnahmslos vor, daß nur Grundstückseigentümer und ähnlich dinglich Berechtigte vertragsberechtigt bzw. anschlußberechtigt sind. Mieter sind aber lediglich schuldrechtlich Berechtigte und werden daher vom Recht auf einen eigenen Vertragsabschluß bzw. auf Gründung eines eigenen Versorgungs- und Entsorgungsverhältnisses ausgeschlossen.

Ob eine solche Weigerung der Leistungserbringer unter Berufung auf ihre eigenen Vertrags- bzw. Anschluß- und Benutzungsbedingungen das letzte Wort ist, wird im Rahmen dieser Arbeit ausführlich geprüft. Hierfür werden die Normen herangezogen, aus denen ein Anspruch gegen die Leistungserbringer auf Begründung direkter Versorgungs- und Entsorgungsverhältnisse herleitbar sein könnte.

Die Verfasserin prüft zunächst die Rechtsbeziehungen zwischen den Leistungserbringern und den Mietvertragsparteien in der Wasserversorgung, anschließend in der Abwasserentsorgung (Entwässerung) und zum Schluß in der Müllentsorgung (Müllabfuhr). Diese Reihenfolge wird nicht nur gewählt, weil der Gesetzgeber in § 4 Abs. 5 MHG entsprechend vorging, sondern auch aus für diese Arbeit wichtigen methodischen Gründen. Denn das Wasserversorgungsverhältnis kann zum einen privatrechtlich und zum anderen öffentlich-rechtlich gestaltet sein, während das Abwasserentsorgungs- und Müllentsorgungsverhältnis regelmäßig öffentlichrechtlich geregelt wird.

Grundlage des privaten Wasserversorgungsverhältnisses (s. dazu das 4. Kapitel) ist der Vertrag, der unmittelbar durch die Verordnung über allgemeine Bedingungen für die Versorgung mit Wasser (AVBWasserV) i.V.m. den Ergänzenden Vertragsbestimmungen des jeweiligen Wasserversorgungsunternehmens (WVU) ausgestaltet wird. Auch dieser enthält eine Regelung, wonach nur Grundstückeigentümer vertragsberechtigt sind. Da WVU jedoch Monopolbetriebe zur Daseinsfürsorge sind, unterliegen sie dem Kontrahierungszwang aus § 826 BGB, d.h. der Pflicht zum Vertragsabschluß. Im Rahmen dieser Arbeit soll untersucht werden, ob der Kontrahierungszwang für WVU grundsätzlich gegenüber jedermann -also auch gegenüber jedem einzelnen Mieterhaushalt- besteht oder ob das WVU seiner Pflicht zum Vertragsabschluß bereits dadurch ausreichend nachkommt, indem es die Verträge entsprechend seinen Vertragsbestimmungen mit den Grundstückseigentümern (also Vermietern) abschließt. Ein Anspruch von Mietern auf Abschluß eigener Wasserlieferungsverträge könnte gem. § 826 BGB jedenfalls dann gegeben sein, wenn dem einzelnen Mieter durch die Vertragsverweigerung ein nicht unerheblicher Schaden in einer gegen die guten Sitten verstoßenden Weise zugefügt würde.

Erbringt das WVU seine Leistungen aufgrund öffentlich-rechtlicher Beziehungen zum Verbraucher, so ist Grundlage hierfür grundsätzlich die Wasserversorgungssatzung des jeweiligen Unternehmens. Diese enthält regelmäßig eine Regelung über Anschlußberechtigte bzw. -verpflichtete. Erfaßt werden auch hier nur Grundstückseigentümer. In dieser Arbeit soll daher weiter geprüft werden, ob diese Regelung über die Anschlußberechtigten rechtmäßig ist. Es kommt ein Verstoß dieser Satzungsregelungen gegen höherrangigeres Recht in Betracht, insbesondere gegen Vorschriften in den Wassergesetzen des Bundes und der Länder, die dem Schutz der Gewässer durch Wassereinsparung dienen sollen.

Das Entwässerungsverhältnis (s. dazu das 5. Kapitel) wird in der Praxis zumeist auf die Grundlage einer rein öffentlich-rechtlichen Regelung, nämlich die Abwassersatzung gestellt. Dies schreiben einige Länderwassergesetze sogar ausdrücklich vor. Es wird daher in dieser Arbeit auch hier die Rechtmäßigkeit derjenigen Satzungsregelungen überprüft, die den Personenkreis der Anschlußberechtigten auf Grundstückseigentümer beschränken. Da Wasserverbrauch und Abwasserverursachung in einem unmittelbaren Zusammenhang stehen, wird allerdings an vielerlei Stellen auf die Untersuchungen bei der Wasserversorgung zurückzugreifen sein, zumal für „Abwasser" gleichermaßen die Wassergesetze der Länder und des Bundes anzuwenden sind. Eine eventuelle Rechtswidrigkeit der bestehenden Satzungsregelungen über die Anschlußberechtigten könnte sich daher dann ebenfalls aufgrund Verstoßes gegen höherrangigeres Recht (Wassergesetze) ergeben und eine Umgestaltung der derzeitigen Regelungen erfordern.

Vor dem Hintergrund ständig anwachsender Anforderungen an eine geordnete Abwasserbeseitigung und dem damit einhergehenden Gebot einer unternehmerischen Bewältigung dieser Aufgabe werden die Abwasserentsorgungsverhältnisse in der letzten Zeit vermehrt auf privater Grundlage unter Beibehaltung eines Anschluß- und Benutzungszwanges durchgeführt, d.h. auf den Boden einer Rumpfsatzung plus privatrechtlichen Allgemeine Abwasserentsorgungsbedingungen (AEB) gestellt. Während sich die Rumpfsatzungen an den bislang üblichen Satzungsbestimmungen orientieren, lehnen sich die AEB eng an die gesetzlich geregelten Bedingungen für die Versorgung mit Wasser an und enthalten insoweit ebenso die Regelung über die Vertragspartner, nach der nur Grundstückseigentümer vertragsberechtigt sind. Insofern wird in der Arbeit auch an dieser Stelle geprüft, ob der Ausschluß von Mietern von der Vertragsberechtigung eine sittenwidrige Schädigung i.S.v. § 826 BGB darstellt und die bestehende Vertragspartnerregelung in den AEB der jeweiligen Unternehmen mithin mit ihrem derzeitigen Wortlaut unwirksam ist.

Das Müllentsorgungsverhältnis (s. dazu das 6. Kapitel) wird hingegen ausschließlich rein öffentlich-rechtlich, also durch Satzung geregelt. Die Abfallsatzungen der Länder schreiben ausdrücklich die Pflicht der beseitigungspflichtigen Körperschaften zur Satzungsgestaltung vor bzw. bestimmen, daß derartige Regelungen durch Ortsgesetz zu treffen sind. Sie enthalten allesamt auch die Regelung über die ausschließliche Anschlußberechtigung von Grundstückseigentümern. Da durch diese Beschränkung wie erwähnt der negative ökologische Effekt ausgelöst wird, daß die Mieter viel mehr Müll produzieren, als eigentlich notwendig wäre, da der Sparsame für den Verschwenderischen ohnehin mitbezahlen muß, ist hier zu prüfen, ob diese Satzungsregelung womöglich gegen bestimmte Vorschriften in den Abfallgesetzen der Länder und/oder des Bundes zur Vermeidung von Abfall verstößt. Folge dessen wäre, daß die müllentsorgungspflichtigen Körperschaften diese Regelungen umgestalten müßten, und zwar dahin, daß sich das Anschlußrecht auch auf den einzelnen Mieter erstrecken kann.

Im Kern dieser Arbeit ist also die Frage zu klären, ob die Regelungen in den Satzungen und Vertragsbestimmungen der Wasserversorgungs-, Abwasserentsorgungs- und Müllentsorgungsunternehmen, die das Recht auf Anschluß bzw. auf Vertragsabschluß auf Grundstückseigentümer beschränken, aufrechterhalten werden können oder ob diese nach bestehender Rechtslage unter dem Gesichtspunkt der ökologischen Intention des Gesetzgebers (insbesondere in § 4 Abs. 5 MHG) nichtig sind. Sollte letzteres der Fall sein, so wären die Leistungserbringer verpflichtet, die betreffenden Satzungs- bzw. Vertragsregelungen umzugestalten, und zwar dahingehend, daß auch Mieter (schuldrechtlich Berechtigte bzw. nicht nur vorübergehend Nutzungsberechtigte) vom Wortlaut der Regelungen erfaßt werden.

Auf diese Weise würde dann auch § 4 Abs.5 S.1 Nr.2 MHG wirklich praktische Bedeutung erlangen: Der Vermieter würde in die Lage versetzt, den direkten Vertragsabschluß zwischen seinen Mietern und den Leistungserbringern zu erzwingen. Zwar wäre das Einverständnis des Leistungserbringers unverändert erforderlich; dieses könnte jedoch eingeklagt werden. Dadurch würde das mit der Schaffung des § 4 Abs. 5 MHG angestrebte gesetzgeberische Ziel, nämlich die Einsparung von Ressourcen aufgrund verbrauchs- bzw. verursachergerechter Kostenabrechnung sowie die Haftungsbefreiung des Vermieters, letztendlich doch noch verwirklicht. Insofern bezweckt die Arbeit eine Feinabstimmung zwischen den Mietvertragsregelungen und den Vertrags- bzw. Anschluß- und Benutzungsregelungen der Wasserversorgungs- sowie der Abwasser- und Müllentsorgungsunternehmen, de lege lata wie de lege ferenda (s. dazu das 8. Kapitel).

2. Kapitel

Der Vorstoß des Gesetzgebers in § 4 Abs. 5 MHG

I. Die bisherige Rechtslage

Die Versorgung und Entsorgung der Mieterhaushalte sind Leistungen, die allein den Mietern zugute kommen. Die daraus resultierenden Kosten sind mithin für den Vermieter Fremdkosten, die vom Mieter getragen werden müssen. Sie sind daher Bestandteile des Gesamtmietzinses gem. § 535 S. 2 BGB.[1] Für die Berücksichtigung dieser Kosten bei der Gestaltung des Mietzinses im Mietvertrag gibt es zwei Möglichkeiten, und zwar ihre Abgeltung im Rahmen der Inklusivmiete oder die Vereinbarung von Grundmiete plus Betriebskosten[2].

Im Falle vereinbarter ***Inklusivmiete***[3]***, sog. Warmmiete***, ist als monatliches Entgelt ein einheitlicher Betrag ohne nähere Betimmung zu entrichten. Dieser Betrag umfaßt sämtliche Betriebskosten (Nebenkosten), u.a. Wasser-, Abwasser- und Müllabfuhrkosten pauschal. Diese werden im Außenverhältnis (gegenüber dem WVU) vom Vermieter getragen.[4]

Im Falle vereinbarter ***Grundmiete, sog. Kaltmiete***, ist der Mieter verpflichtet, neben dem eigentlichen Mietzins monatlich noch einen weiteren Betrag für die Nebenkosten zu leisten, was meist zusätzlich vertraglich vereinbart wird.[5] Die Begleichung dieser Kosten erfolgt dann durch monatliche Vorauszahlungen und jährliche Abrechnung.

---

[1] LG Hamburg, ZMR 1995, 32; Barthelmess, § 4 MHG Rdn. 7.

[2] Betriebskosten sind die Kosten, die dem Eigentümer durch das Eigentum am Grundstück oder durch den bestimmungsgemäßen Gebrauch des Gebäudes ... und des Grundstücks laufend entstehen. Vgl. zu dieser Definition § 27 Abs.1 S.1 II. BV.

[3] Möglich ist allerdings auch eine Teilinklusivmiete, d.h., daß ein Teil der Betriebskosten auf den Mieter umgelegt wird, ein anderer Teil jedoch pauschal im Mietzins enthalten ist.

[4] Vgl. OLG Stuttgart, ZMR 1983, 398 = WM 1983, 285 = DWW 1983, 227 = NJW 1983, 2329; OLG Hamm, WM 1993, 29 = DWW 1993, 39 = NJW-RR 1993, 398 und Barthelmess, § 4 MHG Rdn. 6: Die entgegengesetzte Vorstellung liefe darauf hinaus, daß der Vermieter dem Mieter etwas schenken wolle, was unüblich und realitätsfern wäre.

[5] So OLG Frankfurt, MDR 1983, 757; Barthelmess, § 4 MHG Rdn. 7.

In der Regel werden von den Mietvertragsparteien Formularmietverträge verwendet. Darin werden sämtliche gesetzlich umlagefähigen Betriebskosten, und zwar die in der Anlage 3 zu § 27 II. Berechnungsverordnung (BV) genannten, aufgelistet. Die formularvertragliche Betriebskostenvereinbarung kommt dann zustande, wenn die zutreffende Position bezeichnet ist, und zwar durch Ankreuzen des dafür vorgesehenen Feldes. Im Mietvertrag wird weiter festgelegt, welcher Verteilungsmaßstab für die Betriebskosten zugrunde gelegt wird.

Die *Wasser- und Abwasserkosten* werden bislang bei Mehrfamilienhäusern üblicherweise nach *Quadratmetern Wohnfläche*, seltener nach *Personenzahl* umgelegt.[1] Die Wohnungsgröße soll dann als Umlegungsmaßstab zugrunde gelegt werden, wenn diese im Mietvertrag festgelegt ist.[2] Dieser Abrechnungsschlüssel kann im Einzelfalle jedoch zu einem unbilligen Ergebnis führen. Ein solches ist in der Rechtsprechung angenommen worden, wenn eine Einzelperson den gleichen Wasserkostenanteil zahlt wie eine mindestens siebenköpfige Familie.[3]

Aber auch die Umlage nach Kopfteilen, wie sie bei der Verteilung der *Müllabfuhrkosten* meist praktiziert wird, kann unbillig sein. Denn grds. muß bei Anwendung dieses Verteilungsmaßstabes der „Sparsame“ für den „Unvernünftigen“ mitbezahlen.

Am gerechtesten erscheint daher die *verbrauchsabhängige Abrechnung*. Das heißt, daß bei diesen Kosten verstärkt auf das Verursacherprinzip als Maßstab der Kostentragungspflicht abgestellt wird, so wie es bei der Abrechnung der Energiekosten bereits allgemein üblich ist.

II. Die Rechtslage seit 1993

Eine solch verbrauchsabhängige Abrechnung auch für den preisfreien Wohnraum begünstigt nunmehr das 4. Mietrechtsänderungsgesetz vom 21. Juli 1993[4]. Durch Art. 1 dieses Gesetzes ist das Gesetz zur Regelung der Miethöhe (MHG) geändert worden. Insbesondere wurde § 4 MHG um einen Absatz 5 erweitert:

(5) Der Vermieter kann durch schriftliche Erklärung bestimmen,

1. daß die Kosten der Wasserversorgung und der Entwässerung ganz oder teilweise nach dem erfaßten unterschiedlichen Wasserverbrauch der Mieter und die Kosten der Müllabfuhr nach einem Maßstab umgelegt werden dürfen, der der unterschiedlichen Müllverursachung Rechnung trägt, oder

[1] Schläger, ZMR 1994, 189, 190.

[2] LG Hannover, WM 1990, 228; Sternel, Rdn. 792.

[3] Vgl. LG Aachen, DWW 1991, 284, 285 = ZMR 1991, 345. Vgl. auch Blank, DWW 1993, 65, 69.

[4] BGBl. I, 1257 ff.

2. daß die in Nummer 1 bezeichneten Kosten unmittelbar zwischen den Mietern und denjenigen abgerechnet werden, die die entsprechenden Leistungen erbringen.

Diese Arbeit beschäftigt sich mit der Bedeutung des Abs. 5 Nr. 2, nach dem der Vermieter durch einseitige schriftliche Erklärung gegenüber dem Mieter bestimmen kann, daß Wasser-, Abwasser- und Müllabfuhrkosten unmittelbar zwischen dem Mieter und den entsprechenden Versorgungs- und Entsorgungsunternehmen abgerechnet werden, z.B. mit den Wasserverbänden, Stadtwerken, Gemeinden, Landkreisen etc. Dieses Optionsrecht des Vermieters besteht also für drei Kostengruppen, nämlich für

- die Kosten der Wasserversorgung (Anlage 3 zu § 27 der II. BV Nr. 2),
- die Kosten der Entwässerung (Anlage 3 zu § 27 der II. BV Nr. 3) und
- die Kosten der Müllabfuhr (Anlage 3 zu § 27 der II. BV Nr. 8).

Das bedeutet, daß der Vermieter nun von vornherein, nämlich bereits bei Vertragsschluß berechtigt ist, für diese drei Kostengruppen die verbrauchsabhängige Abrechnung im Mietvertrag zu bestimmen. Voraussetzung ist jedoch, daß der Verbrauch einer jeden Mietpartei genau erfaßt wird; d.h., daß Einzelwasserzähler vorhanden sind[1] bzw. verursachergerechte Müllerfassungssysteme zur Verfügung stehen.

Diese Änderung des MHG ist zum 1. September 1993 in Kraft getreten. Damit ist der alten und immer wieder vorgebrachten Forderung der Wohnungswirtschaft Rechnung getragen worden, daß die Versorgungs- und Entsorgungsunternehmen, die die unmittelbar nur den Mietern zugute kommenden Leistungen erbringen, auch mit den Mietern abrechnen sollen.[2] Seit die Kosten der Wasserversorgung, Entwässerung und Müllbeseitigung nicht mehr unerheblich sind, sondern auf absehbare Zeit ständig steigen werden, ist es nicht ohne weiters gerechtfertigt, den Vermietern die Rolle einer „kostenlosen Inkassostelle" aufzubürden und sie mit dem Risiko des Zahlungseingangs zu belasten.[3] Außerdem wird den Mietern durch die Direktabrechnung deutlich gemacht, daß es sich sowohl bei Wasser- und Abwasserkosten als auch bei Müllgebühren um Kosten handelt, die nicht vom Vermieter verursacht werden, sondern von ihnen selbst, so daß es auch sachgerecht erscheint, daß der Vermieter aus diesen Abrechnungen herausgehalten wird.[4] Frag-

[1] Otto, ZMR 1994, 52, 53; Blank, WM 1993, 503, 507 und Sternel, Rdn. A 90: Das folgt unmittelbar aus dem Gesetz, in dem vom „erfaßten Wasserverbrauch" die Rede ist.
[2] Hanke, DW 1993, 411, 412.
[3] Schilling, S. 155; MüKo-Voelskow, § 4 MHG Rdn. 27.
[4] Hanke, DW 1993, 411, 412.

lich ist jedoch, was unter dem Wort „abrechnen" zu verstehen ist. Es ist daher eine Auslegung dieser Norm erforderlich.

1. „Direktabrechnung" oder/und „Direktvertrag" zwischen Mietern und Leistungserbringern ?

a) Der Wortlaut der Norm

Nach dem Gesetzeswortlaut beschränkt sich die Befugnis des Vermieters lediglich darauf, die Abrechnungspflicht zu übertragen, aber erstreckt sich nicht auf die Übertragung der Pflicht zur Versorgung und Entsorgung selbst.[1] Geht man also vom Wortlaut aus, so ändert sich mit der Übertragung allein der Abrechnungspflicht nichts an den Leistungsbeziehungen zwischen Mieter und Vermieter. Das Versorgungs- bzw. Entsorgungsunternehmen erbringt seine Leistungen nach wie vor aufgrund seiner Rechtsbeziehungen zum Vermieter und übernimmt lediglich die Abrechnung für diesen.[2] Dies ist gewährleistungsrechtlich bedeutsam, da für Störungen der Wasserversorgung und -entsorgung sowie der Müllabfuhr (wie etwa bei Arbeiten am Wasserversorgungs- und Entsorgungsnetz) der Vermieter einzustehen hat; zumindest ist der Mieter in der Regel zur Minderung befugt und behält seinen Erfüllungsanspruch.[3] Außerdem ist die Folge einer Beschränkung des Optionsrechtes auf die Abrechnungspflicht, daß der Vermieter gegenüber dem Leistungserbringer weiterhin für die noch ausstehenden Kosten seiner Mieter haften muß, etwa wenn der Mieter zahlungsunfähig oder -unwillig ist.[4] Auch der Mietvertrag bleibt nach dem Wortlaut der Norm unberührt, weil der Vermieter nach wie vor zur Versorgung seiner Mieter mit Wasser sowie zur Entsorgung von Müll und Abwasser verpflichtet wäre.[5] Nach dem Wortlaut der Norm beschränkt sich also das Optionsrecht des Vermieters darauf, den Mieter zur „Direktabrechnung" mit den Leistungserbringern zu verpflichten; es berechtigt ihn hingegen nicht, vom Mieter den Abschluß eines „Direktvertrages" mit den Leistungserbringern zu verlangen.

[1] So Sternel, Rdn. A 92.

[2] Sternel, Rdn. A 92; a.A. Schilling/Meyer, ZMR 1994, 497, 501; Blank, WM 1993, 501, 507; MüKo-Voelskow, § 4 MHG Rdn. 27; Fischer=Dieskau-Frantzioch, § 4 MHG Anm. 12: Sie sind der Meinung, daß trotz des Wortes „abgerechnet" nach dem Sinn der gesetzlichen Regelung die Liefer- bzw. Entsorgungspflicht insgesamt übernommen werden muß.

[3] Sternel, Rdn. A 92.

[4] Blank, WM 1993, 501, 507.

[5] Blank, WM 1993, 501, 507.

b) Sinn und Zweck der Norm

Eine solch strenge Auslegung des Wortes „abrechnen" könnte jedoch zu eng am Wortlaut des Gesetzes haften und den Sinn und Zweck der Vorschrift aus dem Auge verlieren.[1]

aa) Intention des Gesetzgebers: Umwelt schonen - Ressourcen erhalten !

(1) Ökologisch orientierte Gesetzgebung

Seit dem Umweltprogramm der Bundesregierung von 1971[2] wird der Umweltpolitik der gleiche Rang wie den anderen öffentlichen Aufgaben, z.B. der sozialen Sicherheit, eingeräumt. Der Begriff Umweltpolitik ist durch die Bundesregierung definiert worden, und zwar als „die Gesamtheit aller Maßnahmen, die notwendig sind, um dem Menschen eine Umwelt zu sichern, wie er sie für seine Gesundheit und für ein menschenwürdiges Dasein braucht, um Boden, Luft und Wasser, Pflanzen- und Tierwelt vor nachteiligen Wirkungen menschlicher Eingriffe zu schützen und um Schäden und Nachteile aus menschlichen Eingriffen zu beseitigen."[3] Hieraus sind vor allem vier Hauptprinzipien entwickelt worden, die auch internationale Bedeutung haben. Es handelt sich dabei um das Verursacher-, das Gemeinlast-, das Kooperations- und das Vorsorgeprinzip. Letzteres besagt, daß umweltpolitische und sonstige staatliche Maßnahmen so getroffen werden sollen, daß von vornherein möglichst sämtliche Umweltgefahren vermieden und damit z.B. die Ressourcen wie Wasser, Rohstoffe geschützt und schonend in Anspruch genommen werden.[4] Das Vorsorgeprinzip will die Umweltprobleme an der potentiellen Quelle bekämpfen und Langzeitwirkungen erst gar nicht entstehen lassen.[5] Zu derartigen vorsorglichen Maßnahmen zählt unter anderem auch der Erlaß von Gesetzen, die den langfristigen Schutz der Umwelt zum Ziel haben.

(2) Ökologischer Grundgedanke des § 4 Abs. 5 MHG

Aus diesem Vorsorgeprinzip heraus hat der Gesetzgeber § 4 Abs. 5 MHG geschaffen, nach dem dem Vermieter ein Optionsrecht für die Direktabrechnung eingeräumt wurde, mit dem Ziel, für Mieter einen Anreiz zum Sparen von Wasser und Vermeiden von Müll zu schaffen. Der Zusammenhang in dieser Vorschrift zwischen Direktabrechnung und Umweltpolitik wird bei näherer Betrachtung der dazugehörigen Gesetzesbegründung deutlich:

---

[1] So auch Schilling/Meyer, ZMR 1994, 497, 501; Blank, WM 1993, 501, 507; MüKo-Voelskow, § 4 MHG Rdn. 27; Fischer=Dieskau-Frantzioch, § 4 MHG Anm. 12.

[2] Bundesministerium des Innern: Reihe Nr. 9 Umweltprogramm 1971, BT-Drucks. VI/2710, S. 6.

[3] Wicke/Haasis/Schafhausen/Schulz, S. 13 unter Hinweis auf Bundesministerium des Innern: Reihe Nr. 9 Umweltprogramm 1971, BT-Drucks. VI/2710, S. 6.

[4] Wittkämper, S. 84.

[5] Wittkämper, S. 84.

Die Neufassung des Abs. 5 geht auf die (ursprüngliche) Fassung des Bundesrates in dessen Beschluß vom 18.6.1993[1] über die Anrufung des Vermittlungsausschusses zurück. In der Begründung zur ursprünglichen Fassung heißt es, daß beim freifinanzierten Wohnraum derzeit keine Gesetzesvorschrift bestehe, nach der der Vermieter gegenüber Mietern berechtigt sei, von dem mietvertraglich überwiegend vereinbarten Flächenmaßstab auf eine verbrauchsabhängige Abrechnung überzuwechseln, nachdem er Wohnungswasserzähler habe installieren lassen. Und es sei auch nicht zu erwarten, daß die Rspr. im Hinblick auf die neugefaßten §§ 3 Abs.1 S.1 MHG und 541 b Abs.1 BGB im Wege der Rechtsfortbildung dem Vermieter eine entsprechende Annexkompetenz einräumen werde, wenn er Maßnahmen zur Wassereinsparung durchführe.[2] Ohne die Schaffung einer ausdrücklichen gesetzlichen Regelung habe die Abrechnung -selbst nach erfolgtem Einbau von Wohnungswasserzählern- also weiter nach dem alten, im Zweifel nicht verbrauchsabhängigen Verteilungsschlüssel zu erfolgen. Für den Mieter bestehe damit keine Notwendigkeit, Wasser einzusparen, da selbst übermäßiger Wasserverbrauch nicht sanktioniert werden könne und auf alle Mieter eines Objektes umgelegt werde. Um diese Probleme und Unsicherheiten auszuräumen und vor allem dem sich in den Neufassungen von § 3 Abs.1 S.1 MHG und § 541 b Abs.1 BGB widerspiegelnden gesetzgeberischen Ziel einer Wassereinsparung zu entsprechen, führte der Vermittlungsausschuß in seiner Beschlußempfehlung vom 30.6.1993[3] die geänderte Gesetz gewordene Fassung des Abs. 5 ein.[4] Neben der lediglich sprachlichen Änderung der Endfassung gegenüber der ursprünglichen Fassung des Bundesrates wurde der Inhalt noch erweitert, und zwar werden nicht nur die Wasserkosten, sondern auch die Kosten für die Entwässerung und die Müllabfuhr erfaßt.

---

[1] BR-Drucks. 12/5224 S. 3 f.

[2] Die Rspr. hat in der Vergangenheit nur in seltenen Extremfällen eine Änderung des Abrechnungsmaßstabes vorgenommen (insb. OLG Hamm, DWW 1983, 278).

[3] BT-Drucks. 12/5342 S. 2.

[4] Zwar ergibt sich aus dem Wortlaut der Gesetzesbestimmung nicht eindeutig, ob das Optionsrecht des Vermieters auch dann ausgeübt werden kann, wenn das Versorgungs- bzw. Entsorgungsunternehmen mit dem Mieter verbrauchs*un*abhängig abrechnen will. Nach dem Gesetzeszweck, und zwar „Einsparung von Wasser, Reduzierung der Müllmenge" und nach der Intention des Gesetzgebers ist dies jedoch zu verneinen. Daher kann der Vermieter nicht für die Direktabrechnung optieren, wenn das Versorgungs- bzw. Entsorgungsunternehmen keine verbrauchsabhängige Einzelabrechnung erstellen kann, weil die für eine solche Abrechnung erforderlichen Erfassungssysteme wie einzelne Mieterwasserzähler und eine verbrauchsnahe Berechnung der Müllentsorgungskosten nicht vorhanden sind. Vgl. hierzu die Ausführungen von Blank, Mietrecht S. 64; Sternel, Rdn. A 91; Schilling, S. 154; Beuermann, Rdn. 134; Pegande/Frantzioch, § 4 Anm. 11; Blank, WM 1993, 503, 507. Anderer und abzulehnender Auffassung ist MüKo-Voelskow, § 4 MHG Rdn. 27: Die Vereinbarung einer Direktabrechnung sei auch zulässig, wenn der Leistungserbringer zur verbrauchsabhängigen Abrechnung noch nicht in der Lage ist, da es ein Unding sei, den Vermietern nicht nur die Rolle einer kostenlosen Inkassostelle aufzubürden, sondern sie vor allem mit dem Risiko des Zahlungseingangs zu belasten.

(3) Realisierung des ökologischen Spareffekts durch „Direktabrechnung" und „Direktvertrag"

Nach dem Wortlaut des § 4 Abs. 5 MHG sind die Kosten der Wasserversorgung und der Entwässerung „ganz oder teilweise" nach dem erfaßten unterschiedlichen Wasserverbrauch der Mieter umzulegen. D.h. es ist nicht zwingend geboten, daß die gesamten Kosten zu 100 % nach dem gemessenen Verbrauch abgerechnet werden.[1] Vielmehr ist der Vermieter befugt, ähnlich wie bei der Abrechnung von Heizkosten einen gemischten Maßstab anzulegen, etwa zur Hälfte nach der Wohnfläche und zur Hälfte nach dem gemessenen Verbrauch.[2] Zulässig ist es aber auch, den Verbrauch nur der Wohnungen entsprechend dem Ergebnis der Wohnungswasserzähler abzurechnen und den Gemeinschaftsverbrauch nach der jeweiligen Wohnfläche aufzuteilen.[3] Zwar ist Voraussetzung für die Anwendung eines solch gemischten Maßstabes, daß der verbrauchsabhängige Teil in jedem Fall so groß ist, daß hierdurch Spareffekte erzielt werden.[4] Geht man allerdings nach dem Gesagten davon aus, daß sich der entsprechend dem gemessenen Verbrauch angesetzte Kostenanteil zwischen 50 und 100 % bewegen kann, so liegt es auf der Hand, daß durch diese Regelung ein Anreiz zum Sparen mehr oder weniger effektiv geschaffen werden kann. Je kleiner der unmittelbar verbrauchsabhängige Abrechnungsanteil ist, desto geringer ist auch der durch ihn ausgelöste Wasserspareffekt. Nach welchem Maßstab sich die Abrechnung zusammensetzt, obliegt dabei dem Bestimmungsrecht des Vermieters; er muß lediglich nach „billigen Ermessen" gemäß § 315 BGB den Maßstab festsetzen.[5] Insofern ist in dem Bestimmungsrecht des Vermieters, einen gemischten Abrechnungsmaßstab bis zum Verhältnis 50 : 50 anzulegen, eine reduzierte Verfolgung des gerade vom Gesetzgeber durch § 4 Abs. 5 MHG angestrebten Ziels des „sparsamen Umgangs mit Ressourcen" zu erblikken.

Diese geringere Zieleffektivität würde vermieden, wenn man das Wort „abrechnen" dahingehend verstehen könnte, daß sich das Optionsrecht des Vermieters nicht allein auf die Übertragung der Abrechnungspflicht auf den Mieter beschränkt, sondern sich auf die Übernahme der gesamten vertraglichen Verpflichtung durch den Mieter erstreckt. Die Zwischenschaltung des Vermieters wäre dann beendet und die Bestimmung eines gemischten Abrechnungsmaßstabes durch diesen ausgeschlossen. Durch den „Direktvertrag" zwischen Mieter und Leistungserbringer würde dann zwingend die 100 %-ige Abrechnung entsprechend dem erfaßten Verbrauch erfolgen. Dem vom Gesetzgeber mit der Regelung des § 4 Abs. 5 MHG angestrebten Spareffekt würde damit konsequent entsprochen. Bezög sich das Optionsrecht des Vermieters also sowohl auf die Übertragung der Abrech-

[1] Sternel, Rdn. A 90; Schilling, S. 154; Pegande/Frantzioch, § 4 Anm. 11; MüKo-Voelskow, § 4 MHG Rdn. 23; Blank, WM 1993, 503, 507.

[2] Blank, WM 1993, 503, 507; Sternel, Rdn. A 90; Pegande/Frantzioch, § 4 Anm. 11.

[3] Sternel, Rdn. A 90.

[4] Blank, WM 1993, 503, 507; Sternel, Rdn. A 90; Pegande/Frantzioch, § 4 Anm. 11; MüKo-Voelskow, § 4 MHG Rdn. 23.

[5] Beuermann, Rdn. 137; MüKo-Voelskow, § 4 MHG Rdn. 23.

nungspflicht, als auch auf die Übertragung der gesamten vertraglichen Verpflichtung, dann wäre hiermit ein weitreichenderer Anreiz zum sparsamen Umgang mit Wasser geschaffen.

Mit der Schaffung des Vermieter-Optionsrechtes zur Direktabrechnung in § 4 Abs. 5 MHG hat der Gesetzgeber also ein umweltpolitisches Ziel umgesetzt, nämlich die langfristige und dauerhafte Sicherung der Ressourcen durch Wassereinsparung und Müllvermeidung. Damit entspricht der Gesetzgeber der Staatsaufgabe „Umwelt-schutz" durch „Umweltpolitik", insbesondere mit Hilfe des Vorsorgeprinzips. Insofern verfolgt bereits die Übertragung der Abrechnungspflicht auf den Mieter den ökologischen Zweck der Norm. Ob dies genügt, wird in dieser Arbeit im einzelnen thematisiert.

bb) Intention des Gesetzgebers - Haftungsbefreiung des Vermieters

Intention des Gesetzgebers für die Schaffung des § 4 Abs. 5 S.1 Nr.2 MHG war aber nicht nur der Umweltschutz. Laut Gesetzesbegründung[1] bot es sich außerdem gleichzeitig an, dem Fall Rechnung zu tragen, daß das örtliche WVU bereit ist, sogar Direktverträge mit den Mietern abzuschließen. Dadurch würde sich der Vermieter einer Haftung für die mit der üblichen Benutzung der Wohnungen einhergehenden Wasserkosten seiner Mieter entledigen, wodurch für ihn ein Anreiz bestünde, Wohnungswasserzähler einzubauen bzw. einbauen zu lassen.[2] Der Vermieter würde dadurch nicht nur aus diesen Abrechnungen herausgehalten, sondern der Leistungserbringer selbst müßte nunmehr das Insolvenzrisiko für die seine Leistungen unmittelbar in Anspruch nehmenden Mieter tragen.

Zusammenfassend ist also festzustellen, daß zwei Gründe den Gesetzgeber zur Schaffung des § 4 Abs.5 S.1 Nr.2 MHG bewogen haben. Und zwar waren dies sowohl ökologische Aspekte als auch das Bestreben nach einer Haftungsbefreiung der Vermieter von den durch ihre Mieter verursachten Kosten für Wasserversorgung, Entwässerung und Müllabfuhr.

Insofern würde eine strenge Auslegung des Wortes „abrechnen" zu eng am Wortlaut des Gesetzes haften und den Sinn und Zweck der Vorschrift aus dem Auge verlieren. § 4 Abs.5 S.1 Nr.2 MHG bezieht sich damit nicht nur auf die Befugnis des Vermieters, die Abrechnungspflicht auf seine Mieter zu übertragen, sondern ebenso auf die Übertragung der Pflicht, mit den Leistungserbringern Direktverträge abzuschließen.[3]

---

[1] BR-Drucks. 12/5224 S. 4.

[2] BR-Drucks. 12/5224 S. 4.

[3] A.A. ist einzig Sternel, der über den Wortlaut des Gesetzes hinaus kein weitgehendes Eingriffsrecht des Vermieters in das Vertragsgefüge für begründet hält.

cc) Anspruch des Vermieters gegen die Leistungserbringer auf Direktabrechnung bzw. Direktvertrag mit den Mietern

Fraglich ist nur, ob die Regelung des § 4 Abs.5 S.1 Nr.2 MHG es in der Praxis tatsächlich vermag, die durch sie bezweckten Ziele „Umweltschutz" und „Haftungsbefreiung des Vermieters" zu erreichen. Aus dem Optionsrecht des Vermieters nach § 4 Abs.5 S.1 Nr.2 MHG ist zum Teil geschlossen worden, daß die Leistungserbringer verpflichtet seien, mit den Mietern die Direktabrechnung vorzunehmen bzw. mit ihnen entsprechende Direktverträge abzuschließen.[1] Jedoch regelt diese Vorschrift nicht das Verhältnis zwischen Vermieter und Versorgungs- bzw. Entsorgungsunternehmen, sondern nur das Verhältnis zwischen Mieter und Vermieter, denn das MHG erfaßt lediglich die Mietverhältnisse über Wohnraum.[2] Sowohl die Direktabrechnung als auch der Direktvertrag mit den Mietern ist daher ohne Zustimmung des jeweiligen Versorgungs- bzw. Entsorgungsunternehmens nicht möglich.

Davon abgesehen wäre es einigen Leistungserbringern selbst bei einer dahingehenden Bereitschaft gar nicht ohne weiteres möglich, mit den Mietern unmittelbare Vertragsbeziehungen aufzunehmen. Denn dies setzte zum Teil Satzungsänderungen voraus.[3] Zum Beispiel schreiben die Wasserversorgungssatzungen aller öffentlich-rechtlich organisierten Wasserversorgungsunternehmen vor, daß ein Anschluß- und Benutzungsrecht und damit Vertragsabschlußrecht lediglich für Grundstückseigentümer und ähnlich dinglich Berechtigte besteht. Da Mieter aber weder Grundstückseigentümer noch dinglich Berechtigte, sondern vielmehr schuldrechtlich Berechtigte sind, haben sie nach diesen Satzungen keinen Anspruch gegen die Wasserversorgungsunternehmen auf Abschluß von Wasserlieferverträgen. Schon insofern könnte eine Pflicht der Leistungserbringer zum Abschluß von Einzelverträgen mit den Mietern leerlaufen. Der Vermieter wird daher zunächst klären müssen, ob das Versorgungs- bzw. Entsorgungsunternehmen zum Abschluß von Direktverträgen mit den Mietern bereit und in der Lage ist.[4]

Das Optionsrecht des Vermieters wirkt jedenfalls nur gegenüber dem Mieter, nicht gegenüber dem Versorgungs- bzw. Entsorgungsunternehmen.[5] Ansprüche gegen den Leistungserbringer auf Gestattung einer Direktabrechnung und erst recht auf den Abschluß von Direktverträgen mit den Mietern ergeben sich deshalb aus dem MHG nicht.[6] Ein Optionsrecht des Vermieters aus § 4 Abs.5 S.1 Nr.2

---

1 So z.B. Hanke, DW 1993, 411.

2 Seifert, GWF/R+S 1993, 41; Beuermann, Rdn. 139.

3 So Bub, NJW 1993, 2897, 2899.

4 Pegande/Frantzioch, § 4 Anm. 12; Ludwig/Odenthal, § 2 S. 51; Seifert, GWF/R+S 1995, 3, 4.

5 Blank, WM 1993, 503, 507.

6 Vgl. zu dieser Argumentation Schilling, S. 154; Pegande/Frantzioch, § 4 Anm. 12; Beuermann, Rdn. 139; Schilling/Meyer, ZMR 1994, 497, 500; Emmerich, DWW 1993, 313, 314; Seifert, GWF/R+S 1993, 41; ders. GWF/R+S 1995, 3, 4; Bub, NJW 1993, 2897, 2899; Blank, WM 1993, 503, 507; Palandt-Putzo, § 4 MHG Rdn. 18 und Morell, E § 1 S.5. A.A. ist Hanke, der fälschlich aus dem Optionsrecht des Vermieters schließt, daß die Leistungserbringer ver-

MHG besteht also nicht, wenn der Leistungserbringer sich weigert, mit den Mietern Direktabrechnungen vorzunehmen bzw. Direktverträge mit den Mietern abzuschließen.[1]

Ob eine solche Weigerung das letzte Wort ist, wird in dieser Arbeit noch ausführlich geprüft werden. Im Ergebnis ändert sich jedoch nichts an der Tatsache, daß ein Anspruch des Vermieters gegen die Versorgungs- und Entsorgungsunternehmen auf Direktabrechnung bzw. Direktvertrag nicht aus dem MHG (§ 4 Abs.5 S.1 Nr.2) herleitbar ist.

c) Fazit

Der Vermieter wird also zunächst klären müssen, ob das Versorgungs- bzw. Entsorgungsunternehmen zum Abschluß von Direktverträgen mit den einzelnen Mietern bereit und auch rechtlich dazu in der Lage ist; wenn nicht, ob es dann zumindest dazu bereit ist, mit den Mietern die Direktabrechnung vorzunehmen. Erzielen die Vermieter mit den Versorgungs- bzw. Entsorgungsunternehmen eine Übereinkunft darüber, daß nunmehr die Abrechnung der Kosten für die Wasserversorgung, Entwässerung und Müllabfuhr unmittelbar mit den Mietern erfolgt, so bleibt es bei dem bisherigen Vertragsverhältnis zwischen Unternehmen und Vermieter. Der Mieter kann die Abrechnung dann nur als Hilfsperson des Vermieters vornehmen. In diesem Fall haftet der Vermieter weiterhin für die Kosten, wenn der Mieter zahlungsunfähig ist. Auch der Mietvertrag bleibt unberührt, weil der Vermieter nach wie vor zur Versorgung mit Wasser und zur Entsorgung des Mülls verpflichtet ist.

Ist das Versorgungs- bzw. Entsorgungsunternehmen hingegen bereit, den Vertrag direkt mit dem Mieter zu schließen oder kann es dazu nach irgendwelchen Rechtsbestimmungen (z.B. § 826 BGB) gezwungen werden, dann vollzieht sich die Direktabrechnung erst auf der Basis einer eigenen Vertragsberechtigung des Mieters. Die hier zu erzielende Übereinkunft bedeutet dann, was die fraglichen Leistungen betrifft, die Beendigung der vertraglichen Beziehungen zwischen Vermieter und dem Erbringer der Leistungen.[2] Die Unternehmen müssen dann neue vertragliche Absprachen mit den Mietern treffen.[3] Die Pflicht des Vermieters beschränkt sich hinfort auf die Bereitstellung und Unterhaltung eines Wasserleitungs- und Entwässerungssystems zur und von der Wohnung sowie entsprechend den örtlichen Müllentsorgungssatzungen evtl. auf die Bereitsstellung der ortsüblichen Müllerfassungssysteme.[4]

---

pflichtet seien, mit den Mietern entsprechende Einzelverträge abzuschließen (Hanke, DW 1993, 411).

[1] MüKo-Voelskow, § 4 MHG Rdn.27; Palandt-Putzo, § 4 MHG Rdn. 18; Sternel, Rdn. A 92; Blank, WM 1993, 501, 507; Bub, NJW 1993, 2897, 2899; Schilling/Meyer, ZMR 1994, 497, 501.

[2] Pegande/Frantzioch, § 4 Anm. 12.

[3] Blank, WM 1993, 503, 507.

[4] MüKo-Voelskow, § 4 MHG Rdn. 27.

Die mit § 4 Abs. 5 MHG vom Gesetzgeber angestrebten Ziele des sparsamen Umgangs mit Ressourcen und die Haftungsbefreiung des Vermieters werden also nur unter der Voraussetzung erreicht, daß die Unternehmen mit dieser Verfahrensweise einverstanden sind. Angesichts des in der Regel jedoch bestehenden erheblichen Ausfallrisikos und des Verwaltungsaufwandes kann ein rechtsgeschäftlich erheblicher Wille des Versorgungs- und Entsorgungsunternehmens, in Vertragsbeziehungen zum Mieter zu treten bzw. die Direktabrechnung mit diesen vorzunehmen, nicht unterstellt werden.[1] Den Zustand sowohl der Direktabrechnung selbst als auch der Direktabrechnung auf der Basis einer eigenen Vertragsberechtigung des Mieters verwirklicht § 4 Abs.5 S.1 Nr.2 MHG damit nicht. Er stellt vielmehr nur einen Schritt auf eine solche Entwicklung hin dar.

2. Die Änderung des Mietvertrages

Sollte sich ein Versorgungs- bzw. Entsorgungsunternehmen trotz alledem dazu bereit erklären, mit den einzelnen Mietern die Direktabrechnung vorzunehmen, müßten die bestehenden Mietverträge geändert werden.

a) Form und Frist der Änderungserklärung

In förmlicher Hinsicht muß dem Mieter gem. § 4 Abs.5 S.1 MHG eine schriftliche Erklärung des Vermieters, also eine einseitige, rechtsgestaltende und empfangsbedürftige Willenserklärung zugehen, die der gesetzlichen Schriftform bedarf. Mit dem Zugang der Erklärung wird der Mietvertrag abgeändert. Gem. § 4 Abs.5 S.2 1.HS MHG kann diese Erklärung nur „für künftige Abrechnungszeiträume“ abgegeben, also nicht auf vergangene Zeiträume erstreckt werden. Bei einer vereinbarten Betriebskostenumlage ist dies der vereinbarte oder tatsächliche Abrechnungszeitraum. Bei einer Pauschalmiete oder einer Betriebskostenpauschale gibt es keinen Abrechnungszeitraum. Hier kann der Vermieter einen in Zukunft liegenden Zeitpunkt bestimmen. Bei der Option für die Direktabrechnung muß dieser Zeitpunkt mit dem Leistungserbringer abgestimmt werden; die Beteiligten haben hierbei freie Hand.[2] Es muß sich lediglich um einen zukünftigen Zeitpunkt handeln. Da eine bestimmte Frist nicht besteht, reicht es folglich aus, wenn die Erklärung dem Mieter am Tag vor dem Beginn des neuen Abrechnungszeitraums zugeht. Die künftige Abrechnungsperiode richtet sich dann nach den Vereinbarungen mit dem Versorgungs- bzw. Entsorgungsunternehmen. Die Vorschrift des § 4 Abs.1 S.1 MHG gilt nicht, weil das MHG nur das Verhältnis zwischen den Mietparteien regelt und der Leistungserbringer nicht Vermieter ist.[3]

---

[1] Siehe Sternel, Rdn. A 92. Entgegengesetzter Auffassung sind hingegen Blank, WM 1993, 503, 507 und Fischer=Dieskau-Frantzioch, § 4 Anm. 11.

[2] Blank, Mietrecht S. 66.

[3] Blank, Mietrecht S. 67.

b) Inhalt der Änderungserklärung

Die Erklärung muß inhaltlich gerichtet sein auf eine direkte Abrechnung zwischen dem Mieter einerseits und dem Versorgungs- bzw. Entsorgungsunternehmen andererseits, also ohne Zwischenschaltung des Vermieters.[1] Eine Begründung und Erläuterung der Optionserklärung ist im Gesetz nicht ausdrücklich vorgesehen. Jedoch ergibt sich aus der Rechtsnatur der Optionserklärung, daß bestimmte Mindestanforderungen beachtet werden müssen.[2]

So folgt aus der Änderung des Mietvertrages mit dem Zugang der Willenserklärung, daß das für Willenserklärungen geltende Bestimmtheitsgebot beachtet werden muß, d.h., daß die Erklärung aus Sicht eines verständigen Mieters nachvollziehbar sein muß.[3] Dies ist dann zu bejahen, wenn erkennbar ist, welche Kosten künftig unmittelbar vom Leistungserbringer abgerechnet werden und um welchen Betrag die Betriebskostenvorauszahlung/-pauschale oder der Mietzins herabgesetzt wird.[4]

Haben die Parteien eine ***Kaltmiete*** vereinbart und sind im Mietvertrag für Wasser-, Abwasser- und Müllabfuhrgebühren gesonderte Vorauszahlungsbeträge ausgewiesen, so kommen diese Beträge in Wegfall. Ist lediglich eine Gesamtvorauszahlung vereinbart, so ist auf der Grundlage der letzten Abrechnung festzustellen, in welchem Verhältnis die Gesamtbetriebskosten zu den Kosten für Wasser, Abwasser und/oder Müll stehen; in diesem Verhältnis sind die Vorauszahlungen zu kürzen.[5] Ist eine ***Inklusiv- oder Teilinklusivmiete*** vereinbart, so ist der Mietzins gem. § 4 Abs.5 S.3 MHG „entsprechend herabzusetzen". Entgegen der Auffassung von Blank[6] sind Maßstab für die Bemessung der Herabsetzung nicht die zukünftigen Betriebskosten für Wasserversorgung, Entwässerung und Müllabfuhr, sondern die bisherigen.[7] Der Gesetzgeber geht gerade davon aus, daß durch die Maßstabsänderung ein Anreiz zum Sparen geschaffen wird und daher die Nebenkosten insgesamt sinken. Würden nun die neuen, niedrigeren Betriebskosten aus der Inklusivmiete herausgerechnet, so müßte der Mieter unzulässigerweise den Teil der bisherigen höheren Kosten zusätzlich bezahlen, obwohl er diese Kosten ja gar nicht (mehr) verursacht.[8] Herauszurechnen sind daher die vor der Umstellung der Mietverträge vom Mieter getragenen Betriebskosten. Ist die Höhe der bisher gezahlten Nebenkosten nicht aufgrund des Mietvertrages oder aufgrund von Erhöhungserklärungen nach § 4 Abs. 2 MHG ermittelbar und ist auch eine zuverlässige Schätzung nicht möglich, bleibt allein der umständliche und teure Weg eines Sachverständi-

---

1 Beuermann, Rdn. 132; Barthelmess, § 4 MHG Rdn. 16 c; Sternel, Rdn. A 93.

2 So Bartelmess, § 4 MHG Rdn. 27 ff; Fischer=Dieskau-Frantzioch § 4 MHG Anm. 13; Sternel, Rdn. A 93; Blank, Mietrecht S. 67; Pegande/Frantzioch, § 4 Anm. 13.

3 Sternel, Rdn. A 93; Barthelmess, § 4 MHG Rdn. 27 ff; Pegande/Frantzioch, § 4 Anm. 13.

4 Blank, WM 1993, 503, 508; Blank, Mietrecht S. 68; Sternel, Rdn. A 93.

5 Sternel, Rdn. A 93; Barthelmess, § 4 MHG Rdn. 16 d; Blank, Mietrecht, S. 65; Schilling, S. 155; Pegande/Frantzioch, § 4 Anm. 13; Beuermann, Rdn. 143; Blank, WM 1993, 503, 508.

6 Blank, WM 1993, 503, 508; Blank, Mietrecht S. 65.

7 Schilling, S. 155; Beuermann, Rdn. 143; Sternel, Rdn. A 94; OLG Stuttgart, RiM 1, 1016.

8 Beuermann, Rdn. 143.

gengutachtens.[1] Insofern wird durch § 4 Abs.5 S.3 MHG sichergestellt, daß die Umstellung der Abrechnungsart, für sich genommen, zu keiner Mieterhöhung führt.[2]

3. Die Veränderung der wirtschaftlichen Situation der Parteien durch Direktabrechnung und Direktvertrag - Interessenanalyse

Fraglich ist nunmehr, wie sich die wirtschaftliche Situation der Versorgungs- und Entsorgungsunternehmen, Vermieter und Mieter durch Direktabrechnung und Direktvertrag verändern würde.

a) Die Vermieter

aa) Haftungsbefreiung

Grundsätzlich schließt bislang der Vermieter mit den ortsansässigen Versorgungs- und Entsorgungsunternehmen die Verträge über die Versorgung der Miethaushalte mit Trinkwasser und über die Entsorgung von Abwasser und Müll. Es handelt sich dabei um sog. Betriebskosten, d.h. Kosten, die dem Eigentümer durch den bestimmungsmäßigen Gebrauch seines Hauses bzw. seiner Wohnung laufend entstehen.[3] Diese Kosten in Form des Entgelts und der Vorauszahlungen trägt bisher in der Regel der Vermieter gegenüber den jeweiligen Leistungserbringern. Eine Kostenbegleichung durch den Mieter erfolgt dann lediglich im mietvertraglichen Innenverhältnis in Form der monatlichen Nebenkostenpauschale bzw. im Rahmen der (Teil-)Inklusivmiete. Der Vermieter ist als Vertragspartner der Leistungserbringer also "Schuldner" der von seinen Mietern unmittelbar verursachten Kosten für die Wasserversorgung, Entwässerung und Müllabfuhr. Er ist damit auch dann leistungspflichtig, wenn die Mietpreiszahlungen seiner Mieter an ihn ausbleiben. Dadurch ist der Vermieter, wie bereits oben erwähnt, einem Haftungsrisiko für ausbleibende Zahlungen seines Mieters gegenüber den Versorgungs- bzw. Entsorgungsunternehmen ausgesetzt. Wären nunmehr die Versorgungs- und Entsorgungsunternehmen bereit, in direkte Vertragsbeziehungen mit den einzelnen Mietern zu treten, so würden die Vermieter von ihrem Haftungsrisiko für zahlungsunfähige bzw. -unwillige Mieter befreit, da diese nun selbst für ihre Zahlungsrückstände haften müßten.

bb) Abwälzung des Verwaltungsaufwandes

Außerdem hat der Vermieter dadurch, daß er der Vertragspartner der Leistungserbringer ist, einen z.T. erheblichen Verwaltungsaufwand zu bewältigen wie etwa den Abschluß der Verträge mit den Leistungserbringern, das Ablesen der

[1] Beuermann, Rdn. 144, Beuermann, GE 1993, 1071.
[2] Pegande/Frantzioch, S. 155.
[3] Barthelmess, § 4 MHG Rdn. 2; Schmidt=Futterer/Blank, S. 511.

Zählerstände, evtl. die Berechnung des Verbrauchs eines jeden Mieterhaushaltes, die Überweisung der einzelnen Rechnungbeträge an die Unternehmen, die Erstellung der Rechnungen an den Mieter, die Überprüfung der entsprechenden Zahlungseingänge etc. Im Zusammenhang mit diesen Tätigkeiten entstehen ihm natürlich auch Kosten, etwa Überweisungs-, Kontoführungs- und Telefongebühren, Kosten für die Anschaffung von Büromaterial, Briefmarken und Kosten im Wert des Zeitaufwandes.

Mit der Realisierung der Direktabrechnung würde nunmehr der Mieter die meisten dieser Tätigkeiten wahrnehmen müssen. Er würde z.B. den Zählerstand an seinem Wasserzähler selbst ablesen, seinen Verbrauch berechnen und die Kosten an das Wasserversorgungs- bzw. Entwässerungsunternehmen überweisen. Dies gilt entsprechend für die Tätigkeiten, die mit der Abrechnung der Müllabfuhrkosten verbunden sind. Aber nicht nur dieser Verwaltungsaufwand würde mit der Direktabrechnung für den Vermieter entfallen, sondern ebenso die Kosten der Verwaltung wie z.B. Überweisungs- und Telefongebühren etc. sowie der Zeitaufwand. Beim Vermieter verbliebe lediglich ein gewisser Restaufwand, wie z.B. der Abschluß der Versorgungs- und Entsorgungsverträge mit den Leistungserbringern, eventuelle Kontrollen der korrekten Durchführung des Abrechnungsverkehrs zwischen seinen Mietern und den leistungserbringenden Unternehmen sowie seine Präsenz im Falle des Auftretens von Leistungsstörungen. Alles in allem würde der Vermieter mit der Direktabrechnung jedoch von dem größten Teil des zu bewältigenden Verwaltungsaufwandes entbunden.

Und ist das Versorgungs- bzw. Entsorgungsunternehmen nun nicht nur bereit, die Direktabrechnung mit den Mietern zu gestatten, sondern sogar unmittelbar mit den Mietern in Vertragsbeziehungen zu treten, so bedeutet dies für den Vermieter, daß er von der kompletten Verwaltungsarbeit, die mit der Versorgung und Entsorgung seiner Mieterhaushalte verbunden ist, freigehalten wird. Selbst der Restaufwand entfiele.

cc) Befreiung vom Risiko des (pünktlichen) Zahlungseingangs

Der Vermieter als Vertragspartner kommt seiner Leistungspflicht gegenüber dem WVU in der Regel pünktlich und zuverlässig nach, während einige Mieter mit der Zahlung ihrer Miete manchmal in Rückstand geraten. Für den Vermieter als Vertragspartner ändert sich dadurch aber nichts an seiner Leistungspflicht gegenüber den WVU. Er wird also die durch seine Mieter verursachten Wasserkosten trotzdem bezahlen, denn ansonsten würde das WVU die Wasserlieferung unterbrechen, wenn nicht gar ganz einstellen (Zurückbehaltungsrecht des Unternehmens wegen nicht bezahlter Rechnungen[1]). Da aber in den meisten Fällen die Wasserlieferungen nicht nur für einzelne Wohnungen, sondern für das ganze Haus erfolgen, wären auch die vertragstreuen Mieter von der Sperrung betroffen. Diese könnten dann einen Erfüllungsanspruch gegen den Vermieter geltend machen[2], weil gemäß

[1] So Beuermann, Rdn. 140.
[2] Beuermann, Rdn. 140.

dem Mietvertrag die Wasserversorgung zu den Vermieterpflichten gehört[1]. Der Vermieter wird also auch diejenigen Wasserkosten, die die säumigen Mieter verursacht haben, pünktlich an das WVU überweisen. Insofern handelt es sich für den Vermieter bei diesen Wasserkosten nicht nur um „durchlaufende Kosten". Vielmehr muß er diese Kosten „vorschießen" und oft sogar im Klagewege geltend machen. Er trägt damit das Risiko des (pünktlichen) Zahlungseingangs der Wasserkosten in Form der Miete. Und dies wird sich auch nicht ändern, solange er zwischen die eigentlichen Verbraucher und die Wasserlieferanten zwischengeschaltet ist.

dd) Befreiung aus der Rolle der "kostenlosen Inkassostelle"[2]

Eng mit dem Risiko des (pünktlichen) Zahlungseingangs ist das Argument verbunden, daß der Vermieter die Rolle einer „kostenlosen Inkassostelle" erfülle. Der Vermieter erhebt die Wasserkosten wohnungsabhängig im Wege der Mietpreiszahlungen. Unabhängig hiervon überweist er alle in seinen Gebäuden anfallenden Wasserkosten als ganzes, denn er ist Leistungsempfänger bezüglich sämtlichen Wassers, was ihm für eigene Zwecke und Zwecke seiner Mieter zur Verfügung gestellt wird (§ 22 Abs.1 S.1 AVBWasserV[3]). Er „sammelt" also die Wasserkosten der einzelnen Mietparteien im Wege der Mietpreiserhebungen ein und erbringt dem WVU die Gegenleistung insgesamt. Das WVU wird dadurch mit „Fehlbeträgen" grds. nicht konfrontiert; diese gleicht der Vermieter aus den oben[4] genannten Gründen aus. Indem das WVU die Wasserkosten vom Vermieter komplett überwiesen bekommt, wird es statt mit mehreren einzelnen Verbrauchsparteien nur mit der einzigen Partei des Vermieters als Vertragspartner konfrontiert, so daß es aus der Vertragsabwicklung herausgehalten wird. Der Vermieter „sammelt" also die einzelnen Beträge für das WVU ein und gleicht dabei eventuelle „Fehlbeträge" aus und dies alles unentgeltlich. Insofern erfüllt der Vermieter aus der Sicht der WVU die Rolle ihrer „kostenlosen Inkassostelle". Fände nunmehr eine Direktabrechnung zwischen Mieter und Leistungserbringer statt oder käme sogar ein Direktvertrag zwischen diesen beiden Parteien zustande, so würde der Vermieter aus dieser Rolle entbunden.

Nach den hier gewonnenen Erkenntnissen bringen sowohl Direktabrechnung als auch der Abschluß von Direktverträgen zwischen Mietern und Leistungserbringern den Vermietern ausschließlich Vorteile. Beim Direktvertrag kann sich der Vermieter aus seinen Verpflichtungen in bezug auf Wasser, Abwasser und Müll sogar ganz und gar lösen. Daher hat er an der Durchführung der Direktabrechnung, aber vor allem am Direktvertrag natürlich ein starkes Interesse.

---

[1] Staudinger-Emmerich, §§ 535, 536 Rdn. 152.

[2] So MüKo-Voelskow, § 4 MHG Rdn. 27 unter Hinweis auf Schilling, S. 154.

[3] Verordnung über allgemeine Bedingungen für die Versorgung mit Wasser (AVBWasserV) vom 21.6.1980, BGBl. 1980, I S. 750.

[4] Kapitel 2 II 3 a cc, S. 19 f.

b) Die Mieter

Im Umkehrschluß bedeutet dies für den Mieter, daß nun er anstelle des Vermieters für die Kosten seines Verbrauchs selbst direkt verantwortlich wird und eigens die Abrechnung mit den Unternehmen vornimmt sowie im Falle der Vertragsübernahme auch für seine Zahlungsrückstände selbst haftet. Jedoch hat nicht nur der Vermieter ein Interesse an der Direktabrechnung seiner Mieter mit den Versorgungs- und Entsorgungsunternehmen. Vielmehr kann dieses Interesse beim Mieter ebenso vorliegen. Dies ist zweifelsohne dann zu bejahen, wenn es sich um einen Mieter handelt, der sparsam mit Rohstoffen umgeht. Auf seine Intention kommt es dabei nicht an, mag es nun sein, daß er ein ausgeprägtes Umweltbewußtsein besitzt oder einfach nur sparsam ist, also die Nebenkosten soweit wie möglich reduzieren möchte. Jedenfalls wird dieser sparsame Mieter ein Interesse daran haben, seine Wasserkosten unmittelbar mit den Versorgungs- bzw. Entsorgungsunternehmen abzurechnen, da die Kostenberechnung dann zwingend verbrauchsabhängig[1] erfolgt, also mindestens zu 50 % vom gemessenen Verbrauch abhängig gemacht wird, falls der gemischte Maßstab vom Vermieter gewählt wird.[2] Am lukrativsten wäre es daher für den Mieter, wenn ihm die Aufnahme direkter Vertragsbeziehungen mit seinen örtlichen Versorgungs- und Entsorgungsunternehmen gestattet würde. Denn dann würden die Kosten für seinen Verbrauch zwingend zu 100 % nach dem gemessenen Verbrauch berechnet. Der Mieter müßte also nur die Kosten tragen, die er selbst verursacht hat, also nicht für den „Unvernünftigen" und „Verschwenderischen" mitbezahlen, wie dies bei der verbrauchs*un*abhängigen Abrechnung und in geringerem Maße auch bei der verbrauchsabhängigen Abrechnung nach gemischtem Maßstab für die Gesamtheit der Mieterhaushalte noch der Fall ist.

Im Ergebnis läßt sich also feststellen, daß der Mieter gegenüber dem Leistungserbringer zwar nun die Abrechnung selbst übernehmen und überprüfen muß und für seine Zahlungsrückstände gegenüber den Unternehmen bei Direktvertrag selbst haftet. Doch ist dies durchaus in seinem Interesse, da er im Gegenzuge einen genauen Überblick über seinen persönlichen Verbrauch erhält und nicht für andere mitbezahlen muß, sondern vielmehr in der Lage ist, seine bisherigen Nebenkosten erheblich zu senken.

c) Die Versorgungs- und Entsorgungsunternehmen

Aus der Sicht der Leistungserbringer sind bei der Umstellung der Verträge auf die Mieter Nachteile offensichtlich. Bei einer Vertragsumstellung können an die Stelle eines Vermieters als Vertragspartner nun unter Umständen viele einzelne Mieter treten wie z.B. bei Wohnungsvermietungsgesellschaften. Die Anzahl der

---

[1] Voraussetzung für die Direktabrechnung ist, daß verbrauchsabhängig abgerechnet werden kann, d.h., daß sowohl Wohnungswasser- und Stomzähler als auch separate Müllgefäße vorhanden sind. Dies folgt auch unmittelbar aus dem Gesetz, in dem vom „erfaßten Wasserverbrauch" die Rede ist. Siehe Otto, ZMR 1994, 52, 53; Blank, WM 1993, 503, 507; Sternel, Rdn. A 91.

[2] Siehe Kapitel 2 II 1 b aa (3), S. 12.

Versorgungs- und Entsorgungsverträge kann um ein Vielfaches steigen, was einen Zuwachs an Verwaltungsaufwand zur Folge hätte,[1] damit mehr Personal erfordern könnte und folglich höhere Lohnkosten mit sich brächte.

Weiterhin fallen für die Unternehmen auch ohne Umstellung auf Direktverträge mit den Mietern zusätzliche Betreuungsarbeiten wie etwa das Ablesen aller Mieterwasserzähler an, was vor der Umstellung der Verträge Aufgabe der Vermieter war. Die Verwaltungs-, Betreuungs- und Installationskosten werden für die Leistungserbringer also steigen, während der Verbrauch an Wasser, der Aufwand für Abwasser- und Müllentsorgung sinkt, da durch die verbrauchsabhängige Abrechnung ein Anreiz zum Sparen geschaffen wird. Wirtschaftlich wird die Direktabrechnung für die Versorgungs- und Entsorgungsunternehmen also bedeuten, daß die Aufwendungen höher und die Einnahmen geringer werden.

Hinzu kommt, daß nun die Unternehmen als Vertragspartner der Mieter das Insolvenzrisiko für diese tragen würden.[2] Statt meist liquider Vermieter stünden ihnen gelegentlich zahlungsunfähige oder -unwillige Mieter gegenüber. Die Leistungserbringer müßten sich mit ihren Zahlungsforderungen nun direkt an die Mieter wenden, was vor allem dann schwierig ist, wenn diese umgezogen sind und sich nicht ordnungsgemäß bei den Einwohnermeldeämtern umgemeldet haben.

Alles in allem läßt sich feststellen, daß sowohl die Direktabrechnung als auch der Direktvertrag mit den Mietern den Versorgungs- und Entsorgungsunternehmen Nachteile bringt: höheren Verwaltungs-, Betreuungs- und Installationsaufwand und dementsprechend höhere Kosten sowie die Übernahme des Insolvenzrisikos für Mieter. All diese wirtschaftlichen Nachteile für die Leistungserbringer sind jedoch in der Praxis nicht so schwerwiegend, wie sie im ersten Augenblick den Eindruck erwecken. Und zwar können diese Nachteile durch die Unternehmen selbst aufgefangen, sozusagen neutralisiert werden. Voraussetzung dafür sind natürlich gewisse Änderungen im Betriebsablauf und bei der Gebührengestaltung. So könnte der Verwaltungs- und Betreuungsmehraufwand durch die Einstellung von mehr Personal und durch die Erweiterung des technischen Bestandes aufgefangen werden. Aber auch die dadurch verursachten höheren Kosten für die zusätzliche Beschäftigung von Personal und die Investitionskosten für die zusätzliche Technik sowie das übernommene Insolvenzrisiko für Mieter sind für die Versorgungs- und Entsorgungsunternehmen nicht unzumutbar: Denn es handelt sich bei den von dem Wortlaut des § 4 Abs. 5 MHG erfaßten Leistungserbringern (Wasserversorgungs-, Abwasserbeseitigungs- und Müllentsorgungsunternehmen) um Unternehmen mit Monopolstellung, so daß sie keinem Konkurrenzkampf ausgesetzt sind. Dementsprechend können sie die Mehrkosten durch eine entsprechende Gebührenerhebung auf die Mieter abwälzen, so daß alle Kosten, die dem Leistungserbringer durch die Direktabrechnung bzw. durch den Direktvertrag mit den Mietern zusätzlich entstehen, sich auf kurz oder lang amortisieren würden.

---

[1] Seifert, GWF/R+S 1995, 3, 5.

[2] Seifert, GWF/R+S 1995, 3, 5.

d) Ergebnis

Fazit dieser Interessenanalyse ist, daß die wirtschaftliche Situation aller drei Parteien sowohl durch Direktabrechnung als auch durch Direktvertrag zwischen Versorgungs- bzw. Entsorgungsunternehmen und Mietern unterschiedlich betroffen wird:

1. Den Verwaltungsaufwand, die Verwaltungskosten und die Gesamtverantwortung einschließlich des Risikos des pünktlichen Zahlungseinganges und des Insolvenzrisikos für einzelne Mieter wälzt der ***Vermieter*** bei Direktvertrag auf das Versorgungs- und Entsorgungsunternehmen ab. Er löst sich also aus seinen Verpflichtungen in bezug auf Wasser, Abwasser und Müll und profitiert damit aus dem Direktvertrag in jeder Hinsicht. Überträgt er lediglich die Abrechnungspflicht auf den Mieter, so entledigt er sich zumindest des Verwaltungsaufwandes und der damit verbundenen Kosten und befreit sich aus seiner Rolle einer „kostenlosen Inkassostelle".

2. Im Gegenzuge nimmt nun das ***Versorgungs- und Entsorgungsunternehmen*** Nachteile auf sich. Es muß mit einem höheren Kosten- und Verwaltungsaufwand rechnen, zugleich mit einem sinkenden Leistungsbedarf. Im Falle der Umstellung auf Direktverträge mit den Mietern muß der Leistungserbringer zusätzlich noch das Insolvenzrisiko für zahlungsunfähige- und unwillige Mieter übernehmen. Diese Nachteile kann er aber durch eine veränderte Betriebsorganisation und durch die Abwälzung der daraus entstehenden Mehrkosten in Form der Gebührenerhöhung auf den Mieter abwälzen und damit neutralisieren.

3. Der ***Mieter*** ist nun für die Kosten seines Verbrauchs direkt verantwortlich, d.h. im Außenverhältnis und nicht mehr lediglich im Innenverhältnis zum Vermieter. Jedoch wird er sowohl durch die Direktabrechnung als auch durch den Direktvertrag in die Lage versetzt, seinen privaten Wasserverbrauch und seinen verursachten Müll zu ermitteln und seine Nebenkosten zu senken. Er muß nicht mehr für den „Verschwender" mitbezahlen und erhält damit einen Anreiz zum ökologischen Umgang mit diesen Ressourcen. Es liegt nun also an ihm selbst, seine Nebenkosten in bezug auf Wasser, Abwasser und Müll zu minimieren. In Anbetracht dieser Möglichkeiten werden die meisten Mieter eine Eigenverantwortung wohl gern in Kauf nehmen, so daß sie sowohl von der Direktabrechnung als auch vom Direktvertrag wirtschaftlich gesehen profitieren.

Eine Gewichtung dieser unterschiedlich betroffenen Interessen wird den späteren Ausführungen in dieser Arbeit vorbehalten.[1]

---

[1] Siehe Kapitel 4 E VII, S. 79 ff.

3. Kapitel

Die Installation von Wohnungswasserzählern und die rechtlichen Möglichkeiten zum Übergang auf verbrauchsabhängige Abrechnung sowie die Frage nach der Verteilung der dadurch verursachten Kosten

Eines Direktvertrages zwischen Mieter und Versorgungs- bzw. Entsorgungsunternehmens bedürfte es womöglich nicht, wenn mietvertragsrechtlich sicherzustellen wäre, daß trotz Zwischenschaltung des Vermieters die verbrauchsabhängige Abrechnung der Wasserkosten und der Abwasser- und Müllgebühren in jedem Falle möglich wäre. Im Rahmen des Mietverhältnisses würde dies gewährleistet durch die Installation von Wohnungswasserzählern bzw. durch die Bereitstellung von separaten Müllgefäßen durch den Vermieter für alle Wohnungen und die entsprechende separate Abrechnung der Kosten.

I. Der private Erwerb von Wohnungswasserzählern

Der Erwerb von Wohnungswasserzählern, auch Zwischenzähler genannt, ist für sich genommen unproblematisch. Denn ihre Installation ist nicht ausschließlich den Wasserversorgungsunternehmen vorbehalten. Vielmehr sind Zwischenzähler z.B. bei den privaten Vertriebsfirmen erhältlich, die auch die Wasserversorgungsunternehmen mit Wasserzählern beliefern. Sie kosten in der Regel zwischen 50 und 60 DM. Zwischenzähler befinden sich aber auch im Warensortiment von Heimwerker-Fachgeschäften wie „OBI", „Praktiker", „Stinnes", können also dort von jedermann käuflich erworben werden. Zum Teil handelt es sich hierbei um die gleichen Geräte, die von den zentralen Vertriebsfirmen angeboten werden. Es gibt aber auch Geräte mit Qualitätsunterschieden. Die Anbringung dieser Geräte ist dabei nicht den fachlich kompetenten Gas- und Wasserinstallationsbetrieben vorbehalten, sondern sie kann bei fachgerechter Vorgehensweise auch von Laien vorgenommen werden. Zwischenzähler können aber auch bei den Installationsfirmen erworben werden, wobei der Erwerb dann üblicherweise in einem Zuge mit der Anbringung durch das Unternehmen erfolgt.

Einige Landkreise und kreisfreie Städte (z.B. die Stadt Oberursel in Hessen) zahlen sogar Zuschüsse für den Einbau von Zwischenzählern in Mehrfamilienhäusern, und zwar bis zu 150,- DM pro Haushalt. Dadurch sollen Einsparpotentiale mobilisiert werden, die dem Grundwasserschutz dienen.[1]

II. Eichung und Haltbarkeitsdauer von Wohnungswasserzählern

Wasserzähler dienen der Abwicklung des geschäftlichen Verkehrs mit dem Verbraucher. Die richtige Anzeige der Wasserzähler ist dabei für die Wasserversorgungsunternehmen von großer wirtschaftlicher Bedeutung,[2] da Differenzen zwischen der verkauften und geförderten Wassermenge zu erheblichen finanziellen Schwierigkeiten führen könnten und so eine Gefährdung der Wasserversorgung und damit der gesamten Volksgesundheit zu befürchten wäre. Deshalb besteht grundsätzlich für alle Wasserzähler, seien es nun Haus-[3] oder Wohnungswasserzähler[4], die Eichpflicht, und zwar nach dem Gesetz über das Meß- und Eichwesen (Eichgesetz)[5]. Die Eichgültigkeitsdauer ist in der Eichordnung[6] festgelegt. Bisher betrug sie 8 Jahre. Diese Gültigkeitsdauer wurde jedoch in der 1992 geänderten und ab dem 1. Januar 1993 geltenden Fassung der Eichordnung auf nunmehr 6 Jahre verkürzt, um geringere Abweichungen vom richtigen Wert, d.h. weniger Überschreitungen der zulässigen Verkehrsfehlergrenzen, zu gewährleisten.[7] Für alle vor dem 1.1.1993 geeichten Zähler endet mithin die Eichgültigkeitsdauer spätestens am 31.12.1998; allerdings wurde für Wohnungswasserzähler eine Übergangsfrist bis zum 31.12.2000 festgelegt. Anstelle einer Eichung kann jedoch auch eine Beglaubigung durch eine staatlich anerkannte Prüfstelle erfolgen.[8] Sollten bei Zählern bereits vor Ablauf der 6 Jahresfrist Zweifel an deren Haltbarkeit aufkommen, etwa weil Unregelmäßigkeiten auftreten, so müssen sie außer der Reihe überprüft und eventuell repariert und beglaubigt bzw. ausgetauscht werden.[9]

---

[1] So Schulte=Beckhausen, Der Städtetag 1996, 761, 766.

[2] Mutschmann/Stimmelmayr, S. 369; Ludwig/Odenthal, § 18 S. 150 ff.

[3] Hauswasserzähler, auch Haupt- oder Gesamtbezugszähler genannt, werden zumeist in Wohnhäusern installiert zur Messung des Wasserverbrauchs aller Wohnparteien bzw. mehrerer oder auch einzelner Wohnparteien.

[4] Wohnungswasserzähler, auch Zwischenzähler genannt, werden innerhalb der einzelnen Wohnungen installiert, und zwar in Häusern ab mindestens zwei Wohnparteien.

[5] Gesetz über das Meß- und Eichwesen (Eichgesetz) vom 23. März 1992 (BGBl. I S. 712-718), geändert durch Art. 4 Wirtschaftsänderungsgesetz (Gesetz zur Änderung von Gesetzen auf dem Gebiet des Rechts der Wirtschaft) vom 21. Dezember 1992 (BGBl. I S. 2133-2134).

[6] Eichordnung vom 12. August (BGBl. I S. 1657-1684), zuletzt geändert durch die 2. Verordnung zur Änderung der Eichordnung vom 21. Juni 1994 (BGBl. I S. 1293-1287), hierzu 23 Anlagen vom 12. August 1988.

[7] Mutschmann/Stimmelmayr, S. 369.

[8] Handbuch für Wassermeister, S. 304.

[9] Mutschmann/Stimmelmayr, S. 369; Handbuch für Wassermeister, S. 304.

III. Die in der Praxis üblichen Abrechnungsmaßstäbe für Wasserkosten in Bestandswohnungen

Die Umlage der Kosten für die Wasserversorgung kann nach dem Verhältnis der Wohnflächen oder nach einem Maßstab, der dem unterschiedlichen Wasserverbrauch der Wohnparteien Rechnung trägt, umgelegt werden (§ 21 Abs.2 S.2 NMV). Diese Regelung gilt zwar nur für den preisgebundenen Wohnraum. Denn beim freifinanzierten Wohnraum können die Parteien den Umlagemaßstab frei vereinbaren, oder der Vermieter kann den Umlagemaßstab nach billigem Ermessen bestimmen (§§ 315, 316 BGB).[1] Jedoch sind die §§ 20 ff. NMV für die rechtliche Kontrolle von Umlagevereinbarungen und -bestimmungen bei freifinanzierten Wohnungen von wesentlicher Bedeutung; die Umlage von Betriebskosten bei freifinanzierten Wohnungen muß diesen Maßstäben entsprechen.[2] Letztendlich erfolgt beim freifinanzierten Wohnraum die Umlage dieser Kosten also nicht wesentlich anders als beim preisgebundenen Wohnraum. Die Wasserkosten werden folglich überall nach dem Verhältnis der Wohnflächen oder einem Maßstab, der dem unterschiedlichen Wasserverbrauch der Wohnparteien Rechnung trägt, umgelegt. Als Maßstab, der dem unterschiedlichen Wasserverbrauch der Wohnparteien Rechnung trägt, ist zulässig die Umlage der Kosten nach dem Verbrauch der einzelnen Parteien bei Verwendung von Wohnungswasserzählern, aber auch die Verteilung nach der Personenzahl, da mehr Personen in der Regel auch mehr Wasser verbrauchen.[3] Letzterer Maßstab hat jedoch den Nachteil, daß sich die Personenzahl ständig ändern kann, womit ein sachgerechtes Abrechnungsergebnis unter Umständen nicht mehr gewährleistet werden kann.[4]

Bei der Verteilung der Wasserkosten nach festen Maßstäben dürfen Waschmaschinen grundsätzlich nicht berücksichtigt werden, da es hierfür an einer gesetzlichen und regelmäßig auch an einer vertraglichen Grundlage fehlt.[5] Und zwar gehört der Betrieb einer Waschmaschine zur üblichen Nutzung einer Wohnung, wodurch der Vermieter dem Mieter die Verwendung eines solchen Gerätes nicht verbieten kann[6] und insoweit auch keine gesonderten Kosten in Rechnung stellen

1 Sternel, Rdn. 797 ff; Blank, DWW 1992, 65, 67; Köhler, § 160 Rdn. 19.

2 Blank, DWW 1992, 65, 67.

3 MieWo-Schmid, § 21 NMV Rdn. 3.

4 OLG Hamm, WM 1983, 315, 316; AG Siegburg, WM 1995, 120; MieWo-Schmid, § 21 NMV Rdn. 3; Köhler, § 44 Rdn. 14 u. § 160 Rdn. 20.

5 Vgl. AG Bergisch Gladbach, WM 1994, 549: wonach die Berücksichtigung einer Haushaltswaschmaschine in der Wasserabrechnung nach Personenzahl mit einem Ansatz von 0,25 Personen fehlerhaft ist.

6 Ein vertragliches Verbot des Betriebs einer Waschmaschine ist nichtig: § 138 Abs. 1 BGB; § 9 AGBG (AG Hameln, WM 1994, 426).

kann.[1] Da heutzutage ein Geschirrspüler ebenso zur üblichen Nutzung einer Wohnung gehört wie eine Waschmaschine, kann für dieses Gerät nichts anderes gelten.[2]

Früher wurden die Kosten für die Versorgung der Mieterhaushalte mit Wasser zumeist nach Quadratmetern Wohnfläche umgelegt. Aufgrund der in der Vergangenheit ständig steigenden Wasserpreise und im Zuge der Entwicklung bewußterer Verbrauchsgewohnheiten in der Bevölkerung ist die Forderung nach der Verteilung der Wasserkosten nach Haushaltsmitgliedern immer lauter geworden, da diese Abrechnungsmethode dem unterschiedlichen Wasserverbrauch der Parteien Rechnung trägt, wie auch dem Wortlaut des § 21 Abs.2 S.2 NMV zu entnehmen ist. Dies heißt jedoch nicht, daß die Abrechnung nach dem Wohnflächenmaßstab in der Praxis völlig verschwunden ist. Vielmehr wird dieser Verteilungsmaßstab nach wie vor angewendet und ein Beharren der Vermieter auf der Abrechnung nach Wohnfläche ist auch nicht rechtsmißbräuchlich.[3]

Zwar existieren keine Statistiken darüber, inwieweit heute noch nach Wohnflächen und nach Personen abgerechnet wird und ebenso auch nicht darüber, wie groß inzwischen der Anteil an Mieterhaushalten ist, bei denen die verbrauchsabhängige Abrechnung praktiziert wird. Aus der Korrespondenz zwischen dem Deutschen Mieterbund und der Verfasserin ging jedoch hervor, daß es durchaus noch gängig ist, die Wasserkosten nach Quadratmetern Wohnfläche abzurechnen, daß allerdings insbesondere die größeren Vermietungsgesellschaften dazu übergehen, diese Kosten nach Personen abzurechnen bzw. den Personenmaßstab bereits praktizieren.

Mit Abstand am geringsten ist jedoch derzeit noch der Anteil an vermieteten Bestandswohnungen, bei denen der Vermieter mit seinen Mietern bereits verbrauchsabhängig abrechnet. Es handelt sich hierbei in erster Linie um Vermieter, die lediglich eine, zwei bzw. nur wenige Wohnungen vermieten oder gar selbst eine der Wohnungen in diesem Hause bewohnen. Prozentual gemessen am gesamten deutschen Mietmarkt nehmen diese Konstellationen allerdings eher einen geringen Stellenwert ein, da dieser Markt zumeist geprägt wird durch Wohnungsgesellschaften und -genossenschaften mit Beständen von oftmals mehr als 100 oder gar 1000 Wohnungen. Trotz alledem sind diese Vermietungen „im kleinen Stil" nicht zu vernachlässigen. Sie haben den Vorteil, daß bei einer Umwandlung des bisherigen festen Abrechnungsmaßstabes in den verbrauchsabhängigen Maßstab mit keinem größeren Verwaltungsaufwand und damit keinen erheblich höheren Personal- und Sachkosten für den Vermieter zu rechnen ist, wie dies etwa für die größeren Vermietungsgesellschaften der Fall wäre. Eine Umstellung auf verbrauchsabhängige Abrechnung der Wasserkosten führt hier hingegen für den Vermieter zu keinem unzumutbaren Mehraufwand, wodurch dieser Vermieter in der Praxis oft be-

[1] AG Bergisch Gladbach, WM 1994, 549.

[2] Ähnlich auch Staudinger-Emmerich, §§ 535, 536 Rdn. 79 mit Hinweis auf LG Saarbrücken, WM 1989, 558 (für Trockenautomaten) und LG Hamburg, WM 1989, 9 (für Geschirrspülmaschinen).

[3] MieWo-Schmid, § 21 NMV Rdn. 3 mit Hinweis auf AG Köln, ZMR 1987, 473; Köhler, § 44 Rdn. 14 mit Hinweis auf OLG Hamm, NJW 1984, 984 = WM 1984, 52.

reit ist, nach Installation von Wohnungswasserzählern mit den einzelnen Mietparteien separat, d.h. verbrauchsabhängig abzurechnen. Hinzu kommt in diesen Fällen, daß das Verhältnis zwischen „Klein“-Vermietern und ihren Mietern in der Regel nicht so anonym ist wie etwa zwischen Vermietungsgesellschaften mit über 1000 Wohnungen und ihren Mietvertragsparteien, so daß man sich einander schon „eher entgegenkommt“ und so der „Klein“-Vermieter wohl auch stärker gewillt ist, ständige Unstimmigkeiten zwischen seinen Mietparteien über „zuviel“ gezahlte -da nicht verursachte- Wasserkosten auszuräumen. Denn ein Vermieter von wenigen Wohnungen schaltet in der Regel für deren Verwaltung keine Firma ein, sondern erfüllt die Vermieterpflichten selbst, so daß er zwangsläufig auch mit sämtlichen Problemen unmittelbar konfrontiert wird und daher meistens an einem harmonischen Miteinander interessiert ist. Oder der Vermieter ist an der gerechten Verteilung der Kosten aus dem Grunde interessiert, daß er selbst mit im Hause wohnt und für „seine verschwenderischen Mieter“ nicht mitbezahlen will.

Zusammenfassend läßt sich also feststellen, daß in der Praxis auch bei Bestandswohnungen schon verbrauchsabhängig abgerechnet wird. Dies ist aber eher die Ausnahme. Derzeit erfolgt die Verteilung der Wasserkosten bei Bestandswohnungen überwiegend nach Wohnfläche oder Personenzahl, wobei die Abrechnung nach der Personenzahl zunimmt und die Abrechnung nach dem Verhältnis der Wohnflächen immer mehr verdrängt wird. Die allgemeine Tendenz geht also in die Richtung derjenigen Maßstäbe, die dem unterschiedlichen Wasserverbrauch der Wohnparteien Rechnung tragen (§ 21 Abs.2 S.2 NMV).

IV. Verbrauchsabhängige Abrechnung bei Neubauten und sanierten Altbauten

Anders ist dies bei Neubauten und sanierten Altbauten: Und zwar schreiben inzwischen fast alle Bauordnungen der einzelnen Bundesländer vor, daß Neubauwohnungen von vornherein mit Wasserzählern ausgerüstet und Altbauten bei ihrer Sanierung -soweit wirtschaftlich vertretbar- nachgerüstet werden.[1] Für den allgemeinen Wohnungsbestand bestimmt nur die Hamburgische Bauordnung, daß bis zum Jahre 2004 grundsätzlich alle Wohnungen mit Wasserzählern ausgestattet werden müssen. Sind für alle Wohnungen Wasserzähler vorhanden, so muß der Vermieter von preisgebundenem Wohnraum verbrauchsabhängig abrechnen (§ 21 Abs. 2 NMV).[2] Jedoch ist hierbei zu bedenken, daß die technischen Voraussetzun-

---

[1] Z.B. §§ 43 Abs.3 BbgBO; 40 Abs.2 LBauOM-V; 42 Abs.4 NBauO; 40 Abs.2 SächsBO; 43 Abs.3 BauOLSA; 40 Abs.3 ThürBO.

[2] Bei nicht preisgebundenem Wohnraum besteht für den Vermieter gem. § 4 Abs. 5 MHG die Befugnis, grundsätzlich aber nicht die Pflicht, die Kosten für den Wasserverbrauch verbrauchsabhängig bzw. -orientiert abzurechnen: Sternel, Rdn. A 90, 788. Bestehen für die einzelnen Wohnungen jedoch Meßeinrichtungen und übernimmt der Mieter diese, gilt die Meßmethode als vereinbart. Es muß insoweit nach dem gemessenen Individualverbrauch umgelegt werden: Köhler, § 160 Rdn. 20.

gen für eine verbrauchsabhängige Abrechnung bei Bestandswohnungen nicht immer leicht zu schaffen sind, da in der Regel mehrere Wasserleitungen in eine Wohnung führen.[1] In derartigen Fällen ist die Installation von Wohnungswasserzählern nicht möglich, so daß z.B. auf die Installation von Einzelzählern im Keller zurückgegriffen werden muß.

V. Anspruch des Mieters einer Bestandswohnung gegen den Vermieter auf Anbringung eines Zwischenzählers und Änderung des Umlagemaßstabes

In der Praxis kommt es immer wieder vor, daß einzelne Mieter eine verbrauchsabhängige Erfassung und Abrechnung der Wasser- und Abwasserkosten verlangen, vor allem dann, wenn die Wohnungen unterschiedlich belegt sind und nach Quadratmetern Wohnfläche abgerechnet wird. Der vereinbarte oder gem. §§ 315, 316 BGB bestimmte Umlagemaßstab müßte dann geändert werden. Ein solcher Anspruch des Mieters ist im Gesetz jedoch nicht vorgesehen und auch nach § 4 Abs. 5 MHG steht das Recht, die verbrauchsabhängige Abrechnung zu verlangen, nicht dem Mieter, sondern einzig dem Vermieter zu. Da die Regelung des § 4 Abs. 5 MHG jedoch nicht der Verwaltungsvereinfachung zugunsten des Vermieters, sondern ökologischen Gesichtspunkten dient, wird unter besonderen Voraussetzungen auch dem Mieter ein Anspruch auf eine verbrauchsabhängige Änderung des Umlagemaßstabes eingeräumt, sofern sich der Vermieter ohne triftigen Grund weigert, von seinem Gestaltungsrecht Gebrauch zu machen. Ein solcher Anspruch wird bejaht, wenn der unterschiedliche Anteil der Nutzer an einer bestimmten Kostenposition für den Vermieter evident ist, die Einführung des verbrauchsabhängigen Maßstabes zu erheblich gerechteren Abrechnungsergeb-nissen führt und ein Wechsel des Umlageschlüssels technisch möglich und dem Vermieter zumutbar ist.[2] Die beiden ersteren Voraussetzungen wurden in der Rspr. angenommen, wenn die Umlage der Wasserkosten nach dem Flächenmaßstab wegen der unterschiedlichen Belegungsdichte zu einem unbilligem Ergebnis führt, z.B. wenn in zwei gleichgroßen Wohnungen zum einen eine Einzelperson wohnt und zum anderen eine fünfköpfige Familie[3] oder wenn eine Einzelperson den gleichen Wasserkostenanteil trägt wie eine mindestens siebenköpfige Familie[4]. Schon bei Betrachtung dieser Voraussetzungen wird deutlich, daß sich der Anspruch auf Änderung des Umlagemaßstabes auf wenige Ausnahmefälle beschränkt.

Ein grundsätzlicher Anspruch für Mieter gegen ihre Vermieter auf Übergang zu einem verbrauchsabhängigen Maßstab ist nach bestehender Praxis also nicht aus

[1] Schläger, ZMR 1994, 189, 194; Pegande/Frantzioch, § 4 Anm. 13.

[2] Sternel, A 99; Blank, Mietrecht S. 68; Pegande/Frantzioch, § 4 Anm. 13; Schilling/Meyer, ZMR 1994, 497, 500; Blank, WM 1993, 503, 509; ders. DWW 1992, 65, 69.

[3] Z.B. LG Aachen, DWW 1991, 284; Blank, DWW 1992, 65, 69.

[4] LG Aachen, DWW 1991, 284, 285.

§ 4 Abs. 5 MHG und auch aus keiner anderen Norm herleitbar.[1] Besteht aber kein allgemeiner Mieteranspruch auf Übergang zum verbrauchsabhängigen Maßstab, so haben sie erst recht gegen den Vermieter keinen Anspruch auf Einbau einer eigenen Wasseruhr, wenn vertraglich die Kosten nach festen Maßstäben verteilt werden sollen.[2] Die Entscheidung über die Installation von Zwischenzählern und die Änderung des Verteilungsschlüssels bei Bestandswohnungen liegt gem. § 4 Abs. 5 MHG also allein beim Vermieter. Ob hingegen ein Anspruch des Mieters gegen den Vermieter auf Zustimmung zum Einbau eines Wohnungswasserzählers durch den Mieter selbst besteht und wenn ja, ob sich hieraus dann zwangsläufig auch ein Anspruch des Mieters auf verbrauchsabhängige Abrechnung herleiten läßt, ist noch zu prüfen.[3]

VI. Die Kosten für Zwischenzähler

In der Praxis kommt es jedoch auch vor, daß der Vermieter dem Wunsch seiner Mieter nach verbrauchsabhängiger Abrechnung entgegenkommt und bereit ist, in den einzelnen Mietwohnungen Zwischenzähler zu installieren bzw. installieren zu lassen[4] oder dies gar gegen den Willen seiner Mieter gem. seinem Optionsrecht aus § 4 Abs. 5 S.1 Nr. 1 MHG durchsetzt. Dabei ist jedoch zu beachten, daß die hierbei anfallenden Kosten auf den Mieter abgewälzt werden können.

Werden die Zwischenzähler vom Vermieter für die einzelnen Haushaltungen gemietet, so fällt der Mietzins gem. § 4 Abs. 1 MHG i.V.m. § 27 der II. BV Anlage 3 Nr. 2 unter die Betriebskosten. Die Kosten für die Miete der Zwischenzähler werden dann zusammen mit dem Wassergeld erhoben; aber auch Eichkosten, die der Vermieter entrichten muß, gehören zu dieser Kostenart, hingegen nicht Reparaturkosten.[5]

Kauft der Vermieter freifinanzierter Wohnungen die Zwischenzähler für die einzelnen Haushaltungen, so findet § 3 MHG Anwendung. Danach kann der Vermieter eine Erhöhung der jährlichen Miete um 11 % der für die Wohnung aufgewendeten Kosten verlangen, wenn er bauliche Maßnahmen durchgeführt hat, die nachhaltig Einsparungen von Wasser bewirken (Modernisierung). Als Wasser einsparend ist jede Maßnahme anzusehen, die den Wasserverbrauch mindert[6], hauptsächlich der Einbau von Wasserzählerrn oder ähnlichen Geräten.[7] Folglich kann der Vermieter den Kaufpreis für Zwischenzähler bei der freifinanzierten Wohnung nach § 3 MHG auf die Mieter umgelegen.

---

[1] So auch Schläger, ZMR 1994, 189, 190; Schilling/Meyer, ZMR 1994, 497, 500; Sternel, Rdn. A 99.

[2] Siehe hierzu LG Wuppertal, WM 1989, 520.

[3] Siehe Kapitel 3 VII, S. 31 ff.

[4] Siehe hierzu die Argumentation in Kapitel 3 III, S. 27.

[5] Fischer=Dieskau/Pegande/Schwender Bd. 4, II. BV § 27 Anm. 5.

[6] Palandt-Putzo, § 3 MHG Rdn. 12.

[7] Barthelmess, § 3 MHG Rdn. 11 b.

Bei den preisgebundenen Wohnungen ergibt sich das Recht zur Mieterhöhung aus § 6 Abs. 1 NMV i.V.m. § 11 Abs. 6 der II. BV; jedoch muß der Vermieter von preisgebundenem Wohraum die Zustimmung der Bewilligungsstelle zum Einbau der Wasserzähler einholen (§ 11 Abs. 7 II. BV). Dazu addieren sich Wartungs-, Ablese- und Eichkosten sowie die Kosten der verbrauchsabhängigen Umlage (z.B. Verwaltungskosten). Umlagefähig sind aber auch die Kosten einer Abrechnungsfirma.[1] Nach dem Einbau von Zwischenzählern kann die Miete um 11 % der tatsächlichen Kosten pro Jahr (Modernisierung) erhöht werden.

VII. Der Einbau von Zwischenzählern durch die Mieter selbst und die Auswirkungen auf den Abrechnungsmaßstab

1. Generelles Mieterrecht: Anbringung von Einrichtungen

Fraglich ist allerdings, ob der Mieter berechtigt ist, auf eigene Kosten selbst einen Zwischenzähler einzubauen bzw. einbauen zu lassen. Dies wäre dann zu bejahen, wenn es sich bei Zwischenzählern um eine Einrichtung i.S.d. § 547 a BGB handelte. Denn die Anbringung einer „Einrichtung" in Mietwohnungen bedarf keiner Genehmigung durch den Vermieter, vorausgesetzt, daß es sich bei dem Eingriff in die Bausubstanz um eine lediglich geringfügige Einwirkung handelt, die nach Beendigung des Mietverhältnisses ohne weiteres wieder rückgängig gemacht werden kann.[2] Der Begriff der Einrichtung i.S.v. § 547 a BGB ist gesetzlich nicht definiert. Nach der Rspr. sind darunter bewegliche Sachen zu verstehen, die mit der Mietsache zusätzlich verbunden werden, um deren wirtschaftlichem Zweck zu dienen.[3] Begrifflich setzt eine Einrichtung voraus, daß eine zusätzliche bewegliche Sache mit der Mietsache körperlich in wieder trennbarer Weise verbunden wird, wobei die Art und der Grad der Verbindung unerheblich sind.[4] Bei der Verbindung beweglicher Sachen mit dem Gebäude durch den Mieter ist i.d.R. davon auszugehen, daß sie nur zu einem vorübergehenden Zweck geschieht, so daß die eingefügten Sachen nicht Bestandteile des Gebäudes und somit auch nicht Eigentum des Vermieters werden, sondern grundsätzlich der Mieter Eigentümer der Einrichtung bleibt.[5] Zweifelsohne handelt es sich bei Zwischenzählern um bewegliche Sachen.

[1] Blank, Mietrecht S. 68.

[2] Blank, Mietrecht S. 118; OLG Celle, MDR 1969, 845: Anbringung von Apparaten und Maschinen; LG Osnabrück, WM 1986, 231: Anbringung einer Holzvertäfelung; KG, ZMR 1972, 80, 81: Anbringung von Schaltern und Steckdosen; AG Husum, WM 1986, 159: Installation eines Telefonanschlusses; AG Lübeck, DWW 1988, 143: Einbau einer Gasetagenheizung.

[3] RGZ, 106, 49, 51 f; BGH, NJW 1987, 2861 = ZMR 1987, 371.

[4] Weimar, ZMR 1964, 69; Staudinger-Emmerich, § 547 a Rdn. 4; MüKo-Voelskow, § 547 a Rdn. 2.

[5] BGH, NJW 1969, 40; BGH, WM 1991, 486; Staudiger-Emmerich, § 547 a Rdn. 7; MüKo-Voelskow, § 547 a Rdn. 4.

Sie werden an bzw. zwischen die Rohrleitungen montiert, also mit den Wasserversorgungsleitungen -die Zubehör der Mietsache sind[1]- körperlich verbunden, können aber jederzeit wieder ausgebaut werden. Zwischenzähler sind mithin bewegliche Sachen, die der Mieter nur vorübergehend in die Mietsache einfügt und an denen er somit gem.§ 95 Abs.1 S.1 BGB das Eigentum behält.

Diese Rechtslage wird insbesondere auch durch die Handhabung bezüglich Hauptwasserzählern deutlich. Gem. § 18 Abs. 2 AVBWasserV bzw. der dieser Regelung entsprechenden öffentlich-rechtlichen Satzungsvorschrift behält sich das Wasserversorgungsunternehmen die Auswechslung und Änderung der Meßeinrichtungen vor, woraus sich ergibt, daß Eigentümer der Hauptwasserzähler auch nach deren Einbau das Wasserversorgungsunternehmen bleibt.

Möchte sich also der Mieter in seiner Wohnung auf eigene Kosten einen Zwischenzähler einbauen bzw. einbauen lassen, um seinen persönlichen Wasserverbrauch direkt vor Augen zu haben und somit kontrollieren zu können, so kann er dies ohne weiteres tun, denn es handelt sich bei Zwischenzählern um Einrichtungen i.S.v. § 547 a BGB. Für die Anbringung dieses Gerätes braucht er somit keine Genehmigung seines Vermieters, vorausgesetzt, daß dadurch nicht oder nur geringfügig in die Bausubstanz des Gebäudes eingegriffen wird.[2] Ein Eingriff in die Bausubstanz ist bei der Installation von Zwischenzählern jedoch regelmäßig nicht zu befürchten. Jedoch muß der Mieter bei Beendigung des Mietverhältnisses Einrichtungen, die er während des Mietverhältnisses angebracht hat, auf Verlangen des Vermieters auf eigene Kosten wieder entfernen und den früheren Zustand wiederherstellen (§ 258 S. 1 BGB).[3]

Insoweit ist auch eine Umlegung der Kosten für den Erwerb des Zählers auf den Vermieter nicht möglich. Sämtliche mit dem Zwischenzähler verbundenen Kosten wie Wartungs-, Ablese-, Eichkosten usw. trägt folglich ebenfalls der Mieter selbst.

2. Übertragung von Einrichtungen auf den Vermieter

Allerdings können sich Mieter und Vermieter auch darüber einigen, daß der Wasserzähler bei Auszug des Mieters in der Wohnung verbleiben soll. Der Vermieter kann das Eigentum an der Einrichtung erwerben, indem er dem Mieter eine angemessene Entschädigung zahlt oder eine solche Zahlung anbietet.[4] Der Entschädigungsanspruch des Mieters besteht im Ersatz des Zeitwertes der Einrichtung, wenn der Vermieter ohne Angebot einer Entschädigung verlangt, daß die Einrichtung zurückbleiben soll und der Mieter deshalb von seinem Wegnahme-

---

1 Blank, Mietrecht S. 119

2 Siehe Anmerkung 2, S. 32.

3 OLG Düsseldorf, DWW 1990, 119: Dies gilt sogar, wenn der Vermieter der Maßnahme zugestimmt hat; MüKo-Voelskow, § 547 a Rdn. 6; Staudinger-Emmerich, § 547 a Rdn. 12.

4 AG Aachen, WM 1987, 123; MüKo-Voelskow, § 547 a Rdn. 16; Staudinger-Emmerich, § 547 a Rdn. 23, 25.

recht keinen Gebrauch macht.[1] Die Parteien können aber auch im Vorfeld eine vertragliche Vereinbarung über die Höhe der Entschädigung treffen bzw. das Wegnahmerecht des Mieters vertraglich ausschließen unter Zusage eines angemessenen Ausgleiches (§ 547 a Abs. 3 BGB). Bei freiwilliger Zurücklassung der Einrichtung entfällt dieser Anspruch; hingegen bleibt er bestehen, wenn dem Mieter die Wahl überlassen wird.[2]

In der Praxis unüblich ist eine Kostenumlegung und damit Eigentumsübertragung auf den Vermieter unmittelbar nach der Anbringung des Zählers durch den Mieter (also bei weiterbestehenden Mietverhältnis) und dementsprechend die Erstattung des Kaufpreises und der Installationskosten sowie die Übernahme der in Zukunft anfallenden Wartungs-, Ablese- und Eichkosten durch den Vermieter. Anders wird es sich lediglich in den Fällen verhalten, wo der Vermieter mit der Installation von Zwischenzählern und einer dementsprechenden Änderung des Abrechnungsmaßstabes an sich einverstanden ist, jedoch von den damit verbundenen Besorgungen und einem eventuellen „Ärger über schlechte Handwerker" freigehalten werden will. Diese Fälle werden jedoch die absolute Ausnahme sein und sind daher vernachlässigenswert. Im allgemeinen wird der Mieter also die Kosten für den Wohnungswasserzähler nicht auf den Vermieter umlegen können. Entscheidend ist damit auch hier der Wille des Vermieters.

3. Auswirkungen des Zwischenzählers auf den Abrechnungsmaßstab?

a) Grundsatz

Trotz des Mieterrechtes zum Einbau von Zwischenzählern auf eigene Kosten hat dies nach bestehender Praxis allerdings für die Abrechnung der Wasser- und Abwasserkosten keinerlei Konsequenzen. Der Vermieter ist deshalb nicht gezwungen, eine verbrauchsabhängige Abrechnung aufgrund dieses Zwischenzählers vorzunehmen, denn verbindlich ist nach wie vor der vereinbarte oder gem. §§ 315, 316 BGB bestimmte Umlagemaßstab, also die Verteilung nach festen Maßstäben (Quadratmeter Wohnfläche oder Personenzahl). Die Entscheidung liegt allein beim Vermieter, ob er nunmehr bereit ist, von seinem Optionsrecht nach § 4 Abs. 5 S.1 Nr.1 MHG Gebrauch zu machen, d.h. die verbrauchsabhängige Abrechnung der Wasserkosten und Abwassergebühren bei diesem betreffenden Haushalt vorzunehmen.

---

[1] BGH, WM 1969, 183; MüKo-Voelskow, § 547 a Rdn. 16; Staudinger-Emmerich, § 547 a Rdn. 23, 25.

[2] Staudinger-Emmerich, § 547 a Rdn. 30; MüKo-Voelskow, § 547 a Rdn. 17; Blank, Mietrecht S. 118.

b) Der Normalfall: Weiterhin verbrauchsunabhängige Abrechnung

Handelt es sich um ein Wohnhaus mit wenigen Mietparteien, wird aus Vermietersicht sicher nichts gegen die neue Art der Kostenabrechnung sprechen.[1] Anders wird es jedoch in den überwiegenden Fällen aussehen: Handelt es sich um Häuser mit mehreren Mietparteien oder gar um Wohnblocks, wird der Vermieter zu einer verbrauchsabhängigen Abrechnung mit den einzelnen Mietparteien nicht bereit sein. Denn die Abrechnungsweise im Interesse einzelner zu ändern, ist mit einem erheblichen Personal- und Sachkostenaufwand verbunden, der zu einem Mehraufwand führen würde, da der eine Teil der Gesamtwasserkosten nach Verbrauch auf die mit Zwischenzählern ausgerüsteten Wohnparteien aufgeteilt werden müßte und der verbleibende Kostenanteil auf die restlichen Wohnparteien nach dem alten Maßstab. Von den Mehrkosten abgesehen würde dies auch zu „Reibereien" unter den einzelnen Mietparteien führen. Weiterhin müßte der Vermieter mit ständigen Zählernachrüstungen und bei Auszug der betreffenden Mieter mit dem Ausbau von Zwischenzählern rechnen, worauf sich kein Vermieter einlassen wird. Hat also ein Mieter auf eigene Kosten einen Zwischenzähler in seiner Wohnung angebracht, wird im Normalfall kein Vermieter bereit sein, mit diesem Mieter verbrauchsabhängig abzurechnen.

c) Ausnahmefall 1: Unbilligkeit der verbrauchsunabhängigen Abrechnung nach § 315 BGB

Eine Weigerung des Vermieters zum Übergang auf verbrauchsabhängige Abrechnung bei demjenigen Mieter, der auf eigene Kosten in seiner Wohnung einen Zwischenzähler angebracht hat, könnte allerdings auch ausnahmeweise gem. § 315 BGB unbillig sein. Und zwar sind auch hier diejenigen Fälle zu berücksichtigen, wo die Umlage der Wasserkosten nach dem Flächenmaßstab wegen der unterschiedlichen Belegungsdichte zu einem unbilligen Ergebnis führt, z.B. wenn in zwei gleichgroßen Wohnungen zum einen eine Einzelperson wohnt und zum anderen ein fünfköpfige Familie[2], oder wenn eine Einzelperson den gleichen Wasserkostenanteil trägt wie eine mindestens siebenköpfige Familie[3]. Wie bereits oben[4] festgestellt wurde, wird in derartigen „Extrem"-Fällen dem Mieter von der Rspr. ein Anspruch gegen seinen Vermieter auf Übergang zum verbrauchsabhängigen Maßstab eingeräumt, und zwar unter Bezugnahme auf das Optionsrecht des Vermieters aus § 4 Abs. 5 MHG. Und räumt die Rspr. in diesen Fällen den Mietern einen Anspruch auf verbrauchsabhängige Abrechnung und damit auf die Installation von Zwischenzählern durch den Vermieter ein, so ist ein solcher Anspruch erst recht dann zuzubilligen, wenn die Mieter einen Zwischenzähler sogar auf eigene Kosten installiert haben und damit die praktischen Voraussetzungen für die verbrauchsabhängige Abrechnung bereits geschaffen haben. Allerdings ist eine solche

[1] Siehe Argumentation zu Kapitel 3 III, S. 26 ff.
[2] Z.B. LG Aachen, DWW 1991, 284; Blank, DWW 1992, 65, 69.
[3] LG Aachen, DWW 1991, 284, 285.
[4] Siehe Kapitel 3 V, S. 29.

Handhabung auch hier ausschließlich auf die genannten Ausnahmefälle zu beschränken, nämlich jene, wo die Umlage der Wasserkosten nach festen Maßstäben zu einem unbilligen Ergebnis i.S.d. § 315 BGB führen würde.

d) Ausnahmefall 2: Anspruch auf verbrauchsabhängige Abrechnung gemäß Treu und Glauben (§ 242 BGB)

Ein mietvertraglicher Anspruch auf verbrauchsabhängige Abrechnung könnte aber auch dann anzuerkennen sein, wenn der Vermieter dem Selbsteinbau eines Zwischenzählers durch den Mieter zuvor zugestimmt hat. An sich bedarf es für den Selbsteinbau von Zwischenzählern durch den Mieter zwar keiner Zustimmung durch den Vermieter; denn es handelt sich bei diesen Geräten wie festgestellt[1] um „Einrichtungen" i.S.d. § 547 a BGB, deren Anbringung keiner Genehmigung durch den Vermieter bedarf. Wird der Vermieter jedoch trotzdem von seinem Mieter darüber unterrichtet, daß er einen Wohnungswasserzähler in seiner Wohnung installieren (lassen) will, so tut der Mieter dies nicht ohne Grund. Insbesondere wird der Vermieter dadurch nicht vor die „vollendete Tatsache" gestellt, daß neuerdings ein Zwischenzähler vorhanden ist und nun von dem Mieter die Umstellung auf verbrauchsabhängige Abrechnung gewünscht wird. Vielmehr wird der Vermieter durch diesen Hinweis im Vorfeld über die Pläne des Mieters unterrichtet und erhält mithin die Möglichkeit, sich zu dem geplanten Vorhaben zu äußern.

Ist dem Verhalten des Vermieters dann nicht eindeutig zu entnehmen, ob er mit der verbrauchsabhängigen Abrechnung nach Einbau eines Zwischenzählers einverstanden ist, so muß dieses nach den jeweiligen Umständen des Einzelfalls berücksichtigt werden. Entscheidend kommt es damit darauf an, ob ein durchschnittlicher Mieter in diesem Falle davon ausgehen kann, daß der Vermieter mit einer verbrauchsabhängigen Abrechnung einverstanden ist. Wird ein Vermieter darüber unterrichtet, daß der Mieter einen eigenen Wasserzähler einbauen möchte, so ist für den Vermieter ohne Zweifel klar, daß dieser Mieter einen Nachweis über das von ihm unmittelbar verbrauchte Wasser erbringen und entsprechend auch nur für diese Menge bezahlen möchte. Insofern kann der durchschnittliche Mieter eine deutliche Reaktion vom Vermieter erwarten, wenn er ihm mitteilt, daß er in Kürze einen Zwischenzähler in seiner Wohnung einbauen wird.

Bleibt eine dahingehende Erwiderung des Vermieters aus, so kann der Mieter davon ausgehen, daß der Vermieter gegen eine Abrechnung entsprechend diesem gemessenen Verbauch nichts einzuwenden hat. Denn ein durchschnittlicher Mieter hätte in dieser Situation wohl erwarten können, von seinem Vermieter darauf hingewiesen zu werden, daß eine Umstellung des Verteilungsmaßstabes keinesfalls zu erwarten ist und er daher auf den Einbau eines Zwischenzählers verzichten solle. Baut der Mieter nun daraufhin einen Zwischenzähler auf eigene Kosten ein, so kann er gemäß dem Grundsatz von Treu und Glauben (§ 242 BGB) durchaus darauf vertrauen, daß der Vermieter in Zukunft auch tatsächlich bereit ist, die Wasserkosten dieses Mieters verbrauchsabhängig abzurechnen. Und stimmt der Ver-

[1] Siehe Kapitel 3 VII 1, S. 31.

mieter dem Einbau des Zwischenzählers sogar ausdrücklich zu bzw. heißt er dieses Vorhaben gut, so besteht für den Mieter erst recht Grund zur Annahme, daß der Vermieter in Zukunft mit der verbrauchsabhängigen Abrechnung einverstanden ist.

Es gibt also alles in allem drei Fallkonstellationen, in denen der Vermieter gemäß Treu und Glauben (§ 242 BGB) verpflichtet ist, nach erfolgtem Selbsteinbau eines Zwischenzählers durch den Mieter auf die verbrauchsabhängige Abrechnung überzugehen. Und zwar sind das *erstens* die Abgabe eines auf die verbrauchsabhängige Abrechnung gerichteten Versprechens des Vermieters im Vorfeld, *zweitens* die Zustimmung zum bloßen Einbau des Zwischenzählers und *drittens* die bloße Kenntnisnahme von dem geplanten Zählereinbau durch den Mieter.

Die Erreichung der verbrauchsabhängigen Abrechnung für den Mieter auf diesem Wege wird in der Praxis allerdings die Ausnahme sein. Denn zu einem großen Anteil handelt es sich bei den Vermietern um Vermieter mit vielen Wohnungen, z.B. Wohnungsgesellschaften. Und diese werden dem Einbau von Zwischenzählern entschieden widersprechen und dem Mieter von einem solchen Vorhaben abraten, weil die Umstellung des Verteilungsmaßstabes auf verbrauchsabhängige Abrechnung für diese ausschließlich mit Nachteilen (Mehraufwand) verbunden ist. Daher wird der Vermieter in der Regel den Mieter ausdrücklich darauf hinweisen, daß es zwar sein Recht ist, einen Zwischenzähler auf eigene Kosten zu installieren, er jedoch keinesfalls mit einer Umstellung des Verteilungsmaßstabes rechnen kann, sondern sogar verpflichtet ist, bei Auszug diese Einrichtung wieder zu entfernen, und zwar auf eigene Kosten.

e) Fazit

Ein allgemeiner Anspruch des Mieters gegen den Vermieter auf verbrauchsabhängige Abrechnung der Wasserkosten, nachdem er auf eigene Kosten einen Zwischenzähler in seiner Wohnung installiert hat, besteht nicht. Jedoch ist ein dahingegender Anspruch von Mietern ausnahmsweise zu bejahen, wenn zum einen die verbrauchs*un*abhängige Umlage der Wasserkosten wegen der unterschiedlichen Belegungsdichte der Wohnparteien zu einem unbilligen Ergebnis führen würde (§ 315 BGB) und zum anderen, wenn der Mieter aufgrund vorheriger Inkenntnissetzung des Vermieters über den Selbsteinbau die Umstellung des Verteilungsmaßstabes auf verbrauchsabhängige Abrechnung gemäß Treu und Glauben (§ 242 BGB) erwarten darf.

In Anbetracht der Tatsache, daß es sich hierbei lediglich um Ausnahmefälle handelt, werden in der Praxis alles in allem zu wenig Zwischenzähler auf Veranlassung des Mieters hin in Mietwohnungen installiert. Denn sie nützen dem Mieter wenig, wenn der Vermieter die verbrauchsabhängige Abrechnung verweigert und nach wie vor der sparsame Mieter für den unvernünftigen und verschwenderischen Nachbarn mitbezahlen muß.

VIII. Ergebnis

Der Mieter kann zwar in seiner Wohnung auf eigene Kosten einen Zwischenzähler einbauen bzw. einbauen lassen. Insoweit hat er Anspruch auf Duldung des Vermieters. Hieraus ergibt sich jedoch im allgemeinen kein Anspruch auf verbrauchsabhängige Abrechnung. Selbst wenn der Vermieter zur verbrauchsabhängigen Abrechnung bereit sein sollte, ergibt sich hieraus noch nicht zwangsläufig die 100%-ige Abrechnung nach dem gemessenen Verbrauch. Vielmehr kann er die Wasserkosten gem. § 4 Abs. 5 MHG auch „teilweise" nach dem erfaßten unterschiedlichen Wasserverbrauch der Mieter umlegen, das heißt, z.B. zur Hälfte nach der Wohnfläche und zur Hälfte nach dem gemessenen Verbrauch.[1]

Allein durch die Installation von Zwischenzählern innerhalb des Mietverhältnisses wird also noch längst nicht die streng verbrauchsabhängige Abrechnung der Wasserkosten für die einzelnen Mietparteien garantiert. Vielmehr wird mit der Anbringung solcher Meßgeräte in Mietwohnungen lediglich die sowohl technische als auch rechtliche Voraussetzung für diese Abrechnungsmethode geschaffen. In der Praxis erfolgt die Installation von Zwischenzählern (sei es nun durch die Mieter selbst oder durch den Vermieter) daher regelmäßig nur, wenn vorher feststeht, daß der Vermieter zur verbrauchsabhängigen Abrechnung dann auch bereit ist. Und dies sind keineswegs alle Vermieter.

Solange also die Versorgung der Mieterhaushalte mit Wasser nach wie vor zu den Vermieterpflichten zählt, weil die Versorgungsunternehmen eine eigene Vertragsberechtigung von Mietern ablehnen, ist Wassersparen durch die Installation von Zwischenzählern im Rahmen des Mietverhältnisses zwar möglich. Letzendlich gesichert wird das gesetzgeberische Ziel der Ressourcenerhaltung allerdings einzig durch den Abschluß von Direktverträgen zwischen Wasserversorgungsunternehmen und Mietern. Denn nur dann erhält auch wirklich jeder Haushalt garantiert einen eigenen Wasserzähler, da die Unternehmen für jeden Kunden einen Wasserzähler sowohl liefern als auch anbringen und überwachen müssen, um eine einwandfreie Messung der verbrauchten Wassermenge des Kunden zu gewährleisten (§ 18 Abs. 2 AVBWasserV).[2] Und allein dadurch werden die Mieter zuverlässig in die Lage versetzt, ihren persönlichen Verbrauch zu kontrollieren und zu minimieren. Und da sie auch nur konkret das Wasser, das sie selbst verbrauchen, bezahlen müssen, erhalten sie zusätzlich einen finanziellen Anreiz zum sparsamen Umgang mit der Ressource Wasser.

Wassersparen ist durch die Installation von Zwischenzählern innerhalb des Mietverhältnisses also grundsätzlich möglich, jedoch durch die Begründung von Direktverträgen zwischen Mietern und Versorgungsunternehmen und die darauf beruhende Installation von Einzelzählern durch die Wasserversorgungsunternehmen als Vertragspflicht allein gesichert. Da die Wasserversorgungsunternehmen in

[1] Blank, WM 1993, 503, 507; Sternel, Rdn. A 90; Pegande/Frantzioch, § 4 Anm. 11.

[2] Siehe dazu Kapitel 4 H III, S. 110.

der Regel jedoch nicht bereit sind, die Direktabrechnung auf der Basis einer eigenen Vertragsberechtigung mit den Mietern vorzunehmen, ist zu prüfen, ob und inwieweit diese Unternehmen zum Vertragsabschluß mit Mietern gezwungen werden können.

4. Kapitel

Die Wasserversorgung

Trinkwasser[1] ist unser unentbehrlichstes Lebensmittel.[2] Es kommt in der Natur in Flüssen, Seen, Quellen, Oasen und unterirdisch als Grundwasser vor. Ohne eine tägliche Flüssigkeitsmenge von mindestens o,8 Litern kann der Mensch nur wenige Tage überleben. Die Versorgung der Haushalte mit Trinkwasser ist daher eines der wichtigsten Elemente zur Befriedigung der menschlichen Lebensbedürfnisse. Aus diesem Grunde erfüllt die Wasserversorgung eine öffentliche Aufgabe- gehört zu den kommunalen Pflichtaufgaben[3]. Unternehmensträger sollen daher in erster Linie die Einrichtungen der kommunalen Daseinsfürsorge der Gemeinden oder Gemeindeverbände sein. Unter dem Begriff „Wasserversorgung" faßt man alle Maßnahmen zusammen, die der ausreichenden Bereitstellung von Trink- und Betriebswasser dienen. Dazu gehören Wassergewinnung, -förderung, -aufbereitung, -speicherung, -transport, -verteilung und -abgabe.[4] Jedoch nicht nur die jederzeit ausreichende Belieferung der Bevölkerung und Industrie mit Wasser, sondern auch die Gewährleistung von zweckentsprechender physikalischer, chemischer und bakteriologischer Beschaffenheit ist technische Aufgabe der Wasserversorgungsunter-

---

1 Der Begriff „Trinkwasser" bezeichnet Wasser, das getrunken, vom Verbraucher zur Körperpflege, zum Kochen genutzt wird und mit Lebensmitteln sowie Bedarfsgegenständen in Kontakt kommt. Zu dieser Definition siehe den Wasserversorgungsbericht des Minister des Innern, S. 104.

2 So Nehring in: Taschenbuch der Wasserwirtschaft, S. 993; Smith, S. 112; Wetzel,Technische Hydrobiologie - Trink-, Brauch-, Abwasser, Leipzig 1969 S. 3; Martz, S. 10; Damrath/Cord=Landwehr, Vorwort S. III und S. 5; Kittner/Starke/Wissel, S.15 f.

3 Die zwar nicht völlig unbeschränkte, so doch weitgehende Pflicht der Gemeinde zur Versorgung der Bevölkerung mit Trinkwasser besteht im Rahmen der Zumutbarkeit gegenüber allen natürlichen und juristischen Personen. So Ludwig/Cordt/Stech/Odenthal, I S. 1 und III AVBWasserV S. 278 a. Bezüglich der Energieversorgung, deren Grundsätze auf die Wasserversorgung anwendbar sind vgl. Tegethoff/Büdenbender/Klinger, I § 6 EnergG Rdn. 96 ff; Ludwig/Cordt/Stech/ Odenthal, II § 6 EnergG S. 68 d ff, III § 1 AVBEltV S. 3, III AVBFernwärmeV S. 4; Büdenbender, Rdn. 752 ff. und Evers, S. 129 ff.

4 Wasserversorgungsbericht des Bundesminister des Innern, S. 157; Mutschmann/Stimmelmayr, 11. Aufl. S.11 ff; Martz, S. 10; Damrath/Cord=Landwehr, S.1.

nehmen (WVU) und hat politische, wirtschaftliche, umweltbezogene und soziale Folgen.[1]

A. Die Lieferanten, die technische Seite der Lieferung und des Systems (einschl. Wartung) und die Rechtsquellen der Lieferung

I. Die Lieferanten

Nach Erfindung leistungsfähiger Pumpenantriebsmaschinen[2] trat in geschlossenen Siedlungsgebieten an die Stelle der Einzelversorgung (private Quellzuleitungen, Hausbrunnen, Zisternen, Beifahren von Wasser, Oberflächenwasser etc.) die öffentliche zentrale Wasserversorgung. Eine solche öffentliche zentrale Wasserversorgungsanlage liegt heute vor, wenn sämtliche Anwesen eines Ortes ihr Trinkwasser einer gemeinsamen Wasserversorgungsanlage entnehmen, und zwar durch Zapfhähne.[3] Sie wird von einem Wasserversorgungsunternehmen betrieben. Allein diese Form ist in sowohl wirtschaftlicher als auch in technischer und hygienischer Hinsicht für geschlossene Orte befriedigend und daher von den Gemeinden anzustreben.[4] Zwar kann die Versorgung eines Ortes mit Wasser auch heute noch durch Einzelanlagen, öffentliche Brunnen (Laufbrunnen) und teilzentrale Wasserversorgungsanlagen[5] erfolgen;[6] diese Versorgungsarten sind jedoch in Deutschland weniger verbreitet und werden durch die öffentliche zentrale Wasserversorgung immer mehr verdrängt. Diese Arbeit konzentriert sich daher auf die öffentliche zentrale Wasserversorgung, also die Versorgung der Bevölkerung durch Wasserversorgungsunternehmen.

Hinsichtlich Energieversorgungsunternehmen (EVU) geht das Energiewirtschaftsgesetz von der Funktion, nicht von der Trägerschaft aus. Gleichgültig ist daher, in wessen Hand sich ein Unternehmen befindet und in welcher Rechtsform es betrieben wird. Auf die Wasserversorgung können die im EnergieG für die EVU aufgestellten Begriffsmerkmale entsprechend angewendet werden.[7] D.h., daß ebenso wie die EVU auch die WVU in privater oder öffentlicher Hand, in gemischt-wirtschaftlicher, also privater und öffentlicher Hand, oder in gemischt-

[1] Smith, S. 212; Martz, S. 10 f; Damrath/Cord=Landwehr, S. 1 und 4.

[2] Dampfmaschine, Verbrennungskraftmaschine, Elektromotor.

[3] Mutschmann/Stimmelmayr, 8. Aufl. S. 630.

[4] Mutschmann/Stimmelmayr, 11. Aufl. S. 722.

[5] Solche liegen vor, wenn weniger als 80 v.H. der Einwohner eines Ortes aus einer zentralen Wasserversorgungsanlage versorgt werden.

[6] Mutschmann/Stimmelmayr, 8. Aufl. S. 630. Lediglich in den ländlichen Gebieten kommen diese Versorgungsarten heute noch vor, aber eher selten.

[7] Ludwig/Cordt/Stech/Odenthal, I S. 3.

öffentlicher, also in der Hand mehrerer Körperschaften des öffentlichen Rechts sein können.[1]

In erster Linie sind in Deutschland zwar die Gemeinden und Gemeindeverbände Unternehmensträger, in einigen wenigen Fällen haben Kommunen die Wasserversorgungsaufgabe jedoch auf Privatleute übertragen. Dem steht auch nichts entgegen, denn es handelt sich bei der Wasserversorgung um eine Aufgabe, die nicht notwendigerweise der öffentlichen Hand vorbehalten ist, sondern ebenso von einem Privatmann übernommen werden kann. Der bedeutsamen öffentlichen Aufgabe der „Daseinsfürsorge" für die Allgemeinheit wird in diesen Fällen dadurch genügt, daß zwischen Gemeinde und dem privaten WVU ein Konzessionsvertrag geschlossen wird, der das Unternehmen verpflichtet, die Versorgung nach den gesetzlichen Vorschriften[2] und etwaigen zusätzlichen vertraglichen Vereinbarungen durchzuführen. Es spricht also nichts gegen die „Wahrung der freien Entfaltungsmöglichkeit für die wertvollen Kräfte selbständiger Unternehmensverantwortung"[3], da staatliche Kontrolle besteht.

Soweit die Wasserversorgung durch kommunale Unternehmen, also durch die Gemeinden oder Gemeindeverbände selbst wahrgenommen wird, ist der Begriff der öffentlichen Einrichtung weit auszulegen: Gleichgültig ist, in welcher Rechtsform die Gemeinde oder der Gemeindeverband die Einrichtung führt, etwa als AG, GmbH, Anstalt, Eigenbetrieb oder Zweckverband, ob sie mit Gewinnerzielungsabsicht betrieben wird oder nicht und ob die Einrichtung von der Gemeinde allein oder zusammen mit anderen Gebietskörperschaften betrieben wird.[4] Denn diesbezüglich sind die Gemeinden und Gemeindeverbände rechtlich nicht gebunden, sondern besitzen nach heute einhelliger Auffassung Wahlfreiheit.[5],[6] Aus dieser

[1] Ludwig/Cordt/Stech/Odenthal, I S. 2.

[2] Die öffentliche Wasserversorgung vollzieht sich auf der Grundlage des Wasserhaushaltsgesetzes, der auf dieser Grundlage erlassenen Wassergesetze der Länder sowie einer Reihe von Spezialgesetzen, die hinsichtlich der Wasserqualität und der ständigen hygienischen Überwachung Bestimmungen treffen und der öffentlichen Wasserversorgung bestimmte Sorgfaltspflichten auferlegen, wie die Trinkwasser-Aufbereitungsverordnung, das Bundes-Seuchengesetz und die dazu erlassene Trinkwasser-Verordnung.

[3] Vgl. die Amtliche Begründung zum Energiewirtschaftsgesetz im Zusammenhang mit der Diskussion um die Zuordnung der EVU zum öffentlichen Recht oder zum Privatrecht (Reichsanzeiger 1935 Nr. 297 vom 20.12.1935), welche sinngemäß auf die WVU übertragbar ist.

[4] Siehe hierzu die enumerative Aufzählung von Ludwig/Cordt/Stech/Odenthal, I S. 2 f. und vgl. die dort angegebene Rspr. und Literatur, insb. OVG Lüneburg RBeil 1965, 87 = ET 1965, 617; Peters, S. 300 f; Schwering, Der Städtetag 1954, 141; Kunze/Schmidt, S. 90 ff.

[5] Vgl. etwa Gröttrup, S. 100; Frotscher, S. 1 und 10 ff; Püttner, S. 125 ff und 328; Klebe, S. 16 ff; Reuss in: Staatsbürger und Staatsgewalt, S. 279 ff; Bodanowitz, S. 25. Vgl. weiter die diese Ansicht bestätigenden Senatsurteile vom 28.10.1976 - III ZR 155/74 -, BayVBl. 1977, 219 = VersR 1977, 253 und vom 13.10.1977 - III ZR 122/75 -, VersR 1978, 85 sowie VGH Kassel, ESVGH 25, 59; OVG Lüneburg, VerwRspr. 29, 612 und Maurer, § 14 Rdn. 8.

[6] Dieses Wahlrecht ergibt sich zum einen aus der allgemeinen Rechtsfähigkeit des Staates und seiner rechtlich selbständigen Untergliederungen, zum anderen folgt es aus der kommunalen

Wahlfreiheit ergibt sich folglich, daß das kommunale WVU entweder als Subjekt des öffentlichen Rechts oder als Subjekt des Privatrechts eingerichtet werden kann. Aus dem Grundsatz der freien Formenwahl wird außerdem abgeleitet, daß es der „Kunst der gestaltenden öffentlichen Verwaltungsführung“[1] überlassen sei, auch bei öffentlich-rechtlicher Trägerschaft die Rechtsbeziehung zu den Leistungsempfängern privatrechtlich zu gestalten. Daher sind WVU oft als unselbständige Anstalten des öffentlichen Rechts mit privatrechtlicher Nutzungsordnung organisiert.[2] Trotzdem sind diese Unternehmen grds. als öffentliche Einrichtungen anzusehen.[3] Je nach Größe und Struktur wird von den zuständigen Organen die für das WVU geeignete Unternehmensform festgelegt. Die Versorgungsstruktur in Deutschland ist sehr unterschiedlich. Insgesamt gibt es in der BRD 9000 WVU, die öffentliche Wasserversorgung betreiben.[4,5]

1. Gemeindlicher Regiebetrieb

Bei sehr kleinen Gemeinden, etwa weniger als 3000 Einwohnern wird die Wasserversorgung noch als unselbständiger Betrieb ohne eigene Vermögensverwaltung betrieben. Der Betrieb ist in die allgemeine Verwaltung der Gemeinde eingegliedert. Wegen der überregionalen Bedeutung ist ein Regiebetrieb als WVU zu vermeiden und ein Eigenbetrieb oder eine Eigengesellschaft anzustreben

2. Eigenbetrieb

Ein Eigenbetieb liegt vor, wenn das WVU selbständig gemeindlich mit eigener Vermögensverwaltung entsprechend den Bestimmungen in der Gemeindeordnung[6] und der Eigenbetriebsverordnung bzw. dem Eigenbetriebsgesetz[7] des Landes geführt wird, oft i.V.m. anderen Eigenbetrieben der Gemeinde, wie z.B. einem E-werk. Er besitzt jedoch keine eigene Rechtspersönlichkeit. Die Wirtschaftsführung

---

Organisationsgewalt, die als Bestandteil kommunaler Selbstverwaltung durch Art. 28 GG geschützt ist.

[1] Siehe Wolff, § 23 V a.

[2] Vgl. z.B. OVG Lüneburg, VerwRspr. 29, 612 und Ludwig/Cordt/Stech/Odenthal, III S. 278 b.

[3] Ludwig/Cordt/Stech/Odenthal, I S. 4; Mutschmann/Stimmelmayr, 11. Aufl. S. 723.

[4] Diese Zahl wurde Mutschmann-Stimmelmayr (11. Aufl. S. 723) entnommen.

[5] Vgl. zu den folgenden Darstellungen über die einzelnen Unternehmensformen die Ausführungen in Ludwig/Cordt/Stech/Odenthal, III AVBWasserV S. 278 b und I S. 2 f; Damrath/Cord= Landwehr, S. 230 f; Mutschmann/Stimmelmayr, 11. Aufl. S. 723; Wasserversorgungsbericht vom Minister des Innern, S. 153 f; Wiedemann in: Taschenbuch der Wasserwirtschaft, S. 240 ff.

[6] Z.B. § 113 Niedersächsische GO; § 76 Thüringer Kommunalordnung; § 103 Brandenburger GO; Art. 95 GO für Bayern.

[7] Das Organisationsrecht für die Eigenbetriebe ist festgelegt z.B. in der Eigenbetriebsverordnung für Niedersachsen (GVBl. 1989, S. 318); in dem Eigenbetriebsgesetz für Bremen (BremGBl. 1990, S. 519 i.d.F. BremGBl. 1992, S. 127); im Eigenbetriebsgesetz für Berlin (GVBl. 1987, S. 2730; in der Eigenbetriebsverordnung für Schleswig-Holstein (GVBl. 1974, S. 223 i.d.F. GVBl. 1986, S. 11).

und die Organisation werden in einer Betriebssatzung festgelegt, wobei hierfür meist Mustersatzungen zugrunde gelegt werden. Häufig wird ein Werkausschuß vom Rat der Gemeinde bestimmt, der im Rahmen der Betriebssatzung eigenverantwortlich handeln kann. Der kommunale Eigenbetrieb ist die häufigste und normale Unternehmensform der WVU (meist Stadtwerke).

3. Zweckverband

Auch der Zweckverband ist eine Körperschaft öffentlichen Rechts, aber auch juristische Person. Verbandsmitglieder können hier Gemeinden, andere Körperschaften des öffentlichen Rechts, Landkreise und Bezirke sein. Indem sie sich zu Zweckverbänden zusammenschließen, erfüllen sie gemeinsam die Aufgaben, zu denen sie berechtigt und verpflichtet sind wie etwa die Wasserversorgung. Rechte und Pflichten der einzelnen Mitglieder zur Erfüllung bestimmter Aufgaben und die Ausübung entsprechender Befugnisse gehen auf den Zweckverband über.

4. Wasser -und Bodenverband

Wasser -und Bodenverbände sind ebenfalls Körperschaften des öffentlichen Rechts. Dazu zählen sowohl Wasserverbände als auch Wasserbeschaffungsverbände und Wassergenossenschaften. Gesetzliche Grundlage ist das „Gesetz über Wasser- und Bodenverbände“[1]. Mitglieder können sowohl Eigentümer von Grundstücken und Anlagen als auch Gemeinden sein. Mit der Versammlung geben sich die Wasser -und Bodenverbände eine Satzung, die sich meistens an Mustersatzungen orientiert. Sie enthält Regelungen über Mitglieder, Aufgabe, Unternehmen, Verfassung mit Verbandsorganen, Haushalt und Beiträge und besondere Vorschriften zur Verwaltung. Die Verbände unterliegen der behördlichen Aufsicht.

5. Kapitalgesellschaft

Bei sehr großen WVU wird auch die Rechtsform der Kapitalgesellschaft gewählt, wie etwa die bereits erwähnten Rechtsformen GmbH und AG in privater oder öffentlicher Hand, gemischt-wirtschaftlich oder als Eigengesellschaft. Gesetzliche Grundlage sind das GmbH-Gesetz und das Aktiengesetz. Gesellschafter bzw. Aktionär ist die Gemeinde. Eine direkte Einflußnahme durch den Gemeinderat ist nicht mehr möglich, vom Rat gewählte oder bestimmte Personen vertreten in den Organen die Interessen des Rates. Kapitalgesellschaften haben den Vorteil, daß die Unternehmensleitung (Vorstand bzw. Geschäftsführung) eine größere Selbständigkeit besitzt, so daß schneller Entscheidungen getroffen werden können.

6. Sonstige Unternehmensformen des privaten Rechts

Weniger verbreitet sind WVU (in Bayern gibt es rund 700), die von privatrechtlich organisierten Gemeinschaften, Genossenschaften, Vereinen und von Privatleuten als „öffentliche“ Wasserversorgung betrieben werden. Teilweise nehmen

[1] Wasserverbandsgesetz - WVG - vom 12.2. 1991(BGBl. I 405).

dabei sogar mehrere Unternehmen die Pflichtaufgabe einer einzigen Gemeinde im Gemeindegebiet wahr. Versorgt werden in diesen Fällen nur sehr wenige Haushalte, z.B. Teilversorgung in Streusiedlungen. Diese Unternehmen sind zumeist sehr klein und haben daher den Nachteil, daß sie nicht genügend Fachpersonal beschäftigen können und außerdem an keine Versorgungspflicht gebunden sind.

Wasserlieferanten für Privathaushalte können mithin Unternehmen sein, die sich sowohl in öffentlicher Hand als auch in privater Hand befinden, wobei sie in verschiedenen Rechtsformen betrieben werden. Wesentlich ist dabei, daß das Unternehmen die Bevölkerung mit Trinkwasser versorgt, und zwar sowohl in ausreichender Quantität als auch in der den gesetzlichen Bestimmungen entsprechenden Qualität.

II. Die technische Seite der Lieferung und des Liefersystems, einschließlich Wartung[1]

Die Lieferung des Wassers umfaßt die Zubringung und die Verteilung. Wasserzubringung und -verteilung haben die Aufgabe, das Trinkwasser vom Ort der Gewinnung bzw. Aufbereitung (Wasserwerk) zum Verbraucher zu transportieren. Das Wasser soll dabei auf kürzestem Wege den Haushalten zugeführt werden. Dies geschieht durch Rohrnetzsysteme,[2] die vorwiegend aus Guß, Kunststoff, Asbestzement oder Stahl bestehen. Sie sind überwiegend im Erdboden verlegt und deshalb für Unterhaltungsarbeiten schwer zugänglich. Sie liegen zum größten Teil im öffentlichen Straßenraum.

Die Zubringung des Wassers erfolgt durch die *Zubringerleitungen*. Diese transportieren das Wasser von der Wassergewinnungs- bzw. Aufbereitungsanlage bis an den Rand des Versorgungsgebietes. Dort übernimmt das Ortsrohrnetz[3] die Ver-

---

[1] Vgl. zu dieser Thematik die Fachliteratur des Ingenieurwesens, insb. den Wasserversorgungsbericht des Bundesministers des Innern, S. 119 ff; Roske in: Taschenbuch der Wasserwirtschaft, S. 870 ff; Grombach/Haberer/Merkl/Trüeb, S. 447 und 759 bis 801; Martz, S. 14 f und S. 139 ff; Kittner/Starke/Wissel, S. 438 ff; Damrath/Cord=Landwehr, S. 174 ff; Handbuch für Wassermeister, S. 149 ff, S. 297 ff und S. 320 ff; Brinkhaus, Das Rohrnetz städtischer Wasserwerke; DVGW, Absperr- und Regelarmaturen in der Wasserversorgung, Regelwerk W 332, 1968; DVGW, PVC- und PE-Rohre für die Wasserversorgung, Regelwerk W 332, 1968; Salema, SVGW, Optimale Wasserverteilungsnetze, IWSA 1980; SVGW, Wasserverteilnetz- und Hydrantenanlagen, 1965; SVGW, Bau von Trinkwasserleitungen, 1975.

[2] Richtlinien für das Rohrnetz sowie Formelzeichen und Begriffsbestimmungen sind DIN 2425 und DIN 4046 zu entnehmen.

[3] Das Ortsrohrnetz ist üblicherweise stark vermascht. Die Linienführung der einzelnen Verteilungsleitungen ist dabei von der Lage der Zuleitung zum Siedlungsgebiet abhängig. Das Rohrnetzsystem wird durch die Struktur des Siedlungsgebietes bestimmt. In größeren Siedlungen kommen ausschließlich das Umlauf- bzw. Ringsystem zur Anwendung, wobei das Umlaufsystem durch Verbinden aller Stränge und das Ringsystem durch die ringförmige Anordnung der Hauptverteilungsleitungen entsteht. In ländlichen, weit verzweigten Siedlungen wird das Rohrnetz vielfach nach dem Verästelungssystem ausgeführt. Siehe hierzu jeweils DIN 4046. Bei großen Höhenunterschieden wird das Verteilungsnetz in Druckzonen aufgeteilt. Dadurch sol-

teilung des für Versorgungszwecke notwendigen Wassers in den Straßen. Es besteht aus den Hauptverteilungs-,Versorgungs- und Anschlußleitungen[1]. Die *Hauptverteilungsleitungen* dienen dem Wassertransport von der Einspeisung zu den entfernteren Gebieten des Verteilrohrnetzes. Von denen gehen die *Versorgungsleitungen* ab. Diese dienen der Versorgung der an einer Straße liegenden Häuser und Liegenschaften. Sie liegen fast immer in der zur Erschließung nötigen Straße, und zwar bei Hauptstraßen mit Gehweg im Gehweg; ansonsten werden sie am Straßenrand verlegt, damit bei Unterhaltungsarbeiten der Verkehr weiter möglich ist. Von diesen Versorgungsleitungen gehen nunmehr die *Anschlußleitungen* ab. Das sind diejenigen Wasserleitungen, die bis zum Wasserzähler oder bis zum Hauptabsperrorgan eines jeden Gebäudes führen. Die Bezeichnung Hausanschluß oder Hauszuleitung ist in der Technik heute nicht mehr üblich,[2] wird aber juristisch, wie etwa in den AVBWasserV weiter verwendet.[3] Zu den Anlagen der Wasserverteilung gehören außerdem *Pumpwerke* zur Wasserförderung durch Erhöhung des Drucks sowie *Wasserspeicher* für die Bevorratung, den Ausgleich des Spitzenverbrauchs, die Wassersicherstellung bei Betriebsausfällen und die Einregelung eines konstanten Druckes im Versorgungsgebiet.

Am Ende der Wasserlieferungskette im technischen Sinne steht die Wasserverwendung. Dazu gehören die Anlagen und Anlagenteile nach dem Haus- bzw. Grundstücksanschluß, also die Trinkwasser-*Hausinstallation* nach dem Wasserzähler. Es handelt sich dabei um die Verbrauchsleitungen, sog. Steige- und Zweigleitungen. Die Verlegung dieser Leitungen erfolgt frostfrei unter dem Putz in Mauerschlitzen oder auf dem Putz mit Rohrschellen. Die Wasserentnahme erfolgt durch den Verbraucher an den Zapfstellen, d.h. durch Öffnen der Wasserhähne.

An der Stelle, wo das WVU das Wasser an den Verbraucher übergibt - dies ist üblicherweise der Wasserzähler - endet seine unmittelbare Verantwortung.[4] Das bedeutet im Umkehrschluß, daß das WVU - und nicht der Verbraucher - für die Unterhaltung der Wasserlieferungsanlagen und -anlagenteile bis zum Hausanschluß zuständig ist. Diese Verantwortung des WVU umfaßt sowohl die bloße Störungsbehebung als auch die vorsorgliche Unterhaltung (preventive maintenance), also die Wartung. Zuständig für diese Arbeiten ist die Unternehmensabteilung für

---

len Mindestdrücke gewährleistet und eine Überschreitung der zulässigen Drücke vermieden werden.

[1] Voraussetzung für deren Funktionstüchtigkeit ist die zusätzliche Montage von Formstücken (Abzweige, Krümmer und Übergangsstücke) und Armaturen (Absperrschieber, Ent- und Belüftungen, Entlastungsventile etc.).

[2] Grombach/Haberer/Merkl/Trüeb, S. 780.

[3] Vgl § 10 AVBWasserV.

[4] Siehe Wasserversorgungsbericht des Bundesministers des Innern, S. 124. Dies ist auch § 12 Abs. 1 AVBWasserV zu entnehmen, wo es heißt: „Für die ordnungsgemäße ... Unterhaltung der Anlage hinter dem Hausanschluß, mit Ausnahme der Meßeinrichtungen des Wasserversorgungsunternehmens ist der Anschlußnehmer verantwortlich.

Werkunterhaltung. Diese besteht aus Unterabteilungen, wobei für die Rohrnetzunterhaltung ggf. auch eine selbständige Hauptabteilung eingerichtet werden kann.[1]

Aufgabe der Wartung ist die Erhaltung der Funktionstüchtigkeit der Wasserversorgungsanlage. Die lebenswichtige Bedeutung der Trinkwasserversorgung der Bevölkerung und die mögliche Gefährdung der einwandfreien Versorgung durch Mängel in der Wasserversorgungsanlage machen eine eingehende Wartung unentbehrlich. Zur Wartung gehören Besichtigungen vor Ort und die auf Grund der Besichtigungen oder gemäß den Bedienungsvorschriften turnusmäßig erforderliche Durchführung von Wartungsarbeiten.[2] Diese bestehen im wesentlichen sowohl aus den Kontrollen, wie z.B. des baulichen Zustandes der Anlagenteile und der Dichtheit der Rohrleitungen als auch aus den Arbeiten, wie z.B. der Reinigung der Rohrleitungen, die Spülung von Endsträngen und des Auskleidens von vorhandenen Rohrleitungen mit Zementmörtel. Zur Unterhaltung gehört weiter ein Entstördienst, der jederzeit Gefahren abwenden und Störungen beseitigen kann. All diese Tätigkeiten an den weit verstreuten Versorgungsleitungen werden durch Netzmonteure ausgeübt und erfordern dafür besonders gut ausgerüstete Service-Wagen.

Anders ist dies bezüglich der Unterhaltung der Anlagen und Anlagenteile nach dem Hausanschluß. Ab dieser Stelle, mit Ausnahme der Meßeinrichtungen des WVU, ist ausschließlich der Anschlußnehmer, der in der Wasserversorgung regelmäßig mit dem Kunden identisch ist, verantwortlich.[3] Dazu gehören sowohl die im Anschlußobjekt verlegten Leitungen als auch die hieran angeschlossenen Geräte.[4] Darüber hinaus erstreckt sich die Verantwortlichkeit auch auf Anlagenteile, die mit der Wasserinstallation funktionell eine Einheit bilden.[5] Diese „Verantwortlichkeit" des Anschlußnehmers umfaßt ebenso wie die des WVU sowohl die bloße Störungsbehebung als auch die präventive Unterhaltung. Durch diese Unterhaltungs- bzw. Wartungspflicht des Anschlußnehmers soll sichergestellt werden, daß sich die Kundenanlage während des gesamten Zeitraumes, in welchem eine Verbindung zu dem im Verantwortungsbereich des WVU stehenden Versorgungsnetz besteht, in einem ordnungsgemäßen Zustand befindet.[6] Die Anlage darf dabei nur unter Beachtung der Vorschriften der AVBWasserV[7] und anderer gesetzlicher oder behördlicher Bestimmungen[8] sowie nach den Regeln der Tech-

---

[1] Grombach/Haberer/Merkl/Trüeb, S. 1019.

[2] Mutschmann-Stimmelmayr, 8. Auflage S. 647; Kittner/Starke/Wissel, S. 523 ff.

[3] Vgl. § 12 Abs. 1 AVBWasserV.

[4] Morell, E § 12 S. 2.

[5] OLG Oldenburg, RdE 1977, 41 ff; Morell, E § 12 S. 2.

[6] Morell, E § 12 S.2.

[7] Verordnung über allgemeine Bedingungen für die Versorgung mit Wasser (AVBWasserV) vom 21.6.1980, BGBl. 1980, I S. 750.

[8] Z.B. die Bestimmungen der Landesbauordnungen, Unfallverhütungsvorschriften und behördliche Anordnungen. Ebenso müssen die von einem WVU gem. § 17 AVBWasserV aufgestellten besonderen technischen Anschlußbedingungen eingehalten werden.

nik[1] unterhalten werden. Daher ist für die Behebung von Störungen und Schäden an der Kundenanlage das WVU oder ein in das Installationsverzeichnis eingetragenes Installationsunternehmen heranzuziehen. Dies ist so auch der Vorschrift des § 12 Abs. 2 AVBWasserV zu entnehmen. Nimmt der Kunde das WVU in Anspruch, so muß er diesem die für den Einsatz angefallenen Kosten erstatten; dem Installationsunternehmen ist der vereinbarte Werklohn zu zahlen.[2]

III. Die Rechtsquellen der Lieferung

Grundlage für die Lieferung von Wasser an Privathaushalte ist das Versorgungsverhältnis zwischen WVU und Kunden, wobei für die Regelung dieses Verhältnisses die Rechtsform, in der das Unternehmen betrieben wird, nicht ohne Bedeutung ist.

1. Die AVBWasserV

Handelt es sich um ein Unternehmen in privatrechtlicher Form (Kapitalgesellschaft) oder um eine öffentliche Einrichtung mit privatrechtlicher Regelung des Versorgungsverhältnisses, dann richtet sich die Regelung des Versorgungsverhältnisses nach bürgerlichem Recht. Die vom bürgerlichen Recht dargebotene Grundlage für die Lieferung ist der Vertrag, der unmittelbar durch die AVBWasserV ausgestaltet wird.

§ 1 Abs.1 bestimmt Gegenstand und Anwendungsbereich der AVBWasserV. Das WVU ist bei Vertragsschluß verpflichtet, seinen Kunden entsprechend den § 2 bis 34 AVBWasserV an die Verteilungsanlage anzuschließen und mit Trinkwasser zu beliefern; die Rechte und Pflichten des WVU sind in diesen Bedingungen im einzelnen festgelegt; und zwar regeln sie die wesentlichen Rechtsbeziehungen zwischen dem jeweiligen Unternehmen und den Tarifkunden abschließend.[3] Es handelt sich bei diesen Verordnungen in formeller Hinsicht um Rechtsverordnungen und damit in materieller Hinsicht um Gesetze. Kommt ein Wasserliefervertrag zwischen dem Unternehmen und dem Kunden zustande, so wird dessen Inhalt also „automatisch“ durch die Regelungen der AVBWasserV ausgefüllt, ohne daß diese besonders vereinbart werden müssen. Diese bereits aus der Rechtsnormqualität der Vorschriften resultierende Wirkung wird in § 1 Abs. 1 S. 2 der Verordnung noch einmal ausdrücklich betont.

---

[1] Dabei handelt es sich um Regeln, die in der Wissenschaft anerkannt sind, dem Kreis der maßgeblichen Techniker durchweg bekannt sind und als richtig angewendet werden: Morell, E § 12 S. 5 m.w.N. in Anm. 17.

[2] Morell, E § 12 S. 4 f.

[3] Ludwig/Cordt/Stech/Odenthal, III AVBWasserV § 1 S. 280; Ludwig/Odenthal, § 1 S. 43 ff; Obernolte/Danner, IV S. 86 a ff; Morell, E § 1 S. 7.

2. „Ergänzende Vertragsbestimmungen" (Anlage zur AVBWasserV)

Zwar regeln die §§ 2 bis 34 AVBWasserV kraft Rechtsverordnung den Inhalt der Versorgungsverträge abschließend, jedoch räumt die Verordnung den WVU bei einzelnen Vorschriften einen eng begrenzten Spielraum bei der Ausgestaltung der Allgemeinen Versorgungsbedingungen ein. Es handelt sich insbesondere um die Regelung der Baukostenzuschüsse (§ 9), der Hausanschlußkosten (§ 10), der Meßeinrichtungen (§ 11), der sonstigen Pauschalen (§§ 13, 27, 33) sowie der Technischen Anschlußbedingungen (§ 17). In begrenztem Umfang können von den WVU auch Regelungen zu Sachverhalten getroffen werden, die in den AVBWasserV nicht geregelt sind, wie etwa zur Vertragspartnerwahl des WVU, zur Ausgestaltung des Antragsverfahrens, zu den Einzelheiten der Wasserabgabe für Bauzwecke usw. Der BGW hat ein unverbindliches Arbeitspapier für WVU herausgegeben, das ihnen helfen soll, diese Regelungen entsprechend der örtlichen Besonderheiten und Erfordernisse in der Anlage zur AVBWasserV zu treffen. Diese Bedingungen, die von den WVU selbständig aufgestellt werden können, nennen sich „Ergänzende Bestimmungen".[1] Auch sie sind Allgemeine Versorgungsbedingungen i.S.d. AVBWasserV.[2] Sie sind aber auch zugleich „Allgemeine Geschäftsbedingungen" i.S. von § 1 AGB-Gesetz, so daß grds. das AGB-Gesetz anwendbar ist,[3,4] während für die Bestimmungen der AVBWasserV, bei denen es sich -wie bereits oben erwähnt- um normativ geregelten Vertragsinhalt und nicht um vorformulierte Vertragsbedingungen i.S.d. AGB-Gesetzes handelt, dementsprechend auch die Anwendung dieses Gesetzes ausscheidet.[5] Die „Ergänzenden Bestimmungen" sind entsprechend § 315 Abs. 1 BGB von dem WVU nach billigem Ermessen zu treffen. Für die nach § 315 Abs. 2 BGB erforderliche Erklärung gegenüber dem Kunden ist die öffentliche Bekanntgabe der „Ergänzenden Bestimmung" ausreichend, § 4 Abs.2 S.1 AVBWasserV.

Viele WVU legen ihre eigenen ergänzenden Wasserlieferungsbedingungen zugrunde. Diese werden dann i.V.m. den AVBWasserV also Bestandteil des Versorgungsvertrages.

3. Allgemeine Versorgungsbedingungen in Abweichung von der AVBWasserV

Kunden, die an das Versorgungsnetz angeschlossen werden, haben zwar Anspruch, zu den Bedingungen der AVBWasserV versorgt zu werden, sie können sich aber nach ausdrücklicher Vereinbarung auch zu abweichenden Bedingungen

---

[1] Z.T. auch „Ergänzende Vertragsbestimmungen", „Ergänzende Versorgungsbedingungen" oder „Sonstige Bedingungen" genannt.

[2] BMWi, Begründung zu § 1 AVBWasserV.

[3] BGH, GWF/R+S 1987, 19 = NJW 1987, 1828 = VKU-ND 462, 4 = RdE 1987, 102 mit Anmerkung von Edelmann; Tegethoff/Büdenbender/Klinger, § 1 AVBGasV Rdn. 23.

[4] Eine Anwendung des AGB-Gesetzes findet allerdings dort nicht statt, wo es sich um Regelungen handelt, die aus den AVBWasserV abgeleitet werden können: Morell, E § 1 S. 7.

[5] Morell, E § 1 S. 7; Tegethoff/Büdenbender/Klinger, § 1 AVBGasV Rdn. 23; Danner, BB 1979, 76, 77; Knüppel, NJW 1980, 212.

im durch die entsprechenden Bestimmungen der AVBWasserV vorgegebenen Rahmen versorgen lassen (§§ 1 Abs. 3 AVBWasserV), sofern die Kernbestimmungen des AGB-Gesetzes eingehalten werden. Diese Regelung wurde vom Gesetzgeber geschaffen, weil es in der Wasserversorgung im Gegensatz zur Gas- und Elektrizitätsversorgung keine gesetzliche Differenzierung zwischen Tarif- und Sondervertragskunden gibt. Bei Sonderverträgen handelt es sich regelmäßig um vorformulierte Vertragstexte, die ohne die Ausnahmeregelung in Abs. 3 vom Anwendungsbereich der AVBWasserV erfaßt worden wären. Eine Vereinbarung von Sondervertragsbedingungen nach § 1 Abs. 3 AVBWasserV kommt einmal für Großabnehmer in Betracht, bei denen aus technischen oder wirtschaftlichen Gründen Vertrags- und Preisregelungen geboten sind, die von denen für normale Verbrauchsverhältnisse mehr oder deutlich abweichen.[1] So kann etwa bei Großabnehmern von der in § 18 enthaltenen Verpflichtung zur Ermittlung des verbrauchsabhängigen Entgelts Meßeinrichtungen zu verwenden, abgewichen werden.[2] Für Privathaushalte besteht aus dieser Sicht kein Bedürfnis zur Vereinbarung von solchen abweichenden Bedingungen. Ein Abschluß von Sonderverträgen für Privathaushalte kommt allerdings dann in Betracht, wenn der Anschluß oder die Versorgung wegen der Lage eines Grundstücks oder aus sonstigen technischen oder betriebswirtschaftlichen Gründen im Einzelfall Schwierigkeiten bereitet oder besondere Maßnahmen erfordert. Voraussetzung für die Vereinbarung Allgemeiner Versorgungsbedingungen in Abweichung von der AVBWasserV ist, daß das WVU einen Vertragsabschluß zu den allgemeinen Bedingungen der Verordnung angeboten hat, der Kunde mit den Abweichungen ausdrücklich einverstanden ist und die abweichenden Bedingungen den §§ 3 bis 11 AGB-Gesetz nicht widersprechen, § 1 Abs. 3 AVBWasserV. Vertragsgrundlage werden dann sowohl die abweichenden als auch die übrigen nichtabweichenden Vertragsbedingungen.

4. Satzungen

Das Wasserversorgungsverhältnis kann, wenn die Versorgung durch Gemeinden und öffentlich-rechtliche Körperschaften mit Satzungsgewalt durchgeführt wird, allerdings ebenso auf die Grundlage einer öffentlich-rechtlichen Satzung gestellt werden (§ 35 AVBWasserV). Dies ermöglicht es, die Rechtsbeziehungen zwischen WVU und ihren Kunden auf eine weitgehend einheitliche Rechtsbasis zu stellen, gleichgültig, ob die Versorgung öffentlich-rechtlich oder privatrechtlich ausgestaltet ist.[3] Wenn die betreffende Körperschaft sich entschließt, das Versorgungsverhältnis öffentlich-rechtlich zu regeln, muß die Satzung den Bestimmungen der AVBWasserV entsprechend angepaßt werden.[4] Unter „entsprechender

[1] Morell, E § 1 S. 13.

[2] Ludwig/Cordt/Stech/Odenthal, III AVBWasserV § 1 S. 280; Ludwig/Odenthal, § 18 S. 153.

[3] Ludwig/Cordt/Stech/Odenthal, III AVBWasserV S. 2.

[4] Die gegen die Anpassungspflicht erhobenen verfassungsrechtlichen Bedenken, die bereits vom Innenausschuß des Bundesrates während des Verordnungsgebungsverfahrens geäußert worden waren (BR-Drucks. 196/1/80), sind vom Vorprüfungsausschuß des BVerfG als offensichtlich unbegründet zurückgewiesen worden (BVerfG-Vorprüfungsausschuß-, Beschluß vom

Anpassung" ist jedoch nicht zu verstehen, daß jede dieser Vorschriften übernommen werden muß oder die Regelungen im Wortlaut unverändert bleiben müssen[1] Denn es ist lediglich eine „entsprechende" und nicht „identische" Ausgestaltung vorgeschrieben, womit also Abweichungen zu den AVBWasserV zulässig sind, die durch die öffentlich-rechtliche Natur des Versorgungsverhältnisses sachlich geboten sind,[2] wie z.B. eine Formulierungsdifferenzierung zwischen „Baukostenzuschüssen" bei privatrechtlicher Regelung und den sog. Anschlußkosten bei öffentlich-rechtlicher Regelung. In der Satzung bleiben jedoch die gemeinderechtlichen Vorschriften zur Regelung des Abgabenrechtes sowie die Regelungen des Verwaltungsverfahrens unberührt.[3]

Die Lieferung des Wassers erfolgt allerdings nicht wie bei zivilrechtlicher Organisation des WVU aufgrund Vertragsabschlusses, sondern auf der Grundlage des Anschluß- und Benutzungszwangs. Die Gemeindeordnungen der Länder[4] sehen die Möglichkeit eines auf gemeindlicher Satzung beruhenden Zwangs zum Anschluß und zur Benutzung bestimmter, dem öffentlichen Wohl und insb. der Volksgesundheit dienender kommunaler Anstalten vor wie etwa auch die Trinkwasserversorgung.

5. „Rumpfsatzung" i.V.m. AVBWasserV

Nach h.M.[5] kann das Wasserversorgungsverhältnis auch in einen öffentlich-rechtlichen Teil und einen privatrechtlichen Teil aufgeteilt werden, also in eine Rumpfsatzung mit Bestimmungen über Anschluß- und Benutzungszwang plus AVBWasserV nebst ergänzenden Bestimmungen, die das Verhältnis im übrigen regeln.[6] Findet die Versorgung auf einer solchen Grundlage statt, so gilt die An-

2.11.1981, GWF/R+S 1982, 12 ff = VKU-ND 396, 7): Denn weder bei § 27 S. 3 AGB-Gesetz noch bei § 35 AVBWasserV selbst könne ein Verstoß gegen Verfassungsgrundsätze oder -bestimmungen, insb. gegen Art. 28 GG festgestellt werden.

[1] Morell, E § 35 S. 2; Ludwig/Cordt/Stech/Odenthal, III AVBWasserV § 35 S. 318 f.

[2] Vgl. BVerfG-Vorprüfungsausschuß-, Beschluß vom 2.11.1981, GWF/R+S 1982, 13 = VKU-ND 396 S. 7 ff.

[3] Vgl. § 35 Abs. 1 2. HS AVBWasserV.

[4] Vgl. § 8 Niedersächsische GO, § 15 GO Mecklenburg-Vorpommern, § 15 Brandenburgische GO, § 11 Baden-Württembergische GO, § 19 GO Nordrhein-Westfalen, § 20 Thüringer Kommunalordnung.

[5] Zur Zulässigkeit einer Kombination von Rumpfsatzung und Allgemeinen Versorgungsbedingungen vgl. Ludwig/Cordt/Stech/Odenthal, I S. 20 und III AVBWasserV S. 278 b; OVG Münster, KStZ 1987, 132; Schl.-Hol. OLG, GWF/R+S 1977, 3 m.Anm. Popp; OVG Lüneburg, GWF/R+S 1977, 9 m.Anm. Popp = VKU-ND 338 S. 8; BVerwG, VKU-ND 339 S. 6.

[6] Die Rolle eines „Schrittmachers" übernahm dabei die Hansestadt Lübeck, deren Bürgerschaft am 17. Dezember 1970 eine Satzung über die Verpflichtung zum Anschluß an die öffentliche Wasserversorgung und zu deren Benutzung beschloß. Gleichzeitig gestaltete sie das Benutzungsverhältnis in sog. „Allgemeinen Versorgungsbedingungen für Wasser" privatrechtlich aus. Der Innenminister als Kommunalaufsichtsbehörde genehmigte die Satzung erst am 6. Juni 1972, nachdem er zuvor erhebliche Bedenken gegen die Zulässigkeit der Lübecker Regelung geltend gemacht hatte. Siehe dazu die Genehmigung mit Erlaß vom 6.6.1972 (Az. IV 34 C-5503).

passungpflicht des § 35 AVBWasserV naturgemäß nur für die in der Rumpfsatzung geregelten Bestimmungen. Die privatrechtlichen allgemeinen Versorgungsbedingungen haben bereits zum 1.4.1980 mit Inkrafttreten der AVBWasserV automatisch den Inhalt der §§ 2 bis 34 erhalten.

Das *Wahlrecht* zwischen der Regelung des Versorgungsverhältnisses durch *Satzung oder nach den AVBWasserV* bzw. das Recht zur Kombination beider Regelungsmöglichkeiten steht demnach den *Eigenbetrieben und Zweckverbänden* zu. Rein zahlenmäßig ist ein Trend weg vom öffentlich-rechtlichen Versorgungsverhältnis hin zur privatrechtlichen Regelung unverkennbar,[1] während die Versorgung auf der Grundlage einer Kombination von „Rumpfsatzung" mit AVBWasserV und „Ergänzenden Bestimmungen" von den WVU bisher seltener gewählt wird. Die Lieferung von Trinkwasser durch gemeindliche *Regiebetriebe* und *Wasser -und Bodenverbände* erfolgt ausschließlich auf der Grundlage von *Satzungen* und die der *privaten Unternehmen* ausschließlich aufgrund der *AVBWasserV* und „Ergänzenden Vertragsbestimmungen" des jeweiligen WVU.

B. Die Mietparteien als Vertragskunden nach den AVB und in der Verwaltungspraxis

Die AVBWasserV trifft keinerlei Bestimmung über die Gestaltung des Kundenkreises[2], also *wer* zu versorgen ist, sondern regelt nur, *wie* zu versorgen ist, wenn versorgt wird. Nach § 6 Abs. 1 EnergG hat *jedermann* im Rahmen der Zumutbarkeit Anspruch auf Anschluß und Versorgung mit Elektrizität und Gas. Deshalb schließt das EVU regelmäßig eigene Versorgungsverträge mit den einzelnen Mietern ab. Anders ist das bei der Wasserversorgung, für die das EnergG nicht anwendbar ist. Die „Ergänzenden Bestimmungen" zur AVBWasserV nahezu sämtlicher WVU sehen einen Vertragsabschluß lediglich mit dem Grundstückseigentümer, im allgemeinen also nur dem Vermieter vor; nur in Ausnahmefällen kann auch mit dem Nutzungsberechtigten ein Versorgungsvertrag zustande kommen, z.B. mit einem Langzeitmieter oder -pächter, Erbbauberechtigten oder Nießbraucher.[3] Dies sind dann aber nur absolute Sonderfälle, etwa wenn ein Mietvertrag über sehr lange oder gar Lebenszeit abgeschlossen wird, etwa weil der Eigentümer nicht in der Lage ist, sich um sein Grundstück selbst zu kümmern oder

[1] Ludwig/Cordt/Stech/Odenthal, III AVBWasserV S. 278 b.

[2] Es wird grds. lediglich die Bezeichnung „Kunde" und/oder „Anschlußnehmer" verwendet, wobei keine Definition dieser Begriffe erfolgt -ebenso nicht in den jeweiligen Kommentaren-. Es bleibt also ungeklärt, wer konkret Kunde und Anschlußnehmer ist, etwa der Vermieter, Mieter etc. Der fehlenden Differenzierung ist jedoch keine große praktische Bedeutung beizumessen, da in der Wasserversorgung regelmäßig der Kunde und Anschlußnehmer ein und dieselbe Person sind: Morell, E § 1 S. 8 und E § 12 S. 2.

[3] Vgl. den Formulierungsvorschlag zum Vertragsschluß im BGW-Arbeitspapier, abgedruckt im Anhang dieser Arbeit, S. 211.

kein Interesse daran hat. Aus der Sicht des HansOLG Hamburg[1] bestehen gegen eine solche Handhabung, die seit den Anfängen der öffentlichen Wasserversorgung üblich ist, keinerlei Bedenken. Zwar hatte der Verordnungsgeber im Laufe des Verordnungsgebungsverfahren zunächst beabsichtigt, durch die AVBWasserV ausdrücklich einen Versorgungsanspruch von Mietern zu begründen. Jedoch ist er von dieser Absicht abgerückt, weil eine derartige Regelung weder durch die Ermächtigungsgrundlage in § 27 AGB-Gesetz gedeckt gewesen wäre, noch im Einklang mit der herrschenden Auffassung zur Vertragsabschlußpflicht gestanden hätte.[2] Dementsprechend sind „Kunden" i.S.d. AVBWasserV grds. nur Grundstückseigentümer und evtl. auch ähnlich dinglich Berechtigte. Diese Rechtslage wird auch in den AVBWasserV deutlich, und zwar durch die Vorschriften der §§ 6 Abs. 4, 22, 26, 32 AVBWasserV. Fazit dieser Darstellung ist, daß die einzelnen Mietparteien, die an sich „Adressaten" bzw. Verbraucher des gelieferten Wassers sind, nicht als Kunden der WVU vorgesehen sind, sondern lediglich deren Vermieter, die mit der Leistung unmittelbar gar nicht in Berührung kommen.

Und in der Praxis sieht es nicht anders aus: Die WVU halten sich streng an den Tenor in der AVBWasserV. Sie gestalten ihre „Ergänzenden Bedingungen" dementsprechend, d.h. sie bestimmen in der Regelung zum „Vertragsschluß" ausdrücklich, daß der Versorgungsvertrag grds. mit dem Eigentümer des anzuschließenden Grundstücks abgeschlossen wird. Und so wird dies in der Praxis auch vollzogen. Ein Vertragsabschluß mit Mietern ist im Normalfall völlig ausgeschlossen.[3] Eine solche Handhabung der WVU wird schon dadurch deutlich, daß die besonderen Vordrucke für Anträge auf Wasserversorgung auf ein Vertragsverhältnis mit dem Grundstückseigentümer zugeschnitten sind. Eine solche Handhabung der WVU wird auch durch die Rspr.[4] bestätigt: Die WVU sind grds. nur verpflichtet, mit dem Grundstückseigentümer den Versorgungsvertrag abzuschließen.

C. Der Anspruch des Mieters auf Direktabrechnung (§ 4 Abs. 5 S. 1 Nr. 2 MHG)

Gem. § 4 Abs.5 S.1 Nr.2 MHG kann der Vermieter nunmehr durch einseitige schriftliche Erklärung gegenüber dem Mieter bestimmen, daß u.a. Wasserkosten unmittelbar zwischen dem Mieter und dem WVU abgerechnet werden. Wie bereits ausführlich erörtert, kann sich der Vermieter dadurch der Haftung für die mit der üblichen Benutzung der Wohnung einhergehenden, durch den Mieter verursachten Kosten entledigen, falls diese ihren Zahlungspflichten nicht nachkommen. Weiterer Vorteil aus Sicht des Vermieters ist, auch eine Minimierung seines Verwal-

[1] Hans. OLG Hamburg, VKU-ND 163 S. 6 = GWF/Wasser 1962, 1079.
[2] Stiens, GWF/Wasser 1980, 578.
[3] Dies war auch die Aussage des Geschäftsführers eines norddeutschen WVU.
[4] OLG Saarbrücken, NJW-RR 1994, 436 und OLG Hamburg, GWF/Wasser 1962, 1079.

tungsaufwandes, da der Vermieter aus den Abrechnungstätigkeiten, wie Ablesen der Zählerstände, Berechnen des Verbrauchs, Erstellen der Rechnungen, Überprüfen der Zahlungseingänge etc. herausgehalten wird. Aber wie in dieser Arbeit bereits ausgeführt wurde, hat nicht nur der Vermieter ein Interesse an der Direktabrechnung, sondern auch derjenige Mieter, der sparsam mit Wasser umgeht. Denn durch die Direktabrechnung wird eine verbrauchsabhängige Abrechnung der Wasserkosten garantiert, infolge dessen der Mieter nur diejenigen Kosten tragen muß, die er selbst verursacht hat, mithin also nicht für den „Unvernünftigen" und „Verschwenderischen" mitbezahlen muß.

Besteht ein solches Interesse beim Mieter an der Direktabrechnung seiner Wasserkosten, so wird der Vermieter der Realisierung sicher nicht nur *nicht* im Wege stehen, sondern diese sogar begrüßen. Denn er wälzt damit den Verwaltungsaufwand einschließlich des Insolvenzrisikos für den einzelnen Mieter auf das WVU ab und löst sich damit völlig aus seiner Gesamtverantwortung. Folge dessen ist also, daß sich Mieter und Vermieter einig sein können: Die Abrechnung der durch den Mieter verursachten Wasserkosten soll zwischen Mieter und WVU direkt erfolgen; einer Änderung des Mietvertrages bzw. eines dementsprechenden Abschlusses steht aus deren Sicht nichts entgegen.

Trotz solcher Einigkeit ist die Realisierung der Direktabrechnung jedoch nicht gesichert. Denn wie bereits oben[1] festgestellt, regelt § 4 Abs. 5 MHG zwar das Verhältnis zwischen Vermieter und Mieter, nicht jedoch das Verhältnis zwischen Vermieter und WVU, da das MHG lediglich die Mietverhältnisse über Wohnraum erfaßt. Das Gestaltungrecht des Vermieters wirkt also nur gegenüber dem Mieter, nicht aber gegenüber dem WVU. Ansprüche gegen das Versorgungsunternehmen auf Gestattung einer Einzelabrechnung ergeben sich deshalb nicht aus dem MHG. D.h., daß das Gestaltungsrecht nicht besteht, wenn der Leistungserbringer sich weigert, Einzelabrechnungen vorzunehmen. Und besteht bereits kein Anspruch des Vermieters auf Direktabrechnung gegen das WVU, so kann der Mieter aus dieser Vorschrift erst recht keinen Anspruch auf Direktabrechnung gegen das WVU herleiten, da schon nach dem Wortlaut das Optionsrecht lediglich dem Vermieter zusteht.

Außerdem ist für den Fall, daß sich das WVU bereit erklärt, mit den Mietern abzurechnen, zusätzlich Voraussetzung, daß die installationsmäßigen Möglichkeiten dafür geschaffen sind, den Verbrauch eines jeden Mieterhaushaltes getrennt mit Wasserzählern zu messen.[2] Aber auch dann ist das WVU nach bisheriger Anschauung grds. nicht verpflichtet, mit dem Mieter eine entsprechende Vereinbarung zu treffen; denn allein die technische Möglichkeit, den Wasserverbrauch der Mieter durch Zähler festzustellen, läßt die ausschließlich gegenüber dem Grund-

[1] Siehe Kapitel 2 II 1 b cc, S. 14 f.
[2] Seifert, GWF/R+S 1993, 41.

stückseigentümer bestehende Versorgungs- und damit Vertragsabschlußpflicht unberührt.[1]

Auch aus anderen Regelungen kann der Mieter im allgemeinen keinen Anspruch auf Direktversorgung mit Wasser herleiten. Wie bereits oben erwähnt, trifft die AVBWasserV keinerlei Bestimmung darüber, wer zu versorgen ist, sondern regelt nur das „Wie", wenn versorgt wird. Und auch wenn die Bauordnungen der Bundesländer[2] vorschreiben, daß jede Wohnung mit einem eigenen Wasserzähler ausgestattet sein muß, wird hierdurch keine Vertragsabschlußpflicht der WVU gegenüber den Mietern begründet. Denn es handelt sich dabei lediglich um bauordnungsrechtliche Anforderungen, die Gebäude mit Aufenthaltsräumen erfüllen müssen, nicht aber um Bestimmungen, die verpflichtende Wirkung gegenüber den WVU entfalten.[3] Entsprechendes gilt, soweit Wassergesetze[4] den Einbau von Wasserzählern je Wohneinheit vorschreiben.[5]

Zwar könnte der Vermieter den Wasserbezugsvertrag kündigen, insofern kein Benutzungszwang für den Eigentümer besteht, oder er könnte seine Zahlungsverpflichtungen als Hauseigentümer und Vertragspartner gegenüber dem Versorgungsunternehmen nicht mehr erfüllen, so daß das WVU seine Wasserlieferung gegenüber dem Vermieter einstellen könnte und eine Weiterleitung an den Mieter nicht mehr erfolgen müßte. Das WVU ist in solchen Fällen verpflichtet, mit den Mietern Verhandlungen aufzunehmen und diese direkt zu beliefern.[6] Jedoch verletzt der Vermieter mit einem derartigen Handeln seine Pflichten aus dem Mietvertrag und macht sich nicht nur schadensersatzpflichtig, sondern muß zusätzlich noch die Kosten des Verfahrens tragen, falls der Mieter den Rechtsweg bemüht. Allein schon aus diesen Gründen wäre eine solche generelle Handhabung äußerst bedenklich und in der Praxis nicht durchführbar.

D. Kontrahierungszwang für WVU gegenüber Mieterhaushalten

Nach dem bisher Gesagten besteht also keine rechtliche Grundlage für einen Anspruch des Mieters, selbst zu einem Vertragsabschluß mit seinem örtlichen WVU zu gelangen. Es ist jedoch zu prüfen, ob aufgrund der monopolähnlichen Stellung des WVU ein Kontrahierungszwang besteht und wenn ja, ob dieser auch gegenüber Mietern wirkt.

---

[1] Morell, E § 1 S. 6.

[2] Vgl. z.B. § 40 Thüringer Bauordnung vom 3.6.1994; § 46 Landesbauordnung für das Land Schl.-Hol. vom 11.7.1994; § 43 Brandenburgische Bauordnung vom 7.6.1994.

[3] Seifert, GWF/R+S 1995, 3, 4; Morell, E § 1 S. 6.

[4] Vgl. z.B. § 62 Thüringer Wassergesetz vom 3.3.1994; § 58 Sächsisches Wassergesetz vom 23.2.1993; § 148 Wassergesetz Sachsen-Anhalt vom 31.8.1993; § 44 Wassergesetz Mecklenburg-Vorpommern vom 30.12. 1992.

[5] Morell, E § 1 S. 6.

[6] Vgl. LG Aachen, NJW-RR 1988, 1522; LG Bonn, WM 1980, 231 f.

I. Der Begriff Kontrahierungszwang

Der Kontrahierungszwang ist ein in der Rechtswissenschaft seit langem anerkanntes Rechtsinstitut. Hervorzuheben ist in diesem Zusammenhang H. C. Nipperdey, der mit seiner bedeutenden Monographie „Kontrahierungszwang und diktierter Vertrag“[1] einen wesentlichen Beitrag zu der Entwicklung dieses Institutes geleistet hat. Für den Kontrahierungszwang hat sich weitgehend auch dessen Definition durchgesetzt,[2,3] welche lautet:

„Kontrahierungszwang ist die auf Grund einer Norm der Rechtsordnung einem Rechtssubjekt ohne seine Willensbildung im Interesse eines Begünstigten auferlegte Verpflichtung, mit diesem einen Vertrag bestimmten oder von unparteiischer Seite zu bestimmenden Inhalts abzuschließen.“[4]

Rspr. und Literatur haben herausgearbeitet, daß dieser Kontrahierungszwang (Abschlußpflicht) allen Inhabern von Monopol- und Machtstellungen obliegt, soweit sie die Verbraucher mit lebenswichtigen (oder wenigstens - wie z.T. angenommen wird - mit „wichtigen“ oder, noch mehr verallgemeinernd, „mit nach der jeweiligen Gesellschaftsordnung daseinswichtigen“) Gütern und Leistungen versorgen, die anderweitig nicht beschafft werden können.[5,6] Ansatzpunkte für die Bejahung des Zwangs zum Vertragssabschluß sind also sowohl die Monopolstellung des jeweiligen Unternehmens, die Alternativen für den Kunden ausschließt, als auch der Gesichtspunkt der Daseinsfürsorge.

---

[1] Schriften des Instituts für Wirtschaftsrecht an der Universität Jena - Nr.1, Jena 1920.

[2] Diese Definition wörtlich übernommen haben: Staudinger-Bork, Vor § 145 Rdn. 15; Erman-Hefermehl, Vor § 145 Rdn. 17 ff. Sinngemäß haben sie übernommen: Jauernig-Jauernig, Vor § 145 Anm. 4 S. 102 f; Esser/Schmidt, § 10 II 4 a S. 167; Larenz, SchR § 4 I S. 42 ff. Die Definition Nipperdeys legen auch Autoren in ihren Dissertationen zugrunde: z.B. Ehlers, S. 4 f; Schweer, S. 9 f; Contzen, S. 4; Bülck, S. 23.

[3] Huber (S. 486 f.) definiert den Kontrahierungszwang inhaltlich weiter als „eine durch Gesetz oder auf gesetzlicher Grundlage durch Verwaltungsakt geschaffene Pflicht zum Abschluß eines privatrechtlichen Vertrages“.

[4] Nipperdey, S. 7.

[5] Z.B. Staudinger-Schäfer, § 826 Rdn. 203; Erman-Hefermehl, Vor § 145 Rdn. 18 f; Jauernig-Jauernig, Vor § 145 Anm. 4; Bydlinski, AcP 180 (1980), 1, 37; Esser/Schmidt, § 10 II 4 a) S. 167; Larenz, SchR § 4 I a S. 42 f; Kilian, AcP 180 (1980), 47, 57; OLG Celle, OLGZ 1972, 281.

[6] Ob es entscheidend ist, daß das jeweilige Unternehmen eine Monopolstellung besitzt, wird nicht einheitlich beantwortet. In der Rspr. ist der Monopolbegriff nie näher diskutiert und geklärt worden. Vielmehr wird schlicht zwischen „rechtlichen“ und „faktischen“ Monopolen unterschieden. Während „rechtliche“ Monopole unmittelbar auf Gesetz beruhen, hängt die Klassifizierung als „faktisches“ Monopol von der nicht näher definierten Marktposition ab. Einige Autoren stellen lediglich auf die „Versorgungsaufgabe“ ab: z.B. Larenz, SchR S. 48 und Bülck, S. 108 ff.

WVU besitzen eine monopolähnliche Stellung[1] und sie versorgen die Bevölkerung mit einem der wichtigsten Güter, die der Mensch zum Leben braucht, nämlich mit Wasser.[2] Sie können die Bürger auch nicht an eine anderweitige Versorgung mit Wasser verweisen, etwa ein Versorgungsunternehmen im benachbartem Versorgungsgebiet, da die örtlichen WVU nicht befugt sind, außerhalb ihres Zuständigkeitsgebietes zu versorgen. Insoweit ist es den Bürgern auch nicht möglich, sich das lebensnotwendige Gut „Wasser" anderweitig zu beschaffen. Daher ist davon auszugehen, daß WVU grds. verpflichtet sind, auf Verlangen der Verbraucher mit diesen einen Vertrag bestimmten Inhalts abzuschließen, d.h., daß sie einem Kontrahierungszwang unterliegen. Fraglich ist jedoch, aus welcher Vorschrift dies hergeleitet werden kann.

II. Gesetzlich normierter Kontrahierungszwang

Nach Nipperdeys Formulierung des Kontrahierungszwangs („auf Grund einer Norm der Rechtsordnung") drängt sich der Schluß auf, die Definition treffe *nur* auf die Fälle des gesetzlichen Kontrahierungszwangs zu. In der Bundesrepublik Deutschland gibt es auf Bundesebene ca. 30 Vorschriften im Bereich des Zivilrechts, die einen Kontrahierungszwang anordnen. Sie befinden sich allesamt außerhalb des BGB und betreffen ökonomisch wichtige Bereiche, die sich erst in diesem Jahrhundert voll entwickelt haben.[3] Keineswegs ist aber für alle Monopolunternehmen, die die Bevölkerung mit lebensnotwendigen Gütern und Leistungen versorgen, ein solcher gesetzlicher Kontrahierungszwang festgelegt. So existiert z.B. für WVU keine gesetzliche Regelung, während für EVU und GVU § 6 Abs. 1 EnergG gilt[4], der die Unternehmen verpflichtet, „jedermann" - also auch den Mieter - an ihr Versorgungsgebiet anzuschließen und zu versorgen. Ferner wurde bereits festgestellt, daß es sich bei § 4 Abs.5 S.1 Nr.2 MHG um eine Regelung des Verhältnisses zwischen Mieter und Vermieter handelt, so daß das Optionsrecht des Vermieters zwar gegenüber dem Mieter wirkt, jedoch nicht gegenüber dem WVU. Ein spezialgesetzlicher Kontrahierungszwang für WVU ergibt sich also nicht aus § 4 Abs.5 S.1 Nr.2 MHG und ebensowenig aus einer anderen ausdrücklichen Vorschrift. Die gesetzlich geregelten Fälle des Kontrahierungszwangs für Monopolbetriebe mit Daseinsfürsorgepflicht sind also alles in allem lückenhaft; ein normierter Kontrahierungszwang für WVU besteht jedenfalls nicht.

---

1 Palandt-Heinrichs, Vor § 145 Rdn. 3; Ludwig/Cordt/Stech/Odenthal, I S. 2 und III AVBWasserV S. 3.

2 Siehe Kapitel 4, S. 39 f.

3 Es handelt sich dabei um Vorschriften aus den Gebieten Energieversorgungs-, Verkehrs-, Arbeits-, Notstands-, Kartell-, Landwirtschafts-, Berufs- und Versicherungsrecht sowie Gewerblicher Rechtsschutz. Zu dieser Aufzählung vgl. Kilian, AcP 180 (1980), 47, 53.

4 Auf eine geschlossene Zusammenstellung der Fälle des gesetzlichen Kontrahierungszwangs kann hier verzichtet werden. Zu erwähnen seien beispielsweise § 6 EnergG, §§ 22, 47 Personenbeförderungsgesetz, § 5 Abs. 2 Pflichtversicherungsgesetz.

Daher ist die Frage oft behandelt worden, ob die vorhandenen gesetzlichen Vorschriften auf ähnliche Fälle entsprechend angewendet werden können. Zum Teil wird im Schrifttum die Ansicht vertreten, im Einzelfall solle im Wege der Analogie zu den gesetzlichen Vorschriften über den Kontrahierungszwang z.B. der Energiewirtschaftsunternehmen eine Abschlußpflicht für solche Unternehmen bejaht werden, die von der „öffentlichen Hand" -gleichgültig in welcher Rechtsform- betrieben werden, um eine Versorgungsaufgabe wahrzunehmen, für deren Erfüllung nach heutiger Auffassung die Allgemeinheit zu sorgen hat.[1] Gegen eine solche Analogie spricht jedoch die Schwierigkeit der Abgrenzung sowie der Ausnahmecharakter der gesetzlichen Vorschriften.[2] Aus diesen Gründen hat neben der herrschenden Meinung in der Literatur auch die Rspr. eine Analogie stets abgelehnt.[3] Ein gesetzlicher Kontrahierungszwang für WVU kann mithin nicht aus einer Analogie zu § 6 Abs. 1 EnergG abgeleitet werden.

III. Der allgemeine Kontrahierungszwang aus § 826 BGB

1. Grundgedanke

Bereits sehr früh hat die Rspr.[4] eine Lösung gefunden, die auch nach geltendem Recht geeignet ist, die Lücke für alle nicht durch Spezialregelungen erfaßten Fälle zu schließen: Das RG (und später der BGH) hat in ständiger Rspr. einen Kontrahierungszwang für Monopolbetriebe angenommen, wenn die Verweigerung des Abschlusses zu den für alle geltenden Bedingungen eine „sittenwidrige Schädigung" i.S.d. § 826 BGB darstellte. Dem ist das Schrifttum[5] gefolgt. Aus der Schadensersatzverpflichtung wird die Pflicht zum Vertragsschluß gefolgert, §§ 826, 249 S. 1 BGB. Jedoch war die Rspr. mit der Annahme eines Kontrahierungszwangs auf Grund des § 826 BGB lange Zeit sehr zurückhaltend. Denn er wurde als eine eng zu begrenzende Ausnahme vom Grundsatz der Vertragsfreiheit ange-

[1] Larenz, SchR § 4 I 4 a S. 48; MüKo-Kramer, Vor § 145 Rdn. 14; Hackl (S. 29 f.), der eine Analogie weitergehend auch für private Unternehmen befürwortet, die eine „Versorgungsleistung" erbringen.

[2] Erman-Hefermehl, Vor § 145 Rdn. 18; Jauernig-Jauernig, Vor § 145 Anm. 4 a) S. 103; Schweer, S. 14.

[3] RGZ 79, 229; 123, 376; BGHZ 42, 318.

[4] Zuerst im Jahre 1901, RGZ 48, 127 unter Bezugnahme auf Biermann, S. 267 ff. und danach in ständiger Rspr.: z.B. RGZ 62, 264; 79, 229; 115, 258; 123, 376; 128, 134; 132, 273; 133, 388; 134, 342; 142, 85; 143, 28; 155, 257; BGHZ 41, 271; 42, 318; 105, 306; BayObLG JZ 1983, 463; OLG Frankfurt NJW 1985, 1720.

[5] Nipperdey und die ihm folgenden Autoren sehen durch die Definition des Kontrahierungszwangs den Vertragszwang erfaßt, der aus der Norm des § 826 BGB hergeleitet wird: Nipperdey, S. 53 und z.B. Bydlinski, AcP 180 (1980), 1, 10 f; Kilian, AcP 180 (1980), 47, 57; Staudinger-Schäfer, § 826 Rdn. 203; MüKo-Schäfer, § 826 Rdn. 203; Esser/Schmidt, § 10 II 4 a S. 167; Larenz, SchR § 4 I S. 46 ff; Medicus, SchR I § 11 S. 42 f.

sehen, und man glaubte, mit der Beurteilung eines Verhaltens als „sittenwidrig“ einen moralischen Tadel verbinden zu müssen.[1]

Heutzutage wird in einem Verstoß gegen die „guten Sitten“ jedoch nicht mehr so sehr ein moralisch tadelswertes, sondern vielmehr ein solches Verhalten gesehen, das mit den Grundsätzen eines lauteren Geschäftsverkehrs oder/und den tragenden rechtsethischen Prinzipien unserer Rechtsordnung nicht zu vereinbaren ist.[2] Und zwar ist dies konkret der Fall bei mißbräuchlicher Ausnutzung einer rechtlichen oder tatsächlichen Machtstellung, insb. einer Monopolstellung gegenüber dem Schwächeren.[3] Unter „mißbräuchlich“ i.S.d. § 826 BGB ist dabei zu verstehen, wenn sich ein in einer Machtstellung befindliches Unternehmen weigert, Verträge auf Leistungen zu den allgemeinen und angemessenen Bedingungen abzuschließen.[4] Im einzelnen wird dabei allerdings eine drohende erhebliche Schädigung des Kunden vorausgesetzt, was nur zutrifft, wenn dieser nicht in zumutbarer Weise auf andere Anbieter ausweichen kann.[5]

2. Die Anwendung des § 826 BGB auf WVU

In der Vergangenheit hat die Rspr. zahlreiche Entscheidungen getroffen, die die Problematik des allgemeinen Kontrahierungszwangs für Monopolunternehmen und Unternehmen mit Machtstellung gegenüber den jeweiligen Interessenten behandelten. Dabei handelte es sich immer wieder um die Konstellationen, daß ein Versorgungsunternehmen mit tatsächlicher Monopolstellung den Abnehmern unbillige Bedingungen stellte,[6] sich unverhältnismäßig hohe Vergütungen versprechen ließ[7] und die auf das Unternehmen angewiesenen Interessenten mit ungleichem Maß maß[8]. Bei näherer Betrachtung dieser Entscheidungen wird deutlich, daß keine die Problematik behandelt, daß ein WVU sich aus nicht gerechtfertigten Gründen (willkürlich) weigert, einen Haushalt überhaupt erst an die Wasserversorgung anzuschließen und zu versorgen. Streitigkeiten bezüglich des Kontrahierungszwanges traten in der Praxis erst auf, wenn bereits ein Vertragsabschluß erfolgt war, dieser aber so nicht aufrechterhalten werden sollte bzw. das Versorgungsunternehmen zwar bereit war, ein Versorgungsverhältnis zu begründen, jedoch nicht zu den allgemeinen Bedingungen. Es ging bei den Streitigkeiten regelmäßig also nicht um die Frage des „Ob“ sondern um die Frage des „Wie“. Auf eine bereits bestehende Rspr. kann also bei der Frage, „ob“ WVU verpflichtet sind, grds. mit jedem Interessenten einen Vertragsschluß herbeizuführen, nicht zurückgegriffen werden.

Daher sind die oben dargestellten Grundgedanken des Schrifttums konkret auf WVU zu übertragen. Es ist zu prüfen, ob sich für WVU ein Kontrahierungszwang

---

1 So Larenz, SchR § 4 I a S. 47.

2 Siehe Larenz, AT § 22 III a S. 435 ff. und SchR § 4 I a S. 47.

3 Staudinger-Schäfer, § 826 Rdn. 201; Jauernig-Jauernig, Vor § 145 Anm. 4 S. 103.

4 Bydlinski, AcP 180 (1980), 1, 30 f; Staudinger-Schäfer, § 826 Rdn. 203.

5 Esser/Schmidt, § 10 II 4 a S. 167; Bydlinski, AcP 180 (1980), 1, 30.

6 Vgl. RGZ 115, 218 und die dort angeführten Entscheidungen.

7 Z.B. RGZ 143, 24, 28 und die dort angeführten Entscheidungen.

8 RGZ 48, 127; 143, 24, 28.

aus § 826 BGB ergibt, wenn es einem Interessenten den Vertragsschluß verweigert: WVU nehmen eine Monopolstellung ein und dienen der Befriedigung notwendiger Lebensbedürfnisse, nämlich der Versorgung der Bevölkerung mit dem unentbehrlichen Gut „Wasser“. Verweigert das WVU nun grundlos einem Interessenten, der auf die Wasserversorgung wegen fehlender Ausweichmöglichkeiten auf andere Anbieter angewiesen ist, den Vertragsschluß (zu den allgemeinen und angemessenen Bedingungen), so ist darin eine mißbräuchliche Ausnutzung seiner Monopolstellung gegenüber einem Schwächeren zu erblicken. Diese Abschlußverweigerung stellt eine sittenwidrige Schädigung i.S.d. § 826 BGB dar. Das WVU ist damit gem. §§ 826, 249 BGB zur Naturalrestitution verpflichtet, d.h. es unterliegt einem mittelbaren Abschlußzwang gegenüber diesem Interessenten. Der Kontrahierungszwang für WVU ergibt sich mithin aus § 826 BGB.

a) Unterlassungs- bzw. Beseitigungsanspruch gegen WVU aus §§ 1004 i.V.m. 826 BGB ?

Die Begründung des Kontrahierungszwangs mit § 826 BGB leidet zwar darunter, daß ein Schadensersatzanspruch nur auf Geschehensabläufe in der Vergangenheit gestützt werden kann, also kein zukünftiges Verhalten zu bestimmen geeignet ist. Hierfür ist § 1004 BGB an sich der vorzugswürdige Anspruchstatbestand, der seinerseits aber eine rechtlich geschützte Position voraussetzt, wie sie hier nur in § 826 BGB gefunden werden kann. Insofern bedarf es für die Bejahung eines negatorischen Anspruchs gegen die Verweigerung eines Vertragsabschlusses ebenfalls der Feststellung einer vorsätzlichen sittenwidrigen Schädigung, weswegen für die Frage einer bestehenden Vertragsabschlußpflicht hier an § 826 BGB angeknüpft wird.

b) Zumutbarkeitsgrenzen für die Anwendbarkeit des § 826 BGB

Die faktische Anschluß- und Versorgungspflicht aus § 826 BGB findet ihre Grenzen jedoch dort, wo einem WVU der Anschluß oder die Versorgung wirtschaftlich nicht zumutbar ist.[1] Entscheidend für die Frage, ob der Anschluß oder die Versorgung im konkreten Fall einem WVU wirtschaftlich zugemutet werden kann, ist, ob sich die Anschluß- und Abnahmeverhältnisse eines Kunden noch im Rahmen der im Versorgungsgebiet zwar verschiedenen, aber im Tarif- und Entgeltsystem des WVU unter sich ausgleichenden Anschluß- und Abnahmeverhältnisse halten.[2] Erst wenn sie diesen Rahmen überschreiten und die Versorgungsaufwendungen wegen der besonderen Umstände vom tariflichen Kundenentgelt nicht abgedeckt werden können, ist die Versorgung des jeweiligen Kunden durch das WVU nicht zumutbar.[3] Ein typischer Fall „wirtschaftlicher Unzumutbarkeit“ ist jener, wo sich ein Grundstück (weit) im Außenbereich befindet. Die Unzumut-

[1] LG Wuppertal, GWF/R+S 1981, 25; Morell, E § 1 S. 3 f.
[2] BGH, RdE 1979, 153.
[3] Morell, § E 1 S. 4.

barkeit kann dann vom Grundstückseigentümer aber dadurch ausgeräumt werden, daß er sich zur Erbringung besonderer Leistungen bereit erklärt, etwa durch Zahlung höherer oder zusätzlicher Kosten im Vergleich zu den allgemeinen Tarifen.[1]

3. Kontrahierungszwang für WVU auch gegenüber Mietern ?

a) Schutzberechtigte

Fraglich ist jedoch, ob der Kontrahierungszwang für Unternehmen, die die Bevölkerung mit Trinkwasser versorgen, gegenüber jedermann - also auch gegenüber jedem einzelnen Mieterhaushalt - besteht, mit anderen Worten, wer konkret die Schutzberechtigten des Kontrahierungszwangs für WVU sind. Da sich der Kontrahierungszwang für WVU nicht aus einer ausdrücklichen gesetzlichen Regelung ergibt, sondern aus § 826 BGB, mangelt es an einer ausdrücklichen Benennung der Schutzberechtigten, wie sie etwa bezüglich der Versorgungsmonopole EVU und GVU in § 6 EnergG vorgenommen wird, und zwar mittels der Formulierung „jedermann". Während unter „jedermann" alle natürlichen und juristischen Personen zu verstehen sind, die im Versorgungsgebiet des Unternehmens einen eigenen Energiebedarf haben[2] - der Kontrahierungszwang mithin auch gegenüber dem Mieter besteht - regelt der Auffangtatbestand des § 826 BGB lediglich eine Rechtspflicht zur Schadensverhütung durch Kontrahieren, billigt also dem sittenwidrig Geschädigten einen Anspruch auf Vertragsabschluß zu. Schutzberechtigte i.S.d. § 826 BGB sind mithin alle „Geschädigten", denen der Schaden in einer gegen die guten Sitten verstoßenden Weise zugefügt wurde. Anzuknüpfen ist damit sowohl an den „Schadensbegriff" als auch an das Merkmal der „sittenwidrigen Handlung".

b) Der Schadensbegriff

Zu klären ist damit, ob durch die Weigerung des WVU, mit dem einzelnen Mieterhaushalt einen Wasserversorgungsvertrag abzuschließen, diesen Mietern „automatisch" ein nicht unerheblicher Schaden zugefügt wird bzw. „automatisch" ein solcher droht. Schaden i.S.d. §§ 249 ff. BGB ist jede Beeinträchtigung eines Interesses.[3] Dabei kommt es nicht darauf an, welches Rechtsgut primär verletzt worden ist, sondern es genügt eine Vermögensschädigung, d.h ein in Geld oder geldwerten Gütern (Verpflichtungen) ausdrückbarer Nachteil. Ausreichend ist aber auch die Beeinträchtigung eines rein ideellen Interesses, sog. immaterieller Schaden oder ideeller Nichtvermögensschaden. In diesem Sinne wäre ein Schaden für den Mieter also jeder Nachteil, den er durch den Nichtabschluß des Versorgungsvertrages mit dem WVU erleidet.

---

[1] Ludwig/Cordt/Stech/Odenthal, II § 6 EnergG S. 72 a f; Morell, E § 1 S. 4.

[2] Eiser/Riederer/Obernolte/Danner, § 6 EnergG S. 149; Tegethoff/Büdenbender/Klinger, Rdn. 45; Ludwig/Cordt/Stech/Odenthal, II § 6 EnergG S. 68 d.

[3] Ausführlich zum Schadensbegriff siehe Staudinger-Medicus, Vor §§ 249 bis 254 Rdn. 33 und MüKo-Grunsky, Vor § 249 Rdn. 6 und Medicus, SchR II § 143 II 1 S. 380.

aa) Die Nichtversorgung des Mieters

Eine unterbleibende Versorgung des Mieters mit Wasser hätte zur Folge, daß sowohl aufgrund der daraus resultierenden fehlenden Möglichkeit zur Körperpflege und Hygiene als auch aufgrund des zwangsläufigen Verzichts auf das wichtigste Lebensmittel das Wohlbefinden des Mieters beeinträchtigt würde, was einen *immateriellen Schaden* für diesen darstellt. Aber auch ein *primärer Schaden* könnte aufgrund einer Verletzung der Rechtsgüter Körper und Gesundheit des Mieters Folge einer unterbleibenden Wasserversorgung sein. Ein Schaden ist für den Mieter also auf jeden Fall dann zu bejahen, wenn *keine* Versorgung stattfindet.

Eine Versorgung ist jedoch nicht unbedingt abhängig von dem Bestehen eines Versorgungsvertrages. Aus der Sicht des Mieters kann eine Wasserversorgung auch unabhängig von einem dementsprechenden Vertrag erfolgen. So werden in der Praxis die Verträge über die Versorgung der Mieterhaushalte mit Wasser entsprechend den Regelungen in den „Ergänzenden Bestimmungen“ der jeweiligen WVU bzw. den Gemeindeordnungen regelmäßig zwischen Grundstückseigentümer (Vermieter) und dem örtlichen WVU abgeschlossen. Jedoch wird entsprechend § 22 Abs.1 S.1 AVBWasserV bzw. der dieser Regelung entsprechenden Satzungsvorschrift das Wasser für den Kunden (Vermieter) regelmäßig an den Mieter weitergeleitet. Diese „Weiterleitung“ an den Mieter bedarf dabei keiner Zustimmung durch das WVU[1], so daß die Wasserversorgung der Mieterhaushalte garantiert und ein Schaden für die Mieter i.S.d. § 826 BGB diesbezüglich zu verneinen ist, obwohl die Mieter „Dritte“ sind, die nicht am Versorgungsvertrag beteiligt werden.

Jedoch allein aus dem Argument heraus, daß der Mieter ja mit Wasser versorgt wird, auch wenn er am Vertrag nicht beteiligt ist, kann allerdings nicht abschließend gefolgert werden, daß ein Schaden für ihn dann stets ausgeschlossen ist; denn es würde übersehen, daß trotz Versorgung noch andere Faktoren Mieternachteile verursachen können, wenn der Vertragsabschluß allein dem Vermieter vorbehalten bleibt. Es müssen also weitere Argumente herangezogen werden:

bb) Die Verwaltungskosten für den Vertragspartner des WVU

Wie bereits festgestellt, ergeben sich für den Vermieter dadurch, daß er Vertragspartner des WVU ist, Abrechnungstätigkeiten wie etwa das Ablesen der Zählerstände an Hauptzählern und (soweit vorhanden) an Wohnungswasserzählern, das Berechnen des Verbrauchs, das Erstellen der Rechnungen für die einzelnen Mietparteien und das Überprüfen der dementsprechenden Zahlungseingänge, das Überweisen der Gesamtbeträge an das WVU etc. All diese Tätigkeiten des Vermieters verursachen Kosten. Es handelt sich dabei um Verwaltungskosten i.S.d. § 26 II. BV, d.h. Kosten in Höhe der vom Vermieter persönlich geleisteten Verwaltungsarbeit. Diese Kosten sind zwar nicht unbedingt für jeden Vermieter sehr hoch; insbesondere dann nicht, wenn es sich um wenige vermietete Wohnungen oder gar nur um eine einzige Eigentumswohnung handelt. Jedoch summieren sich diese Beträge im Laufe der Jahre, denn Mietverhältnisse sind regelmäßig Dauer-

[1] Morell, E § 22 S. 2.

schuldverhältnisse. Handelt es sich um einen Vermieter, der viele Wohnungen vermietet, so summieren sich dessen Verwaltungskosten unter Umständen bereits innerhalb weniger Monate zu einem erheblichen Betrag. Dies ist insbesondere dann der Fall, wenn die Verwaltung von Wohnungen, Mietshäusern oder Wohnblocks einer Firma oder Einrichtung übertragen wird, da die Kosten für derartige Dienstleistungen in Deutschland hoch sind. Außerdem handelt es sich bei dem Verwaltungsaufwand aus Sicht des Vermieters um Fremdkosten, also Kosten, die nicht vom Vermieter sondern vom Mieter erzeugt werden, so daß er kein Interesse an der persönlichen Ableistung dieser Verwaltungsarbeit hat. Vielmehr stellt sie für ihn eine Belastung dar, die mit einem erheblichen Zeitaufwand verbunden ist. Während die Festkosten (Überweisungs- bzw. Kontoführungsgebühren, Kosten für die Anschaffung von Büromaterial inklusive Rechenhilfen, Briefmarken etc.) eher gering sind, machen die Kosten bzw. der Wert für den Zeitaufwand wohl mit Abstand den größten Anteil aus.

Diese zum Teil nicht geringen Beträge, die der Vermieter für die Verwaltung der Mietwohnungen aufwenden muß, trägt er zwar auch im Außenverhältnis selbst, jedoch hält er sich dadurch schadlos, daß er seine Aufwendungen auf den Mieter umlegt. Gem. § 26 Abs. 2 II. BV kann der Vermieter einer Sozialwohnung die Verwaltungskosten bis 420 Deutsche Mark je Wohnung jährlich auf die Miete aufschlagen. Dieser Höchstbetrag kann nach § 24 Abs.2 S.4 II BV grundsätzlich ohne weiteren Nachweis angesetzt werden.[1] Diese Vorschriften sind zwar nicht auf den freifinanzierten Wohnraum anwendbar[2]. Jedoch werden Verwaltungskosten bei diesem Wohnraum dadurch berücksichtigt, daß sie von vornherein in der Miete enthalten sind. Im Falle eines eigenen Vertragsverhälnisses zum WVU würden den Mietern diese Kosten nicht entstehen, zumindest nicht in dieser Höhe. Denn sie würden die Verwaltungsarbeit selbst erledigen und in Anbetracht einer daraus resultierenden Kostenersparnis den Zeitaufwand für die persönliche Ableistung der Verwaltungsarbeit wohl gern in Kauf nehmen, zumal dies bezüglich der Stromkostenabrechnung für die Mieter bereits selbstverständlich ist und es sich um einen Aufwand handelt, den sie durch die übliche Benutzung der Wohnung selbst verursachen.

Da jedoch nach bestehender Praxis nicht der Mieter, sondern der Vermieter Vertragspartner des WVU ist, erledigt auch dieser die Verwaltungsarbeit und legt die ihm dadurch entstehenden Kosten auf den Mieter um. Aus der Sicht vieler Familien handelt es sich dabei um einen unnötigen, vermeidbaren Kostenpunkt, also um eine „unfreiwillige" Vermögensdifferenz, die ihnen dadurch entsteht, daß sich die WVU weigern, mit ihnen die Versorgungsverträge abzuschließen. Der Mieter erleidet also einen Vermögensschaden in Höhe der Verwaltungskosten, die er im Innenverhältnis zu seinem Vermieter tragen muß.

Daß es sich bei dem Wert der vom Vermieter persönlich geleisteten Verwaltungsarbeit um Kosten handelt, die nicht vom Vermieter erzeugt werden, und es

---

[1] Siehe dazu MieWo-Schmid, § 26 II. BV Rdn. 1 und § 24 II. BV Rdn. 9.

[2] Dies ergibt sich aus der Tatsache, daß § 26 II. BV in § 4 MHG nicht erwähnt ist.

daher auch sachgerecht ist, daß der Vermieter von dem Verwaltungsaufwand und dem Kostenrisiko aus diesen Abrechnungen freigehalten wird, sieht im übrigen der Gesetzgeber genauso. In seiner Gesetzesbegründung[1] zu § 4 Abs. 5 S.1 Nr.2 MHG führt der Gesetzgeber aus, der Vermieter solle sich durch eine Direktabrechnung des Mieters mit dem Versorgungsunternehmen seiner Gesamtverantwortung entledigen können, d.h. er soll die Möglichkeit haben, sowohl das Kostenrisiko als auch den Verwaltungsaufwand auf den Mieter abzuwälzen.[2,3] Im Ergebnis liefe eine solche Handhabung auf dasselbe hinaus: Der Mieter würde die Verwaltungsarbeit selbst erledigen und daher keine unnötige Vermögensminderung, also keinen Schaden erleiden.

cc) Höhere Wasserkosten im Falle verbrauchsunabhängiger Abrechnung

Aber auch in anderer Hinsicht könnte dem Mieter ein Schaden dadurch entstehen, daß sich das WVU weigert, mit ihm den Versorgungsvertrag abzuschließen. Voraussetzung für die Realisierung eines direkten Vertragsverhältnisses zwischen Mieter und WVU ist die Abrechnung der Wasserkosten entsprechend dem konkreten Verbrauch der jeweiligen Mietpartei. D.h., es müssen Einzelwasserzähler vorhanden sein. Sind solche nicht vorhanden, so erfolgt die Abrechnung nach Kopfteilen oder Quadratmeter Wohnfläche der einzelnen Mietparteien. Folge dessen ist, daß für den einzelnen Mieter kein Grund und damit keine Motivation zum sparsamen Umgang mit Wasser besteht, denn selbst wenn *er* wenig Wasser verbraucht, nützt ihm das nicht unbedingt viel, solange etwa die anderen fünf Mietparteien das Wasser „verschwenden" und der sparsame Mieter für diese mitbezahlen muß. Sind aber Mieterwasserzähler vorhanden, so bezahlt jeder Mieterhaushalt konkret nur das Wasser, das er selbst verbraucht. Nun lohnt es sich zu sparen. Jede Familie kann ihren Verbrauch genau kontrollieren; ist sie der Meinung, daß ihr bisheriger Verbrauch zu hoch war, so liegt es an ihr selbst, diesen zu drosseln. Denn nur wer einen Überblick über seinen Verbrauch hat, kann ihn kontrollieren und damit minimieren. Diese Möglichkeit zum „Sparen" wird aber jedem Mieter in dem Augenblick genommen bzw. von vornherein erst gar nicht gegeben, wo kein Mieterwasserzähler vorhanden ist. D.h., daß der sparsame Mieter aufgrund verbrauch*un*abhängiger Abrechnung sowie fehlender Verbrauchskontrolle und damit mangelnder Drosselungsmöglichkeit seines Wasserverbrauchs einen Schaden erleidet, der nicht entstünde, wenn der Mieter Vertragspartner des WVU wäre.

Dies sieht im übrigen auch hier der Gesetzgeber im Ergebnis genauso. In seiner Gesetzesbegründung[4] zu § 4 Abs. 5 MHG führt er aus, daß durch eine Direktabrechnung zwischen Mieter und Versorgungsunternehmen dem Mieter deutlich ge-

---

[1] Vgl. die Begründung zum Gesetzesentwurf der Bundesregierung BT-Drucks. 12/3254 S. 11.
[2] Vgl. BR-Drucks. 396/93 - Beschluß S. 11.
[3] So auch Hanke, DW 1993, 411, 412 und Schilling/Meyer, ZMR 1994, 497, 501.
[4] Vgl. Begründung zum Gesetzentwurf der Bundesregierung BT-Drucks. 12/3254 S. 11.

macht wird, daß es sich bei den Wassergebühren um Kosten handelt, die allein von ihm verursacht werden, so daß auf diese Weise ein Anreiz zum Sparen und zur Schonung der Umwelt geschaffen werde. Zwar ist hier Intention von Gesetzgeber und Mieter unterschiedlich: Während der Mieter den Vertragsabschluß mit dem WVU begehrt, um eine Kostenminimierung durch Drosselung des Wasserverbrauchs zu erreichen, strebt der Gesetzgeber durch § 4 Abs.5 S.1 Nr.2 MHG zwar ebenfalls die Realisierung der Direktabrechnung zwischen Mieter und Vermieter an, um den Wasserverbrauch zu drosseln, jedoch aus ökologischen Gründen. Er will nämlich die knappe Ressource Wasser langfristig und dauerhaft sichern.[1] Gemeinsames Ziel ist also der sparsame Umgang mit Wasser durch Gründung eines eigenen Vertragsverhältnisses des Mieters zum WVU. Für den Mieter ist dieser Wasserspareffekt jedoch nur mittelbares Ziel. Unmittelbar strebt er vielmehr die Minimierung seiner Wasserkosten an, während für den Gesetzgeber die Einsparung von Wasser unmittelbares Ziel ist.

dd) Fazit

Fazit dieser Darstellung ist, daß bei der Wasserversorgung des Mieters diesem durch die bisherige Praxis Nachteile entstehen können, weil nicht er, sondern sein Vermieter Vertragspartner des WVU ist. Vermögensschäden des Mieters können hier zum einen daraus resultieren, daß der Mieter (indirekt) die Verwaltungskosten des Vermieters tragen muß, die nicht bzw. nicht in dieser Höhe entstehen würden, wenn der Mieter selbst Vertragspartner des WVU wäre. Zum anderen kann der Mieter einen Schaden dadurch erleiden, daß die Abrechnung seiner Wasserkosten nicht verbrauchsabhängig erfolgt, sondern er die Kosten für andere Mietparteien mittragen muß und seine Kosten nicht drosseln kann. Das wäre ebenfalls nicht möglich, wenn dieser Mieter ein eigenes Vertragsverhältnis mit dem WVU gründen würde.

Das Ausmaß dieser Schäden für den sparsamen Mieter darf auch nicht mit dem Blick auf die Kosten eines einzelnen Monats heruntergespielt werden. Vielmehr sind die Schäden erheblich. Eine Quantifizierung für die Durchschnittsdauer eines Wohnraummietverhältnisses (zur Zeit von 4 Jahren) ergibt einen beträchtlichen Gesamtschaden.[2]

Auf solche Vermögensschäden kann sich jedoch nur derjenige Mieter berufen, der auch bereit ist, einen Versorgungsvertrag mit „seinem" örtlichen WVU abzuschließen, also die damit verbundene Verwaltungsarbeit persönlich zu leisten und außerdem sparsam mit Wasser umzugehen, zumindest sparsamer als jene Mieter, die nicht verbrauchsabhängig abrechnen.

[1] BR-Drucks. 12/5224 S. 3 f. und BT-Drucks. 12/5342.

[2] An dieser Stelle ist auf die Berechnungen zu den jährlichen Einsparmöglichkeiten in den deutschen Mieterhaushalten (Kapitel 4 F II 3 b bb, S. 100 ff.) hinzuweisen, wenn für ihn ein Anreiz zum bewußten Umgang mit Wasser geschaffen wird. Danach ist eine Senkung des Wasserverbrauchs in Privathaushalten um 15-20 % möglich, im Umfang von 10 % regelmäßig keineswegs unrealistisch.

c) „Sittenwidrige Handlung“ des WVU

Da ein Schaden für den nicht am Versorgungsvertrag beteiligten Mieter unter den oben genannten Voraussetzungen regelmäßig zu bejahen ist, muß nun geprüft werden, ob ihm dieser Schaden in einer gegen die guten Sitten verstoßenden Weise zugefügt wird. Denn nur dann bestünde auch gegenüber Mietern ein Kontrahierungszwang für WVU aus § 826 BGB.

aa) Mißbrauch einer Machtstellung

Im Rahmen des Kontrahierungszwangs verstand man unter „Verstoß gegen die guten Sitten“ i.S.d. § 826 BGB bisher konkret die Fälle mißbräuchlicher Ausnutzung einer Machtstellung gegenüber dem Schwächeren, wobei man „mißbräuchlich“ definierte als willkürliche oder grundlose Weigerung eines Machtunternehmens, Verträge über die Befriedigung notwendiger Lebensbedürfnisse zu den allgemeinen und angemessenen Bedingungen abzuschließen. Das WVU verweigert dem Mieter jedoch weder willkürlich noch grundlos den zur Befriedigung des lebensnotwendigen Wasserbedürfnisses dienenden Vertragsabschluß zu den allgemeinen Bedingungen. Vielmehr handelt es entsprechend dem Tenor in den §§ 6, 22, 26 und 32 AVBWasserV und seinen „Ergänzenden Vertragsbestimmungen“, wenn es zivilrechtlich organisiert ist, und entsprechend seinen Satzungsbestimmungen, wenn es öffentlich-rechtlich organisiert ist, indem es die Vertragsverhältnisse mit den Grundstückseigentümern und nicht mit den einzelnen Mieterhaushalten begründet. Außerdem schließt das WVU damit nicht etwa nur einzelne Mieter vom Abschluß aus, sondern grds. alle. Damit handeln diese WVU weder willkürlich noch grundlos. Die bisher zitierte Definition der Sittenwidrigkeit im Rahmen des Kontrahierungszwangs, nämlich „Mißbrauch einer Machtstellung“, ist also bezüglich des Abschlußzwangs von WVU gegenüber Mietern nicht hilfreich.

bb) Übergehung ökologischer Gesichtspunkte

Wie bereits erwähnt wird heutzutage in einem Verstoß gegen die „guten Sitten“ nicht mehr so sehr ein moralisch tadelswertes, sondern vielmehr ein solches Verhalten gesehen, das mit den Grundsätzen eines lauteren Geschäftsverkehrs oder/und den tragenden rechtsethischen Prinzipien unserer Rechtsordnung nicht zu vereinbaren ist.[1] Die bisher entschiedenen Fälle sittenwidrigen Verhaltens beschränken sich dabei zumeist auf die Ausnutzung einer wirtschaftlichen Machtstellung, auf unzulässige Streiks und Boykottaufrufe, auf das Erschleichen eines unrichtigen Urteils oder das sittenwidrige Gebrauchmachen von einem derartigen Titel sowie insb. auf sämtliche Fälle jener Wettbewerbshandlungen, die das im Wettbewerb übliche Maß erheblich überschreiten, um den Konkurrenten zu schädigen. Die hierfür einschlägigen Wertmaßstäbe finden sich sowohl in Gesetzen (einschließlich der Verfassung) als auch im außergesetzlichen Bereich (allgemeine Rechtsüberzeugungen, vorhandenes Richterrecht).[2] Aufgrund der ständigen Wei-

[1] So Larenz, AT § 22 III a S. 435 ff. und SchR § 4 I a S. 47.

[2] Siehe hierzu Staudinger-Sack, § 138 Rdn. 37 ff.

terentwicklung der Gesellschaft und der damit verbundenen Änderung der gesellschaftlichen Wertvorstellungen reichen manchmal weder diese Norm gewordenen politischen Wertungen des Gesetzgebers noch diese allgemeinen Rechtsüberzeugungen aus, um ein bestimmtes Verhalten als sittenwidrig oder sittengemäß zu beurteilen. In solchen Fällen besteht das Bedürfnis, über die anerkannten Maßstäbe hinauszugehen und jenseits der anerkannten Fallgruppen neue Anforderungen aufzustellen. Dies folgt aus der umfassenden Lückenfüllungsfunktion des § 826 BGB.[1]

(1) Ethik, Moral und die sog. Anstandsformel als Bestimmungsfaktoren der guten Sitten

Ein solches Bedürfnis könnte sich hier aus *ökologischen Gesichtspunkten* ergeben, so daß das Verhalten der WVU im Hinblick auf deren Vertragsverweigerung gegenüber den Mietern zu einer Beurteilung als sittenwidriges Verhalten führen könnte. Zurückzugreifen ist daher auf die allgemeine und herkömmliche Begriffsbestimmung zur Sittenwidrigkeit. § 826 BGB kennzeichnet das den guten Sitten widersprechende Verhalten als sittlich vorwerfbar. Der Begriff „Sitte" ist abgeleitet aus dem griechischen „ethos", also Ethik. Bezüglich § 826 ist naturgemäß aber nicht die subjektive Gesinnungsethik zu verstehen, sondern die gegenwärtig herrschende Sozialmoral[2] und Rechtsmoral als die Summe der sittlichen Grundvorstellungen, die innerhalb der Gemeinschaft an das äußere Verhalten einer Person zu stellen sind.[3] Unter Sittlichkeit (Ethik) ist damit die moralische Haltung (Gesinnung) aller billig und gerecht Denkenden zu verstehen. Daher ist die Definition der Rspr. zugrundezulegen, wonach ein Verstoß gegen die guten Sitten dann vorliegt, wenn das Verhalten „gegen das Anstandsgefühl aller billig und gerecht Denkenden" verstößt.[4] Da das „Anstandsgefühl *aller* ... Denkenden" nicht feststellbar ist und auch innerhalb des Kreises der „billig und gerecht Denkenden" Spannungsunterschiede bestehen, muß sich die Beurteilung von Sittenwidrigkeit

---

[1] Staudinger-Sack, § 138 Rdn. 24; Staudinger-Schäfer, § 826 Rdn. 25, 33; Erman-Schiemann, § 826 Rdn. 2.

[2] Auf die Sozialmoral verweisen ausdrücklich: Teubner, S. 23 ff; Henkel, S. 8 ff, 115 ff, 236 ff. und 428 ff; Fikentscher, S. 103 ff; Eichmann, S. 40 ff. Aber auch nach der neueren Literatur ist für die Bestimmung der guten Sitten die herrschende Sozialmoral maßgeblich: Soergel-Hefermehl, § 138 Rdn. 2 f; Staudinger-Sack, § 138 Rdn. 18; Staudinger-Schäfer, § 826 Rdn. 34.

[3] Staudinger-Schäfer, § 826 Rdn. 34; Soergel-Hefermehl, § 138 Rdn. 2 f; Staudinger-Sack, § 138 Rdn. 18; BGHZ 80, 153, 158.

[4] Vgl. RGZ 48, 114. Seitdem ständig z.B. BGHZ 17, 327; 51, 397, 400; NJW 1969, 1209, 1210; WM 1976, 924. Von dieser sog „Anstandsformel gibt es inzwischen eine Vielzahl von Varianten, wie z.B. „Verstoß gegen die im rechtlichen Geschäftsverkehr maßgebenden Auffassungen über das mit dem allgemeinen Anstandsgefühl Verträgliche" (z.B. BGH JZ 1962, 406) oder „Verstoß gegen das Rechtsgefühl aller billig und gerecht Denkenden" (BGHZ 52, 17, 20 zu § 138).

an den Anschauungen der Allgemeinheit orientieren.[1] Dabei sind an diesen Personenkreis durchschnittliche Anforderungen zu stellen.[2] Maßgebend ist damit der sog. anständige Durchschnittsmensch der Gesellschaft[3], d.h. dessen menschliches Gewissen, das er als Maßstab für die Gemeinschaft setzt.

(2) Die Umweltethik als Erweiterung der Sozialmoral

Als eine Erweiterung der klassischen Sozialethik ist die Umweltethik anerkannt, da sie einen Bezug zur Natur hat und eine Zukunftsdimension in sich birgt.[4] Es geht der Umweltethik bzw. ökologischen Ethik um das Verhältnis des Menschen zur Natur mit dem Ziel der Bewahrung der natürlichen Lebensgrundlagen zukünftiger und entfernt lebender Menschen. Wie eine Umweltethik auszusehen hat, ist in der Moralphilosophie streitig. Wesentlich ist nur, daß es sie geben muß; denn Aufgabe der Ethik ist die notwendige Regulierung der Macht im gesellschaftlichen Gesamtinteresse. „Es muß sie daher um so mehr geben, je größer die Mächte des Handelns sind, die sie zu regeln hat," heißt es etwa in der Literatur.[5] Die natürliche Umwelt wird in vielerlei Hinsicht geschädigt. Als ein Verursacher gilt die Industrie, die mit ihrer immer weiter ansteigenden Produktionstätigkeit zwangsläufig Umweltbelastungen induziert. Aber auch die Verbraucher sind „Täter", wenn es um die Zuteilung der Verantwortung geht. Ihr direkter Beitrag zur Umweltbelastung wird auf 30 bis 40 % geschätzt.[6] Auch die Verbraucher müssen sich also einen nicht unerheblichen Teil der Belastung der natürlichen Lebensgrundlagen zurechnen lassen. Sie tragen daher objektiv Mitverantwortung und haben durchaus Spielräume für ein verändertes Verhalten. Andererseits stehen der Verwirklichung ihrer Verantwortungsbereitschaft vielerlei Hindernisse entgegen, etwa rechtlicher, infrastruktureller oder angebotsbezogener Art, so daß auch andere gesellschaftliche Gruppen an ihre Verantwortung gegenüber der Umwelt erinnert werden müssen.[7] Die Verantwortung von Bürgern und Verbrauchern umfaßt daher sowohl die Eigenverantwortung als auch die Einforderung von Verantwortung Dritter. Die ökologische Verantwortung muß dabei als moralisches Prinzip bzw. ethische Norm verstanden werden.[8]

[1] Staudinger-Schäfer, § 826 Rdn. 37; Vgl. aber auch BGHZ 34, 264, 271 = NJW 1961, 1207; BGH, GRUR 1955, 541, 542; 1962, 45, 47; 1973, 138, 141 und BGHZ 59, 317, 319 = NJW 1973, 42 -wo das Anstandgefühl der redlichen und verständigen Mitbewerber und die *Auffassung der Allgemeinheit* für verbindlich erklärt werden.

[2] RGZ 79, 123; 80, 219; JW 1936, 3308.

[3] Staudinger-Schäfer, § 826 Rdn. 33.

[4] Berger in: Ökologische Verantwortung, S. 15.

[5] So Berger in: Ökologische Verantwortung, S. 16.

[6] Berger in: Ökologische Verantwortung, S. 26.

[7] Berger in: Ökologische Verantwortung, S.26.

[8] Berger in: Ökologische Verantwortung, S. 32.

(3) Die Umweltethik der Bevölkerung

Zu prüfen ist daher zunächst, wie es mit der Eigenverantwortung des heutigen „Durchschnittsbürgers" steht. Der „Durchschnittsbürger" heute hat gegenüber dem „Durchschnittsmenschen" vor ca. 20 Jahren in Bezug auf seine Einstellung zur Umwelt einen Wandel vollzogen. Die wesentlichen Impulse eines sich entwickelnden Umweltinteresses kamen in den 70-er Jahren, und zwar vor allem aus dem politischen Umfeld.[1] Aufgrund dieser einsetzenden Politikdynamik fand in der breiten Bevölkerung eine Sensibilisierung für die natürlichen Grenzen des Ressourcenabbaus statt,[2] die in der Gründung von Bürgerinitiativen mündete und eine ökologische Bewegung heranwachsen ließ, die sich die Erhaltung einer menschenwürdigen Umwelt zur Aufgabe machte.[3] Aufgrund der Initiativen solcher Umweltschutzgruppen, -parteien und -verbände wie z.B. „Greenpeace", „Die Grünen", der „BUND" etc. und der dadurch hervorgerufenen Umorientierung in der Wirtschaft ist für die Bevölkerung ab den 80-er Jahren eine wichtige Herausforderung mehr und mehr in den Mittelpunkt gerückt: das Erhalten und Schonen der Umwelt. Schlagwörter wie Recycling, Gewässerschutz, Schutz der Regenwälder, der Ozonschicht und der bedrohten Tier- und Pflanzenarten sind inzwischen bis zum „letzten" Bürger vorgedrungen und haben bei der Allgemeinheit ein „Umdenken" und damit die Herausbildung eines verstärkt sozialen Bewußtseins[4], eines ausgeprägten Umweltbewußtseins bewirkt. Aber auch aufgrund der ökologischen Schädigungen hat sich eine öffentliche Meinung gebildet, die wegen der vorangegangenen Perzeption negativer Umweltveränderungen als eine reaktive Meinungsbildung bezeichnet werden kann.[5] Im gesellschaftlichen Werte- und Zielsystem haben sich damit Verschiebungen ergeben, wodurch heute dem Wert einer intakten natürlichen Umwelt eine „neue Priorität"[6] beigemessen wird.[7] Laut einer Repräsentativuntersuchung der deutschen Bevölkerung stellt die „Naturverbundenheit" bei 94 % der Befragten einen „bedeutsamen persönlichen Lebenswert" dar.[8]

[1] Es entstand die Überzeugung, daß zur Verbesserung der schlechten Situation in der Umwelt die Ausgestaltung einer effektiven Umweltpolitik notwendig war, die einer breiten öffentlichen Unterstützung bedurfte. Das 1971 beschlossene Umweltprogramm der damaligen Bundesregierung umfaßte neben einem umfangreichen Paket an Umweltgesetzen die bis heute gültigen konstituierenden Prinzipien der deutschen Umweltpolitik, die eine Verbesserung der Umweltqualität, die Ressourcenschonung und den Schutz der natürlichen Lebensgrundlagen in den Mittelpunkt stellen. Siehe hierzu Hansmeyer/Schneider, S. 7 ff und Monhemius, S. 3 ff.

[2] Hermand, S. 156 ff.

[3] Monhemius, S. 5.

[4] Die Entwicklung des sozialen Bewußtseins der Bevölkerung wird mit dem Phänomen des Konsumerismus in Verbindung gebracht, wonach Mitte der 70-iger Jahre eine breite Schicht von Konsumenten „...veränderte Verhaltensweisen zur Durchsetzung neuer Werte für sich und die Gesellschaft" anstrebte. So Meffert, ZfB 1975, 69, 70.

[5] Siehe Dyllick, S. 73 f. und Monhemius, S. 9.

[6] Raffee/Wiedmann, Marketing ZFP 1988, 198, 202.

[7] Monhemius, S. 9.

[8] Vgl. Gruner & Jahr, Dialoge 3: Orientierungen in Gesellschaft, Konsum, Werbung und Lifestyle, Dokumentation des Originalfragebogens und der Gesamtergebnisse (Codeplan), Hamburg 1990, S. 127-129.

Darüberhinaus kommt die Studie zu dem eindrucksvollen Ergebnis, daß von jeweils 74 % der Befragten der „sparsame Konsum von Energievorräten und Rohstoffen“ sowie die „Förderung von umweltfreundlichen Produkten und Verpakkungen“ als *sehr wichtige* gesellschaftliche Ziele angesehen werden.[1] Diese Ergebnisse lassen darauf schließen, daß nunmehr der Umweltschutz im Umweltbewußtsein der Bevölkerung etabliert ist - der heutige Durchschnittsmensch ist also umweltbewußt. Er trennt den Müll, verzichtet auf umweltschädliche Produkte, „boykottiert“ den Kauf von Pelzmänteln usw. Und dieses Verhalten entspricht nicht nur etwa dem einer Minderheit; sondern (fast) jeder Bürger kann die eine oder andere Verhaltensweise an sich entdecken, mit der er sein Umweltbewußtsein bekundet. Ebenso geht er mit Wasser heute bedachter um als noch vor 15 bis 20 Jahren: Er betätigt die WC-Spartaste, erwirbt bei Neukauf von Haushaltsgeräten bevorzugt solche mit möglichst geringem Wasserverbrauch, wäscht ohne Vorwäsche, verwendet Sparduschköpfe und Einhandmischer statt Zweihandmischern, duscht öfter statt zu baden, fährt zum Autowaschen in die Waschanlage und fängt Regenwasser auf, um es als Brauchwasser zu nutzen. Dabei schützt er nicht nur die Natur, sondern schont auch seinen Geldbeutel und leistet dadurch seinen Beitrag zur Schonung der Umwelt. Alles in allem: Der „Durchschnittsbürger“ von heute hat ein insgesamt stark ausgeprägtes Umweltbewußtsein.[2]

(4) Kollision mit dem Verhalten der WVU

Wie bereits oben erwähnt, stehen jedoch vielfältige Hindernisse der Umsetzung seines Umweltbewußtseins entgegen. So wird der Mieter in seinem Bestreben, Wasser zu sparen, von den WVU nicht nur *nicht* unterstützt[3], sondern die WVU wirken diesem Bestreben sogar in gewisser Hinsicht entgegen. Sie verweigern nämlich dem Mieter -wie bereits dargestellt- den direkten Abschluß des Versorgungsvertrages, wodurch eine verbrauchsabhängige Abrechnung des Wassers nicht garantiert ist und die Motivation vieler Mieter zum sparsamen Umgang unterdrückt wird.[4],[5] Diese Handhabung der WVU ist im Hinblick auf die ausgeprägte

1 Gruner & Jahr, Dialoge 3: Dokumentation der Ergebnisse nach Zielgruppen (Berichtsband), Hamburg 1990, S. 32 f.

2 So auch Monhemius, S. 12.

3 Zwar entwickeln WVU eigene Initiativen zur Erhaltung der Ressource Wasser wie z.B. die Entwicklung von Gewässerschutzprogrammen, die den Bau von Regenrückhaltebecken, Absperr- und Steuerbauwerken bezwecken sowie die Bereitstellung von Informationsmaterial, wie man Wasser schützen und sparen kann. Jedoch mangelt es an Maßnahmen, die den Verbraucher direkt zum Wassersparen motivieren, wie etwa die Bereitschaft, auch mit den Mietern Versorgungsverträge abzuschließen, wodurch eine verbrauchsabhängige Abrechnung gewährleistet wäre und der Mieter als Verbraucher unmittelbar zum Sparen angehalten würde.

4 Zur Argumentation der Demotivation der Mieter bei verbrauchs*un*abhängiger Abrechnung der Wasserkosten vgl. die Ausführungen zum „Schadensbegriff“ in Kapitel 4 D III 3 b, S. 60 f.

5 Der Vorwurf der Sittenwidrigkeit ist nicht erst bei „Unerträglichkeit“ begründet, ebenso nicht erst in Extremfällen gesteigerter Rechtswidrigkeit (Staudinger-Sack, § 138 Rdn. 26; Sack, NJW 1985, 761, 768). Von der neueren Rspr. (BGHZ 94, 268, 272 f.; BGH, NJW 1988, 1373, 1374; WM 1993, 1189, 1191) wird noch nicht einmal ein Bewußtsein der Sittenwidrigkeit

Umweltethik in der Bevölkerung nicht mehr vertretbar, zumal die öffentlichen WVU nach den Wassergesetzen der einzelnen Länder[1] sogar verpflichtet sind, auf eine sparsame Verwendung des Wassers hinzuwirken, insb. durch die Gestaltung solcher Versorgungsbedingungen, die den rationellen Umgang mit Wasser fördern. Die Versorgungsbedingungen der WVU, die einen Vertragsabschluß nur mit dem Vermieter erlauben, fördern aber nicht den sparsamen Umgang mit Wasser, sondern bewirken genau das Gegenteil. Solange also die Versorgungsbedingungen den Vertragsabschluß mit Mietern nicht vorsehen, also eine verbrauchsabhängige Abrechnung für jeden Mieterhaushalt nicht ermöglicht wird, solange wird auch der Mieter bei der Umsetzung seiner Motivation in bewußtere Verbrauchsgewohnheiten behindert und die Schonung der Umwelt durch Erhaltung der Ressource Wasser mithin nicht gefördert. Dieses Verhalten der WVU in Form eines Unterlassens kollidiert nicht nur mit dem Umweltbewußtsein der Mieter, sondern mit dem aller Bürger, denn die Konsequenz trifft alle: Wasserressourcen müssen zusätzlich angegriffen werden, die Natur wird noch mehr belastet. Die Weigerung der WVU, mit den Mietern die Versorgungsverträge abzuschließen, widerspricht also der gegenwärtig herrschenden Sozialmoral und ökologischen Ethik, nämlich den Grundvorstellungen der Bevölkerung von „Schonung der Umwelt" und „Erhaltung der Ressourcen", wozu Politik und Wirtschaft ständig aufrufen. Es handelt sich hierbei um Maßstäbe, die die Allgemeinheit der gesamten Gesellschaft und damit auch den WVU setzt.

Zwar ist grundsätzlich eine automatische Umsetzung umweltethischer Vorstellungen in Normen nicht möglich. Die Generalklausel der Sittenwidrigkeit ist aber besonders geeignet, ethische Veränderungen zu rezipieren. Dringend notwendig ist dies insbesondere bei überaus hohem ökologischen Verschleiß[2] und gegenüber Akteuren, die systematisch eine Verschleuderung von Ressourcen begünstigen.

Die Verweigerung des Vertragsabschlusses mit den Mietern verstößt damit gegen das Anstandsgefühl aller billig und gerecht Denkenden. Dieses Verhalten der WVU ist also sittenwidrig, zumindest in den Fällen, wo Mieter und Vermieter sich darüber einig sind, daß eine Direktabrechnung zwischen Mieter und WVU stattfinden soll. Daß die WVU die Versorgungsverträge nur mit dem Eigentümer, also Vermieter abschließen, ist auch nicht etwa nur deswegen zu akzeptieren, weil dies in der Wasserversorgung bisher allgemein üblich ist.[3] Auch die Übergehung öko-

oder eine Schädigungsabsicht für erforderlich gehalten. Vielmehr ist mit dem Vorwurf der Sittenwidrigkeit kein besonders schwerer Vorwurf verbunden, wie ein Blick in die Praxis des Wettbewerbsrechts zeigt.

[1] Z.B. § 131 a BremWG. Siehe hierzu die späteren Ausführungen zur Rechtmäßigkeit der Wasserversorgungssatzungen (Kapitel 4 F II 3 und 4, S. 92 ff).

[2] Pro Jahr wird die enorme Summe von 250.000 Millionen Litern (= 250 Mio. m^3) Wasser unnötig verschleudert. Siehe hierzu die Berechnung in Kapitel 4 F II 3 b bb, S. 101 ff.

[3] Denn es geht nicht an, offenbare Unsitten deshalb als maßgeblich anzusehen, nur weil sie vielleicht innerhalb gewisser Kreise tatsächlich in Übung sind, obwohl solche Bräuche von der allgemeinen Volksauffassung als sittenwidrig empfunden werden: So Staudinger-Schäfer, § 826 Rdn. 39 und Erman-Schiemann, § 826 Rdn. 6.

logischer Gesichtspunkte durch ein Wirtschaftsunternehmen kann mithin als sittenwidriges Verhalten zu beurteilen sein.

d) Ergebnis

Fazit dieser Darstellung ist, daß die WVU, indem sie den Mietern den Vertragsabschluß verweigern, diesen in einer gegen die guten Sitten verstoßenden Weise Schaden zufügen. Der Schaden resultiert aus den unnötigen Verwaltungskosten des Vermieters, die im Innenverhältnis der Mieter trägt, und seiner mangelnden Möglichkeit zum Wassersparen bei verbrauchsunabhängiger Abrechnung, da er die Kosten für andere Mietparteien mittragen muß und den Verbrauch daher kaum drosseln kann. Darauf kann sich natürlich nur derjenige Mieter berufen, der zu einer Direktabrechnung mit „seinem" örtlichen WVU und zum Wassersparen bereit ist. Da in der Bevölkerung eine allgemeine Tendenz zur Senkung der anfallenden Kosten durch Entwicklung eigener Initiativen zu beobachten ist[1], ist davon auszugehen, daß wohl die meisten Mieter bereit sind, die Verwaltungsarbeit selbst zu erledigen, also ein direktes Versorgungsverhältnis mit dem WVU zu gründen, und daß sie ebenfalls bereit sind, mit Trinkwasser rationell umzugehen, wenn sie dadurch Kosten sparen oder/und dadurch Mieterhöhungen entgehen können. Dieser Schaden, den der kostenbewußte, also „durchschnittliche" Mieter erleidet, wird ihm sittenwidrig zugefügt, da er nicht allein aus seinem Bestreben heraus, die Geldbörse zu schonen, sparsam mit Wasser umgeht, sondern weil das Verhalten des WVU auch mit dem Umweltbewußtsein, das der Allgemeinheit zu eigen ist, kollidiert. Es wird also nicht nur dem einzelnen Mieter durch die Vertragsverweigerung des WVU ein sittenwidriger Schaden zugefügt, sondern der „Durchschnittsmieter" erleidet Schaden in einer gegen die guten Sitten verstoßenden Weise.

Diese Abschlußverweigerung gegenüber dem Mieter ist also eine sittenwidrige Schädigung des Mieters i.S.d. § 826 BGB. Das WVU ist damit gem. §§ 826, 249 BGB zur Naturalrestitution verpflichtet, d.h. es unterliegt einem mittelbaren Abschlußzwang auch gegenüber dem Mieter. Der Kontrahierungszwang für Unternehmen, die die Bevölkerung mit Trinkwasser versorgen, besteht mithin auch gegenüber Mietern.

Das Monopol kann auch nicht auf eine anderweitige Versorgung des Mieters verweisen, etwa durch die Einschaltung des Vermieters. Denn gerade ökologisch wäre diese Einschaltung sachlich nicht gerechtfertigt. Es werden auch keine Bagatellschäden verursacht, da sich die Kostennachteile für den Mieter durch die Einschaltung des Vermieters im Dauerschuldverhältnis summieren. Außerdem haben sie ein besonderes Gewicht durch die ökologische Sachwidrigkeit der Zwi-

[1] Die Bevölkerung geht zunehmend dazu über, Aufgaben, die bisher einem Fachmann übertragen wurden, selbst zu erfüllen. Zu denken ist dabei vor allem an Handwerkerarbeiten und Dienstleistungen wie z.B. die Wohnungsrenovierungsarbeiten eines Malers, die Reparaturen von KfZ-Werkstätten, die Tätigkeiten eines Friseurs und Steuerberaters usw. Grund dafür sind die hohen Stundenlöhne und Gebühren in diesen Branchen und die sinkenden Einkommen und Löhne im Arbeitnehmerbereich und öffentlichen Dienst.

schenschaltung des Vermieters. Der Mieter kann zwar eine ökologiegerechte Vertragsabwicklung unter Umständen auch im Mietvertragsverhältnis erreichen (Installation von Zwischenzählern plus 100%-ige Abrechnung nach dem gemessenen Verbrauch). Gesichert wird dies allerdings nur, wenn er auch den Versorger daran binden kann, so daß insofern ein Kontrahierungszwang mit diesem gerechtfertigt ist. Entgegen der bisher vertretenen Ansicht in Rspr. und Literatur[1] erfüllen die WVU ihre Versorgungsaufgabe also nicht bereits durch den Abschluß des Wasserlieferungsvertrages mit dem Grundstückseigentümer.

IV. Verhältnis des Kontrahierungszwangs gegenüber Mietern zu den „Ergänzenden Bestimmungen" der privaten WVU

Während der Kontrahierungszwang für WVU sowohl gegenüber dem Vermieter als auch gegenüber dem Mieter besteht, ist nunmehr zu prüfen, ob dies mit dem derzeitigen Wortlaut der „Ergänzenden Bestimmungen" der privatrechtlich organisierten WVU vereinbar ist. Die meisten privatrechtlich organisierten WVU stellen in dem durch die entsprechenden Bestimmungen der AVBWasserV vorgegebenen Rahmen „Ergänzende Bestimmungen" für ihr Unternehmen auf. Dabei treffen sie gewöhnlich auch entsprechend den Vorschlägen im BGW-Arbeitspapier die Regelung, daß das WVU den Versorgungsvertrag nur mit dem Eigentümer des anzuschließenden Grundstücks abschließt und nur in Ausnahmefällen mit dem Mieter, Pächter oder einem sonstigen Nutzungsberechtigten. Folge dieser Beschränkung auf Ausnahmefälle ist, daß der Mieter von seinem generellen Kontrahierungsanspruch gegen WVU ausgeschlossen wird. Aus diesem Grunde verstößt die bestehende Vertragspartnerregelung der WVU gegen den grundsätzlich gegenüber Mietern wirkenden Kontrahierungszwang aus § 826 BGB. Ein gesetzlicher Zwang läßt sich jedoch nicht durch eine Vertragsklausel ausschließen. § 826 BGB ist zwingendes Recht und geht Allgemeinen Geschäftsbedingungen vor. Die bestehende Vertragspartnerklausel in den Ergänzenden Bestimmungen der privaten WVU ist mithin nichtig, was die anschließende Prüfung nach § 9 AGBG bestätigt.

E. Unwirksamkeit der „Ergänzenden Bestimmungen", insb. der bestehenden Vertragspartnerklausel gem. § 9 AGB-Gesetz

I. Interesse der Vermieter an der Unwirksamkeit der Klausel

Selbst wenn in erster Linie die Mieter durch die Vertragspartnerklausel nachteilig betroffen werden, könnten möglicherweise ebenso die Vermieter ein Interesse daran haben, die Unwirksamkeit dieser Klausel geltend zu machen, auch wenn es

[1] OLG Saarbrücken, NJW-RR 1994, 436; OLG Hamburg, GWF/Wasser 1962, 1079; Morell, E § 1 S. 4 f.

um die Rechtstellung eines Dritten geht. Zwar bedarf es der Geltendmachung im allgemeinen nicht, da die Vermieter als Vertragspartner die Versorgungsverträge ohne weiteres kündigen können, wenn die Mieter die direkten Verträge übernehmen. Beim öffentlich-rechtlichen Versorgungsverhältnis hingegen unterliegt der Vermieter dem Anschluß- und Benutzungszwang, wodurch es zweifelhaft ist, ob er zur Kündigung der bestehenden Verträge berechtigt ist. Trotz der insofern problemlosen Kündigungsmöglichkeit beim privatrechtlichen Wasserversorgungsverhältnis könnte der Vermieter also ein Interesse daran haben, die Nichtigkeit derjenigen Klausel geltend zu machen, die nur ihn, nicht aber seine Mieter zum Vertragsabschluß berechtigt. Denn der Vermieter möchte aus denjenigen Versorgungsverträgen, die die Belieferung seiner Mieterhaushalte zum Ziel haben, aus den genannten Gründen der Haftungsbefreiung, Abwälzung des Verwaltungsaufwandes etc.[1] entbunden werden.

Der normale Weg für den Vermieter, die Umstellung der Verträge auf die Mieter zu erreichen, ist jedoch nicht der Weg der schlichten Kündigung, sondern vielmehr die Ausübung seines Opionsrechtes nach § 4 Abs. 5 S.1 Nr.2 MHG, denn er ist nach dem Mietvertrag verpflichtet, die Versorgung und Entsorgung seiner Mieterhaushalte durchgängig sicherzustellen. Er kann also nicht einfach die Verträge kündigen und die Mieter „sich selbst überlassen", sondern er muß vorher die fortlaufende Belieferung seiner Mieter mit Wasser sicherstellen. Hierfür muß der Vermieter nicht nur an den Mieter, sondern ebenso an das WVU herantreten. Ziel dieses Herantretens wird regelmäßig eine Übereinkunft über die Beendigung der vertraglichen Beziehungen mit dem Vermieter und die Aufnahme neuer Vertragsbeziehungen mit den Mietern sein. Da dies stufenlos erfolgen muß, wird der Vermieter dafür sorgen wollen, daß die Aufhebung seiner Vertragsbeziehungen in einem Zuge mit dem Abschluß neuer Verträge für seine Mieter vorgenommen wird.

Da jedoch aufgrund des erheblichen Ausfallrisikos und des höheren Verwaltungsaufwandes sich das WVU dem Vermieter gegenüber darauf berufen wird, daß es nach seinen bestehenden „Ergänzenden Bestimmungen" mit den Mietern keine Verträge schließen muß, wird es auch zum Abschluß neuer Verträge nicht bereit sein. Einzige Möglichkeit der Vermieter ist daher, den WVU die Unwirksamkeit ihrer Ergänzenden Versorgungsbedingungen, insbesondere die der Regelung über die Vertragspartner, entgegenzuhalten.

Auf die Unwirksamkeit dieser Klausel wegen Verstoßes gegen den gegenüber Mietern wirkenden Kontrahierungszwang aus § 826 BGB kann sich der Vermieter im Gegensatz zum Mieter dabei nicht berufen, da es sich hier um die Vertragsbeziehungen zwischen Mieter und WVU handelt, auf die der Vermieter, für sich genommen, keinen Einfluß hat. Der Vermieter als Dritter hat also auf dieser Basis keine Möglichkeit, die Unwirksamkeit der bestehenden Klausel geltend zu machen. Er ist als Vertragspartner jedoch berechtigt, die „Ergänzenden Vertragsbestimmungen" auf ihren Inhalt hin überprüfen zu lassen. Und zwar könnte die strei-

[1] Siehe Kapitel 2 II 3 a, S. 18-21.

tige Bestimmung, die nur ihn, nicht aber seine Mieter zum Vertragsabschluß berechtigt, gegen § 9 AGB-Gesetz verstoßen und damit unwirksam sein.

II. Die Anwendbarkeit des AGB-Gesetzes

Die "Ergänzenden Bestimmungen" sind "Allgemeine Geschäftsbedingungen" i.S.v. § 1 AGB-Gesetz, so daß das AGB-Gesetz auf diese anwendbar ist.[1] Der Anwendung des AGB-Gesetzes auf die "Ergänzenden Bestimmungen" sind aber insoweit Grenzen gesetzt, als eine Prüfung nach den Vorschriften des AGB-Gesetzes dort nicht stattfindet, wo es sich bei den "Ergänzenden Bestimmungen" um Regelungen handelt, die aus den AVBWasserV als Verordnungen abgeleitet werden können.[2] Bei der Regelung über die Vertragspartner des WVU handelt es sich um eine "Ergänzende Bestimmung", deren Inhalt in der AVBWasserV nicht geregelt ist. Vielmehr regelt die "Ergänzende Bestimmung" zum Vertragsabschluß einen neuen Sachverhalt, so daß sie nicht aus der AVBWasserV ableitbar ist. Einer Anwendung des AGB-Gesetzes steht also nichts entgegen.

III. Grundsatz

Bei Allgemeinen Geschäftsbedingungen (AGB) handelt es sich typischerweise um eine einseitige Inanspruchnahme der Gestaltungsfreiheit von Verträgen durch den Verwender. Da der andere Vertragsteil (Verbraucher) dadurch in seiner Selbstbestimmung beeinträchtigt wird, bedarf er eines verstärkten Schutzes. Diesem Bedürfnis wird § 9 AGBG gerecht, indem er gegenüber dem allgemeinen Vertragsrecht einen verschärften Maßstab der Inhaltskontrolle[3] vorsieht.[4] Maßstab dieser verschärften Inhaltskontrolle ist die mit den Geboten von Treu und Glauben nicht zu vereinbarende unangemessene Benachteiligung. Nach § 9 Abs. 1 AGBG sind Bestimmungen in allgemeinen Geschäftbedingungen unwirksam, wenn sie den Vertragspartner des Verwenders entgegen den Geboten von Treu und Glauben unangemessen benachteiligen. Diese verschärfte Inhaltskontrolle von AGB dient also dem Schutz der anderen Vertragspartei.[5]

Wie oben festgestellt, handelt es sich bei den „Ergänzenden Bestimmungen" privater WVU grds. um Allgemeine Geschäftsbedingungen. Insofern ist auch die streitige Vertragspartnerregelung in den „Ergänzenden Bestimmungen" der privaten WVU eine Allgemeine Geschäftsbedingung. Zu prüfen ist damit, ob diese Bestimmung gem. § 9 AGBG unwirksam ist.

[1] Morell, E § 1 S. 7; Tegethoff/Büdenbender/Klinger, § 1 AVBGasV Rdn. 23; Weiland, ET 1980, 175; BGH, RdE 1987, 102 m.Anm. Edelmann = NJW 1987, 1828 = VKU-ND 462, 4.

[2] Morell, E § 1 S. 7; Hermann/Recknagel/Schmidt=Salzer, § 1 AVBElt/GasV Rdn. 14.

[3] BT-Drucks. 7/3919 S. 22.

[4] Siehe auch Wolf/Horn/Lindacher, § 9 Rdn. 2 und Hoyningen=Huene, Rdn. 22.

[5] BT-Drucks. 7/3919 S. 23.

IV. Die Vertragsparteien

Voraussetzung für die Unwirksamkeit von AGB gem. § 9 Abs. 1 AGBG ist, daß der Vertragspartner des Verwenders unangemessen benachteiligt wird.

1. Verwender

Verwender sind hier zweifelsohne die privaten WVU, indem sie mit der AVBWasserV und ihren „Ergänzenden Bestimmungen" den Vertragsinhalt der Wasserlieferungsverträge als AGB formularmäßig festlegen.

2. Vertragspartner der Verwender

Vertragspartner ist grundsätzlich derjenige, der das Vertragsangebot des Verwenders annimmt und so den Vertragsschluß herbeiführt.[1] Da gem. den „Ergänzenden Bestimmungen" das WVU die Versorgungsverträge in der Regel mit dem Grundstückseigentümer (also Vermieter) abschließt, ist lediglich der Vermieter Vertragspartner der Verwender, nicht aber der Mieter. Jedoch werden nicht die Vermieter durch die Vertragspartnerklausel von den Verträgen über die Lieferung von Wasser ausgeschlossen, sondern vielmehr die Mieter. Insofern werden an sich die Mieter, nicht aber die Vermieter von dieser Klausel direkt und nachteilig betroffen. Eine unangemessene Benachteiligung der Mieter i.S.v. § 9 AGBG und damit die Unwirksamkeit dieser „Ergänzenden Bestimmung" ist damit nur dann gegeben, wenn § 9 AGBG auch die Interessen Dritter schützt.

3. Schutz von Drittinteressen

Interessen Dritter werden durch § 9 AGBG grundsätzlich nicht geschützt.[2] Dies folgt sowohl aus dem Wortlaut des § 9 Abs. 1 AGBG, in dem die Rede vom „Vertragspartner" des Verwenders ist, als auch aus der Relativität des Vertrages, nach der nur die Vertragspartner aus dem Vertrag berechtigt und verpflichtet werden.[3] Den Schutz des § 9 Abs. 1 AGBG genießen daher solche dritten Personen nicht, die keine Rechte aus dem Vertrag herleiten können.[4]

---

[1] Hoyningen=Huene, Rdn. 145; Wolf/Horn/Lindacher, § 9 Rdn. 106.

[2] MüKo-Kötz, § 9 AGBG Rdn. 11; Palandt-Heinrichs, § 9 Rdn. 7; Erman-Hefermehl, § 9 AGBG Rdn. 12; Soergel-Stein, § 9 AGBG Rdn. 6, 14; Palandt-Heinrichs, § 9 AGBG Rdn. 7.

[3] Hoyningen=Huene, Rdn. 148; Wolf/Horn/Lindacher, § 9 Rdn. 106; Erman-Hefermehl, § 9 AGBG Rdn. 6, 14; MüKo-Kötz, § 9 AGBG Rdn. 11.

[4] So Erman-Hefermehl, § 9 AGBG Rdn. 14 und vgl. z.B. BGH, NJW 1983, 178, 180 = BB 1981, 2090, 2091.

a) Unmittelbare Berücksichtigung von Drittinteressen

Dem Vertragspartner gleichzustellen sind dagegen im Rückschluß solche Dritte, die aus dem Vertrag unmittelbar Rechte herleiten können.[1] In diesen Fällen besteht zwischen dem Verwender und dem Dritten eine Rechtsbeziehung, aus welcher auch der Dritte gegenüber dem Verwender eigene Ansprüche herleiten kann.[2] Auf eine Beeinträchtigung der Interessen des Vertragspartners des Verwenders kommt es in diesem Falle überhaupt nicht an.[3] Zu denken ist dabei an die Verträge zugunsten Dritter nach § 328 BGB oder an die Verträge mit Schutzwirkung für Dritte begünstigte Personen[4].

Die Verträge zwischen den Grundstückseigentümern (Vermietern) und den WVU über die Lieferung von Wasser beschränken sich jedoch zweifelsohne auf die Rechte und Pflichten dieser beiden Parteien. Zwar stellen die WVU gem. § 22 Abs. 1 AVBWasserV das Wasser nicht nur ihrem Vertragspartner, dem Vermieter zur Verfügung, sondern vielmehr ebenso den Mietern, da die Vermieter nach dieser Vorschrift berechtigt sind, das Wasser an ihre Mieter weiterzuleiten. Diese Zurverfügungstellung an Mieter durch „Weiterleitung" erfolgt damit allerdings nur mittelbar, nämlich durch Zwischenschaltung des Vermieters als Vertragspartner, so daß das „Weiterleiten" des Wassers lediglich die Wahrnehmung eines vertraglichen Rechtes des Vermieters darstellt. Hieraus ergibt sich damit kein selbstständiger Anspruch der Mieter gegen die WVU auf Versorgung mit Wasser.

Ansonsten bieten sowohl die AVBWasserV als auch die „Ergänzenden Bestimmungen" keinerlei Anhaltspunkte für die Vermutung, daß die Mieter aus den bestehenden Wasserlieferverträgen der Vermieter unmittelbare Rechte herleiten könnten. Es handelt sich hierbei also weder um Verträge zugunsten Dritter noch um Verträge mit Schutzwirkung für dritte begünstigte Personen. Der Mieter kann damit keinerlei Ansprüche gegen sein örtliches WVU aus den Versorgungsverträgen seines Vermieters herleiten. Eine *unmittelbare* Berücksichtigung seiner Interessen bei der Gestaltung der Vertragspartnerklausel scheidet somit aus.

b) Mittelbare Berücksichtigung von Drittinteressen

Darüber hinaus muß bei der Gestaltung allgemeiner Bedingungen jedoch auch auf die Interessen Dritter Rücksicht genommen werden, die nicht am Vertrag beteiligt sind, wenn dadurch gleichzeitig berechtigte Belange des Vertragspartners berührt werden, z.B. seine Gläubigerstellung im Verhältnis zu Dritten beeinflußt oder seine wirtschaftliche Dispositionsfreiheit eingeengt wird.[5] Dies gilt insbeson-

---

[1] Hoyningen=Huene, Rdn. 150; Wolf/Horn/Lindacher, Rdn. 56, 107; Erman-Hefermehl, § 9 AGBG Rdn. 12; Palandt-Heinrichs, § 9 AGBG Rdn. 7; Staudinger-Schlosser, § 9 AGBG Rdn. 12; MüKo-Kötz, § 9 AGBG Rdn. 11; BGH NJW 1989, 2750, 2751; 1982, 2316; 1982, 178.

[2] Hoyningen=Huene, Rdn. 150.

[3] Wolf/Horn/Lindacher, Rdn. 107; Hoyningen=Hyene, Rdn. 150.

[4] Vgl. z.B. BGHZ 49, 350, 353 und BGH, NJW 1989, 2750, 2751; Erman-Hefermehl, § 9 AGBG Rdn. 14; BGH NJW 1982, 178, 180.

[5] Soergel-Stein, § 9 AGBG Rdn. 6, 14; MüKo-Kötz, § 9 AGBG Rdn. 11; Hoyningen=Huene, Rdn. 151; vgl. z.B. BGH NJW 1982, 178, 180.

dere dann, wenn es sich um nicht am Vertrag beteiligte *Dritte* handelt, *die auf der Seite des Vertragspartners stehen* und wenn der *Vertragspartner zur Wahrung der Interessen dieser Dritten verpflichtet* ist; mit anderen Worten, wenn es sich um Drittinteressen handelt, die typischerweise vom Vertragsschließenden wahrzunehmen sind.[1] Aber auch darüber hinaus können das Verhalten und Drittinteressen die Interessen des Vertragspartners in einer Weise betreffen, daß bei der Gestaltung von allgemeinen Geschäftsbedingungen diesem Umstand Rechnung getragen werden muß.[2] In jedem Falle spricht man von der Pflicht der *mittelbaren* Mitberücksichtigung von Drittinteressen bei der Klauselgestaltung.[3]

aa) Dritte, die auf der Seite des Vertragspartners stehen

Die WVU erbringen mit der Wasserlieferung an Privathaushalte Leistungen, die unmittelbar den Mietern zugute kommen.[4] Trotzdem kann lediglich der Vermieter aus den „Ergänzenden Bestimmungen" der privaten WVU einen Anspruch auf Abschluß der Verträge und damit auf den Anschluß an die Versorgungsanlage sowie auf die Versorgung mit Wasser herleiten, wozu er nach dem Mietvertrag gegenüber seinen Mietern auch verpflichtet ist. Der Vermieter muß also die Versorgung seiner Mieter durch Vertrag herbeiführen und die mit dem Versorgungsvertrag verbundenen Verpflichtungen zugunsten der Mieter durchgängig erfüllen. Insofern sind die Mieter auf das Tätigwerden ihrer Vermieter ständig angewiesen. Sowohl Vermieter als auch Mieter verfolgen mit der ordnungsgemäßen Wasserversorgung also ein gemeinsames Interesse; im Verhältnis zum WVU stehen sie auf ein und derselben Seite. Damit handelt es sich bei den Mietern um Dritte, die auf der Seite der Vermieter (Vertragpartner) stehen.

bb) Drittinteressen, die typischerweise vom Vertragschließenden wahrzunehmen sind

Die Versorgung der Mieterhaushalte mit Trinkwasser ist eine der wichtigsten Aufgaben, die den Vermietern nach Mietvertragsrecht obliegt. Sie sind nach bestehender Praxis verpflichtet, mit den WVU die Wasserlieferverträge abzuschließen und das von den WVU an sie gelieferte Wasser entsprechend § 22 Abs.1 S.1 AVBWasserV weiterzuleiten. Die Versorgung der Mieterhaushalte mit Wasser kann also nur durch den Vermieter herbeigeführt und wahrgenommen werden. Eine direkte Versorgung durch die WVU findet aufgrund der bestehenden allgemeinen und ergänzenden Versorgungsbedingungen nicht statt. Insofern hat der Vermieter gegenüber seinen Mietern eine Fürsorge- und Obhutspflicht. Bei dem Begehren der Mieter nach der Versorgung mit Wasser handelt es sich mithin um

---

[1] BGH NJW 1982, 178, 180.

[2] So Wolf/Horn/Lindacher, Rdn. 109 unter Hinweis auf BGH NJW 1982, 178, 180.

[3] Wolf/Horn/Lindacher, Rdn. 56, 109 ff; Hoyningen=Huene, Rdn. 151; Soergel-Stein, § 9 AGBG Rdn.14.

[4] So Hanke, DW 1993, 411, 412.

Drittinteressen, die typischerweise vom vertragschließenden Vermieter wahrzunehmen sind.

cc) Fazit

Bei den Mietern handelt es sich mithin um Dritte, die zwar nicht am Vertrag beteiligt sind, deren Interessen aber mittelbar nach § 9 AGBG bei der Gestaltung allgemeiner Bedingungen berücksichtigt werden müssen, da sie auf der Seite der Vertragspartner (Vermieter) stehen und ihre Interessen typischerweise vom vertragschließenden Vermieter wahrzunehmen sind. Sollte die bestehende Klausel, die lediglich die Vermieter zum Vertragsabschluß berechtigt, die Mieterinteressen nun unangemessen benachteiligen, so wäre diese unwirksam, wenn ebenfalls die Interessen der Vermieter als Vertragspartner durch die Klausel beeinträchtigt würden. Zunächst ist daher zu prüfen, ob die Mieter durch diese Klausel unangemessen benachteiligt werden und, wenn ja, ob dadurch gleichzeitig berechtigte Belange der Vermieter berührt werden.

V. „Benachteiligung" von Mietern

AGB-Klauseln sind nach § 9 Abs. 1 AGBG nur unwirksam, wenn sie überhaupt zu einer Benachteiligung des Vertragspartners bzw. des zu berücksichtigenden Dritten führen. Eine eventuelle Benachteiligung kann nur dann festgestellt werden, wenn ein Rechtslagenvergleich vorgenommen wird: D.h. es muß die Rechtslage ohne die streitige Klausel mit dem Vertragsinhalt bei Berücksichtigung der Klausel verglichen werden.[1] Eine Benachteiligung liegt dabei vor, wenn sich die Rechtslage für den Betroffenen bei Bestehen der bestehenden Vertragspartnerklausel schlechter gestaltet als ohne diese Klausel.[2]

Die Vertragspartnerregelung, nach der nur Grundstückseigentümer zum Abschluß von Versorgungsverträgen mit dem WVU berechtigt sind, führt dazu, daß die Mieter in der Regel nicht berechtigt sind, mit ihrem örtlichen WVU Versorgungsverträge abzuschließen. Ohne diese Klausel bestünde für die WVU keine rechtliche Handhabung, die Bereitschaft zum Vertragsabschluß lediglich auf Grundstückseigentümer zu beschränken, so daß Mieter den Direktvertrag vom WVU verlangen könnten. Verglichen mit der Rechtslage ohne die bestehende Klausel gestaltet sich mit Bestehen dieser die Rechtslage für Mieter also schlechter. Eine Benachteiligung der Mieter durch diese Vertragspartnerregelung in den AGB der WVU ist mithin zu bejahen.

VI. „Ungemessenheit" der Benachteiligung von Mietern

Unangemessen ist diese Beeinträchtigung, wenn sie bei einer Interessenabwägung nicht durch berechtigte Interessen des Verwenders gerechtfertigt ist oder

[1] So Hoyningen=Huene, Rdn. 134 unter Hinweis auf BGH, NJW 1984, 2161; 1983, 1491.

[2] Siehe Hoyningen=Huene, Rdn. 134.

durch gleichwertige Vorteile ausgeglichen wird.[1] Eine Unangemessenheit ist jedoch nur dann zu bejahen, wenn die Beeinträchtigung nicht nur unerheblich ist.[2] Der Bewertungsmaßstab ist dabei entsprechend dem Wortlaut von § 9 Abs. 1 AGBG das Gebot von Treu und Glauben.

VII. „Treu und Glauben" - Maßstab der Unangemessenheit (Interessenabwägung)

Aus den unbestimmten Rechtsbegriffen „Treu und Glauben" entspringt das Gebot der Rücksichtsnahme auf das Interesse des anderen.[3] Dieses Gebot begründet für die Inhaltskontrolle von AGB den Maßstab einer umfassenden Interessenabwägung nach objektiven Gesichtspunkten.[4] AGB-Regelungen sind demnach unwirksam, wenn der Verwender darin nur seine eigenen Interessen zur Geltung bringt und es unterläßt, die Interessen seiner künftigen Vertragspartner bzw. schutzwürdigender Dritter angemessen zu berücksichtigen.[5] Der Maßstab von Treu und Glauben erlaubt und gebietet dabei die Berücksichtigung aller rechtlich anerkennenswerten Interessen.[6] Zur Konkretisierung des unbestimmten Rechtsbegriffs von Treu und Glauben können folglich auch grundrechtliche Wertungen berücksichtigt werden.[7] Es muß sich aber nicht um ein speziell in einzelnen gesetzlichen Vorschriften geschütztes Interesse handeln, sondern es genügt, daß das Interesse allgemein von der Rechtsordnung anerkannt wird.[8]

Für die Beantwortung der Frage nach der Wirksamkeit von AGB bedarf es nach dem Gesagten zunächst der Ermittlung aller Interessen und im Anschluß daran der Abwägung zwischen ihnen. Es wird daher nun geprüft, ob die Formulierung der bestehenden Vertragspartnerregelung in den „Ergänzenden Bestimmungen" der WVU nur deren eigenen Interessen im Auge hat und damit auf die Interessen der Mieter als zu berücksichtigende Dritte sowie der Vermieter als Vertragspartner keine hinreichende Rücksicht nimmt. Zunächst ist also das Interesse der WVU an der Aufrechterhaltung gerade dieser Vertragspartnerregelung und das durch sie beeinträchtigte Mieter- und Vermieterinteresse zu ermitteln.

---

[1] Vgl. BGH, NJW 1987, 2431. Mit ähnlicher Formulierung BGH, NJW-RR 1990, 1075; BGH, NJW 1993, 2738; 1985, 53, 55; 1985, 2328; BGHZ 90, 280, 284.

[2] Wolf/Horn/Lindacher, § 9 Rdn. 100; Erman-Hefermehl, § 9 Rdn. 10; BGH NJW 1982, 178; OLG Hamm, 1981, 1049; MüKo-Kötz, § 9 AGBG Rdn. 2; siehe auch BT-Drucks. 7/5422 S. 6; Palandt-Heinrichs, § 9 AGBG Rdn. 7.

[3] Wolf/Horn/Lindacher, § 9 Rdn. 113.

[4] Vgl. BGH NJW 1988, 258, 159.

[5] Erman-Hefermehl, § 9 AGBG Rdn. 11 unter Hinweis auf BGHZ 90, 284; BGH NJW 1985, 53.

[6] Wolf/Horn/Lindacher, § 9 Rdn. 101; Erman-Hefermehl, § 9 AGBG Rdn. 11.

[7] Hoyningen=Huene, Rdn. 144; Wolf/Horn/Lindacher, § 9 Rdn. 113.

[8] Wolf/Horn/Lindacher, § 9 Rdn. 101.

1. Interessen der WVU - Rationalisierungsinteresse

Allgemein anerkannt auf seiten der Verwender ist in diesem Zusammenhang deren *Rationalisierungsinteresse*, in dem sich die Gesamtheit der Verwenderinteressen an größtmöglicher Wirtschaftlichkeit seiner Vertragsbeziehungen ausdrückt.[1] Es kann beispielsweise vorliegen unter den Aspekten einer Ersparnis von Organisation und Personal, der Erleichterung der Eingehung und Abwicklung von Vertragsbeziehungen, insbesondere der klaren und übersichtlichen Gestaltung des Abrechnungsverkehrs und der Verhinderung der Konfrontation mit einer unüberschaubaren Zahl von Gläubigern sowie der Zuverlässigkeit und Gleichmäßigkeit der Leistungserbringung etc.[2] Liegt ein solches Rationalisierungsinteresse auf seiten der Verwender vor, so kann es den Bestand entsprechender AGB-Bestimmungen rechtfertigen, da der Gläubiger ein berechtigtes Interesse daran hat.[3] Zu prüfen ist also, ob auf seiten der WVU ein solches Rationalisierungsinteresse vorliegt, das die Aufrechterhaltung der bestehenden Vertragspartnerregelung rechtfertigt.

Wie bereits oben bei der Interessenanalyse (Vor- und Nachteile der Direktabrechnung für die Leistungserbringer)[4] herausgearbeitet wurde, könnten bei einer Aufhebung der Regelung über die Vertragspartner der WVU an die Stelle eines Vermieters als Vertragspartner viele einzelne Mieter als Vertragspartner treten, z.B. bei Wohnungsvermietungsgesellschaften. Die Zahl der Wasserlieferungsverträge würde erheblich steigen, was einen Zuwachs an Verwaltungsaufwand zur Folge hätte, dadurch mehr Personal erfordern würde, folglich höhere Lohnkosten mit sich brächte usw. Außerdem fielen z.B. Betreuungsarbeiten, wie etwa Zwischenablesungen, die vorher Aufgabe der Vermieter waren, in den Pflichtenbereich der WVU und es würden weiterhin zunächst erhebliche Investitionskosten[5] für die Installation von Einzelzählern für einen jeden Mieterhaushalt anfallen. Alles in allem würde dies also für die WVU wirtschaftlich bedeuten, daß die Aufwendungen für die Organisation des Unternehmens und das Personal sowohl verwaltungstechnisch als auch finanziell höher würden. Ein Interesse der WVU an der Aufrechterhaltung ihrer bestehenden Vertragspartnerregelung ist unter dem Aspekt der Ersparnis von Organisation und Personal mithin anzuerkennen.

Natürlich ist es aus der Sicht der WVU offensichtlich auch leichter, die Versorgungsverträge mit den Grundstückseigentümern (Vermietern) abzuschließen und abzuwickeln. Dies erscheint schon aus dem oben genannten Aspekt der geringen Zahl von Vermietern gegenüber der weitaus höheren Zahl von Mietern logisch.

---

[1] Erman-Hefermehl, § 9 AGBG Rdn. 13; Palandt-Heinrichs,§ 9 AGBG Rdn. 8; Soergel-Stein, § 9 AGBG Rdn. 16; Staudinger-Schlosser, § 9 AGBG Rdn. 23 f; Hoyningen=Huene, Rdn. 188, BGH, NJW 1981, 117, 118.

[2] Vgl. z.B. BGH, NJW 1981, 117, 118 = BB 1981, 1484, 1486; OLG Frankfurt, NJW 1983, 1681, 1682; BGHE 77, 274; 51, 113; OLG Hamm, WM 85, 897; Hoyningen=Huene, Rdn. 188; Erman-Hefermehl, § 9 AGBG Rdn. 13; Soergel-Stein, § 9 AGBG Rdn. 16.

[3] BGHZ 77, 274; 51, 113; OLG Hamm, WM 1985, 897.

[4] Siehe Kapitel 2 II 3 c, S. 21.

[5] Vgl hierzu die späteren Ausführungen in Kapitel 4 H Exkurs 2 b, S. 115.

Die Zahl der zu versorgenden Grundstücke ist überschaubar, da nur jedes einzelne Gebäude einen Anschluß an die Wasserversorgungsanlage des WVU bekommt, aber nicht der einzelne Mieterhaushalt.[1] Insofern entspricht die Zahl der Anschlüsse der Zahl der Vertragspartner. Die Verhältnisse sind für die WVU überschaubarer. Die Zahl von Mietparteien auf einem Grundstück ist weiterhin Schwankungen unterworfen, bedingt durch Mieterwechsel und Umbaumaßnahmen. Hinzu kommt, daß die Eigentumsverhältnisse an Grundstücken beständiger sind, während die Mieter schnell und unbürokratisch wechseln können. D.h., daß das Mietverhältnis ein schnellebiges und damit für ein Versorgungsunternehmen eher unübersichtliches Rechtsinstitut ist. Insofern ist der Vertragsabschluß mit den Vermietern aus der Sicht der WVU überschaubarer und berechenbarer.

Das gleiche gilt für die Abwicklung der Versorgungsverträge. Klarer und übersichtlicher ist die Vertragsabwicklung unbestreitbar dann, wenn eine überschaubare Zahl an Vermietern mit beständigem Wohnsitz Vertragspartner ist und nicht eine unüberschaubare Zahl an Mietern mit (ständig) wechselndem Wohnsitz. Aber auch andere Aspekte sprechen für eine Gestaltung des Abrechnungsverkehrs mit Vermietern statt Mietern. Gegenüber Vermietern bietet es sich z.B. aus rein praktischen Erwägungen an, eine jährliche Abrechnung der monatlichen Vorauszahlungen vorzunehmen. Bei einem direkten Vertragsverhältnis mit den Mietern könnten aufgrund eines Mieterwechsels Zwischenablesungen und -abrechnungen erforderlich werden. Diese kurzen und zum Teil variierenden Abrechnungsabstände sind nicht so übersichtlich wie die jährliche Abrechnung mit den Eigentümern. Insofern dient die bestehende Vertragspartnerregelung auch der klareren und übersichtlicheren Gestaltung des Abrechnungsverkehrs. Daher besteht ein berechtigtes Interesse der WVU an der Aufrechterhaltung dieser Klausel auch aufgrund des anerkannten Aspektes der Erleichterung der Eingehung und Abwicklung ihrer Vertragsbeziehungen.

Nach bestehender Praxis ist der Vermieter als Vertragspartner der WVU „Schuldner“ der von seinen Mietern unmittelbar verursachten Wasserkosten. Dies hat für die WVU nun zum Vorteil, daß die Zahlung der Wasserkosten direkt durch die im allgemeinen zuverlässig und pünktlich zahlenden Vermieter erfolgt, so daß das WVU von Außenständen durch zahlungsunwillige und -unfähige sowie unpünktliche Mieter verschont bleibt. Zwar besteht auch ein gewisses Insolvenzrisiko hinsichtlich Vermietern. Allerdings existiert hier einerseits eine nicht so große Streuung wie bei Mietern und andererseits sind Vermieter in der Regel liquide und zuverlässige Vertragspartner. Denn sowohl ihr Einkommen aus der Vermietung als auch ihr Haus- bzw. Wohnungseigentum bilden in der Regel eine ausreichende Vollstreckungsgrundslage. Geht man nun davon aus, daß die bestehende Vertragspartnerregelung in den „Ergänzenden Bestimmungen“ der privaten WVU nicht bestünde, so würden auch die einzelnen Mieter Vertragspartner. Die WVU müßten sich mit ihren Zahlungsforderungen direkt an diese wenden. Derartige Ansprüche

[1] Vgl. „Hausanschluß“-Regelung (IV.) im BGW-Arbeitspapier i.V.m. § 10 Abs. 2 AVBWasserV.

gegen Eigentümer (Vermieter) geltend zu machen und auch durchzusetzen ist also bei weitem unproblematischer. Daher besteht auch aus dem anerkannten Aspekt der zuverlässigen und gleichmäßigen (pünktlichen) Kostenerbringung ein berechtigtes Interesse der WVU an der Aufrechterhaltung der bestehenden Vertragspartnerregelung, wonach grundsätzlich nur Eigentümer als Vertragspartner vorgesehen sind.

2. Interessen der Mieter

Als schutzwürdige Belange des Vertragspartners sind z.B. anerkannt das Interesse an seiner wirtschaftlichen und persönlichen Entscheidungsfreiheit durch die Teilnahme am Geschäftsverkehr und an geschäftlicher Betätigung sowie das Interesse an der Wahrung des Vermögens und der Vermeidung von Schäden.[1] Da die Interessen solcher Dritter, die mittelbar über die Interessen der Vertragspartner zu berücksichtigen sind, ebenso nach § 9 AGBG geschützt werden müssen, gelten diese schutzwürdigen Belange der Vertragspartner ebenso für diese Dritten. Das Interesse der Mieter an der Aufhebung der bestehenden Vertragspartnerklausel könnte gerade eben auf diesen anerkannten Aspekten beruhen.

a) Persönliche Entscheidungsfreiheit

Die bisherige Vertragspartnerregelung schreibt wie erwähnt vor, daß grundsätzlich nur Grundstückseigentümer berechtigt sind, die Versorgungsverträge abzuschließen. Zwangsläufige Folge dessen ist, daß auch nur dieser Personenkreis Ansprüche auf Abschluß von dahingehenden Wasserlieferungsverträgen geltend machen kann. Dadurch ist es den Mietern nicht möglich, nach ihrem Willen frei zu entscheiden, ob sie mit ihren örtlichen WVU ein direktes Wasserversorgungsverhältnis begründen wollen. Ihr Interesse, am rechtsgeschäftlichen Verkehr teilzunehmen, wird ignoriert. Insofern können die Mieter also nicht nach ihrem Willen frei entscheiden. Die bisherige Vertragspartnerregelung hindert sie also, ihre persönliche Entscheidungsfreiheit durch Direktvertrag mit dem WVU auszuüben. Daher besteht aus dem anerkannten Aspekt der persönlichen Entscheidungsfreiheit durch rechtsgeschäftliche Betätigung heraus ein berechtigtes Interesse der Mieter an der Beseitigung der bestehenden Vertragspartnerregelung, nach der bisher nur Eigentümer Ansprüche auf Vertragsabschluß geltend machen können.

b) Ersparnisinteresse

Ein Interesse der Mieter, das die WVU bei der Gestaltung ihrer Versorgungsbedingungen berücksichtigen müssen, könnte darin zu sehen sein, daß die Mieter für sich die Entstehung von finanziellen Nachteilen vermeiden wollen. Da entsprechend der bestehenden Vertragspartnerregelung nach bisheriger Praxis nicht der Mieter, sondern der Vermieter Vertragspartner des WVU ist, erledigt allein dieser

[1] Soergel-Stein, § 9 AGBG Rdn. 19; Erman-Hefermehl, § 9 AGBG Rdn. 13; Wolf/Horn/ Lindacher, § 9 Rdn. 102; BGH, NJW 1982, 1692.

die Verwaltungsarbeiten wie das Ablesen der Zählerstände, das Berechnen des Verbrauchs, das Erstellen der Rechnungen für die einzelnen Mietparteien und das Überprüfen der dementsprechenden Zahlungseingänge, das Überweisen der Gesamtbeträge an das WVU usw. All diese Tätigkeiten des Vermieters verursachen Kosten, die sich im Laufe der Jahre summieren und vor allem dann sehr hoch sein können, wenn diese Verwaltungsarbeiten einer Firma oder Einrichtung übertragen werden. Denn Dienstleistungen sind in Deutschland teuer. Diese Kosten legt der Vermieter dann auf den Mieter um. Wären die Mieter nun berechtigt, diese Arbeiten wie das Ablesen der Zählerstände, das Berechnen des Verbrauchs, das Überweisen der Verbrauchskosten an das örtliche WVU etc. selbst zu erledigen, so entfielen für sie die hohen Kosten für die Verwaltungsfirma und den Zeitaufwand des Vermieters. Insoweit handelt es sich bei den Verwaltungskosten (wie bereits im Rahmen des gegenüber Mietern wirkenden Kontrahierungszwanges[1] erörtert wurde) aus der Sicht vieler Familien um einen unnötigen, vermeidbaren Kostenpunkt und damit um eine „unfreiwillige" Vermögensdifferenz, die ihnen nicht entstehen würde, wenn die Vertragspartnerregelung mit diesem Wortlaut nicht bestünde. Der Mieter erleidet also durch diese Klausel einen Vermögensschaden in Höhe der Verwaltungskosten, die er im Innenverhältnis zu seinem Vermieter tragen muß.

Wie oben zum Kontrahierungszwang[2] weiter ausgeführt wurde, können den sparsamen Mietern durch den Wortlaut dieser Vertragspartnerklausel außerdem höhere Wasserkosten entstehen. Erst bei einem direkten Vertragsverhältnis zwischen WVU und Mietern ist eine verbrauchsabhängige Abrechnung garantiert, da Voraussetzung hierfür die Installation von Einzelwasserzählern ist. Solange der Vertragsabschluß aber lediglich mit den Vermietern in den AGB der privaten WVU vorgesehen ist, erfolgt die Abrechnung der Wasserkosten zumeist nach Kopfteilen oder Quadratmetern Wohnfläche, so daß der sparsame Mieter für den unvernünftigen Mieter mitbezahlen muß. Erst mit einem direkten Vertragsverhältnis und damit der Installation von Einzelwasserzählern erhält der Mieter sowohl einen Anreiz zum rationellen Umgang mit Wasser als auch tatsächlich die Möglichkeit zum Wassersparen, denn nur so kann er seinen realen Verbrauch kontrollieren und folglich auch minimieren. Nach bestehender Praxis kann der sparsame Mieter jedoch aufgrund der zumeist fehlenden Verbrauchskontrolle und der daraus resultierenden mangelnden Möglichkeit zur Drosselung seines Wasserverbrauchs einen Schaden erleiden, der ihm nicht entstünde, wenn die streitige Vertragspartnerregelung, die lediglich den Eigentümer zum Vertragsabschluß berechtigt, nicht bestünde. Daher ist auch aus dem Aspekt der Vermeidung von Schäden heraus (sowohl in Anbetracht der Verwaltungskosten als auch bezüglich der höheren Wasserkosten) ein berechtigtes Interesse der Mieter an der Beseitigung der bestehenden Vertragspartnerklausel anzuerkennen.

[1] Siehe Kapitel 4 D III 3 b bb, S. 61 f.
[2] Siehe Kapitel 4 D III 3 b cc, S. 63 f.

c) Umweltbewußtsein der Mieter

Anerkannt und damit zu berücksichtigen bei der Überprüfung einer allgemeinen Geschäftsbedingung sind aber auch ideelle Interessen.[1] Als solches Interesse kommt das Umweltbewußtsein der Mieter in Betracht. Wie ebenfalls im Zusammenhang mit dem gegenüber Mietern wirkenden Kontrahierungszwang[2] oben dargestellt wurde, hat der „Durchschnittsbürger" und damit der „Durchschnittsmieter" von heute ein insgesamt stark ausgeprägtes Umweltbewußtsein. Dieses Umweltbewußsein der Mieter kollidiert jedoch mit dem Verhalten der WVU in der Form, daß die WVU ihre Versorgungsbedingungen so gestalten, daß ein Vertragsabschluß mit Mietern nicht vorgesehen und eine verbrauchsabhängige Abrechnung damit nicht garantiert ist. Dadurch wird der Mieter bei der Umsetzung seiner Motivation in bewußtere Verbrauchsgewohnheiten behindert und der Schonung der Umwelt durch Erhaltung der Ressource Wasser entgegengewirkt.

Die Formulierung der bisherigen Vertragspartnerregelung widerspricht also der ökologischen Zielrichtung der Mieter. Daher besteht auch aus diesem Aspekt heraus ein berechtigtes Interesse der Mieter an der Beseitigung der bisherigen Vertragspartnerklausel in den „Ergänzenden Bestimmungen" der privaten WVU.

3. Interessen der Vermieter

Wie festgestellt, können die Interessen von nicht am Vertrag beteiligten Dritten mittelbar über die Interessen des Vertragspartners Berücksichtigung finden. Da das Vorliegen von berechtigten Mieterinteressen oben[3] bejaht werden konnte, kommt es nun für deren Berücksichtigung auf das Vorliegen von Interessen beim Vermieter an der Aufhebung der bisherigen Vertragspartnerregelung an.

a) Abwälzung des Verwaltungsaufwandes

Ein Interesse der Vermieter an der Aufhebung der bestehenden Vertragspartnerklausel könnte darauf gerichtet sein, nicht mit dem unangenehmen Verwaltungsaufwand belastet zu werden, der mit der Wasserversorgung der Mieterhaushalte verbunden ist. Bestünde diese klauselartige Beschränkung der Vertragspartner auf Grundstückseigentümer nicht, so könnte der Vermieter gem. § 4 Abs.5 S.1 Nr.2 MHG bestimmen, daß die Lieferverträge von den Mietern zu übernehmen sind. Sämtliche mit diesen Verträgen verbundenen Tätigkeiten wie das Ablesen der Zähler, das Berechnen des Verbrauchs, das Überweisen der Wasserkosten an das WVU würde dann der Mieter selbst erledigen, so daß der Vermieter von diesen Tätigkeiten entbunden wäre. Der Wille der Vermieter, den Verwaltungsaufwand auf seine Mieter abzuwälzen, ist daher als berechtigtes Interesse anzuerkennen, und zwar als Interesse an der Beseitigung der Vertragspartnerbeschränkung.

---

[1] Wolf/Horn/Lindacher, § 9 Rdn. 102 unter Hinweis auf BGH, NJW 1985, 2585, 2586 f., wonach das ideelle Interesse an der bestmöglichen Erziehung eines Kindes im Zusammenhang mit einem Internatsschulvertrag zu berücksichtigen ist.

[2] Siehe Kapitel 4 E III 3 c bb (3) und (4), S. 67 ff.

[3] Kapitel 4 E VII 2, S. 82-84 und Kapitel 2 II 3 b, S. 21.

b) Haftungsbefreiung

Als weiteres Interesse der Vermieter, die Nichtigkeit dieser Klausel feststellen zu lassen, kommt die Belastung der Vermieter mit dem Insolvenzrisiko für ihre Mieter in Betracht. Da aufgrund der bestehenden Vertragspartnerklausel nur die Vermieter Vertragspartner der WVU sind, trägt der Vermieter die von seinen Mietern verursachten Wasserkosten im Außenverhältnis zu dem WVU. Der Vermieter ist als Vertragspartner der WVU also „Schuldner" der von seinen Mietern unmittelbar verursachten Wasserkosten. Er ist damit auch dann leistungspflichtig, wenn die Mietpreiszahlungen seiner Mieter an ihn ausbleiben. Würde die Klausel über die Beschränkung der Vertragspartner auf Grundstückseigentümer nicht bestehen, so würden die einzelnen Mieter Vertragspartner. Die Zwischenschaltung der Vermieter wäre damit aufgehoben und die WVU müßten sich dann an ihre neuen Vertragspartner, nämlich die Mieter mit ihren Forderungen wenden. Der Aspekt der Haftungsbefreiung ist daher als berechtigtes Interesse der Vermieter an der Nichtigerklärung der bisherigen Vertragspartnerklausel mit ihrem derzeitigen Wortlaut anzuerkennen.

c) Befreiung vom Risiko des (pünktlichen) Zahlungseingangs

Weiterhin könnte der bisherigen Vertragspartnerregelung ein Interesse der Vermieter an der Befreiung vom Risiko des (pünktlichen) Zahlungseingangs entgegenstehen. Einige Mieter geraten mit der Zahlung ihrer Miete manchmal in Rückstand. Dennoch überweist der Vermieter die Gesamtwasserkosten aller Mietparteien an das WVU pünktlich, um seiner Vertragspflicht nachzukommen und damit zu verhindern, daß für das ganze Haus und folglich auch für die vertragstreuen Mieter die Wasserlieferung unterbrochen wird. Er muß die Kosten seiner zahlungsunwilligen -oder unfähigen Mieter also „vorschießen" und oft sogar im Klagewege geltend machen. Insofern trägt er das Risiko des (pünktlichen) Zahlungseingangs der Wasserkosten in Form der Miete. Auch aus diesem Aspekt heraus ist sein berechtigtes Interesse an der Aufhebung der Klausel, die die Mieter als Vertragspartner ausschließt, anzuerkennen.

d) Befreiung aus der Rolle der „kostenlosen Inkassostelle"[1]

Der Vermieter „sammelt" die Kosten für die Versorgung mit Wasser von jeder einzelnen Mietpartei ein, gleicht dabei eventuelle „Fehlbeträge" aus und überweist die Gesamtkosten für alle Mieter dem WVU. Und dies tut der Vermieter aus der Sicht des WVU alles unentgeltlich. Insofern erfüllt der Vermieter also die Rolle einer „kostenlosen Inkassostelle" für das WVU.

Grund dafür ist auch hier die Tatsache, daß wegen der bestehenden Vertragspartnerklausel in den „Ergänzenden Bestimmungen" der privaten WVU Mieter von dem Recht zum Vertragsabschluß mit den WVU ausgeschlossen werden. Ein Interesse der Vermieter an der Aufhebung dieser Klausel ist damit auch aus dem

[1] MüKo-Voelskow, § 4 MHG Rdn. 27.

Aspekt, daß sie sich aus ihrer Rolle der „kostenlosen Inkassostelle“ befreien wollen, anzuerkennen.

e) Persönliche Entscheidungsfreiheit

Ein Interesse der Vermieter an der Aufhebung der bestehenden Vertragspartnerklausel könnte aber (ebenso wie bei den Mietern) darauf gerichtet sein, daß sie nach ihrem Willen frei entscheiden wollen, ob sie mit ihren örtlichen WVU in Vertragsbeziehungen treten wollen. Eine freie Entscheidung der Vermieter über das „Ob“ des Vertragsabschlusses ist aufgrund der bestehenden Vertragspartnerklausel derzeit nicht möglich, da die WVU eben nur bereit sind, mit dem Vermieter den Vertrag abzuschließen. Und will der Vermieter seinen Pflichten gegenüber seinen Mietern nachkommen, so ist er gezwungen, den Vertrag über die Wasserversorgung seines vermieteten Gebäudes mit dem örtlichen WVU abzuschließen. Insofern ist es für ihn nicht möglich, nach seinem Willen frei zu entscheiden, ob er diesen Versorgungsvertrag überhaupt abschließen, also rechtsgeschäftlich tätig werden möchte. Daher besteht auch aus dem anerkannten Aspekt der persönlichen Entscheidungsfreiheit heraus ein berechtigtes Interesse der Vermieter an der Beseitigung der bestehenden Vertragspartnerregelung, nach der nur Eigentümer, nicht aber die Mieter selbst zum Vertragsabschluß berechtigt sind.

4. Interessenabwägung

Damit haben nicht allein die Mieter als (nicht am Vertrag beteiligte jedoch schutzwürdige) Dritte ein Interesse an der Nichtigerklärung dieser Klausel, sondern ebenso die Vermieter als Vertragspartner der WVU. Die Mieterinteressen müssen mithin mittelbar über die Interessen der Vermieter bei der Klauselgestaltung berücksichtigt werden. Daher ist nun zu prüfen, ob die WVU, indem sie diese Klausel zum Vertragsinhalt machen, die Interessen der Mieter angemessen berücksichtigen. Es müssen also die Interessen der WVU an der Aufrechterhaltung gerade dieser Vertragspartnerregelung mit den Interessen der Mieter an der Nichtigerklärung dieser Klausel abgewogen werden:

Die Wasserversorgung von Mieterhaushalten durch die WVU ist eine Leistung, die unmittelbar nur dem Mieter zugute kommt.[1] Daher haben viele Mieter Interesse daran, ebenso wie z.B. bei der Stromversorgung direkt mit dem Leistungserbringer abzurechnen, also ein direktes Versorgungsverhältnis zu begründen. Es handelt sich bei diesem *Begehren der Mieter, selbst rechtsgeschäftlich tätig zu werden,* nicht etwa um die Forderung, eine „banale“ Tätigkeit ohne evidenten Persönlichkeitsbezug ausüben zu dürfen, sondern um den Wunsch nach der Handlungsfreiheit, den durch die Versorgung verursachten Verwaltungsaufwand persönlich zu erledigen, selbst die Verantwortung zu tragen. Für seine unmittelbare Leistungsinanspruchnahme will der Mieter die Gegenleistung im Außenverhältnis erbringen und nicht von seinem Vermieter, der gar kein Konsument der Leistung ist, in die

[1] Hanke, DW 1993, 411, 412.

passive Rolle des im Innenverhältnis Pflichtigen gedrängt werden. Durch die bestehende Vertragspartnerklausel werden die Mieter also in ihrer persönlichen Entscheidungsfreiheit beschnitten, was in seiner Wertigkeit von erheblichem Gewicht ist.

Außerdem ist das Interesse der Mieter an der Beseitigung der Vertragspartnerklausel auch aus dem Argument der *Vermeidung unnötiger finanzieller Nachteile* heraus nicht zu übersehen. Zum einen müssen die Mieter aufgrund der Zwischenschaltung des Vermieters und den daraus resultierenden Verwaltungskosten höhere Betriebskosten bezahlen. Und zum anderen können auch die Kosten für die Mitfinanzierung an sich gar nicht verbrauchten Wassers für manche Familien eine schwere Belastung darstellen, zumal sie bei eigener Vertragsberechtigung durch die 100%-ig verbrauchsabhängige Abrechnung in die Lage versetzt werden könnten, ihren Wasserverbrauch zu kontrollieren und damit zusätzlich zu minimieren, also ebenfalls die Höhe der Betriebskosten zu senken.

Auch weiterhin sind mit der Aufrechterhaltung der bestehenden Vertragspartnerregelung für die Mieter schwerwiegende Folgen verbunden. Diese Regelung kollidiert nicht nur mit dem *ökologischen Interesse der Mieter*, sondern dieses Interesse der Mieter wird in seiner Wertigkeit noch bedeutsamer dadurch, daß auch die Intention des Gesetzgebers auf den Schutz der Umwelt durch Einsparung von Wasser gerichtet ist. Und nur Direktverträge zwischen Mietern und WVU garantieren eine 100 %-ig verbrauchsabhängige Abrechnung der Wasserkosten, schaffen dadurch einen effektiven Anreiz zum Sparen und werden damit den Ansprüchen des Gesetzgebers zum einen und denen eines umweltbewußten Mieters zum anderen gerecht.

Mit all diesen Interessen der Mieter an der Beseitigung der bestehenden Vertragspartnerregelung sind nun die Interessen der WVU an der Aufrechterhaltung dieser Klausel abzuwägen. Das Interesse der WVU an dem Ausschluß von Mietern als Vertragspartner ist wie festgestellt zum einen zu erblicken in der Ersparnis von Organisation und Personal durch weitmöglichste Minimierung ihres Aufwandes und der Kosten, in der einfachen Eingehung und Abwicklung der Vertragsbeziehungen sowie der zuverlässigen und pünktlichen Vertragsabwicklung.

Das Argument der *Ersparnis von Organisation und Personal* läßt sich schon insoweit in seiner Wertigkeit entkräften, als der Mehraufwand durch die Einstellung von mehr Personal und durch die Erweiterung des technischen Bestandes aufgefangen werden könnte. Auch die dadurch verursachten höheren Kosten für die zusätzliche Beschäftigung von Personal und die Investitionskosten für die zusätzliche Technik sind für die WVU nicht betriebswirtschaftlich unzumutbar: Denn es handelt sich bei WVU um monopolähnliche Betriebe, die keinem Konkurrenzkampf ausgesetzt sind. Außerdem haben sie die Möglichkeit, durch die Erhebung monatlicher Gebühren diese Kosten auf den Mieter als Vertragspartner abzuwälzen; ebenso, wie dies bezüglich Eigentümern (Vermietern) bereits bestehende Praxis ist. Und zwar können die WVU gem. ihren Preisregelungen vom Kunden nicht nur die Kosten für den nach Kubikmetern berechneten Wasserverbrauch erheben, sondern zusätzlich eine monatliche Grundgebühr für den Anschluß der Grundstücke an die Wasserversorgungsanlage und außerdem eine monatliche Wasserzählermiete.

Natürlich müßten die WVU zunächst die erforderlichen Investitionen aufbringen. Auf längere Sicht würden sie sich aber zum einen durch die genannte Gebührenerhebung und zum anderen durch eine entsprechende Gestaltung des Wasserpreises amortisieren. Andererseits entstehen den sparsamen Mietern bei Aufrechterhaltung der bisherigen Vertragspartnerregelung Schäden in Höhe der durch Zwischenschaltung der Vermieter verursachten Verwaltungsmehrkosten und der Wassermehrkosten. Diese Kosten können die Mieter im Gegensatz zu den WVU nicht abwälzen. Das Interesse der WVU an der Ersparnis von Organisation und Personal ist in seiner Wertigkeit in Anbetracht des Interesses der Mieter an der Vermeidung von Schäden und an der uneingeschränkten Ausübung ihres Rechtes auf persönliche Entscheidungsfreiheit nicht besonders hoch anzusetzen. Zudem können diese Nachteile für die WVU durch „Kostenabwälzung" neutralisiert werden, während die Beschneidung der Freiheit für Mieter, sich rechtsgeschäftlich zu betätigen und die Entstehung von Vermögensschäden aufgrund Zwischenschaltung der Vermieter bestehen bleiben. Auch das Umweltbewußtsein der Mieter, das die Intention des Gesetzgebers von „Schonung der Umwelt" durch „Erhaltung der Ressourcen" letztendlich erst praktisch umsetzt, darf bei der Gestaltung von AGB nicht weniger berücksichtigt werden, als das gering zu gewichtende Interesse von Monopolen an Ersparnis von Organisation und Personal.

Zu prüfen ist jedoch weiter, ob vielleicht das Interesse der WVU an einer *einfachen Eingehung und Abwicklung der Vertragsbeziehungen* einer stärkeren Berücksichtigung und Gewichtung bedarf als die Interessen der Mieter. Das Interesse der WVU an einer übersichtlichen und berechenbaren Zahl von Vertragspartnern ist für sich genommen kein sehr überzeugendes Argument für das Bedürfnis, an der bestehenden Formulierung der Klausel festzuhalten. Auch andere Unternehmen haben viele Vertragspartner, deren Zahl ständig variiert und unberechenbar ist. Deshalb ist einem Monopolbetrieb dieser Umstand erst recht zuzumuten. Das gleiche gilt für das Interesse der WVU an einer klaren und übersichtlichen Gestaltung des Abrechnungsverkehrs. Diese Aspekte sind im „Zeitalter der Computertechnik" vernachlässigenswert.

Einer genauen Berücksichtigung und Gewichtung bedarf außerdem das Interesse der WVU an einer *zuverlässigen und gleichmäßigen Kostenerbringung*. Sicher ist die Formulierung der Vertragspartnerregelung für die WVU insofern vorteilhaft, als daß sie dadurch dem Insolvenzrisiko für nichtzahlende Mieter entgehen. Zweifelsohne ist es für den Vermieter auch leichter als für ein WVU, sich mit noch ausstehenden Forderungen an den Mieter zu wenden, vor allem dann, wenn der jeweilige Mieter umgezogen ist. Jedoch müssen alle Unternehmen - insb. auch kleine und mittelständische Betriebe und damit nicht allein die recht wirtschaftsstarken WVU - mit diesem „Problem der Außenstände" fertigwerden. Es handelt sich dabei um ein in der Wirtschaft alltägliches Phänomen, wobei erst recht den

WVU als Monopolen keine gesonderte Rücksicht zuteil werden darf. Außerdem wäre den Monopolen eine Neutralisierung dieser Außenstände insofern möglich, als eine Risikodeckung durch entsprechende Berücksichtigung bei der Gestaltung des Entgeltes erreicht werden könnte. Diesem rein wirtschaftlichen Interesse der WVU stehen nun gegenüber die Beschneidung der persönlichen Entscheidungsfreiheit der Mieter, ein Vermögensschaden für den sparsamen Mieter und die Beeinträchtigung seines ideellen Interesses am Schutz der Umwelt. Aus dieser Konstellation heraus ergibt sich zwangsläufig, daß auch dem Interesse der WVU an einer zuverlässigen und gleichmäßigen Kostenerbringung durch Vermieter nur eine geringere Berücksichtigung und Gewichtung im Vergleich zu den Mieterinteressen zukommen kann.

Bei einer Gesamtschau aller berücksichtigungsfähigen Interessen von Mietern und WVU läßt sich im Ergebnis damit feststellen, daß das Interesse der Mieter an der Beseitigung der bestehenden Vertragspartnerregelung bei weitem stärker zu berücksichtigen und zu gewichten ist als das Interesse der WVU an der Aufrechterhaltung dieser Klausel. Die WVU bringen in der streitigen Geschäftsbedingung daher nur ihre eigenen Interessen zur Geltung, wodurch die Interessen der Mieter als schutzwürdige Dritte nur unangemessen Berücksichtigung finden.

VIII. Rechtsfolgen der Unwirksamkeit

Die Formulierung der Vertragspartnerregelung in den „Ergänzenden Bestimmungen" der privaten WVU, nach der lediglich Grundstückseigentümer zum Vertragsabschluß berechtigt sind, benachteiligt die Mieter als schutzwürdige Dritte entgegen den Geboten von Treu und Glauben unangemessen. Die Klausel verstößt daher gegen § 9 Abs.1 AGB-Gesetz. Sie ist unwirksam und damit von Anfang an nichtig. Das Verhältnis der Rechtsnormen ist danach so zu bestimmen, daß die Mieterhaushalte von vorneherein einen gesetzlichen Anspruch auf Vertragsabschluß nach § 826 BGB (evtl. i.V.m. § 1004 BGB) haben. Soweit die Versorgungsunternehmen davon abweichende Vertragsbestimmungen verwenden, sind diese schon wegen Verstoßes gegen zwingendes Recht unwirksam. Zum gleichen Ergebnis führt auch die Inhaltskontrolle nach § 9 AGB-Gesetz.

An die Stelle einer unwirksamen AGB-Klausel treten nach § 6 Abs. 2 AGBG die Vorschriften des dispositiven Gesetzesrechts.[1] Hier greift sogar eine zwingende gesetzliche Regelung ein, der Kontrahierungszwang nach § 826 BGB.

Soweit die privatrechtlich organisierten WVU die streitige Regelung über „Vertragspartner" als allgemeine und ergänzende Vertragsbestimmung zum Inhalt ihrer Versorgungsverträge gemacht haben, müssen sie diese Regelung also entweder ersatzlos streichen oder die Beschränkung auf Ausnahmefälle aufheben und stattdessen den Wortlaut erweitern, und zwar mit der Formulierung

[1] Hoyningen=Huene, Rdn. 68.

„Grundstückseigentümer und nicht nur vorübergehend Nutzungsberechtigte, z.B. Mieter".

F. Verhältnis des Anschluß- und Benutzungsrechts der Mieter zu den Gemeindeordnungen und den Satzungen der öffentlichen WVU

I. Die Gemeindeordnungen

Die Gemeindeordnungen treffen keinerlei Regelung über ein Anschluß- und Benutzungsrecht der Bürger; sie schreiben lediglich den Anschluß- und Benutzungszwang vor. Diese Regelungen sagen jedoch nichts darüber aus, welcher Personenkreis dem Anschluß- und Benutzungszwang unterliegt, sondern nur, daß die Gemeinde durch Satzung bestimmen kann, die Grundstücke ihres Gebietes an die öffentlichen Einrichtungen anzuschließen (Wasserleitung, Kanalisation, Abfallbeseitigung, Straßenreinigung) und diese zu benutzen. Der Wortlaut der Gemeindeordnungen steht damit nicht einer Begründung von Lieferbeziehungen öffentlich-rechtlich organisierter WVU zu Mietern entgegen.

II. Die Satzungen der öffentlichen WVU

Die Satzungen der einzelnen öffentlichen WVU orientieren sich regelmäßig an sog. Mustersatzungen.[1] Diese wurden erarbeitet, um den öffentlichen WVU im einzelnen die zur Verfügung stehenden Handlungsmodalitäten übersichtlich darzustellen.[2] Sie haben zwar lediglich empfehlenden Charakter, stellen für die öffentlichen WVU jedoch wichtige Handlungsanleitungen dar und tragen dazu bei, -neben der Ausrichtung nach der AVBWasserV- die Organisation der Wasserversorgung nach Möglichkeit zu vereinheitlichen.[3]

Die Mustersatzungen treffen speziell für Mieter allerdings keine Regelungen, sondern bestimmen in ihren Vorschriften zum Anschluß- und Benutzungsrecht (§ 3 Abs. 1) sowie zum Anschluß- und Benutzungszwang (§§ 4, 6) nur, daß jeder Grundstückseigentümer verlangen kann, sein Grundstück nach Maßgabe der jeweiligen Satzung an die Wasserversorgungseinrichtung anschließen und mit Wasser beliefern zu lassen. Und im Gegenzuge bestimmen sie, daß der Eigentümer verpflichtet ist, sein Grundstück an die öffentliche Wasserversorgungseinrichtung anzuschließen und seinen gesamten Wasserbedarf aus dieser Einrichtung zu dekken. Außerdem enthalten sie im allgemeinen entsprechend § 2 Abs. 2 des Arbeits-

[1] Z.B. Mustersatzung des BGW „Arbeitsmuster (Leitfassung) einer Satzung über den Anschluß an die öffentliche Wasserversorgungsanlage und die Versorgung der Grundstücke mit Wasser (Wasserversorgungssatzung)", abgedruckt im Anhang (S. 225 ff.) dieser Arbeit.

[2] Birn-Kretz, 15/01.3 S. 20.

[3] Birn-Kretz, 15/01.3 S. 20.

musters auch die Regelung über „Grundstückseigentümer", in der es heißt, daß die erlassenen Vorschriften auch für Erbbauberechtigte oder ähnlich zur Nutzung des Grundstücks dinglich Berechtigte gelten. Jedoch sind Mieter nicht dinglich, sondern lediglich schuldrechtlich Berechtigte, so daß auch diese Regelung ihnen nicht zugute kommt. Das Anschlußrecht besteht also nach den Satzungen nicht für den Mieter.

Zwar enthalten die Satzungen der WVU regelmäßig eine Regelung, nach der neben den Grundstückseigentümern ebenfalls alle Benutzer der Grundstücke - also auch Mieter - verpflichtet sind, im Rahmen des Benutzungsrechts ihren Wasserbedarf ausschließlich aus der öffentlichen Wasserversorgungsanlage zu decken.[1] Insoweit besteht für Mieter folglich ein Benutzungsrecht. Aus dem Benutzungsrecht allein läßt sich allerdings kein Anspruch auf Begründung eines eigenen Nutzungsverhältnisses herleiten. Voraussetzung hierfür ist vielmehr sowohl ein bestehendes Anschlußrecht als auch ein bestehendes Benutzungsrecht. Die Satzungen beschränken den Kreis der Versorgungsberechtigten also ausschließlich auf Grundstückseigentümer und ähnlich dinglich Berechtigte. Sie schließen Mieter also von dem Recht auf Begründung eigener Nutzungsverhältnisse aus.

Dies steht aber mit den Ergebnissen dieser Arbeit zum Kontrahierungszwang bei privatrechtlicher Gestaltung der Leistungsbeziehungen nicht im Einklang. Zu prüfen ist daher, ob die Regelungen in den Satzungen der öffentlich-rechtlich organisierten WVU, welche ausschließlich Grundstückseigentümern und ähnlich dinglich Berechtigten ein Anschlußrecht einräumen und damit nur diesem Personenkreis ein Recht auf Gründung entsprechender Versorgungsverhältnisse zubilligen, rechtmäßig sind.

1. Ermächtigungsgrundlage für den Bestand dieser Satzungen

Satzungen sind untergesetzliche Normen und müssen daher auf einer formellgesetzlichen Ermächtigung beruhen.[2] Sie sind Rechtsvorschriften, die von einer dem Staat eingeordneten juristischen Person des öffentlichen Rechts (also auch einer Gemeinde) im Rahmen der ihr gesetzlich verliehenen Autonomie mit Wirksamkeit für die ihr angehörigen und unterworfenen Personen erlassen werden.[3] Diese eigene Rechtssetzungsgewalt, die sog. Satzungsautonomie, ist den Gemeinden also vom Staate verliehen. Deshalb ist es zulässig, wenn z.B. die Gemeindeordnungen der Länder den Gemeinden ihre Satzungsautonomie generell verleihen in Formulierungen wie: „Die Gemeinden können ihre Angelegenheiten durch Satzung regeln, soweit Gesetze nichts anderes bestimmen."[4] Zu „ihren Angelegenheiten", nämlich den Aufgaben des „eigenen Wirkungskreises"gehören gemäß den Gemeindeordnungen der Länder alle Angelegenheiten der örtlichen Gemeinschaft

---

1. Siehe § 6 der Mustersatzung (Anhang, S. 221)
2. So Erichsen, in: Isensee/Kirchhof, § 152 Rdn. 52 ff.
3. Thiele, § 6 NGO S. 9 mit Hinwies auf BVerfG, NJW 1972, 1504.
4. §§ 4 Abs.1 S.1 GO NW, 5 Abs.1 S.1 BbgGO; „ihre eigenen Angelegenheiten": § 6 Abs.1 S.1 NGO; „die weisungsfreien Angelegenheiten: §§ 4 Abs.1 S.1 GO BW; 4 Abs.1 S.1 SächsGO; „Angelegenheiten des eigenen Wirkungskreises": § 5 Abs.1 S.1 GO MV.

sowie die Aufgaben, die den Gemeinden durch Gesetz oder sonstige Rechtsvorschrift als eigene zugewiesen sind.[1] Die Länderwassergesetze schreiben vor, daß die Gemeinden die Pflicht haben, in ihrem Gebiet die Bevölkerung ausreichend mit Trinkwasser zu versorgen, z.B. §§ 146 Abs. 1 WGLSA, 43 Abs. 1 LWaGMV, 57 Abs. 1 SächsWG, 54 Abs. 1 HWG. Zum Teil enthalten diese Gesetze sogar den ausdrücklichen Zusatz, daß die hiermit verbundenen Aufgaben zum eigenen Wirkungskreis der Gemeinde gehören, so § 145 Abs.1 S.2 WGLSA. Mit der technischen Durchführung der Wasserversorgung selbst ist die Schaffung entsprechender vertraglicher Grundlagen verbunden. Daher sind die Gemeinden ermächtigt, die Satzungen über den Anschluß an die öffentliche Wasserversorgungsanlage und die Versorgung der Grundstücke mit Wasser (Wasserversorgungssatzungen) zu erlassen. Diese sind also wie festgestellt ordnungsgemäß sowohl auf die Gemeindeordnungen als auch auf die Wassergesetze der Länder als Ermächtigungsgrundlagen zurückzuführen, an deren formeller und materieller Rechtmäßigkeit ihrerseits kein Zweifel besteht.

2. Formelle Rechtmäßigkeit der Satzungen

Weiter besteht kein Zweifel an der Zuständigkeit der Gemeinden, Wasserversorgungssatzungen zu erlassen, ebensowenig an der Durchführung eines ordnungsgemäßen Verfahrens sowie an der Wahrung der Form beim Zustandekommen der Wasserversorgungssatzungen der einzelnen Gemeinden. In formeller Hinsicht bestehen somit keine Bedenken gegen die Rechtmäßigkeit der einzelnen Satzungen.

3. Materielle Rechtmäßigkeit der Satzungen - Verstoß gegen höherrangigeres Recht

Fraglich ist jedoch die materielle Rechtmäßigkeit der Satzungen, insbesondere die der Regelungen über die Anschluß- und Benutzungsberechtigten, wonach sich das Anschluß- und Benutzungsrecht lediglich auf Eigentümer und ähnlich dinglich Berechtigte beschränkt. Eine Rechtswidrigkeit dieser Satzungsregelungen könnte sich aufgrund Verstoßes gegen höherrangigeres Recht ergeben.

a) Die Vorschrift zum „sparsamen Umgang mit Wasser" in Länderwasser-gesetzen (LWG)

(§§ 59 BbgWG, 131 a BrWG, 55 HWG, 44 LWaGMV, 58 SächsWG, 148 WGLSA, 62 ThürWG)

Die Wassergesetze einiger Bundesländer enthalten eine Regelung, die den sparsamen Umgang mit Wasser vorschreibt. Und zwar sind dies die §§ 59 BbgWG, 131 a BrWG, 55 HWG; 44 LWaGMV, 58 SächsWG, 148 WGLSA und 62 ThürWG. Danach sollen die Träger der öffentlichen Wasserversorgung im Rahmen bestehender technischer und wirtschaftlicher Möglichkeiten auf eine ratio-

[1] Z.B. § 4 Abs.1 NGO, Art. 57 Abs. 1 BayGO

nelle Verwendung des Wassers hinwirken, u.a. insbesondere durch den *Einbau von Verbrauchsmeßgeräten bei den Endverbrauchern* des Wassers und/oder durch die Förderung des rationellen Umgangs mit Wasser durch die *Gestaltung der Anschluß- und Benutzungsbedingungen* (Versorgungsbedingungen). Während § 58 Abs.1 Nr.2 SächsWG die öffentlichen WVU zur sparsamen Wasserverwendung durch den Einbau von Verbrauchsmeßgeräten bei den Endverbrauchern verpflichtet, verpflichtet § 131a Nr. 2 BrWG die WVU zur Förderung des rationellen Umgangs mit Wasser durch die Gestaltung der Versorgungsbedingungen. Nach §§ 59 Abs.1 Nr. 2, 5 BbgWG, 55 Nr. 2, 5 HWG, 44 Nr. 2, 6 LWaGMV, 148 Nr. 2, 5 WGLSA und 62 Nr. 2, 5 ThürWG sollen die öffentlichen WVU hingegen sowohl durch den Einbau von Verbrauchsmeßgeräten bei den Endverbrauchern des Wassers als auch durch die Gestaltung der Anschluß-/ Benutzungs-/ Versorgungsbedingungen auf eine rationelle Verwendung des Wassers hinwirken.

aa) Pflicht der WVU zur Förderung des rationellen Umgangs mit Wasser durch die Gestaltung der Anschluß-/Benutzungs- /Versorgungsbedingungen

(§§ 59 Abs.1 Nr. 5 BbgWG, 131 a Nr. 2 BrWG, 55 Nr. 5 HWG, 44 Nr. 6 LWaGMV, 148 Nr. 5 WGLSA, 62 Nr. 5 ThürWG)

Einige Länder verpflichten die öffentlich-rechtlich organisierten WVU ihres Landes also durch eine entsprechende Regelung in ihren Wassergesetzen zur Förderung des rationellen Umgangs mit Wasser durch die Gestaltung der Anschluß-, Benutzungs- bzw. Versorgungsbedingungen.

(1) Die Gestaltung von Anschluß- und Benutzungsbedingungen nach dem Ziel der Förderung des rationellen Umgangs mit Wasser

Zunächst ist allerdings fraglich, ob diese Norm bestimmt genug ist, um als Maßstab dienen zu können. Und zwar drängt sich hier die Frage auf, ob diese Vorschrift die öffentlichen WVU bei der Gestaltung von Anschluß- und Benutzungsbedingungen zur Förderung des rationellen Umgangs mit Wasser verpflichtet.

Dem Wortlaut nach könnte man denken, daß die öffentlichen WVU verpflichtet seien, die Anschluß- und Benutzungsbedingungen an der Förderung des rationellen Umgangs mit Wasser auszurichten. Die Anschluß- und Benutzungsbedingungen von öffentlichen WVU existieren jedoch schon viel länger als diese Regelungen in den Länderwassergesetzen und sie treffen ausschließlich Regelungen über das bloße Anschluß- und Benutzungsverhältnis zwischen Kunden und WVU wie z.B. den Anschluß- und Benutzungszwang, den Grundstücksanschluß, die Grundstücksentwässerungsanlage, die Haftung, Ordnungswidrigkeiten etc. Hingegen treffen sie keine ausdrücklichen Regelungen, die den sparsamen Umgang mit Wasser fördern sollen. Und allein durch die bloße Gestaltung von Anschluß- und Benutzungsbedingungen wird ein sparsamer Umgang mit Wasser auch noch nicht automatisch gefördert. Jedoch vermögen es nicht allein ausdrückliche Normen (etwa in Form von Verbots- oder Gebotsnormen), einen rationelleren Umgang mit Wasser zu bewirken. Vielmehr kann durch eine Norm ein Spareffekt auch mittelbar als Nebenfolge ausgelöst werden. Daher ist es grds. auch möglich, diejenigen Anschluß- und Benutzungsbedingungen, die an sich gar nicht auf einen rationellen Umgang mit Wasser gerichtet sind, dahingehend zu gestalten, daß die Einsparung von Wasser mittelbar als Nebenfolge bewirkt werden kann.

In Anbetracht der Intention der Landesgesetzgeber bei der Gestaltung der Länderwassergesetze ist allein die ökologische Entlastung des Wasserhaushaltes von Bedeutung, nicht hingegen, ob sie nun unmittelbar oder lediglich mittelbar durch eine Norm bewirkt wird. Vielmehr sind die erwähnten Normen dahingehend zu verstehen, daß in den Wasserversorgungsbedingungen Wasser-Sparmöglichkeiten als Nebeneffekt berücksichtigt werden müssen, soweit es irgendwie möglich ist. Die WVU sind nach diesen Wassergesetzen also verpflichtet, das „Wie" der Gestaltung ihrer Versorgungsbedingungen zugunsten einer Förderung des rationellen Umgangs mit Wasser auszurichten. Mit anderen Worten: Nach dem Sinn und Zweck der Norm sind also sämtliche Möglichkeiten, die den rationellen Umgang mit Wasser fördern können, bei der Gestaltung der Anschluß- und Benutzungsbedingungen zu berücksichtigen. Sie sind hingegen nicht einziges Ziel der Gestaltung selbst, wie in den Wortlaut der Norm leicht hineininterpretiert werden könnte. Dogmatisch richtiger wäre sicher eine Formulierung gewesen wie „Förderung des rationellen Umgangs mit Wasser durch eine *entsprechende* Gestaltung der Anschluß- und Benutzungsbedingungen, soweit dies möglich ist". Aber auch der gewählte Wortlaut ist bestimmt genug, das Erfordernis einer ökologischen Ausgestaltung der Anschluß- und Benutzungsbedingungen zum Ausdruck zu bringen.

(2) Verstoß der maßgeblichen Satzungsregelung gegen §§ 59 Abs. 1 Nr. 5 BbgWG, 131 a Nr. 2 BrWG, 55 Nr. 5 HWG, 44 Nr. 6 LWaGMV, 148 Nr. 5 WGLSA, 62 Nr. 5 ThürWG

Da also die öffentlichen WVU nach dem jeweiligen Landeswasserrecht verpflichtet sind, bei der Gestaltung ihrer Anschluß- und Benutzungsbedingungen den Aspekt der „Förderung des rationellen Umgangs mit Wasser" zu berücksichtigen, ist nunmehr zu prüfen, ob jene Anschluß- und Benutzungsbedingung, die ausschließlich Grundstückseigentümer und ähnlich dinglich Berechtigte zum Anschluß an die Wasserversorgungsanlage berechtigt, dieser Forderung in den LWG gerecht wird. Durch diese Beschränkung des Anschlußrechts und damit des Rechts auf Abschluß entsprechender Wasserlieferverträge auf den genannten Personenkreis ergibt sich für die lediglich schuldrechtlich berechtigten und von diesem Wortlaut nicht erfaßten Mieter zwangsläufig, daß für sie ein dahingehendes Recht nicht besteht. Sie sind also nicht anschlußberechtigt und können daher den Abschluß des Versorgungsvertrages nicht verlangen. Nach bestehender Praxis schließt also der Grundstückseigentümer (Vermieter) die Versorgungsverträge mit dem WVU ab und leitet das Wasser an seine Mieter weiter. Die Abrechnung der Wasserkosten erfolgt dann *nicht* zwingend verbrauchsabhängig, sondern zumeist nach Kopfteilen oder Quadratmetern Wohnfläche, da die Installation von Einzelwasserzählern nicht Pflicht ist. Wie bereits im Rahmen der Erörterung des Kontrahierungszwangs privater WVU[1] festgestellt wurde, bezahlt bei dieser verbrauchs-*un*abhängigen Abrechnung der Wasserkosten der sparsame Mieter grds. für den unvernünftigen Mieter mit, so daß für den einzelnen Mieter kein finanzieller Anreiz zum sparsamen Umgang mit Wasser besteht. Erst wenn einzelne Mieterwasserzähler vorhanden sind (und dies kann allein durch die Aufnahme direkter Vertragsbeziehungen zwischen Mietern und WVU erreicht werden), bezahlt jeder Mieterhaushalt genau nur das tatsächlich verbrauchte Wasser, so daß sich nun ein rationeller Umgang lohnt und Wasser sparsam verwendet wird. Dieser Anreiz zum rationellen Umgang wird beim Mieter also erst geschaffen, wenn er einen eigenen Wasserzähler installiert bekommt, was seinerseits nur durch die Aufnahme direkter Vertragsbeziehungen zu seinem örtlichen WVU garantiert wird.

Die Aufnahme derartiger Vertragsbeziehungen ist für den Mieter aufgrund der derzeit bestehenden Satzungsregelung über das ausschließliche Anschlußrecht für Grundstückseigentümer aber gerade ausgeschlossen. Dadurch wird den Mietern also keinerlei Anreiz zum sparsamen Umgang mit Wasser geschaffen, vielmehr wird ihr dahingehendes Bewußtsein untergraben. Die öffentlichen WVU haben es also versäumt, den Willen der Mieter zur Reduzierung ihrer Nebenkosten durch Sparsamkeit aufzugreifen und als Anknüpfungspunkt zu nutzen, um auf eine sparsame Verwendung des Wassers in ihren Anschluß- und Benutzungsbedingungen hinzuwirken. Sie sind bei der Gestaltung ihrer Wasserversorgungssatzungen mithin nicht in der Lage gewesen, die allgemein bei Mietern vorhandene Tendenz und Bereitschaft zur Reduzierung des Verbrauchs vorteilhaft in ihre Satzungsgestaltung zugunsten der Wasserersparnis einzubringen. In Anbetracht der riesigen Zahl von Mieterhaushalten in Deutschland „schlummert" also ungenutzt ein ungemeines Potential vor sich hin, das zur Ressourcenerhaltung beitragen könnte, wenn nur die rechtlichen Voraussetzungen dafür geschaffen würden.

Diese vorhandenen Möglichkeiten durch die simple Maßnahme einer entsprechenden Gestaltung der Anschluß- und Versorgungsbedingungen nicht auszunutzen, erweist sich als Versäumnis. Die Träger der öffentlichen Wasserversorgung werden durch eine derart unterlassene Berücksichtigung dieses praktisch möglichen Wasserspareffektes in den Wasserversorgungssatzungen der an sie gerichteten Forderung aus den Landeswassergesetzen damit nicht gerecht, nämlich auf eine rationelle Verwendung des Wassers insbesondere durch die Gestaltung ihrer Anschluß- und Benutzungsbedingungen hinzuwirken.

Die Wassergesetze der Länder sind geltendes Recht. Nach Art. 83, 84 GG sind die Länder grundsätzlich für den Vollzug des Wasserhaushaltgesetzes (WHG) und nach dem WHG zum Erlaß von Ausführungs- und Ausfüllungsvorschriften zuständig. Diesen ihnen bundesrechtlich zustehenden Rahmen haben sie durch die Landeswassergesetze ausgefüllt und darin zusätzlich kommunal-, abgabe-, ordnungs-, enteignungs-, ordnungswidrigkeiten- und verfahrensrechtliche Regelungen aufge-

[1] Siehe Kapitel 4 D III 3 b cc, S. 63 f.

nommen.[1] Insofern enthalten die Landeswassergesetze verschiedene Normgattungen wie Ahndungs-, Aufgabenzuweisungs-, Befugnis- Ermächtigungs- und Gestattungsnormen sowie unmittelbare Gebotsnormen.[2] Die Vorschrift über den „sparsamen Umgang mit Wasser“ in den Wassergesetzen der aufgezählten Bundesländer und die darin festgeschriebene Pflicht der WVU, auf eine sparsame Verwendung des Wassers durch die Gestaltung der Anschluß- und Benutzungsbedingungen hinzuwirken, ist eine unmittelbare Gebotsnorm. Unmittelbare Gebotsnormen sind zwingende Rechtssätze; sie sind für die zuständigen Behörden und für die in ihnen ausgesprochenen Adressaten unmittelbar verbindlich.[3] Adressaten der hier aufgegriffenen landeswasserrechtlichen Norm sind die Träger der öffentlichen Wasserversorgung, also die öffentlichen WVU. Daher ist die Norm, die die Förderung des rationellen Umgangs mit Wasser durch die Gestaltung der Anschluß- und Benutzungsbedingungen vorschreibt, für die öffentlichen WVU geltendes Recht und für sie unmittelbar verbindlich. Es handelt sich bei diesen landeswasserrechtlichen Bestimmungen also keineswegs um unverbindliche Programmerklärungen, denen Unbestimmtheit zu attestieren wäre. Durch die Einfügung dieser Normen in die Länderwassergesetze haben sich die jeweiligen Gesetzgeber vielmehr gerade besonders ambitioniert auf den rationellen Umgang mit Wasser festgelegt, so daß diese Bestimmungen als Maßstab für die Satzungsregelungen der einzelnen öffentlichen WVU zu verstehen sind.

Indem die öffentlichen WVU in ihren Wasserversorgungssatzungen jedoch vorschreiben, daß nur Grundstückseigentümer und ähnlich dinglich Berechtigte zum Anschluß an die Wasserversorgungsanlage berechtigt sind, widersprechen sie dieser Forderung in den Länderwassergesetzen, wie bereits festgestellt worden ist. Denn anstatt den Mietern in ihren Anschluß- und Benutzungsbedingungen eine eigene Vertragsberechtigung einzuräumen, dadurch eine streng verbrauchsabhängige Abrechnung der Wasserkosten zu garantieren und damit den Mietern einen Anreiz zum sparsamen Umgang mit dieser Ressource zu schaffen, erreichen sie mit diesem satzungsrechtlichen Ausschluß des Mieters vom Anschlußrecht genau das Gegenteil - der Mieter ist nicht so sparsam, wie er eigentlich sein könnte, denn er muß ja für den verschwenderischen Mieter mitbezahlen.

Die WVU werden damit dem Erfordernis der Länderwassergesetze, bei der Gestaltung ihrer Anschluß- und Benutzungsbedingungen auf die „Förderung des rationellen Umgangs mit Wasser“ hinzuwirken, nicht gerecht. Die maßgeblichen Satzungsregelungen über das ausschließliche Anschlußrecht von Grundstückseigentümern und ähnlich dinglich Berechtigten verstoßen damit gegen §§ 59 Abs.1 Nr.5 BbgWG, 131 a Nr. 2 BrWG, 55 Nr. 5 HWG, 44 Nr. 6 LWaGMV, 148 Nr. 5 WGLSA und § 62 Nr. 5 ThürWG als höherrangiges Recht. Damit sind diese Regelungen in den Wasserversorgungssatzungen aller öffentlichen WVU, die sich in den Ländern Brandenburg, Bremen, Hessen, Mecklenburg-Vorpommern, Sachsen-Anhalt und Thüringen befinden, gesetzwidrig.

---

1 Nisipeanu, S. 21.
2 König, S. 27 ff.
3 König, S. 29.

bb) Pflicht der WVU zum Hinwirken auf eine rationelle Verwendung des Wassers durch den Einbau von Verbrauchsmeßgeräten bei den Endverbrauchern

(§§ 59 Abs.1 Nr. 2 BbgWG, 55 Nr. 2 HWG, 44 Nr. 2 LWaGMV, 58 Abs.1 Nr.2 SächsWG, 148 Nr. 2 WGLSA und 62 Nr. 2 ThürWG)

Nach den §§ 59 Abs.1 Nr.2 BbgWG, 55 Nr. 2 HWG, 44 Nr. 2 LWaGMV, 58 Abs.1 Nr.2 SächsWG, 148 Nr. 2 WGLSA und 62 Nr. 2 ThürWG sind die Träger der öffentlichen Wasserversorgung verpflichtet, im Rahmen bestehender technischer und wirtschaftlicher Möglichkeiten auf eine rationelle Verwendung des Wassers hinzuwirken, insbesondere durch den Einbau von Verbrauchsmeßgeräten bei den Endverbrauchern des Wassers. Die meisten öffentlich-rechtlichen WVU sind inzwischen durchaus bereit, auch Einzelwasserzähler für Mietwohnungen zu installieren.[1] Dies geschieht jedoch nur auf ausdrücklichen Wunsch des Hauseigentümers als Vertragspartner, so daß sich dadurch an der bisherigen Praxis nichts ändert: Kunde ist weiterhin nur der Grundstückseigentümer oder ein ähnlich dinglich Berechtigter.

Es ist allerdings fraglich, ob in der Anforderung an die WVU, Verbrauchsmeßgeräte beim Endverbraucher einzubauen, ein Erfordernis zu erblicken ist, das die WVU zum direkten Vertragsabschluß mit den Endverbrauchern, also Mietern, nötigt. In diesem Falle wäre in der Regelung über das ausschließliche Anschlußrecht von Grundstückseigentümern ein Verstoß gegen die Forderung der LWG nach Förderung des sparsamen Wasserverbrauchs durch den Einbau von Mieterwasserzählern zu erblicken, da diese Satzungsregelung ja gerade einen direkten Vertrag zwischen Mieter und WVU und damit den garantierten Einbau von Einzelzählern ausschließt.

Ein dahingehender Wille des Gesetzgebers, nämlich der Wille auf Direktverträge zwischen WVU und Endverbraucher (Mieter), kann jedoch nicht in diese Forderung hineininterpretiert werden. Vielmehr soll der Einbau von Verbrauchsmeßgeräten bei den Endverbrauchern des Wassers als Voraussetzung geschaffen werden, um eine verbrauchsabhängige Abrechnung zu ermöglichen, nicht aber eine Forderung nach der Begründung direkter Vertragsbeziehungen zwischen Mietern und WVU darstellen; insofern stimmt diese Forderung mit dem Regelungsgehalt in § 4 Abs.5 S.1 Nr.2 MHG (Übertragung der Abrechnungspflicht auf den Mieter) überein. Denn dem gesetzgeberischen Ziel, auf eine sparsame Verwendung des Wassers hinzuwirken, werden die WVU bereits dadurch gerecht, daß sie auf der Basis der bestehenden Lieferbeziehungen zu den Vermietern (auf deren Verlangen hin) Verbrauchsmeßgeräte für die einzelnen Mieterhaushalte einbauen. Denn schon dadurch ermöglichen die Träger der öffentlichen Wasserversorgung eine verbrauchsabhängige Abrechnung, schaffen für die Mieter folglich einen Anreiz

---

[1] Dies ging aus einem Gespräch der Verfasserin mit einem leitenden Angestellten eines niedersächsischen Wasserverbandes hervor. Siehe hierzu die näheren Ausführungen in Anm. 1, S. 115.

zum sparsamen Umgang mit Wasser und wirken letztendlich dadurch gemäß der Forderung in den LWG auf eine rationelle Verwendung des Wassers hin.

Auf die Begründung von direkten Vertragsbeziehungen zwischen Mietern und WVU kommt es in diesem Zusammenhang also nicht an. Damit verstoßen die bestehenden Satzungsregelungen über das Anschluß- und Benutzungsrecht von Grundstückseigentümern und ähnlich dinglich Berechtigten nicht gegen die Forderung in den Landeswassergesetzen nach dem Einbau von Verbrauchsmeßgeräten bei den Endverbrauchern des Wassers (§§ 59 Abs.1 Nr.2 BbgWG, 55 Nr. 2 HWG, 44 Nr. 2 LWaGMV, 58 Abs.1 Nr.2 SächsWG, 148 Nr. 2 WGLSA und 62 Nr. 2 ThürWG).

cc) Fazit

Die bestehenden Regelungen in den Satzungen der öffentlichen WVU über das Anschluß- und Benutzungsrecht verstoßen damit zwar nicht gegen §§ 59 Abs.1 Nr.2 BbgWG, 55 Nr. 2 HWG, 44 Nr.2 LWaGMV, 58 Abs.1 Nr.2 SächsWG, 148 Nr. 2 WGLSA, 62 Nr. 2 ThürWG, jedoch gegen §§ 59 Abs.1 Nr.5 BbgWG, 131 a Nr. 2 BrWG, 55 Nr. 5 HWG, 44 Nr. 6 LWaGMV, 148 Nr. 5 WGLSA, 62 Nr. 5 ThürWG, so daß diese Regelungen in den Wasserversorgungssatzungen aller öffentlichen WVU, die sich in den Bundesländern Brandenburg, Bremen, Hessen, Mecklenburg-Vorpommern, Sachsen-Anhalt und Thüringen befinden, mit ihrem derzeitigen Wortlaut nichtig sind.

b) § 1 a Abs. 2 WHG i.V.m. §§ 2, 3 LWG

Da sich also die Unwirksamkeit dieser Regelungen aufgrund Verstoßes gegen die LWG nur auf die Satzungen von WVU bezieht, die sich in diesen sechs Bundesländern befinden, ist weiter zu prüfen, ob auch die Regelungen derjenigen WVU, die sich in den anderen zehn Bundesländern befinden und in ihren LWG keine Bestimmung über die „Förderung des rationellen Umgangs mit Wasser durch die Gestaltung ihrer Anschlußbedingungen" getroffen haben, unwirksam sind. Eine allgemeine und damit länderunabhängige Unwirksamkeit würde sich ergeben, wenn die bestehenden Regelungen gegen ein Bundesgesetz verstießen. Als solches in Betracht kommt hier § 1 a Abs. 2 WHG. Ein Verstoß hiergegen würde also zur Rechtswidrigkeit und damit zur Nichtigkeit der bestehenden Satzungsregelungen aller deutschen öffentlichen WVU führen. In § 1 a Abs. 2 WHG heißt es:

„Jedermann ist verpflichtet, bei Maßnahmen, mit denen Einwirkungen auf ein Gewässer verbunden sein können, die nach den Umständen erforderliche Sorgfalt anzuwenden, um ... eine mit Rücksicht auf den Wasserhaushalt gebotene sparsame Verwendung des Wassers zu erzielen."

Durch das 4. Änderungsgesetz[1] ist diese Vorschrift und durch das 5. Änderungsgesetz[1] sind die Worte „um eine mit Rücksicht auf den Wasserhaushalt ge-

[1] BT-Drucks. 7/888 und 7/4546.

botene sparsame Verwendung des Wassers zu erzielen" eingefügt worden. Ziel der Wasserwirtschaft ist damit eine allgemeine Verpflichtung nicht nur zum Schutz der Gewässergüte, sondern auch der Wassermenge.[2]

Zur Anwendung dieser Vorschrift sind keine landesrechtlichen Regelungen erforderlich; die bundesrechtliche Vorschrift des Abs. 2 gilt unmittelbar, ohne daß es noch einer ausfüllenden Vorschrift der Länder bedarf.[3] Trotzdem haben einige Länder in ihren LWG eine Regelung zu § 1 a WHG geschaffen, welche die dort normierten Grundsätze aufnimmt und zum Teil die des § 1 a Abs. 1 WHG ergänzt. Bezüglich des in dieser Arbeit heranzuziehenden § 1 a Abs. 2 WHG erfolgte durch die Länder jedoch lediglich, wenn überhaupt, eine Aufnahme des dortigen Inhalts in §§ 2, 3 LWG, nicht aber eine Ergänzung. Dabei wurde eine verschiedene Wortwahl getroffen: nach den §§ 3 Abs. 3 SächsWG, 3 a Abs.1 S.1 WGBW ist jeder verpflichtet, „mit Wasser haushälterisch umzugehen", nach § 2 S. 3 SWG ist mit Wasser „sparsam umzugehen", nach § 2 S. 1 LWG Rh.-Pf. sind „Gewässer ... zu erhalten", nach den §§ 2 Abs.1 S.1 LWGNW, 2 Abs.2 Nr.5 LWGSH soll entnommenes Wasser „sparsam verwendet" werden, und die §§ 2 Abs. 3 NWG, 2 Abs. 2 BrWG entsprechen völlig dem Wortlaut des § 1 a Nr.2 WHG.

Trotz des verschiedenen Wortlauts der §§ 2, 3 LWG haben die Länder in dieser Vorschrift allesamt die in § 1 a Abs. 2 WHG normierten Grundsätze zum Inhalt gemacht, insofern sie überhaupt eine Regelung zu § 1 a WHG in ihren Wassergesetzen getroffen haben. Aus diesen Gründen wird daher die allgemein gültige Formulierung der bundesrechtlichen Vorschrift des § 1 a Abs. 2 WHG für die folgende Prüfung herangezogen.

aa) „jedermann"

Die Sorgfaltspflicht nach Abs. 2 richtet sich an „jedermann", d.h. an jede natürliche Person und an jede juristische Person auch des öffentlichen Rechts, die Maßnahmen durchführt oder veranlaßt, mit denen Einwirkungen auf ein Gewässer verbunden sein können.[4] Die öffentlichen WVU werden von den Gemeinden oder Gemeindeverbänden errichtet und betrieben. Gemeinden sind juristische Personen des öffentlichen Rechts.[5] Daher fallen die öffentlichen WVU schon dem Wortlaut nach unter den Begriff „jedermann" i.S.d. § 1 a Abs. 2 WHG.

Aber auch nach dem Sinn und Zweck der Norm kann nichts anderes gelten. Wenn schon jeder einzelne Bürger als natürliche Person und Kleinverbraucher zur sparsamen Verwendung des Wassers verpflichtet ist, dann muß diese Pflicht doch vor allem die „Großressourcen-Verschleuderer" treffen. Für diese ergibt sich also auch aus dem Ziel des § 1 a Abs. 2 WHG die abschließende Pflicht, und zwar nicht allein aufgrund des § 1 a WHG, sondern i.V.m. den Länderwassergesetzen.

---

[1] BT-Drucks. 10/3973 und 10/5727.

[2] Honert/Rüttgers, § 2 LWG S. 15.

[3] Hdb. des dt. Wasserrechts-Roth, C 10 E § 1 a WHG Rdn. 4 und 13.

[4] Hdb. des dt. Wasserrechts-Roth, C 10 E § 1a WHG Rdn. 8; Roth, § 1 a Rdn. 8.

[5] Maurer, § 4 Rdn. 14.

bb) „Maßnahmen, mit denen Einwirkungen auf ein Gewässer verbunden sein können"

Weitere Voraussetzung ist, daß es sich bei der Gestaltung der Regelungen über die Anschluß- und Benutzungsberechtigten in den Satzungen der öffentlichen WVU um Maßnahmen handelt, mit denen Einwirkungen auf Gewässer verbunden sein können. Unter „*Maßnahmen*" sind zweckgerichtete Verhaltensweisen jeder Art zu verstehen.[1] Hierunter fallen nicht nur Handlungen, die als besondere Tatbestände im WHG oder in den LWG aufgeführt sind[2], sondern auch alle sonstigen Maßnahmen, für die zwar kein besonderer wasserrechtlicher Tatbestand existiert, mit denen aber dennoch Einwirkungen auf ein Gewässer verbunden sein können.[3] Es können damit auch solche Handlungen Maßnahmen i.S.d. § 1 a Nr. 2 WHG sein, die nicht direkt auf ein Gewässer bezogen sind.[4] Währenddessen versteht man unter „*Einwirkungen*" auf ein Gewässer alle Auswirkungen dieser Maßnahmen, also nicht nur die unmittelbaren, sondern auch die mittelbaren Auswirkungen.[5]

Mit der Schaffung und der Aufrechterhaltung der bestehenden Satzungsregelungen selbst ist noch keine Auswirkung auf Gewässer verbunden. Jedoch wird durch diese Regelungen eine Kette von Rechtsfolgen und Verhaltensweisen ausgelöst, die letztendlich zu einer „Einwirkung" auf Gewässer führen könnten. Wie bereits dargestellt, resultiert aus der satzungsrechtlichen Beschränkung des Anschlußrechtes auf Eigentümer und dinglich Berechtigte, daß Vertragspartner ausschließlich die Vermieter sind, daher zumeist eine pauschale Abrechnung mit den Mietern unabhängig von deren Verbrauch erfolgt, diese dadurch keinen Anreiz zum sparsamen Umgang mit Wasser erhalten und somit mehr Wasser verbrauchen, als eigentlich notwendig wäre. Jeder Mensch verbraucht täglich im Durchschnitt 144 Liter Wasser; davon werden nur etwa 3 Liter als Trinkwasser oder zum Kochen genutzt.[6] An diesem Verbrauchsanteil kann zweifellos nicht gespart werden. Der Rest wird jedoch beim Duschen, Waschen, Geschirrspülen, in der Toilette etc. verbraucht. Hier sind ohne weiteres Sparkapazitäten vorhanden, die ausgeschöpft werden müssen. Anhand dieser Zahlen wird deutlich, daß ein Potential von durchschnittlich 141 Litern pro Person vorhanden ist, an denen gespart werden kann, ohne tiefe Einschnitte in lebensnotwendige Bedürfnisse hinnehmen zu müssen. Daß Einsparungen beim Wasserverbrauch nur durch einen Verzicht auf Komfort erreicht werden können, ist nämlich ein weitverbreitetes Vorurteil. Und zwar gibt es eine Reihe von Maßnahmen, die mit geringem Aufwand durchgeführt werden

[1] Gieseke/Wiedemann/Czychowski, § 1 a Rdn. 15; Hdb. des dt. Wasserrechts-Roth, C 10 E § 1 a WHG Rdn. 8, Roth, § 1 a Rdn. 8.

[2] Z.B. Gemeingebrauch nach § 23, erlaubnisfreie Benutzungen nach §§ 17 a, 24, 25, 32 a und 33, Gewässerausbau nach § 31.

[3] Hdb. des dt. Wasserrechts-Roth, C 10 E § 1 a WHG Rdn. 8; Roth, § 1 a Rdn. 8.

[4] Gieseke/Wiedemann/Czychowski, § 1 a Rdn. 15.

[5] Gieseke/Wiedemann/Czychowski, § 1 a Rdn. 15.

[6] Pöpel, I.1.2 S. 5; Lebensqualität Wasser, Informationsblätter der Bremer Entsorgungsbetriebe Nr. 11 - Gewässerschutz im Haushalt S. 1; DVGW, Merkblatt W 410 (1/95) des DVGW Regelwerkes: Wasserbedarfszahlen; H.A. Painter/M. Viney: Composition of Sewage, Journal of Biochemical and Microbiological Technology and Engineering.

können und zu teilweise erheblichen Trinkwasser-Einsparungen führen - ohne Komfortverlust.[1] In der Vergangenheit führten z.B. Sparappelle in Zeiten akuter Wasserverknappung in einzelnen Versorgungsgebieten im In- und Ausland sogar zu Einsparungen zwischen 15 und 20 %.[2] Daher dürfte es nicht unrealistisch sein, durch die Schaffung eines finanziellen Anreizes für die mietende Bevölkerung in Form einer Satzungsgestaltung zugunsten der verbrauchsabhängigen Abrechnung durch „Direktvertrag" eine Senkung des Wasserverbrauchs um wenigstens 10 % zu erreichen.[3] Diese Einsparungen erfolgten dann nicht nur vorübergehend wie im Falle der Sparappelle in Zeiten akuter Wasserverknappung, sondern fänden tagtäglich statt. Bei einer Anzahl von ca. 50 Millionen Menschen in Mieterhaushalten in Deutschland[4] könnten dann pro Tag ca. 700 Millionen Liter und pro Jahr die enorme Summe von 250.000 Millionen Litern (= 250 Mio. m^3) Wasser gespart werden. Folge dessen wäre, daß entsprechend weniger Abwasser produziert und der Wasserhaushalt nicht so stark belastet würde. Denn Wasserverbrauch und Gewässerbelastung stehen in einem unmittelbaren Zusammenhang: Und zwar ist das Wasser, das wir zum Duschen, Waschen usw. verbrauchen, mit Schadstoffen aus Reinigungsmitteln oder Waschpulver und Giftstoffen wie Farben, Lacken, Essensresten usw. belastet. Leider ist es technisch und finanziell nicht realisierbar, alle Schadstoffe, die mit dem Abwasser in der Kläranlage eintreffen, wieder zu entfernen oder unschädlich zu machen. Bei manchen ist dies nur zu einem Teil möglich, wiederum andere lassen sich überhaupt nicht vom Wasser trennen. Diese Schadstoffe gelangen dann über die regulären Abläufe der Kläranlagen in die Gewässer, also in stehende (Seen, Talsperren), gestaute oder fließende Gewässer und in das Grundwasser[5]. Sie kehren damit zurück in den natürlichen Kreislauf und richten dort unterschiedlich großen Schaden bei Tieren, Pflanzen und anderen Organismen an. Letztendlich gelangen diese Schadstoffe im Wasserkreislauf über die Nahrungskette wieder zum Menschen.[6] Die Belastung der Gewässer durch Privathaushalte macht dabei einen Anteil von 44 % des gesamten kommunalen Abwassers aus; im Vergleich dazu beträgt der Anteil des industriellen und gewerblichen Abwassers lediglich 16 %.[7] Bezüglich des Gesamtabwasseranfalls in Deutschland be-

[1] Lebensqualität Wasser, Informationsblätter der Stadtwerke Bremen AG Nr. 10 - Wer den Tropfen nicht ehrt ... S. 1.

[2] Wasserversorgungsbericht des Minister des Innern, Teil B Bd. 4, S. 18 m.w.N.; Schulte-Beckhausen, Der Städtetag 1996, 761, 766.

[3] Schläger (ZMR 1994, 189, 194) geht sogar davon aus, daß die verbrauchsabhängige Abrechnung durchgängig zu einer Einsparung in der Größenordnung von 15 % führt.

[4] Siehe Bellevue 1/97 S. 15 (Immobilienzeitschrift), die von 41% Hausherren im Westen und von 24 % Hausherren im Osten ausgeht. Vgl. auch Schläger, ZMR 1994, 189, 194.

[5] Vgl. § 1 Abs. 1 WHG; Das Wasserbuch, S. 13.

[6] Vgl. zu dieser Problematik insgesamt Abwassertechnik Bd. I, S. 37 ff; Das Wasserbuch, S. 18 ff.

[7] Pöpel, I.1.2 S. 4; Umweltbundesamt: Statistische Angaben, Korrespondenz Abwasser 5/95; DIN Deutsches Institut für Normung e.V.: DIN 1986 Bl. 1 vom Juni 1988: Entwässerungsanlagen für Gebäude und Grundstücke, DIN 4261: Kleinkläranlagen, DIN 19520: Abwasser aus Krankenanstalten.

trägt der Anteil der Haushalte 23 %.[1] Der Wasserhaushalt wird durch die Haushalte also ungeheuer belastet. Daher sind sämtliche Maßnahmen, die in Privathaushalten zur Reduzierung des Wasserverbrauchs führen, von größter Bedeutung.

Die öffentlichen WVU, die in ihren Wasserversorgungssatzungen vorschreiben, daß lediglich Grundstückseigentümer zum Anschluß berechtigt sind, lösen hierdurch wie dargestellt jedoch gerade eine gewisse Ignoranz bei Mietern gegenüber der Aneignung von bewußteren Verbrauchsgewohnheiten aus; denn die sparsamen Mieter müssen aufgrund dieser Regelung grds. für die verschwenderischen Mieter mitbezahlen, so daß auf diese Weise jedweder finanzielle Anreiz zum sparsamen Umgang mit Wasser unterdrückt wird. Die Satzungsregelung bewirkt also, daß von Mietern mehr Wasser verbraucht wird, als eigentlich notwendig wäre, wodurch mehr Abwasser anfällt und die Gewässer noch mehr belastet werden. Bei den bestehenden Satzungsregelungen handelt es sich somit aufgrund des durch sie ausgelösten Wassermehrverbrauchs um „Maßnahmen", die zwar nicht direkt auf ein Gewässer bezogen sind, die sich jedoch letztendlich mittelbar auf Gewässer auswirken, also „Einwirkungen" auf Gewässer verursachen.

Daß es sich bei der Gestaltung von Anschluß- und Benutzungsbedingungen um „Maßnahmen" i.S.d. § 1 a WHG handelt, wird auch ausdrücklich in den Wassergesetzen der Länder anerkannt. Und zwar sprechen diese in ihren Vorschriften von „Maßnahmen" wie der „Gestaltung der Anschlußbedingungen" (§§ 44 Nr. 6 LWaGMV, 148 Nr. 5 WGLSA), der „Gestaltung der Benutzungsbedingungen" (§§ 59 Abs.1 Nr.5 BbgWG, 55 Nr. 5 HWG, 148 Nr. 5 WGLSA, 62 Nr. 5 ThürWG) und der „Gestaltung der Versorgungsbedingungen" (§ 131 a Nr. 2 BrWG).

cc) Beachtung der „erforderlichen Sorgfalt"

Fraglich ist nunmehr, ob die öffentlichen WVU bei der Gestaltung ihrer Satzungsregelungen die nach den Umständen erforderliche Sorgfalt angewendet haben, um eine mit Rücksicht auf den Wasserhaushalt gebotene sparsame Verwendung des Wassers zu erzielen. Dabei kommt es auf die Sorgfalt an, die nach objektiver Betrachtung im konkreten Fall geboten war.[2] Der unbestimmte Rechtsbegriff der „erforderlichen Sorgfalt" begründet im Rahmen des Zumutbaren eine möglichst weitgehende Verpflichtung zu Verhütungsmaßnahmen, wobei für deren Umfang wesentlich ist, welches Schutzgut auf dem Spiel steht und wie gewichtig die mit den Maßnahmen verfolgten Interessen sind.[3]

Bei der Gestaltung der Satzungsregelungen über die Anschluß- und Benutzungsberechtigten könnte entweder gar nicht oder unangemessen berücksichtigt worden sein, daß durch diese Formulierung bei Mietern der finanzielle Anreiz zum

[1] Pöpel, I.1.2 S. 4; Wasserversorgungsbericht des Minister des Innern, Teil B Bd. 3 S. 124

[2] Hdb. des dt. Wasserrechts-Roth, C 10 E § 1 a WHG Rdn. 9; Gieseke/Wiedemann/Czychowski, § 1 a Rdn. 17; Roth, § 1 a Rdn. 9.

[3] Gieseke/Wiedemann/Czychowski, § 1 a Rdn. 17 unter Hinweis auf BVerwGE 52, 128 f. zu § 35 BBauG.

Wassersparen unterdrückt wird. In Anbetracht der großen Zahl von Mieterhaushalten in Deutschland wird aufgrund dieser Satzungsgestaltung wie festgestellt jährlich sehr viel Wasser mehr verbraucht, als eigentlich notwendig wäre, entsprechend mehr Abwasser produziert und der Wasserhaushalt folglich unnötigerweise belastet. Das von § 1 a WHG geschützte Gut der Wassermenge wird also erheblich beeinträchtigt. Da aber eine weitgehende Pflicht der WVU zu derartigen Verhütungsmaßnahmen besteht, war eine angemessene Berücksichtigung dieses Umstandes bei der Formulierung der streitigen Satzungsregelung geboten. Zwar geht § 1 a Nr. 2 WHG davon aus, daß ein bestimmtes Maß an nachteiligen Wirkungen auf die Gewässer als unabwendbare Folge des technischen Fortschritts hingenommen werden muß.[1] Hier handelt es sich jedoch nicht um eine unabwendbare Folge des technischen Fortschritts, sondern um vermeidbare Verschwendung aufgrund satzungsrechtlicher Beschränkung der Vertragspartner auf eine bestimmte Personengruppe. Da die Interessen der öffentlichen WVU an der Aufrechterhaltung dieser streitigen Satzungsregelungen in Anbetracht ihrer Monopolstellung vernachlässigenswert sind, ist den WVU in Anbetracht des hochwertigen Schutzgutes „Wasser" eine Vermeidung nachteiliger Wirkungen durch eine entsprechende Satzungsgestaltung zumutbar.[2]

Insofern findet der Aspekt der „Verpflichtung zu Verhütungsmaßnahmen" keine angemessene Berücksichtigung in den angesprochenen Satzungsregelungen, so daß die öffentlichen WVU bei der Gestaltung dieser Regelungen die nach den Umständen erforderliche Sorgfalt außer acht ließen, um eine mit Rücksicht auf den Wasserhaushalt gebotene sparsame Verwendung des Wassers zu erzielen. Die Regelungen über das ausschließliche Anschlußrecht von Grundstückseigentümern und ähnlich dinglich Berechtigten verstoßen damit gegen § 1 a Nr. 2 WHG und die den in dieser Vorschrift normierten Grundsätzen entsprechenden §§ 2, 3 LWG.

4. Rechtsfolge

Die Satzungsregelungen über die Beschränkung des Anschlußrechts auf Grundstückseigentümer (Vermieter) und ähnlich dinglich Berechtigte verstoßen damit sowohl gegen die Vorschriften über den „Sparsamen Umgang mit Wasser" einiger LWG (§ 131 a Nr. 2 Brem.WG, § 44 Nr. 6 LWG Meckl.-Vorp., § 55 Nr. 5 Hess.WG) als auch gegen § 1 a Nr. 2 WHG und die dieser Vorschrift inhaltlich entsprechenden §§ 2, 3 LWG. Folglich sind nicht nur diese Regelungen der öffentlichen WVU in den genannten Bundesländer rechtswidrig, sondern ebenso die aller öffentlichen WVU im Bundesgebiet.

Die Satzungsregelungen über das ausschließliche Anschlußrecht für Grundstückseigentümer und ähnlich dinglich Berechtigte müssen folglich geändert bzw. erweitert werden. Sie würden dem Anspruch von Mietern auf Einbeziehung in das

---

1 Gieseke/Wiedmann/Czychowski, C 10 E § 1 a WHG Rdn. 18.

2 Auf die Argumente der oben durchgeführten Interessenabwägung (Kapitel 4 E VII 4, S. 86 ff.) kann zurückgegriffen werden.

Anschlußrecht bereits durch eine Erweiterung des § 2 Abs.2 S.1 des Arbeitsmusters gerecht.

G. Realisierung des Anschluß- und Benutzungszwangs mit den Eigentümern oder mit den Mietern, die auf Veranlassung des Vermieters Wasser direkt vom WVU beziehen ?

Zu prüfen ist allerdings, ob mit der Realisierung des Direktvertrages i.S.v. § 4 Abs. 5 MHG zwischen WVU und Mieter trotzdem der Vermieter für den Anschluß seines Grundstücks an die öffentliche Wasserversorgungsanlage und für deren Benutzung weiter verantwortlich ist oder ob mit der Gründung eines direkten Versorgungsverhältnisses zwischen Mietern und WVU der Anschluß- und Benutzungszwang automatisch als Vertragspflicht auf den Mieter übergeht. Zunächst ist daher das Verhältnis zwischen Anschlußzwang und Benutzungszwang zu klären. Während der Anschlußzwang die Pflicht beeinhaltet, Grundstücke, auf denen Wasser verbraucht wird, an die öffentliche Wasserversorgungsanlage anzuschließen, verpflichtet der Benutzungszwang zur Benutzung dieser Anlage und verbietet zugleich die Benutzung anderer privater Einrichtungen. Um den Benutzungszwang technisch durchführen zu können, setzt er bei der Trinkwasserversorgung den Anschlußzwang voraus.

I. Der Anschlußzwang

Für den Anschluß eines Grundstücks an die Wasserversorgungsanlage ist es erforderlich, daß die hierfür benötigten Leitungen (Haupt-, Versorgungs- und Anschlußleitungen)[1] einschließlich Zubehör (Hydranten, Entleerungs- und Entlüftungsrohre) über das Grundstück verlegt und am Gebäude angebracht werden. Ebenfalls notwendig ist das Treffen der erforderlichen Schutzmaßnahmen (z.B. das Anbringen und Aufstellen von Hinweiszeichen).[2] Diese Tätigkeiten können nur ausgeübt werden, indem das Grundstück dem geplanten Leitungsverlauf entsprechend aufgeschachtet wird, wodurch Rasen und/oder Blumenbeete in Mitleidenschaft gezogen werden oder gar das Fällen von Bäumen erforderlich wird und unter Umständen Zäune unterbrochen werden müssen. Zwar handelt es sich bei der Benutzung des Grundstücks in dieser Form lediglich um vorübergehende Beeinträchtigungen, jedoch sind auch bleibende Veränderungen des Grundstücks Folge des Anschlusses, nämlich Änderungen an Baulichkeiten sowie die dauernde Einbringung des „Fremdkörpers Leitungen" in den Grund und Boden des Grundstückseigentümers. Die vom WVU erstellten Leitungen und sonstigen Einrichtungen werden weder Bestandteil noch Zubehör des Grundstücks, weil sie nur zu ei-

[1] Siehe Kapitel 4 A II, S. 44 ff.

[2] Es handelt sich hier um die sog. Duldung der Grundstücksbenutzung gem. § 12 des Arbeitsmusters (Leitfassung) einer Wasserversorgungssatzung, siehe Anhang S. 220 ff.

nem vorübergehenden Zweck mit dem Grund und Boden (§ 95 Abs.1 S.1BGB) verbunden sind,[1] sondern sie bleiben Eigentum des WVU, wodurch das Eigentum am Grundstück gebunden wird. Alles in allem wird durch den Anschluß eines Grundstücks an die Wasserversorgungsanlage der Grund und Boden und das Gebäude des Eigentümers nicht nur benutzt, sondern verändert und zumindest vorübergehend beeinträchtigt. Das Recht der WVU, die Grundstücke zur Verlegung von Versorgungseinrichtungen in Anspruch nehmen zu können, folgt aus der Sozialgebundenheit des Eigentums und verstößt nicht gegen die durch Art. 14 GG geschützte Eigentumsgarantie.[2] Denn wer an den Vorteilen der öffentlichen Wasserversorgung teilnimmt, ist aufgrund der verfassungsrechtlichen Sozialbindung des Eigentums verpflichtet, grundsätzlich sein Grundstück zur Verlegung von Versorgungseinrichtungen zur Verfügung zu stellen. Auf diesem Grundstück lastet zu Gunsten des Gemeinwohls eine allgemeine Pflichtigkeit, durch die das freie Nutzungs- und Verfügungsrecht des Eigentümers im Interesse einer leistungsfähigen und kostengünstigen öffentlichen Wasserversorgung eingeschränkt ist.[3,4] Ein solcher Zwang, sein Eigentum zu binden, kann natürlich nur dem Eigentümer selbst auferlegt werden. Der anderweitig Berechtigte wie etwa der Mieter, ist nicht berechtigt, am fremden Eigentum bauliche Änderungen vornehmen zu lassen und zu Lasten des Eigentümers und Vermieters eine solche Eigentumsbindung vorzunehmen bzw. vornehmen zu lassen, indem das Grundstück an die öffentliche Wasserversorgungsanlage angeschlossen wird. Die Realisierung des Anschlußzwangs läßt sich mithin nicht aus einer Vertragspflicht des Mieters gegenüber dem WVU begründen, selbst wenn der Versorgungsvertrag zwischen WVU und Mieter besteht. Der Anschlußzwang wirkt daher in der Regel nur gegenüber dem Grundstückseigentümer, also dem Vermieter, unabhängig davon, wer Vertragspartner des WVU ist.

1. Der Ausnahmefall - umfassende und langfristige Mietverträge mit einer Mietpartei über ein Grundstück

Jedoch kann unter bestimmten, strengen Voraussetzungen auch der Mieter einem Zwang seines örtlichen öffentlich-rechtlichen WVU zum Anschluß des Grundstücks an die zentrale Wasserversorgungsanlage unterliegen. Dies ist dann der Fall, wenn zwischen dem Grundstückseigentümer und dem WVU kein Anschluß und Versorgungsvertrag besteht, sondern der Mieter aufgrund Veranlassung des Vermieters das Wasser direkt vom WVU bezieht und der Vermieter ebenfalls aus dem Vertrag herausgehalten werden möchte, sei es nun, daß er nicht in der La-

[1] Ludwig/Cordt/Stech/Odenthal, III AVBEltV § 8 S. 75 f.

[2] Morell, E § 8 S. 2.

[3] Vgl. BVerfG, RdE 1989, 143; BGH, NJW-RR 1991, 841; BGH, RdE 1981, 175 = BB 1981, 875; BGH, GWF/R+S 1980, 42.

[4] Diese Duldungspflicht findet jedoch ihre Grenzen, wo die Eigentümerbefugnisse mehr als notwendig beschränkt werden und der betroffene Eigentümer in unzumutbarer Weise belastet wird. Dem trägt § 8 Abs.3 des Arbeitsmusters (Leitfassung) einer Wasserversorgungssatzung ausdrücklich Rechnung. Vgl. hierzu auch BGH, NJW-RR 1991, 841.

ge ist, sich um den Anschluß zu kümmern, oder sei es, daß er kein Interesse daran hat und daher mit derartigen Maßnahmen nichts zu tun haben möchte. Indiz für ein solches Desinteresse des Eigentümers bezüglich aller mit seinem Grundstück einhergehenden Verpflichtungen sind Mietverträge, die auf lange Zeit abgeschlossen sowie umfassend sind und/oder die dem Mieter einen großen Handlungs- und Entscheidungsspielraum einräumen. Dabei wird es sich regelmäßig um Grundstücke handeln, die an einen einzigen Mieter bzw. an eine einzige Mietpartei vermietet werden, z.B. Einfamilienhäuser.[1] Auch in diesen Fällen muß sichergestellt sein, daß dem WVU die gleichen Rechte zustehen wie in den Fällen, in denen Grundstückseigentümer und Kunde bzw. Anschlußnehmer personenidentisch sind. Daher muß der Anschlußzwang dann gegenüber dem Mieter bestehen, wenn der Eigentümer und Vermieter der Gründung eines Anschlußvertrages zwischen seinem Mieter und dem WVU zustimmt[2] bzw. im Mietvertrag vereinbart ist, daß der Mieter für die Ergreifung derartiger Maßnahmen zuständig ist. In der Praxis wird es aber selten vorkommen, daß nicht der Eigentümer sondern der Mieter Anschlußnehmer ist, da dahingehende Absprachen im allgemeinen nur bei Vorliegen der oben genannten Besonderheiten vorkommen. Nach bestehender Rechtslage ist es auch möglich, daß anstatt des Eigentümers und Vermieters der Mieter dem Anschlußzwang unterliegt, und zwar aufgrund § 2 Abs. 2 des Arbeitsmusters einer Wasserversorgungssatzung, wonach die für den Grundstückseigentümer erlassenen Vorschriften auch für Mieter gelten, so daß also auch der Mieter dem Anschlußzwang gem. § 4 dieses Arbeitsmusters unterliegen kann.

2. Der Regelfall - Anschluß in einem Mehrfamilienhaus

Eine solche Handhabung des Anschlußzwanges ist indes aber problematisch sobald mehrere Mietparteien auf einem Grundstück vorhanden sind. Denn jedes Haus erhält in der Regel nur einen einzigen Trinkwasseranschluß, so daß es schwierig sein wird, sie alle einem Anschlußzwang auszusetzen, also mit jedem einzelnen Mieterhaushalt einen Anschluß zu realisieren. Natürlich wäre es möglich, alle Parteien einer Gesamtpflicht zu unterstellen, wodurch die Gemeinschaft der Mietparteien Anschlußnehmer würde. Aber in Anbetracht der Tatsache, daß gerade bei Mehrfamilien-Mietshäusern ein ständiger Mieterwechsel stattfindet, ist eine solche Handhabung nicht ratsam. Davon abgesehen wird der Eigentümer und Vermieter auch nicht gewillt sein, den Anschluß an die öffentliche Wasserversorgungsanlage seinen Mietern zu überlassen. Denn der Eigentümer eines Mehrfamilien-Mietshauses wird derartige Erd- und Anschlußarbeiten auf seinem Grundstück selbst bei dem WVU beantragen bzw. dieser Pflicht selbst nachkommen wollen, da zum einen die Bereitstellung von Trinkwasser Vertragspflicht des Vermieters aus § 535 BGB ist und auch bei jedem Mieterwechsel weiterbesteht und es zum ande-

[1] Zumeist handelt es sich in der Praxis jedoch eher um umfassende Pachtverträge, die im Rahmen dieser Arbeit allerdings nicht weiter berücksichtigt werden können.

[2] Vgl. § 8 Abs. 5 AVBWasserV für die Grundstücksbenutzung bei privatrechtlicher Regelung des Wasserversorgungsverhältnisses.

ren bei Mehrfamilienhäusern an dahingehenden umfassenden und langfristigen Mietverträgen bzw. solchen Absprachen mangelt, die etwa jeden Mieter zur Durchführung derartiger Maßnahmen berechtigten. Bei Gebäuden mit mehreren Mietwohnungen ist daher Regelfall, daß Anschlußnehmer der Eigentümer und Vermieter ist, so daß allein er im allgemeinen dem Anschlußzwang unterliegt, selbst wenn der Versorgungsvertrag mit dem Mieter abgeschlossen wird. Es ist auch völlig unschädlich, daß Anschlußnehmer der Eigentümer und Vermieter, Kunde aber der Mieter ist, da nicht notwendigerweise eine Personenidentität zwischen demjenigen, der einen Anschluß an das Versorgungsnetz verlangt, und demjenigen, der die spätere Versorgung wünscht, bestehen muß.[1]

3. Fazit

Zusammenfassend ist mithin festzuhalten, daß im Regelfall der Vermieter Anschlußnehmer ist und dem Anschlußzwang unterliegt, selbst wenn der Mieter auf seine Veranlassung hin das Wasser direkt vom WVU bezieht. Nur im Ausnahmefall, wenn es sich etwa um einen umfassenden und langfristigen Mietvertrag mit einer Mietpartei z.B. über ein Einfamienhaus handelt, kann auch der Mieter Anschlußnehmer sein und dem Anschlußzwang unterliegen. Voraussetzung dafür ist jedoch grds. das Einverständnis bzw. die Zustimmung des Eigentümers und Vermieters.

II. Der Benutzungszwang

Der Benutzungszwang verpflichtet zur Benutzung der öffentlichen Wasserversorgungseinrichtung und verbietet zugleich die Benutzung anderer privater Einrichtungen. Da der Mieter Endabnehmer und damit der unmittelbare Verbraucher des gelieferten Wassers ist, unterliegt er zweifelsohne dem unmittelbaren Benutzungszwang, selbst wenn der Vermieter Anschlußnehmer und Kunde ist; denn zwischen Mieter und WVU besteht kein „rechtsfreier Raum“[2]. Die Wasserversorgungssatzungen der einzelnen öffentlichen WVU schreiben den Benutzungszwang für alle Benutzer von Grundstücken, also auch für Mieter, ausdrücklich vor.[3] Dem Benutzungszwang unterliegt aber auch der Vermieter, denn er darf dem Mieter kein Wasser aus einer privaten Eigengewinnungsanlage weiterleiten, sondern muß darauf hinwirken, daß der Mieter das Wasser aus der zentralen und öffentlichen Wasserversorgungsanlage entnimmt. Dies gilt selbst dann, wenn der Grundstückseigentümer weder Anschlußnehmer noch Kunde ist. Denn der Benutzungszwang besteht unabhängig von einem Vertragsverhältnis sowohl gegenüber Grundstückseigentümern als auch gegenüber allen Benutzern der Grundstücke, wie sich aus § 6 S. 2 des Arbeitsmusters (Leitfassung) einer Wasserversorgungssatzung

---

[1] Vgl. OLG München, RdE 1986, 139; Tegethoff/Büdenbender/Klinger, § 1 AVBGasV Rdn. 42 f. und Morell, E § 1 S. 8 und E § 8 S. 15.

[2] So LG Aachen, NJW-RR 1988, 1522.

[3] Siehe § 6 S. 2 der Mustersatzung (Anhang S. 221).

ergibt. Der Benutzungszwang besteht natürlich nur, wenn ein Anschluß an die öffentliche Wasserversorgung vorhanden ist, da dieser technische Voraussetzung für die Benutzung ist.

III. Anspruch der Mieter auf Direktversorgung aufgrund Anschlußrecht und Benutzungszwang

Ausreichend für die Begründung eines eigenen Versorgungsverhältnisses des einzelnen Mieters mit dem WVU ist bereits, wenn dem Mieter ein Anschlußrecht zusteht. Notwendig hierfür ist keineswegs im Gegenzuge ein Anschlußzwang. Anschlußzwang besteht gegenüber dem Mieter nur dann, wenn Mieter und Vermieter eine dahingehende Vereinbarung getroffen haben, daß Anschlußnehmer der Mieter sein soll, und dies wird - wie festgestellt - der Ausnahmefall sein. Ansonsten genügt ein einfaches Anschlußrecht. Ob letztendlich von diesem Recht auf Anschluß an die Versorgungsanlage vom Mieter Gebrauch gemacht wird, ist unerheblich. Ausschlaggebend ist einzig und allein, daß für den einzelnen Mieterhaushalt grundsätzlich ein solches Recht besteht.

Eine derartige Trennung von Anschlußrecht und Anschlußzwang ist auch nicht unzulässig. Zwar ist unstreitig, daß das Anschlußrecht ein notwendiges Korrelat des Anschlußzwangs ist; denn ist ein Anschlußzwang für ein Grundstück festgesetzt, so hat der Verpflichtete auch ein subjektives öffentliches *Recht* auf diesen Anschluß..[1] Dieser Grundsatz gilt jedoch nicht im Umkehrschluß: Besteht ein Anschlußrecht, so ergibt sich hieraus nicht zwingend ein Anschlußzwang. Dies rechtfertigt sich schon allein aus dem Argument heraus, daß es auf die zwischen Mieter und Vermieter getroffenen Vereinbarungen im Rahmen des Mietverhältnisses ankommt, wer Anschlußnehmer sein und also dem Anschlußzwang unterliegen soll.

Dem WVU kommt es zunächst darauf an, den Anschluß des Grundstücks zu sichern. Für das WVU ist nach bisheriger Praxis ausschließlich von Bedeutung, daß „Kunde" der Grundstückseigentümer, also der Vermieter, ist. Und wie festgestellt, muß nicht notwendigerweise eine Personenidentität zwischen demjenigen, der den Anschluß an das Versorgungsnetz verlangt (Anschlußnehmer), und demjenigen, der die spätere Versorgung wünscht (Kunde), bestehen. Allein entscheidend ist vielmehr, daß der Anschluß des Grundstücks vom WVU notfalls auch erzwungen werden kann. Und diesen Zwang kann es nach dem Gesagten gegenüber beiden Parteien ausüben, nämlich im Normalfall gegenüber dem Vermieter, aber auch gegenüber dem Mieter, wenn der Vermieter sich darauf beruft, daß er selbst diesem Zwang nicht unterliegt, und er das WVU entsprechend an seinen Mieter weiterverweist.

Logischerweise besteht also ein Recht auf Anschluß an die Versorgungsanlage des WVU sowohl für den Vermieter als auch für den Mieter. Ansonsten wäre die

---

[1] Das neue Wasserrecht, 03/3.1 S. 5.

Betonung der eventuell möglichen Personenverschiedenheit[1] zwischen Anschlußnehmer und Kunden auch nicht nachvollziehbar. Alles in allem läßt sich also festhalten, daß die Begründung direkter Versorgungsverhältnisse zwischen Mieter und WVU im allgemeinen auf der Realisierung des grundsätzlich für Mieter bestehenden Anschlußrechtes zum einen und dem ohnehin bestehenden Benutzungszwang zum anderen basiert. Für den Mieter besteht demnach grundsätzlich ein Anschluß- und Benutzungsrecht auf der Basis des Benutzungszwangs.

H. Wie ist die Rechtslage, wenn der Vermieter den Abschluß eines direkten Vertrages zwischen Mieter und WVU nicht durchsetzen kann, weil der Mieter sich weigert ?

Zu prüfen ist ferner, ob der Vermieter von seinen Mietern auch gegen deren Willen verlangen kann, daß sie ihre Wasserkosten direkt mit dem örtlichen WVU abrechnen.

I. Anspruch des Vermieters aufgrund des Kontrahierungszwangs gem. § 826 BGB ?

Wie in den bisherigen Ausführungen dieser Arbeit dargestellt wurde, sind privatrechtlich organisierte WVU aufgrund des allgemeinen Kontrahierungszwanges aus § 826 BGB verpflichtet, sowohl mit Vermietern als auch mit Mietern Versorgungsverträge abzuschließen. Diese Pflicht zum Vertragsschluß besteht jedoch nur, wenn der jeweils Berechtigte den Vertragsschluß auch begehrt. Denn eine sittenwidrige Schädigung i.S.d. § 826 BGB liegt nur dann vor, wenn eine solche geltend gemacht wird und auch geltend gemacht werden kann. Derjenige Mieter, der sich aber weigert, mit dem WVU ein direktes Versorgungsverhältnis zu begründen, wird das WVU nicht noch zu einem Vertragsabschluß auffordern, vielmehr wird er weder Wasser sparen noch die mit einem direkten Vertragsverhältnis verbundene Verwaltungstätigkeit übernehmen wollen, so daß es bereits sowohl an dem Vorliegen des Merkmals „Schaden" als auch an dem Merkmal der „Sittenwidrigkeit" mangelt und der Mieter daher eine sittenwidrige Schädigung gem. § 826 BGB gar nicht geltend machen kann. Der Vermieter als Dritter hat keine Möglichkeit gegenüber seinen unwilligen Mietern den Kontrahierungszwang privater WVU als Anspruchgrundlage zu verwenden, da den Vertragsschluß mit dem WVU sowohl Mieter als auch Vermieter nur für sich selbst verlangen können, nicht aber für den jeweils anderen.

[1] Z.B. OLG München, RdE 1986, 139; Tegthoff/Büdenbender/Klinger, § 1 AVBGasV Rdn. 42 f. und Morell, E § 1 S. 8 und E § 8 S. 15.

II. Anspruch aus Anschluß- und Versorgungspflicht

Auch die Anschluß- und Versorgungspflicht öffentlich-rechtlich organisierter WVU, die ebenfalls nicht nur gegenüber dem Vermieter sondern auch gegenüber dem Mieter besteht, stellt keine Handhabungsmöglichkeit für den Vermieter dar, seine Mieter zur Begründung eines eigenen Versorgungsverhältnisses mit dem örtlichen WVU zu zwingen. Denn auch die Anschluß- und Versorgungspflicht setzt ein dahingehendes Begehren des anschluß- und versorgungsberechtigten Mieters voraus. Ist aber der Mieter nicht bereit, mit dem WVU einen Versorgungsvertrag abzuschließen, so ist auch hier der Vermieter machtlos, da es sich lediglich um die Vertragsbeziehungen zwischen Mieter und WVU handelt, auf die der Vermieter keinen Einfluß hat.

III. Anspruch aus § 4 Abs.5 S.1 Nr.2 MHG

Jedoch ist in diesem Zusammenhang erneut § 4 Abs.5 S.1 Nr.2 MHG heranzuziehen, wonach der Vermieter durch einseitige schriftliche Erklärung bestimmen kann, daß die Wasserkosten unmittelbar zwischen dem Mieter und dem WVU abgerechnet werden. Gegenüber der bisherigen Reichweite des § 4 Abs.5 S.1 Nr.2 MHG ändert sich mit der in dieser Arbeit gewonnenen Feststellung, daß der Kontrahierungszwang für private WVU und die Anschluß- und Versorgungspflicht und damit die Pflicht zur Begründung entsprechender Wasserversorgungsverhältnisse für öffentliche WVU neben den Eigentümern (Vermietern) auch gegenüber Mietern besteht, Entscheidendes: Nach bisheriger Praxis kam dieser mietrechtlichen Vorschrift nur geringe praktische Bedeutung zu, da die Realisierung des Optionsrechtes des Vermieters, (auch gegen den Willen des Mieters) den „Direktvertrag" durchzusetzen, grundsätzlich scheiterte, wenn das WVU den Vertragsabschluß mit dem Mieter verweigerte. Aufgrund der in dieser Arbeit gewonnenen Erkenntnis über die auch gegenüber Mietern bestehende Vertragsabschlußpflicht von WVU und die Unwirksamkeit der bisherigen Regelungen über Vertragspartner und Anschlußberechtigte, können sich diese Leistungserbringer aber nicht darauf berufen, daß eine solche Pflicht nur gegenüber Eigentümern und (im Ausnahmefall) auch ähnlich dinglich Berechtigten bestünde. Ein Vertragsabschluß mit Mietern kommt also nicht nur dann zustande, wenn das WVU sich freiwillig, kulanterweise zu einem solchen bereiterklärt, sondern vielmehr grundsätzlich immer dann, wenn ein Antrag auf Versorgung mit Wasser gestellt wurde. Das Optionsrecht des Vermieters aus § 4 Abs.5 S.1 Nr.2 MHG versetzt ihn in die Lage, auch gegen den Willen des Mieters die Begründung eines direkten Versorgungsverhältnisses mit dem WVU zu erzwingen. Der Vermieter muß entweder bei Beginn des Mietverhältnisses für eine entsprechende Vertragsgestaltung sorgen oder von seinem Gestaltungsrecht nach § 4 Abs. 5 MHG durch Klage auf Zustimmung Gebrauch machen.

Nur so erlangt § 4 Abs.5 S.1 Nr.2 MHG wirklich praktische Bedeutung und verwirklicht das gesetzgeberische Ziel, nämlich die Schonung der Umwelt durch Erhaltung der Ressource Wasser sowie die Haftungsbefreiung des Vermieters und die Abwälzung seines Verwaltungsaufwandes auf die Mieter und die WVU. Insofern kommt die Abschluß bzw. Versorgungspflicht der WVU gegenüber Mietern voll zum Zuge.

In der Praxis wird es aber nicht oft vorkommen, daß sich der Mieter zum Abschluß von Direktverträgen weigert. Vielmehr ist der „Durchschnittsmieter“ bedacht, seine laufenden Kosten zu minimieren und daher durchaus zur Begründung eigener Lieferbeziehungen mit den WVU bereit, zumal dies für ihn bezüglich der Stromkosten längst selbstverständlich geworden ist.[1]

Im Ergebnis läßt sich jedenfalls festhalten, daß der Vermieter gem. § 4 Abs.5 S.1 Nr.2 MHG von seinen Mietern auch gegen deren Willen verlangen kann, daß sie ihre Wasserkosten nicht nur direkt mit dem örtlichen WVU abrechnen, also selbst die entsprechenden Versorgungsverhältnisse begründen müssen. Zwar ist eine dahingehende Zustimmung der WVU nach wie vor erforderlich; diese ist jedoch entgegen der bisherigen Praxis einklagbar. Hat der Vermieter also zulässigerweise von seinem Optionsrecht Gebrauch gemacht, so können die bisherigen Leistungsbeziehungen abgeändert werden; der Vermieter wird dann von seiner Verpflichtung gegenüber dem Mieter zur Lieferung von Wasser frei.[2] Die Pflicht des Vermieters beschränkt sich hinfort auf die Bereitstellung und Unterhaltung des Wasserleitungssystems zur und in der Wohnung.[3]

Besteht eine Pflicht der WVU zum Abschluß der Wasserlieferungsverträge mit den Mietern, so sind die WVU erst recht verpflichtet, auf Verlangen der Vermieter mit den Mietern unmittelbar abzurechnen. Nur so erfüllt das Optionsrecht des Vermieters aus § 4 Abs.5 S.1 Nr.2 MHG den gesetzgeberischen Sinn und Zweck, nämlich die verbrauchsgerechte Einzelabrechnung entsprechend des erfaßten unterschiedlichen Wasserverbrauchs der Mieter.

---

[1] Eine Ausnahme hiervon könnte lediglich dann erforderlich sein, wenn die Lieferbedingungen für den Mieter unangemessen sind und dieser daher zur Aufnahme von Vertragsbeziehungen zum WVU nicht bereit ist. Und zwar ist die Ausübung der Option für die Direktabrechnung dann als treuwidrig zu bewerten, etwa wenn der Vermieter die in Betracht stehenden Leistungen wesentlich günstiger beziehen kann als der Mieter. Der das gesamte Betriebskostenrecht beherrschende übergeordnete Wirtschaftlichkeitsgrundsatz verlangt in einem solchen Falle, daß der Vermieter auf die Option der Direktabrechnung seiner Mieter mit den WVU verzichten muß: So Blank, WM 1993, 503, 507.

[2] Blank, WM 1993, 503, 507; Blank, Mietrecht S. 65; Schilling/Meyer, ZMR 1994, 497, 501; MüKo-Voelskow, § 4 MGH Rdn. 27; Fischer=Dieskau-Frantzioch, § 4 MHG Rdn. 11.

[3] MüKo-Voelskow, § 4 MHG Rdn. 27.

Exkurs: Wer trägt die Kosten für den Anschluß des Mieterhaushaltes an einen Wasserzähler[1] ?

1. Kostentragung für Gesamtbezugszähler

In der Regel erhält jedes Gebäude einen Zähler; jedoch erhält es nur einen einzigen für den Gesamtwasserbezug, auch Hauptzähler, Gebäudezähler oder Hauswasserzähler genannt.[2] Die AVBWasserV enthalten jedoch keine ausdrückliche Regelung darüber, wer die Kosten für Wasserzähler zu tragen hat.

Allerdings haben einige WVU, die privatrechtlich organisiert sind, in ihren „Ergänzenden Bestimmungen" und einige WVU, die öffentlich-rechtlich organisiert sind, in ihren Satzungen eine ausdrückliche Regelung darüber getroffen. Und zwar heißt es dann in der ergänzenden Regelung zu § 18 AVBWasserV bzw. der dieser Norm entsprechend angepaßten Satzungsregelung, daß der Wasserzähler auf Kosten des WVU beschafft wird und sein Eigentum bleibt.

Aber auch für diejenigen WVU, die keine Regelung über die Kostentragung für Wasserzähler in ihren „Ergänzenden Vertragsbestimmungen" bzw. Satzungen getroffen haben, ergibt sich nichts anderes. Es ist auf die Allgemeinen Vertragsbedingungen der §§ 2 bis 34 (entsprechend) zurückzugreifen, wenn das zivilrechtlich organisierte WVU von seinem Recht keinen Gebrauch gemacht hat, in dem durch die jeweiligen Bestimmungen der AVBWasserV vorgegebenen Rahmen ergänzende Regelungen (hier über die „Messungen") aufzustellen bzw. wenn das öffentlich-rechtlich organisierte WVU seine Satzungsfreiheit in diesem Rahmen nicht entsprechend genutzt hat. Anzuknüpfen ist also an den § 18 AVBWasserV. Gem. § 18 Abs.2 S.3 AVBWasserV ist die Lieferung, Anbringung, Überwachung, Unterhaltung und Entfernung der Wasserzähler Aufgabe des WVU. Der Begriff „Lieferung" ist jedoch nicht in dem Sinne zu verstehen, daß das WVU mit der Lieferung den Wasserzähler dem Kunden übereignet.[3] Dies wird zwar nicht ausdrücklich durch § 18 Abs.2 S.3 AVBWasserV geregelt, es ergibt sich jedoch aus dem Gesamtzusammenhang.[4] Für einen Eigentumsübergang wäre im übrigen entweder Einigung und Übergabe nach § 929 BGB erforderlich oder der Einbau in die Kundenanlage als wesentlicher Bestandteil gem. § 94 BGB. Da Wasserzähler jedoch vom WVU nur für die Zeit der Vertragsdauer im Gebäude angebracht werden, also nur zu einem vorübergehenden Zwecke in das Gebäude eingefügt werden, gehören sie nicht zu den Bestandteilen des Gebäudes, sondern sind Scheinbestandteile i.S.d. § 95 Abs.1 S.1 BGB. Die Wasserzähler, die unentgeltlich vom WVU angebracht werden, bleiben daher Eigentum dieses Unternehmens und regelmäßig auch

[1] In der Praxis sind die Bezeichnungen Meßeinrichtung, Wasseruhr, Wasserzähler oder nur Zähler und Uhr geläufig.

[2] Grombach/Haberer/Merkl/Trüeb, S. 814.

[3] Morell, E § 18 S. 5; LG Kleve, GWF/R+S 1992, 20; Ludwig/Cordt/Stech/Odenthal, III § 18 AVBEltV S. 6.

[4] LG Kleve, GWF/R+S 1992, 20.

in dessen Alleinbesitz.[1] Innerer Rechtsgrund für eine solch generelle Handhabung der WVU ist deren Bestreben, das Risiko einer möglichen Manipulation des Wasserzählers auszuschließen, etwa indem der Kunde das Zählwerk zurückdreht oder das Flügelrad falschherum anklemmt. Jeder Zähler des WVU, der den Gesamtwasserverbrauch eines Hauses mißt, wird unter Plombenverschluß genommen. Außerdem muß gem. § 18 Abs.1 S.1 AVBWasserV der Wasserzähler den eichrechtlichen Vorschriften entsprechen, was ebenfalls nur gewährleistet wird, wenn der Wasserzähler vom WVU kontrolliert wird -nachdem er gem. § 2 Abs. 4 Eichgesetz von den zuständigen Behörden und von staatlich anerkannten Prüfstellen für Wassermeßgeräte geeicht wurde- und dann auch im Eigentum des WVU verbleibt. Denn der Kunde könnte sein Eigentum, also seinen Wasserzähler, auswechseln bzw. manipulieren. Aufgrund der bestehenden Eigentumslage zugunsten des WVU behält dieses sich das Recht und die Möglichkeit zur Auswechslung des Zählers vor. Der Begriff der „Lieferung" des Wasserzählers durch das WVU ist somit dahingehend zu verstehen, daß es in Erfüllung seiner Verpflichtung aus § 18 Abs.1 AVBWasserV für die Dauer des Versorgungsverhältnisses dem Kunden den Wasserzähler lediglich zur Verfügung stellt.

Aus diesem Grunde und in Ermangelung einer anderweitigen Kostenregelung in den AVBWasserV kann das WVU die Kosten für den Wasserzähler *nicht* von dem Kunden bzw. Anschlußnehmer verlangen, sondern muß diese selbst tragen. Allerdings kann es die Kostenmasse zur Bildung des Grund- bzw. Meßpreises oder des Verrechnungspreises einsetzen. Meist geschieht diese Kostenabdeckung über den verbrauchsunabhängigen Teil des Wasserpreises, und zwar durch die Erhebung einer Zählermiete gegenüber dem Kunden.

Ist ein WVU öffentlich-rechtlich organisiert, gilt nichts anderes. Die Satzungen entsprechen im großen und ganzen den AVBWasserV; die Regelungen der „Messung" sind identisch.

2. Kostentragung für Einzelzähler

Da das WVU also grundsätzlich die Kosten für den Zähler des Gesamtwasserverbrauchs eines Gebäudes trägt, stellt sich nun die Frage, ob Entsprechendes auch für all diejenigen Wasserzähler gilt, die für die einzelnen Mieterhaushalte[2] in einem einzigen Gebäude installiert werden.

[1] Ludwig/Cordt/Stech/Odenthal, § 18 AVBEltV S. 6; Ludwig/Odenthal, § 18 S. 155.

[2] Für wohnungsbezogene Wasserzähler der einzelnen Mieterhaushalte werden im folgenden die Begriffe Mieterwasserzähler und Einzel(wasser)zähler verwendet. Technisch kann es sich hierbei um Wohnungswasserzähler handeln oder um dieselben Zähler, die auch als Gesamtbezugszähler verwendet werden, sog. Hauswasserzähler, allerdings mit der Besonderheit, daß nur der Verbrauch einer einzigen Mietpartei gemessen wird und nicht der aller Haushalte, mit anderen Worten: jeder Partei wird ein Hauswasserzähler zur Verfügung gestellt.

a) Die bisherige Praxis - Der Eigentümer als Kunde

Nach der bisheriger Praxis hat der einzelne Kunde, der in einem Mehrfamilien-Mietshaus wohnt, keinen Anspruch gegen sein örtliches WVU auf Installation eines „eigenen" Wasserzählers.[1] Denn gem. § 18 Abs.1 S.1 AVBWasserV stellt das WVU die vom *Kunden* verbrauchte Wassermenge durch Meßeinrichtungen fest. „Kunde" ist gem. den „Ergänzenden Bestimmungen" der WVU jedoch im allgemeinen der Grundstückseigentümer und unter „vom Kunden abgenommenes Wasser" ist auch das Wasser zu verstehen, das der Kunde seinen Mietern zur Verfügung stellt (§ 22 Abs.1 S.1 AVBWasserV), so daß kein Anspruch auf die Installation von Einzelwasserzählern besteht. Auch aus § 18 Abs.2 AVBWasserV läßt sich nach bisheriger Praxis kein Anspruch auf solche Zähler ableiten. Denn danach hat das WVU lediglich dafür Sorge zu tragen, daß eine einwandfreie Messung der verbrauchten Wassermenge gewährleistet ist; es bestimmt Art, Zahl, Größe und Anbringungsort der Wasserzähler. D.h., daß der Kunde nur den Einbau einer solchen Anzahl von Zählern verlangen kann, die zur ordnungsgemäßen Messung der von ihm abgenommenen Wassermenge notwendig ist. Für eine ordnungsgemäße Messung der von allen Wohnparteien abgenommenen Wassermenge - auch bei Vorhandensein von vielen Mietwohnungen in einem Hause - reicht regelmäßig ein einziger Zähler aus, nämlich der Zähler für den Gesamtwasserbezug, den das WVU auf eigene Kosten und im eigenen Interesse installiert. Eine genaue Messung des zum Teil sehr hohen Wasserverbrauchs z.B. eines Wohnblocks mit nur diesem einen Zähler wird dadurch gewährleistet, daß Art und Größe des Zählers entsprechend dem zu erwartenden Wasserverbrauch des ganzen Hauses ausgewählt werden[2], wodurch der Zähler dann auch leistungsfähig genug ist.

Bei einem Mietshaus kann nach bisheriger Praxis, d.h. solange „Kunde" nur der Eigentümer ist, also nur der Einbau eines einzigen Wasserzählers (Gesamtbezugszähler) verlangt werden. Dies ergibt sich für alle privatrechtlich organisierten WVU aus dem Gesamtzusammenhang des § 18 Abs.2 S. 1 bis 3 AVBWasserV, für einige sogar ausdrücklich aus deren „Ergänzenden Vertragsbestimmungen" zu § 18 AVBWasserV und für öffentlich-rechtlich organisierte WVU aus der dem § 18 AVBWasserV identisch formulierten Satzungsnorm für die „Messung". Nach bisheriger Praxis sind WVU also *nicht* verpflichtet, Einzelwasserzähler zu installieren.

Trotzdem sind die WVU unter bestimmten Voraussetzungen bereit, auch Wasserzähler für die einzelnen Mieterhaushalte anzubringen. Entweder installieren sie für jede Mietpartei im Keller des Hauses, sofern dies technisch möglich ist, einen Hauswasserzähler oder sie bauen für jeden Mieterhaushalt einen Wohnungswasserzähler ein. In der Vergangenheit taten sich die WVU diesbezüglich äußerst schwer. Denn die Installation von Wohnungswasserzählern bzw. entsprechend

[1] Mehrere Wasserzähler werden in der Praxis in einem einzigen Haus nur dann installiert, wenn es sich z.B. um ein Doppelhaus oder ein Haus mit zwei Eigentumswohnungen handelt, so daß jeder Eigentümer, der auch Vertragspartner ist, einen eigenen Wasserzähler erhält.

[2] Tegethoff/Büdenbender/Klinger, § 18 AVBGasV Rdn. 11; Morell, E § 18 S. 7.

vielen Hauswasserzählern ist in Anbetracht der Vielzahl bestehender Wohnparteien aufwendig. Jedoch tendieren die WVU in jüngster Zeit[1] dazu, Einzelwasserzähler grundsätzlich dann zu installieren, wenn es gewünscht wird. Entscheidend ist dabei das Verlangen des Hauseigentümers als Vertragspartner des WVU, nicht das des Mieters. Der Mieter muß den Einbau von wohnungsbezogenen Wasserzählern sogar dulden.[2] Jedoch besteht nach wie vor kein Anspruch auf Installation von Einzelzählern, vielmehr sind die Vermieter auf die Kulanz und ein Entgegenkommen seitens der WVU angewiesen, ebenso wie diejenigen Mieter, die ihre Wasserkosten in Abhängigkeit ihres Verbrauchs abrechnen wollen.

b) Die bestehende Rechtslage - Der Mieter als Kunde

Anders gestaltet sich jedoch die Rechtslage, wenn der Mieter aufgrund Veranlassung des Vermieters sein Wasser direkt vom WVU bezieht. Denn „Kunde" i.S.d. § 18 Abs.1 S.1 AVBWasserV ist nunmehr der Mieter selbst, so daß auch er einen Anspruch gegen das WVU auf Feststellung seiner verbrauchten Wassermenge durch Meßeinrichtungen hat, die den eichrechtlichen Vorschriften entsprechen. Das WVU muß also gemäß dieser Regelung für jede Mietwohnung einen Einzelwasserzähler (Wohnungs- oder Hauswasserzähler) installieren, insofern die Realisierung des Direktvertrages zwischen WVU und diesem Mieter erfolgen soll.

Zu prüfen ist allerdings, ob das WVU für Einzelwasserzähler ebenso die Kosten tragen muß wie für den Zähler des Gesamtwasserbezugs eines Gebäudes. Im Grunde genommen kann hier auf die Ausführungen zur Kostentragungspflicht bezüglich Gesamtbezugszähler verwiesen werden: Einige WVU haben in ihren „Ergänzenden Bestimmungen" bzw. Satzungen ausdrücklich bestimmt, daß Wasserzähler auf Kosten des WVU beschafft werden und dessen Eigentum bleiben. Für alle anderen WVU ergibt sich aus dem Gesamtzusammenhang des § 18 Abs.2

[1] Zwar halten die WVU entsprechend der bisherigen Rechtslage daran fest, daß Kunde nur der Grundstückseigentümer ist, trotzdem sind sie zunehmend bereit, entgegen ihrer Verpflichtung auch Wohnungswasserzähler in Mietwohnungen zu installieren: Die Verfasserin hat Gespräche mit einem leitenden Angestellten eines niedersächsischen Wasserverbandes geführt, wobei dieser deutlich machte, daß etwa seit einem Jahr dazu übergegangen wurde, auf Wunsch des Hauseigentümers als Vertragspartner beliebig und problemlos Wohnungswasserzähler zu installieren. Grund für diese neue Bereitschaft sei zum einen die Tatsache, daß es ständig Probleme bei der Abrechnung des Wasserverbrauchs zwischen dem Vermieter und den einzelnen Mietparteien gegeben hätte. Zum anderen und damit entscheidend seien aber die Wassersparinitiativen der wasserwirtschaftlichen Verbände und Behörden, angeregt durch das umweltpolitische Ziel der langfristigen und dauerhaften Sicherung der knappen Ressource Wasser. Im Landesentwicklungsplan Bayern 1994 haben die wasserwirtschaftlichen Verbände und Behörden für die Wasserversorgung auch die allgemein gültige Zielvorstellung festgelegt, daß auf einen sparsamen Umgang mit Trinwasser hingewirkt werden soll. Die WVU können dadurch auf einen sparsamen Umgang mit Wasser hinwirken, daß sie jeden Haushalt mit einem Wohnungswasserzähler ausstatten, soweit dies möglich ist. Denn nur durch die Installation von Zählern wird die genaue Abrechnung der Kosten entsprechend dem tatsächlichen Verbrauch gewährleistet und schafft damit für den einzelnen Mieter einen Anreiz zum Sparen und zur Schonung der Umwelt.

[2] Vgl. § 541 b Abs.1 S.1 BGB.

S.3 AVBWasserV bzw. der dieser Norm entsprechenden Satzungsregelung, daß „Lieferung“ nicht i.S.v. Übereignung der Meßeinrichtung zu verstehen ist. Auch bezüglich Einzelwasserzählern ist ein Eigentumsübergang aufgrund Einigung und Übergabe nach § 929 BGB und ein Einbau in die Kundenanlage als wesentlicher Bestandteil nach § 94 BGB zu verneinen. Der Einzelzähler soll zum einen nur für die Dauer des Versorgungsverhältnisses in das Gebäude eingefügt werden, und zum anderen will sich das WVU das Recht und die Möglichkeit zur Auswechslung des Zählers vorbehalten. Es stellt dem Kunden und Mieter den Einzelzähler also lediglich für die Dauer des Vertragsverhältnisses zur Verfügung. Aus diesem Grunde und in Ermangelung anderweitiger Kostenregelungen in den Vertragsbestimmungen bzw. in den Satzungen kann das WVU die Kosten für den Einzelwasserzähler nicht vom Kunden und Mieter verlangen, sondern muß diese selbst tragen. Jedoch kann es ebenso wie bei den Gesamtbezugszählern auch hier die Kostenmasse zur Bildung des Grund- bzw. Meßpreises oder des Verrechnungspreises einsetzen, etwa indem es diese Kosten über den verbrauchsunabhängigen Teil des Wasserpreises abdeckt, und zwar durch Erhebung einer Zählermiete gegenüber dem Kunden und Mieter. Ökologisches Resultat aus der Sicht der WVU ist mithin im Rahmen der Gesamtbetrachtung lediglich deren Investition in die Installation der Einzelwasserzähler.

5. Kapitel

Die Abwasserentsorgung (Entwässerung)[1]

Der täglich von den privaten Haushaltungen genutzten Wassermenge im Bereich der Wasserversorgung steht auf der Entsorgungsseite ein entsprechender häuslicher Abwasseranteil gegenüber. Die Entwässerung der Haushalte in den Städten und Gemeinden ist eine selbstverständliche Forderung neuzeitlicher Ortshygiene. Ihre Aufgabe ist es, das in der Siedlungsgemeinschaft anfallende Schmutz- und Niederschlagswasser schnell zusammenzuführen (zu sammeln), betriebssicher und gefahrlos fortzuleiten und durch eine entsprechende Behandlung unschädlich zu machen, etwa durch Einleiten, Versickern, Verregnen und Verrieseln sowie durch Entwässern von Klärschlamm (§ 18 a Abs.1 S.2 WHG).[2] Die Abwasserfrage kann hygienisch dabei nur durch Kanalisation, d.h. durch den Bau von Anlagen zur Sammlung und Ableitung von Abwasser, und durch die Betreibung von Kläranlagen gelöst werden.[3]

Die zentrale Abwasserbeseitigung ist allerdings kein Produkt neuzeitlichen Denkens. Vielmehr besaßen schon die Kulturvölker des Altertums ausgezeichnete Anlagen zur Entwässerung, wie z.B. die Kanäle der Römer und die etwa 4000 Jahre alte Monhenjo-Davo-Kanalisation am Indus.[4] Spätestens aber mit der industriellen Entwicklung Deutschlands zu Beginn des 19. Jahrhunderts erwuchs sowohl insbesondere in den großen Städten als auch auf dem Lande die Notwendigkeit zum Bau von Kanalisationen. Die erste eine gesamte Stadt umfassende Entwässerungsplanung in der Neuzeit wurde in Hamburg nach dem großen Brand 1842 durchgeführt. Etwa in der gleichen Zeit ereigneten sich in vielen der schnell wachsenden Städte epidemische Seuchen, wie z.B. 1832 und 1848 in London sowie 1882 in Chicago. Danach wurde offenkundig, daß derartige Krankheitsausbrüche

---

[1] In der Fachliteratur, den entsprechenden Satzungen und Allgemeinen Entsorgungsbedingungen erfolgt zumeist die Bezeichnung als „Abwasserentsorgung“. Aber auch die Bezeichnungen „Entwässerung“ und „Abwasserbeseitigung“ sind allgemein geläufig. Alle drei Begriffe bezeichnen jedoch ein und dieselbe Sache.

[2] Vgl. hierzu auch Hosang/Bischof, S. 1 und Nisipeanu, S. 181.

[3] Imhoff u. Imhoff, S. 11.

[4] Abwassertechnik Bd. I, S. 1 ff. und Bd. III, S. 1; Koppe/Stozek, S. 9; Stier/Baumgart/Fischer, S. 29 f; Schilling, Entwässerung S. 7.

und vor allem deren immense Verbreitung nur dann wirkungsvoll verhindert werden können, wenn eine organisierte Abwasserableitung erfolgt.[1]

Die Abwasserentsorgung ist daher neben der Wasserversorgung eines der wichtigsten Elemente zur Sicherung der menschlichen Lebensbedürfnisse, nämlich zum Schutz der Gesundheit durch Hygiene. Aus diesem Grund erfüllt auch die Abwasserbeseitigung eine öffentliche Aufgabe und gehört zu den kommunalen Pflichtaufgaben. Unternehmensträger müssen daher die Einrichtungen der kommunalen Daseinsfürsorge, z.B. die Gemeinden, sein.

Die Abwasserbeseitigung hat allerdings nicht nur den Schutz vor Epidemien zum Ziel. Nicht zu vergessen sind unter anderem auch der Gewässerschutz und der Schutz vor Überflutung.[2] Diese Ziele werden nur dann erreicht, wenn die Ortsentwässerung ihre Aufgaben ordnungsgemäß erfüllt. Zu ihren Aufgaben gehören vor allem die Gewährleistung einwandfreier hygienischer Verhältnisse in den Entwässerungsgebieten, die schadlose Abführung von Schmutzwasser und Niederschlag sowie die Trennung des Abwassers von seinen Verschmutzungen an der Verschmutzungsquelle, bei der Abwassersammlung und bei der Behandlung des Abwassers.[3] Die im Abwasser enthaltenen Schmutzstoffe sind gesundheitsschädlich. Durch die kontrollierte Abwasserableitung werden jedoch Beeinträchtigungen oder sogar Schädigungen der Gesundheit verhindert.[4]

I. Der Begriff „Abwasser"

Der vom Bundeswasserrecht nicht definierte, sondern in der Regelung des WHG vielmehr vorausgesetzte *bundeswasserrechtliche* Abwasser-Begriff knüpft an die Rspr. des RG[5] an, nach der „Abwasser" sämtliches verunreinigte oder sonst in seinen Eigenschaften veränderte Wasser sowie sämtliche (damit) abgehenden Wassergemische sind, ohne Rücksicht auf die Ursache, das Ausmaß und die Schädlichkeit der Veränderungen oder Beimischungen. In Anbetracht der besonderen Zielsetzung des Wasserrechts, als besonderes Ordnungsrecht die Allgemeinheit und auch einzelne vor Gefahren zu schützen, die erfahrungsgemäß von Abwassereinleitungen ausgehen können, wird man diese Definition des RG auch noch für das heutige (Bundes-)Wasserrecht zugrundelegen können.[6]

Nach der *landeswasserrechtlichen* Definition ist Abwasser i.S.d. Gesetze Wasser, das durch häuslichen, gewerblichen, landwirtschaftlichen oder sonstigen Gebrauch verunreinigt oder sonst in seinen Eigenschaften verändert ist (Schmutzwasser) oder das von Niederschlägen aus dem Bereich von bebauten oder

[1] Abwassertechnik Bd. I, S. 1 ff; Schilling, Entwässerung S. 9.
[2] Schilling, Entwässerung S. 7.
[3] Siehe hierzu Schilling, Entwässerung S. 6.
[4] Schilling, Entwässerung S. 6.
[5] Vgl. RGZ 16, 180.
[6] So Nisipeanu, S. 142.

befestigten Flächen abfließt (Niederschlagswasser).[1] Schmutzwässer werden also grundsätzlich nach ihrer Herkunft eingeteilt und dementsprechend als „häusliches“, „gewerbliches“, „landwirtschaftliches“ oder „industrielles“ Schmutzwasser bezeichnet. Häusliches Schmutzwasser wird in den privaten Haushaltungen erzeugt, und zwar indem an verschiedenen Stellen Leitungswasser in Anspruch genommen und nach dem Gebrauch als Abwasser abgeleitet wird.[2] Dies geschieht etwa für die persönliche Hygiene, so wenn Reinigungswasser bei der Körperpflege (Baden, Duschen, Waschen) und den Maßnahmen für die Sauberkeit der nächsten Umgebung des Menschen, z.B. durch Spülung der Toiletten, bei der Reinigung von Geschirr, Textilien, Fußböden, Tischen usw. entsteht. In dieser Arbeit kann ich mich auf das häusliche Schmutzwasser beschränken, weil nur dieses in privaten Haushalten und damit von Mietern erzeugt wird. Kommt nun noch Niederschlagswasser hinzu, so spricht man von häuslichem Abwasser. Unter Niederschlagswasser ist dabei das Regenwasser zu verstehen, das infolge der Niederschläge wie Regen, Hagel oder Schnee über Dächer, befestigte Flächen wie Höfe, Straßen und Plätze oder unbefestigte Flächen wie Grünanlagen oder Gärten in die Kanalisation fließt.[3,4]

II. Die Entsorgungspflichtigen, die technische Seite der Entwässerung und des Systems (einschl. Wartung) und die Rechtsquellen der Abwasserentsorgung

1. Die Entsorgungspflichtigen

Die Beseitigung der Abwässer erfolgt in der Regel durch Abwasserentsorgungsunternehmen (AEU[5]). Dabei kann die durch § 18 a Abs.1 S.2 WHG rechtlich begründete und als Bündel technischer Maßnahmen umschriebene Erledigungsform für wasserhaltige Abfälle, die „Abwasserbeseitigung“, auf verschiedene Art

[1] Z.B. § 132 Abs. 3 BrWG, § 45 a Abs. 3 WGBW, Art. 41 a Abs. 1 BayWG, § 30 Abs. 1 LWGSH, § 39 Abs. 1 LWaGMV, § 51 Abs. 1 HWG.

[2] Koppe/Stozek, S. 3; Stier/Baumgart/Fischer, S. 19 f; Abwassertechnik Bd. III, S. 17 ff; Noack, S. 11; Abwassertechnologie, S. 1 f; Husmann, S. 1; Nisipeanu, S. 143.

[3] Stier/Baumgart/Fischer, S. 20; Abwassertechnik Bd. III, S. 18; Abwassertechnologie, S. 2; Koppe/Stozek, S. 3; Nisipeanu, S. 143.

[4] Die gesetzgeberische Entscheidung, auch Niederschlagswasser als „Abwasser“ im Rechtssinne zu betrachten, beruht auf den erheblichen Schmutzmengen, die das von Straßen-,Hof- und Dachflächen abfließende Wasser enthalten kann.

[5] Ebenso hätte die Verfasserin die abkürzende Bezeichnung „ABU“ (für Abwasserbeseitigungsunternehmen) wählen können. Dieses Kürzel wird z.B. in der Rspr. (BGH, RdE 1982, 223 ff.) verwendet. Die Verfasserin hat sich jedoch aus dem Blickwinkel sprachlicher Vereinfachung bei der Bezeichnung der Versorgungs- und Entsorgungsunternehmen für den Terminus Abwasser*entsorgungs*unternehmen, also „AEU“ entschieden, der im übrigen auch vom BGW in seinen Schriften (Arbeitsmustern und Grundsatzanmerkungen) verwendet wird.

und Weise wahrgenommen werden. Aufgrund der politischen, ökologischen und letztlich auch rechtlichen Anforderungen an die schadlose Abwasserbeseitigung ist es dem Gesetzgeber keinesfalls gleichgültig, auf welche Art und Weise das Abwasser beseitigt wird, wer die Abwasserbeseitigung vornimmt und wem eine diesbezügliche Rechtspflicht zugewiesen wird.[1] Die „Abwasserbeseitigungspflicht" bedeutet zudem Verantwortung und Verantwortlichkeit; sie weist nämlich dem Verpflichteten die wasser-, haftungs- (§ 22 WHG), ordnungswidrigkeiten- (§ 41 WHG) und strafrechtliche (§ 324 StGB) Verantwortung für eine schadlose Abwasserentsorgung zu.

a) Die nach Landesrecht abwasserbeseitigungspflichtigen Körperschaften des öffentlichen Rechts (§ 18 a Abs. 2 WHG)

Deshalb hat der Bundesgesetzgeber - orientiert am Vorbild des Abfallrechts - durch § 18 a Abs.2 S.1 WHG eine Zuweisung der Abwasserbeseitigungspflicht an Körperschaften des öffentlichen Rechts institutionalisiert, wobei er es den Ländern freigestellt hat, die Auswahl unter den in Betracht kommenden Körperschaften selbst zu treffen. Allerdings sind die Landesgesetzgeber geschlossen zu der Ansicht gelangt, dieser bundesrechtlichen Vorgabe und der ökologischen Zielsetzung am besten dadurch gerecht werden zu können, indem sie die Pflicht zur Entwässerung grundsätzlich den Gemeinden zuweisen.[2] Das WHG geht also von der ausschließlichen Trägerschaft der öffentlichen Körperschaften, die Wassergesetze der Länder von der Trägerschaft der Gemeinden aus.

Jedoch sind die Gemeinden kraft der verfassungsrechtlich gewährleisteten Organisationshoheit (Art. 28 Abs. 2 GG) befugt, frei zu wählen, in welcher Rechtsform die öffentliche Beseitigungseinrichtung geführt werden soll.[3] Sie können daher die Abwasserbeseitigung sowohl in den klassischen öffentlich-rechtlichen Formen als auch in Privatrechtsformen ausführen.[4]

b) Beauftragung „Dritter" nach den Länderwassergesetzen

Gemäß den meisten Wassergesetzen der Länder können sich die Gemeinden zur Erfüllung ihrer Abwasserbeseitigungsaufgabe aber auch „Dritter" bedienen (so z.B. §§ 1 Abs. 3 BrWG; 52 Abs.4 S.2 HWG; 40 Abs.4 S.2 LWaGMV; 149 Abs. 6 NWG; 52 Abs.1 S.3 LWG Rh.-Pf.; 50 Abs.1 S.2 SWG, 63 Abs.3 S.1 SächsWG, 151 Abs. 6 WGLSA; 31 Abs.1 S.2 LWGSH; 58 Abs.4 S.2 ThürWG). Dies sind wirtschaftlich selbständige Unternehmen, deren sich die Gemeinden als Erfül-

---

[1] Nisipeanu, S. 196.

[2] Vgl. hierzu die Wassergesetze der Länder, z.B. §§ 40 Abs.1 S.1 LWaGMV, 50 Abs.1 S.1 SWG und 31 Abs.1 S.1 LWGSH: im Rahmen der Selbstverwaltung; § 133 Abs.1 S.2 BrWG: Selbstverwaltungsaufgabe; §§ 149 Abs.1 S.2 NWG, 151 Abs.1 S.2 WGLSA und Art. 41 b Abs.1 S.2 BayWG: Pflichtaufgabe im eigenen Wirkungskreis; § 52 Abs.1 S.1 LWG Rh.-Pf.: Pflichtaufgabe der Selbstverwaltung; §§ 45 b Abs.2 S.1 WGBW; 63 Abs.2 S.1 SächsWG; 53 Abs.1 S.1 LWGNW und 52 Abs.1 S.1 HWG: ohne besondere Bezeichnung.

[3] So auch Wellmann, S. 11.

[4] Wellmann, S. 11.

lungsgehilfen bedient. Für diejenigen Gemeinden, für die die jeweiligen Länderwassergesetze diese Möglichkeit nicht ausdrücklich vorsehen, ist die Erfüllung der Abwasserbeseitigungspflicht durch Dritte dennoch möglich, und zwar aufgrund der höchstrichterlichen Rechtsprechung.[1]

c) Die Organisationsmodelle

Je nach Größe und Struktur wird von den zuständigen Organen die für das Abwasserentsorgungsunternehmen (AEU) geeignetste Unternehmensform festgelegt. Die Gemeinden stützen sich dabei auf folgende Organisationsmodelle:

aa) Öffentlich-rechtliche Organisationsformen

(1) Regiebetrieb[2]

Trotz der vielen Gestaltungsformen, die der Rechtsrahmen für die Abwasserbeseitigung eröffnet, erfolgt die Entwässerung in Deutschland derzeit zu über 90% durch Regiebetriebe.[3]

(2) Eigenbetrieb[4]

Eine öffentlich-rechtliche Alternative zu dem völlig unselbständigen Regiebetrieb ist in der kommunalen Abwasserbeseitigung der Eigenbetrieb.

(3) Anstalt öffentlichen Rechts[5]

Die Anstalt öffentlichen Rechts ist eine Verwaltungseinrichtung, die einem bestimmten Nutzungszweck dient. Sie ist nicht mitgliedschaftlich organisiert, sondern hat Benutzer. Das Benutzungsverhältnis wird durch die Anstaltsordnung ausgestaltet. Leitende Organe der Anstalt sind die Geschäftsführung bzw. der Vorstand und der Aufsichtsrat bzw. der Verwaltungsrat. In Deutschland gibt es derzeit allerdings nur ein einziges AEU, das in der Form einer Anstalt öffentlichen Rechts geführt wird, und zwar sind das die Berliner Wasserbetriebe.

(4) Zweckverband/Wasser -und Bodenverband[6]

Von dem Grundsatz der gemeindlichen Abwasserbeseitigungspflicht ist neben der Möglichkeit zur Einschaltung Dritter eine weitere Ausnahme möglich, nämlich die Berücksichtigung bereits existierender Abwasserverbände.[7] Einige LWG bestimmen sogar ausdrücklich, daß den Gemeinden die Abwasserbeseitigung nur

[1] BGH, NJW 1985, 197, 1778, 1892.
[2] Siehe Wasserversorgung, Kapitel 4 A I 1, S. 42.
[3] Wellmann, S. 11.
[4] Siehe Wasserversorgung, Kapitel 4 A I 2, S. 42.
[5] Siehe hierzu Wellmann, S. 14.
[6] Siehe Wasserversorgung, Kapitel 4 A I 3 und 4, S. 43.
[7] Henseler, S. 241; Nisipeanu, S. 206.

obliegt, soweit diese nicht Wasser- und Bodenverbänden, Zweckverbänden oder sonstigen Körperschaften des öffentlichen Rechts übertragen wurde (so z.B. §§ 52 Abs.1 S.1, Abs.4 HWG; 40 Abs.1 S.1, Abs.4 LWaGMV und § 31 Abs.1 S.1, Abs.6 S.1 LWGSH). Die Gemeinden können also ihre Aufgaben auf die eigens für diesen Zweck gebildeten Gemeindeverbände übertragen.

Mehrere Gemeinden betreiben im Falle einer solchen Handhabung gemeinschaftliche Entwässerungseinrichtungen. Zu denken ist aber auch an die gemeinsame Planung, Durchführung und Finanzierung von Abwasserableitungen zu überörtlichen Verbandskläranlagen sowie an die gemeinsame Etablierung eines Gewässerschutzbeauftragten für mehrere Gemeinden bzw. für mehrere Betriebe. Mit der Zulassung zur Übertragung der gemeindlichen Abwasserbeseitigungspflicht auf Abwasserverbände in den Wassergesetzen streben die Länder den Zusammenschluß einzelner Gemeinden an, um Abwassermißstände zu beseitigen.[1] Nach den meisten neu erlassenen Wassergesetzen heißt es insoweit, daß die Beseitigungspflichtigen zu einem kommunalen Zweckverband und/oder Abwasserverband zusammengeschlossen werden können, sofern dies zum einen aus (zwingenden) Gründen des Allgemeinwohls, insbesondere geboten ist, um eine Gewässerverunreininigung zu vermeiden oder zu verringern[2] und zum anderen, wenn die gemeinsame Durchführung zweckmäßiger ist oder die Abwasserbeseitigung insgesamt wirtschaftlicher gestaltet werden kann[3]. Für die Gründung der Rechtsform „Abwasserverband" sollten sich die Gemeinden also zumindest dann entscheiden, wenn man von ihnen weitschauende zusammenfassende Bauwerke erwartet, deren Leistung über die Summenwirkung dessen hinausgeht, was die einzelnen Mitglieder durch Einzelentwässerungsanlagen bestenfalls erreichen können.[4] Wie auch die Gemeinden als Abwasserbeseitigungspflichtige können sie sich bei der Erfüllung ihrer Aufgaben Dritter bedienen.[5]

bb) Privatrechtliche Organisationsformen

(1) Eigengesellschaft[6]

Die Kommunen können kraft der ihnen durch Art. 28 GG verliehenen Organisationshoheit privatrechtliche Gesellschaften gründen. In der Regel wählen sie für die Abwasserbeseitigung ebenso wie für die Wasserversorgung die Organisationsformen der GmbH oder der AG, wobei sie hier 100 % der Gesellschaftsanteile halten. Bei den städtischen Abwasserbeseitigungs-Gesellschaften handelt es sich

---

[1] Nisipeanu, S. 252.

[2] Z.B. § 40 Abs.4 S.3 LWaGMV; Art. 41 b Abs.1 S.3 Nr.2 BayWG; § 31 Abs.6 S.2 Nr.1 LWGSH; § 53 Abs.6 S. 2/3 a LWGNRW; § 52 Abs.2 S.2 Nr. 1 LWG Rh.-Pf.; § 52 Abs.4 S.3 HWG.

[3] Z.B. § 31 Abs.6 S. 2 Nr.2 LWGSH; § 53 Abs.6 S. 2/3 b LWGNRW; § 52 Abs.2 S.2 Nr.2 LWG Rh.-Pf.

[4] So Imhoff u. Imhoff, S. 74.

[5] Nisipeanu, S. 207; Henseler, S. 242; Wellmann, S. 15.

[6] Vgl. hierzu Wellmann, S. 16 f; Jacobi, VKU-ND 505 (Anlage), 1 ff.

im allgemeinen um Entsorgungsabteilungen innerhalb von Stadtwerken, die als GmbH oder AG organisiert sind.

(2) Betreibermodell[1]

Schlagwortartig als „Betreibermodell“ wird es bezeichnet, wenn sich die Gemeinde als Abwasserbeseitigungspflichtige eines privaten Unternehmers als Gehilfen bedient. Das Verhältnis zwischen Bürger und Kommune bleibt aber öffentlich-rechtlich, d.h. die Entsorgungspflicht und die Gebührenerhebung verbleiben auf Seiten der Körperschaft. In enger Abstimmung mit der Kommune plant, finanziert, errichtet und betreibt das Privatunternehmen die Abwasserbehandlungsanlage gegen Entgelt auf der Grundlage eines „Betreibervertrages“ auf eigenes Risiko.[2] Der Betreiber erwirbt also das Eigentum an alten und neuen Anlagen. Die Verträge werden langfristig abgeschlossen, in der Regel über 20 bis 30 Jahre. In einer „Heimfallklausel“ werden die Bedingungen festgelegt, unter denen die Kommune im Konkursfall Grund und Boden sowie die Anlagen wieder übernimmt.

Hiervon zu unterscheiden ist das Kurzzeitbetreibermodell, das besonders geeignet ist bei anstehenden erheblichen Investitionen. Die Vertragsdauer liegt hier lediglich zwischen drei und acht Jahren. Nach Vertragsbeendigung wird die Anlage der Gemeinde übereignet.

(3) Betriebsführungsmodell[3]

Beim Betriebsführungsmodell schließt die Gemeinde mit dem Entsorgungsunternehmen einen Betriebsführungsvertrag. Es handelt sich dabei um einen entgeltlichen Geschäftsbesorgungsvertrag, d.h. das Unternehmen führt den Betrieb der Abwasserentsorgungsanlage der Gemeinde in deren Auftrag und für deren Rechnung. Die Leistungen werden nach dem effektiven Aufwand abgerechnet. Das Eigentum an den Anlagen verbleibt bei den Gemeinden.

Trotz der Erfüllung der Entsorgungsaufgabe durch einen Dritten ändert sich nichts an dem bestehenden Anschluß- und Benutzungsverhältnis zwischen Gemeinde und Bürger. Denn die Regelungen der Landeswassergesetze gebieten eine öffentlich-rechtliche Ausgestaltung der Rechtsverhältnisse zwischen den Kommunen als Träger der Abwasserentsorgung und den Einwohnern als Benutzern von Abwasserbeseitigungsanlagen.

(4) Betriebsüberlassung[4]

Bei der Betriebsüberlassung stellt die Gemeinde dem Entsorgungsunternehmen die Abwasserbeseitigungsanlagen lediglich zur Verfügung (Verpachtung). Der Betrieb der Anlagen erfolgt eigenständig durch die Unternehmen auf eigenen Na-

---

[1] Siehe hierzu Struß, S, 107 ff; Wellmann, S. 17 f; Gottschalk, Der Städtetag 1996, 553, 556; Köppke/Wokittel, AJ 1996, 44; Bodanowitz, S. 34 ff. und 108 ff.

[2] Einem Werkvertrag.

[3] Siehe Wellmann, S. 19; Gottschalk, Der Städtetag 1996, 553, 556.

[4] Siehe Köppke/Wokittel, AJ 1996, 44; Wellmann, S. 19 f.

men und eigene Rechnung, wobei an die Gemeinde ein kalkuliertes Entgelt zu entrichten ist. Die Entsorgungspflicht und damit die Pflicht zur Ausgestaltung des öffentlich-rechtlichen Entsorgungsverhältnisses verbleibt aber bei der Kommune.

(5) Kooperationsmodell[1]

Das Kooperationsmodell ist eine Beteiligungsgesellschaft, die sich aus rein kommunaler (Kommune) und überwiegend privatwirtschaftlicher Lösung (private Partner) zusammensetzt. Die häufigste Gesellschaftsform ist die GmbH, wobei im allgemeinen die Kommune die Mehrheit der Kapitalanteile hält. Zwischen der Kommune und der Gesellschaft wird ein Entsorgungsvertrag geschlossen, der die Gesellschaft verpflichtet, die Abwasserentsorgung für die Kommune durchzuführen. Der private Partner erhält danach kein Entgelt, sondern wird am Gewinn beteiligt. Die Kooperationsgesellschaft kann aber auch einen Dritten mit der Betriebsführung beauftragen.

Allerdings ändert sich auch hier nichts an dem bestehenden Anschluß- und Benutzungsverhältnis zwischen der Kommune und den Bürgern. Die Entsorgungspflicht und damit die Pflicht zur Begründung des öffentlich-rechtlichen Entwässerungsverhältnisses verbleibt bei der Kommune.

2. Die technische Seite der Entwässerung und des Systems, einschließlich Wartung

Wie bereits oben[2] definiert, umfaßt die „Abwasserbeseitigung" das Sammeln, Fortleiten, Behandeln, Einleiten, Versickern, Verregnen und Verrieseln von Abwasser sowie das Entwässern von Klärschlamm im Zusammenhang mit der Abwasserbeseitigung.

a) Die Entwässerungsstufen

aa) Private Haus- und Grundstücksentwässerung („Sammeln")

Die Abwasserbeseitigung beginnt mit der Haus- und Grundstücksentwässerung. Die entsprechenden Anlagen stehen meist im Privatbesitz der Grundstückseigentümer. Sie haben die Aufgabe, die anfallenden Schmutz- und Niederschlagswässer ordnungsgemäß und schadlos so zu sammeln und fortzuleiten, daß die Bewohner weder durch Gerüche noch durch Geräusche belästigt werden.[3]

Das häusliche Abwasser wird in den *Wasserablaufstellen* aufgenommen wie etwa im Bad, in Spül- und Waschbecken, im WC, in Decken- und Kellerabläufen, in Dach-, Balkon- und Hofabläufen sowie in Dachrinnen u.a. Von diesen Ablaufstellen aus wird das häusliche Abwasser über die *Anschlußleitungen* der Falleitung

---

[1] Siehe Köppke/Wokittel, AJ 1996, 44; Wellmann, S. 20 f.
[2] Siehe Kapitel 5, S. 117.
[3] Pöpel, II.3.1 S. 5.

zugeführt. Die *Falleitung* ist nach der Begriffsbestimmung der DIN[1] eine lotrechte Leitung innerhalb des Gebäudes, die durch ein oder mehrere Geschosse führt, über das Dach entlüftet wird und das Abwasser einer Grundleitung zuführt. Die *Grundleitung* ist eine liegende, meist im Erdreich verlegte Leitung auf einem Grundstück, die das Abwasser dem Anschlußkanal zuführt.[2] Die Grundleitung kann aber auch im Bereich des Kellergeschosses verlegt werden, und zwar unter den Kellerfußböden, als „hochliegende Grundleitung" an der Wand oder unterhalb der Kellerdecke.[3] Von hier aus gelangt das Abwasser dann über den *Anschlußkanal* und die *Anschlußleitung* (sog. Hausanschluß) in den Straßenkanal des öffentlichen Kanalnetzes.

In manchen ländlichen Gegenden wird allerdings immer noch eine unvollkommene, die sog. Teilentwässerung praktiziert. Und zwar werden hier nur das Regenwasser und ein Teil des Schmutzwassers gesammelt und fortgeführt, während der andere Teil, meist die Fäkalien, in Gruben oder Trockenaborten gesammelt, periodisch leergepumpt und dann abgefahren wird.[4] Eine solche Teilentwässerung von Grundstücken ist allerdings hygienisch immer unbefriedigend. Selten kommen in Deutschland sogar noch Gebiete ohne jegliche Entwässerung vor; es sind meist solche mit nur sehr weitläufiger Bebauung.[5] Das Unterbringen von Schmutzwasser auf dem Grundstück ist natürlich sowohl hygienisch als auch ökologisch äußerst bedenklich und kommt endgültig nur bei abgelegenen Gehöften in Betracht.[6] Eine solche Teil- bzw. Nichtentwässerung von Grundstücken ist heutzutage allerdings eine Ausnahmelösung. „Normalfall" ist also die vollkommene Haus- und Grundstücksentwässerung, welche auch Gegenstand dieser Arbeit ist.

bb) Öffentliche Kanalisation („Fortleiten")

Von der privaten Haus- und Grundstücksentwässerungsanlage aus gelangt dann das häusliche Abwasser in die öffentliche Kanalisation. Aufgabe der Kanalisation ist es, das anfallende Abwasser vollständig zu erfassen und schnell aus dem Bereich menschlicher Siedlungen fortzuleiten, ohne Behinderung des Verkehrs und ohne Gefährdung der Gesundheit der Bewohner.[7] Die Kanalisation kann nun entweder so eingerichtet sein, daß die natürlichen Niederschläge, wie Regen und Schneeschmelzwasser, und die häuslichen Schmutzwässer gemeinsam aufgenommen und fortgeleitet werden, man spricht dann von einer *Mischkanalisation*; oder

---

1 DIN 1986 Blatt 1, Abschnitt 3.1.3.
2 DIN 1986 Blatt 1, Abschnitt 3.1.2.
3 Grasmeier, S. 34; Koschare, S. 21.
4 Hosang/Bischof, S. 32.
5 Hosang/Bischof, S. 34.
6 Hosang/Bischof, S. 34.
7 Noack, S. 31.

es sind für die Ableitung der häuslichen Schmutzwässer und die Niederschlagswässer getrennte Kanäle vorhanden, dann liegt eine *Trennkanalisation* vor.[1]

Jede Kanalisation ist neben den Leitungen aus Einzelbauwerken zusammengesetzt, wie Kanalhaltungen, Schächten, Dükern, Pumpwerken, Druckrohrleitungen, Regenüberläufen, -überlaufbecken und -rückhaltebecken sowie Notauslässen.[2] Die Rohre und Schächte werden aus Stein, Beton, Stahl, Gußeisen etc. hergestellt. Diese Anlagen befinden sich jedoch *nicht* wie die Leitungen der Wasserversorgung außerhalb der Fahrbahn. Vielmehr sollen die Abwasserleitungen der öffentlichen Kanalisation in der Fahrbahn untergebracht werden, um den Verkehr hemmende Aufgrabungen der Straßen einzuschränken.[3] Dabei sind die Leitungen möglichst so zu verlegen, daß dem Verkehr bei Arbeiten am Entsorgungsnetz nur ein Fahrstreifen entzogen werden muß.

cc) Öffentliche Kläranlage („Behandeln")

Von der öffentlichen Kanalisation aus gelangt das Abwasser in die öffentliche Kläranlage der Gemeinde bzw. des Abwasserverbandes, wo es behandelt wird. Der Begriff „Behandeln" umfaßt dabei alle Maßnahmen, die dazu dienen, die Schädlichkeit des Abwassers zu vermindern oder zu beseitigen.[4] Aufgabe der Kläranlage ist es also, das Abwasser zu reinigen, bevor es in die natürlichen Gewässer (wieder) eingeleitet oder wiederverwendet wird.

Die Reinigung als „Ziel des Behandelns" kann durch die Anwendung verschiedener Verfahren erreicht werden, durch die mechanische, die chemische und die biologische Abwasserbehandlung.[5] Diese Verfahren umfassen wiederum verschiedene Reinigungstechnologien wie Fällung, Flockung, Sedimentation, Filtration, Destillation, Eindampfung, Verbrennung etc. Während bei der mechanischen Reinigung die festen Stoffe wie z.B. die Fäkalien aus der flüssigen Phase abgetrennt werden, versteht man unter chemischer Reinigung diejenigen Methoden, die auf rein chemischen oder physikalisch-chemischen Reaktionen beruhen. Die biologische Abwasserbehandlung bedient sich der Bakterien, die in den organischen Abwasserstoffen enthaltenen sind. Durch deren Lebenstätigkeit, sog. Stoffwechsel, werden die organischen Schmutzstoffe aus dem Abwasser auf natürliche Weise herausgenommen.[6]

---

[1] Husmann, S. 5; Schilling, Entwässerung S. 9; Stein/Niederehe, S. 16; Imhoff u. Imhoff, S. 12; Stier/Baumgart/Fischer, S. 30; Noack, S. 32; Abwassertechnik Bd. I, S. 357 ff.

[2] Hdb. für Klärfacharbeiter, S. 109 ff; Abwassertechnologie, S. 236 f.

[3] Abwassertechnik Bd. I, S. 363.

[4] Nisipeanu, S. 184.

[5] Nisipeanu, S. 184; Stier/Baumgart/Fischer, S. 74 ff; Imhoff u. Imhoff, S. 75 ff; Abwassertechnologie, S. 470 ff.

[6] Hosang/Bischof, S. 184; Imhoff u. Imhoff, S. 76 f; Abwassertechnologie, S. 575.

dd) Ableitung der behandelten Abwässer („Einleiten“, “Versickern“, „Verregnen“, „Verrieseln“)

Nachdem das häusliche Abwasser in der öffentlichen Kläranlage behandelt wurde, erfolgt dessen schadlose Einleitung in ein unter- oder oberirdisches Gewässer. Dies kann unmittelbar i.S.d. § 3 Abs.1 Nr.4, 5 WHG oder mittelbar i.S.d. § 18 a Abs.1 S.2 WHG, nämlich durch Versickern, Verregnen oder Verrieseln erfolgen. Aber auch die Wiederverwendung des behandelten Abwassers ist „Einleiten“ in diesem Sinne.[1]

ee) Entsorgung der Rückstände (Entwässerung von Klärschlamm)

Die Durchführung der „Abwasserbeseitigung“ endet mit der Entwässerung von Klärschlamm. Darunter ist der Teil des Abwassers zu verstehen, der bei der Abwasserbehandlung nach erfolgtem Wasserentzug als Rückstand anfällt.[2] Dieser macht etwa 1 % der behandelten Abwassermenge aus und enthält dabei pathogene Keime, wodurch seine hygienische und wirtschaftliche Beseitigung eine wichtige Aufgabe der Abwasserentsorgung ist.[3] Diese Klärschlämme können nach derzeitigem technischen Stand entweder deponiert, nach Trocknung recycliert, verbrannt oder sonst thermisch verwertet sowie in der Landwirtschaft verwendet werden.[4]

b) Die Wartung der Abwasseranlagen

Ebenso wie der Betrieb der Kläranlagen und der Kanalisationen obliegt die Wartung den Betreibern, also den Gemeinden bzw. den Abwasserverbänden. Diese unmittelbare Verantwortung der beseitigungspflichtigen Gemeinden und Gemeindeverbände beginnt an der Stelle, wo ihnen der Verbraucher sein häusliches Abwasser übergibt; dies ist üblicherweise der Haus- bzw. Grundstücksanschluß. Sie müssen also dafür sorgen, daß die Abwasseranlagen ab der Grundstücksgrenze nach deren Inbetriebnahme jederzeit und auf Dauer funktionsfähig sind.

Da Kanalisationen jedoch dauernd oder zumindest zeitweise unterschiedlichen physikalischen, chemischen, biochemischen und biologischen Beanspruchungen unterliegen, können diese Schäden erleiden, so durch Undichtigkeiten, Abflußhindernisse durch Ablagerungen, Wurzeleinwuchs, mechanischen Verschleiß durch Abrieb, Kavitation und ungeeignete Reinigungsverfahren oder -geräte, Korrosion, Verformung sowie Risse, Rohrbruch und Einsturz.[5] Aus diesem Grunde müssen die Anlagen zur Abwasserbeseitigung ebenso wie die Anlagen zur Versorgung der Haushalte mit Wasser regelmäßig gewartet werden. Den Begriff „Wartung der Abwasseranlagen“ kann man in Anlehnung an DIN 31051 etwa so umschreiben:

---

1 Abwassertechnologie, S. 237.
2 Nisipeanu, S. 185; Hdb. für Klärfacharbeiter, S. 204; Imhoff u. Imhoff, S. 209 ff.
3 Imhoff u. Imhoff, S. 209.
4 Nisipeanu, S. 190.
5 Stein/Niederehe, S. 153 ff.

„Maßnahmen zur Bewahrung des Zustandes von Anlagen oder Einrichtungen, wie er sein soll; sog. Bewahrung des Sollzustandes.[1]

Voraussetzung für die Durchführung der Wartung ist die vorherige *Inspektion*[2], d.h. die Festellung und Beurteilung des derzeitigen Istzustandes; diese sollte wenigstens einmal, besser drei- bis viermal im Jahr stattfinden und erfordert Maßnahmen zur Inspektion der Leitungsstraße sowie zur Innen- und Außeninspektion. Bei der Inspektion der Leitungsstraße wird eine oberirdische Begehung und Inaugenscheinnahme vorgenommen. Die Inneninspektion erfolgt zum einen durch Bekriechen oder Begehen der Leitungen und Bauwerke und zum anderen durch Kanalspiegelung, -fotografie, -filmaufnahmen oder -fernsehen. Bei der nur in Ausnahmefällen stattfindenden Außeninspektion werden die Kanäle oder Bauwerke freigelegt, so daß die Außenwandungen und der Baugrund untersucht werden können.

Der Inspektion folgen bei Bedarf die Wartungsmaßnahmen „Reinigung“, „Instandsetzung“ und „Sanierung“. Die *Reinigung*[3] von Kanalisationen wird durchgeführt zur Beseitigung von Ablagerungen und Verstopfungen. Hauptsächlich werden hierfür das Spül- und Hochdruckspülverfahren, das mechanische Reinigungsverfahren (schlagende-, drehende- oder Schneidgeräte) sowie sonstige Verfahren (chemische, biologische) angewendet. Dabei werden vorhandene Ablagerungen zunächst gelöst, zu einem Übergabepunkt transportiert, dort aufgenommen, entwässert und zu einer Deponie gebracht, außerdem werden die Innenwandung der Kanalisation gereinigt sowie Korrosionsprodukte, einragende Anschlußkanäle oder andere künstliche Abflußhindernisse entfernt.

Unter *Instandsetzung*[4] versteht man die Maßnahmen zur Wiederherstellung des Sollzustandes bei örtlich begrenzten Schäden. Instandsetzungsverfahren sind die Reparatur (z.B. Ausbesserung von Klinker in gemauerten Kanälen, Auswechseln zerstörter Rohre) einerseits und Injektions- (Rißabdichtung in Kanälen und Bauwerken durch Injektionsmittel) und Abdichtungsverfahren (Abdichtung undichter Rohrverbindungen durch Abdichtungsstoffe) andererseits.

Die *Sanierung*[5] von Abwasseranlagen umfaßt ebenfalls die Durchführung von Maßnahmen zur Wiederherstellung des Sollzustandes. Und zwar dienen dazu das Beschichtungs- (Aufbringung einer geschlossenen Schicht auf die Kanalinnenwandungen) und das Auskleidungsverfahren (z.B. Auskleidung mit Rohren).

Für die Durchführung[6] der genannten Wartungsmaßnahmen Inspektion, Reinigung, Instandsetzung und Sanierung ist von der Gemeinde bzw. dem Abwasserverband ein Kanalbetrieb einzurichten. Er ist ein Dienstzweig des AEU. Größere AEU (Abwasserverbände und große Gemeinden) werden gezwungen sein, zur

[1] Stein/Niederehe, S. 87; Stier/Baumgart/Fischer, S. 45.
[2] Vergleiche hierzu insgesamt die Ausführungen in Stier/Baumgart/Fischer; S. 46; Stein/Niederehe, S. 87 ff; Abwassertechnik Bd. II, S. 373 ff.
[3] Vergleiche hierzu insgesamt die Ausführungen in Stein/Niederehe, S. 233 ff.
[4] Vergleiche hierzu insgesamt die Ausführungen in Stein/Niederehe, S. 269 ff.
[5] Vergleiche hierzu insgesamt die Ausführungen in Stein/Niederehe, S. 379 ff.
[6] Vergleiche hierzu insgesamt die Ausführungen in Abwassertechnik Bd. II, S. 371 ff.

Bewältigung der vielfältigen Aufgaben das Abwassernetz in zwei oder mehrere Kanalbezirke aufzuteilen. Dabei ist jedoch darauf zu achten, daß die Kanalbezirke nach den Einzugsgebieten einer Kläranlage und nicht nach kommunalen Grenzen eingeteilt werden. Die Leitung des Kanalbetriebes wird grundsätzlich einem Bauingenieur übertragen, welchem Kanalmeister, Kanalwärter, Handwerker, Büropersonal, Kraftfahrer und Betriebshelfer zur Seite stehen. Teilweise werden die Arbeiten jedoch auch in Jahresverträgen zu Festpreisen an Unternehmer vergeben, insbesondere dann, wenn es sich um die Herstellung von Anschlußleitungen und Ausgrabungen erfordernde Reparaturarbeiten handelt.

Anders ist dies bezüglich der Unterhaltung der Abwasseranlagenteile bis zur Grundstücksgrenze. Gem. § 10 Abs. 1 der Abwasserbeseitigungssatzung (Muster)[1] sind Entwässerungsanlagen auf dem Grundstück vom Grundstückseigentümer auf eigene Kosten zu errichten und zu betreiben. Unter dem Begriff „Betreiben" ist dabei zu verstehen, daß der Grundstückseigentümer sowohl für alle mit seiner Grundstücksentwässerungsanlage einhergehenden Kosten verantwortlich ist als auch für deren Funktionstüchtigkeit und damit für sämtlich erforderliche Wartungsarbeiten. Die „Verantwortlichkeit" des Grundstückseigentümers und Anschlußnehmers umfaßt damit nicht nur die präventive Unterhaltung, sondern ebenso die Störungsbehebung. Durch diese Unterhaltungs- und Wartungspflicht des Grundstückseigentümers soll sichergestellt werden, daß sich die Grundstücksentwässerungsanlage während des gesamten Zeitraums, in welchem eine Verbindung zu dem im Verantwortungsbereich der beseitigungspflichtigen Gemeinden bzw. Gemeindeverbände stehenden Entsorgungsnetz besteht, in einem ordnungsgemäßen Zustand befindet. Die Grundstücksentwässerungsanlagen müssen dabei nach den jeweils geltenden allgemein anerkannten Regeln der Technik[2] und nach den Bestimmungen in den Abwasserbeseitigungssatzungen unterhalten werden (§ 10 Abs. 1 Musterentwässerungssatzung). Daher darf die Wartung der Grundstücksentwässerungsanlage nur durch Personen erfolgen, die gegenüber dem beseitigungspflichtigen Unternehmen die erforderliche Sachkunde nachgewiesen haben.[3] Die Kosten hierfür hat auf Verlangen des Beseitigungspflichtigen der Grundstückseigentümer zu tragen.[4]

3. Die Rechtsquellen der Abwasserbeseitigung

Grundlage für die Befreiung der Privathaushalte von Abwasser ist das Entwässerungsverhältnis zwischen beseitigungspflichtigem Unternehmen und Kunden. Während der Vertragsinhalt bei der Versorgung durch die Verordnungen über die Allgemeinen Bedingungen für die Versorgung mit Wasser, Strom, Gas und Fern-

[1] Muster für Abwasserbeseitigungssatzungen des Niedersächsischen Städte- und Gemeindebundes, Rundschreiben Nr. 33/1991 (abgedruckt im Anhang, S. 231 ff.).

[2] Insbesondere gem. DIN 1986 - „Entwässerungsanlagen für Gebäude und Grundstücke", Teil 1 i.d.F. vom Juni 1988, Teil 2 i.d.F. vom September 1978, Teil 4 i.d.F. vom Mai 1984.

[3] Dies ist auch § 10 Abs.2 S.2 des Musters der Abwasserbeseitigungssatzung zu entnehmen.

[4] Vgl. § 10 Abs.4 S.2 des Musters der Abwasserbeseitigungssatzung.

wärme (AVBWasserV, AVBEltV, AVBGasV und AVBFernwärmeV) gesetzlich vorgegeben ist, besteht hingegen bei der Gestaltung der Abwasserentsorgungsbedingungen grundsätzlich Vertragsfreiheit.

a) Satzungen

Das Entwässerungsverhältnis kann, wenn die Entsorgung des Abwassers von den Gemeinden und Körperschaften des öffentlichen Rechts durchgeführt wird, auf die Grundlage einer rein öffentlich-rechtlichen Regelung, nämlich die Satzung gestellt werden. Dies schreiben einige Länderwassergesetze sogar ausdrücklich vor, z.B. §§ 31 Abs. 4 LWGSH, 40 Abs. 2, 5 LWaGMV, 52 Abs. 3 LWG Rh.-Pf., 50 Abs. 5 SWG, 149 Abs. 2 NWG, 52 Abs. 5 HWG. Die Satzungen der einzelnen öffentlichen AEU orientieren sich dabei regelmäßig an den Mustern für Abwassersatzungen. Solche Muster wurden in der Vergangenheit nur in wenigen Bundesländern von den für das Kommunalrecht zuständigen Ministerien herausgegeben, im übrigen wurden sie zum Teil von kommunalen Spitzenverbänden erarbeitet. Nachdem z.B. in Bayern unter der Berücksichtigung der neuesten Rspr. die Satzungsmuster überarbeitet und neu bekannt gemacht wurden, waren diese neuen Satzungsmuster auch über die Landesgrenzen hinweg für die Gemeinden und diejenigen, die an die Kanäle angeschlossen sind, von großer Wichtigkeit.[1] Heute haben jedoch sowohl die für das Kommunalrecht zuständigen Ministerien nahezu aller Bundesländer bzw. der Städte- und Gemeindebund des jeweiligen Landes[2] als auch der BGW[3] Muster für gemeindliche Abwassersatzungen herausgegeben, an denen sich die Unternehmen bei der Gestaltung ihrer Satzungen grundsätzlich orientieren. Diese sog. Mustersatzungen wurden erarbeitet, um den entsorgungspflichtigen Unternehmen im einzelnen die zur Verfügung stehenden Handlungsmodalitäten übersichtlich darzustellen.[4] Zwar haben sie lediglich empfehlenden Charakter, stellen aber für alle Entsorgungsträger von häuslichem Abwasser wichtige Handlungsanleitungen dar und tragen dazu bei, die Organisation der Abwasserentsorgung (innerhalb eines Bundeslandes) nach Möglichkeit zu vereinheitlichen.[5] Insoweit enthalten die Abwassersatzungen aller AEU mehr oder weniger übereinstimmende Regelungen wie etwa über den Anschluß- und Benutzungszwang, die Grundstücksentwässerungsanlage, die Entwässerungsgenehmigung, die Einleitungsbedingungen, die Grundstücksbenutzung, die Haftung, Ordnungswidrigkeiten usw.

[1] Das neue Wasserrecht Bd. 5, 07/3.8.2. S. 1.

[2] Z.B. Rundschreiben des Niedersächsischen Städte- und Gemeindebundes über das Muster für eine Abwasserbeseitigungssatzung -Rundschreiben Nr. 33/1991-, siehe Anhang S. 231 ff.

[3] Muster einer Abwassersatzung des BGW (abgedruckt im Anhang, S. 246 ff.).

[4] Birn-Kretz, 15/01.3 S. 20.

[5] Birn-Kretz, 15/01.3 S. 20.

b) „Rumpfsatzung" i.V.m. AEB

Vor dem Hintergrund ständig wachsender Anforderungen an eine geordnete Abwasserbeseitigung und dem damit einhergehenden Gebot einer unternehmerischen Bewältigung dieser Aufgabe ist davon auszugehen, daß wie bereits in der Versorgung mit Wasser und Energie auch die Entsorgung künftig vermehrt auf der Grundlage privatrechtlicher Abwasserentsorgungsverhältnisse unter Beibehaltung eines Anschluß- und Benutzungszwanges durchgeführt werden wird.[1] Vor diesem Hintergrund hat der BGW bereits 1995 Arbeitsmuster[2] für eine Rumpfsatzung über die Abwasserbeseitigung sowie privatrechtliche Allgemeine Abwasserentsorgungsbedingungen (AEB) erstellt. Die Rumpfsatzungen orientieren sich dabei an den bislang üblichen Satzungsbestimmungen. Sie beziehen sich auf den Kernbereich der kommunalen Tätigkeit, insbesondere auf die Anordnung und Durchsetzung des Anschluß- und Benutzungszwanges, der über den Verwaltungszwang seitens der Kommune durchgesetzt werden kann und teilweise auf das Anschluß- und Benutzungsrecht. Es können aber auch weitere Tatbestände in die Rumpfsatzung aufgenommen werden, z.B. die unerlaubte Einleitung von Abwasser und die Aufnahme dieser als Ordnungswidrigkeit (§ 7 des Arbeitsmusters).

Während sich die Rumpfsatzungen also an den bislang üblichen Satzungsbestimmungen orientieren, lehnen sich die privatrechtlichen Allgemeinen Abwasserentsorgungsbedingungen (AEB) - neben der Einarbeitung von Erfahrungen aus Unternehmen, die bereits privatrechtlich entsorgen - eng an die gesetzlich geregelten Bedingungen für die Versorgung mit Wasser (AVBWasserV) unter Beachtung der sachlichen Unterschiede zwischen Wasser und Abwasser an.[3] Insofern regeln sie die wesentlichen Rechtsbeziehungen zwischen dem AEU und dem Kunden. Das bedeutet, daß die Rechte und Pflichten beider Parteien in diesen Bedingungen im einzelnen festgelegt sind. Gleichfalls enthalten sie Regelungen über Baukostenzuschüsse (§ 9 des Musters), Technische Anschlußbedingungen (§ 15 des Musters), die Abrechnung der Abwasserbeseitigung (§ 16 des Musters) usw. Diese AEB sind ohne Zweifel (ebenso wie die der AVBWasserV) als Allgemeine Geschäftsbedingungen eines jeden Unternehmens i.S.d. AGB-Gesetzes anzusehen und unterliegen daher wie die AVBWasserV einer vollen Überprüfbarkeit nach diesem Gesetz.

Die grundsätzliche Zulässigkeit der Ausgestaltung des Abwasserentsorgungsverhältnisses über eine öffentlich-rechtliche Rumpfsatzung und ansonsten privat-

---

[1] Von einer derartigen zukünftigen Entwicklung geht insbesondere der BGW aus, wie sich aufgrund von Gesprächen zwischen der Verfasserin und einem Juristen der Rechtsabteilung des BGW herausstellte.

[2] Siehe Anhang, S. 246 ff. (Rumpfsatzung) und S. 249 ff. (AEB).

[3] Grundsatzanmerkungen zu den BGW-Arbeitsmustern für eine Rumfsatzung über die Abwasserbeseitigung und den Anschluß an die öffentliche Abwasserbeseitigungseinrichtung sowie für privatrechtliche Abwasserentsorgungsbedingungen (AEB), S. 2.

rechtliche AEB ist von der Rspr. schon vielfach bejaht worden.[1] Für die neuen Bundesländer ist diese Rechtslage mittlerweile ebenfalls bestätigt worden, und zwar durch den Beschluß des Sächs.OVG vom 10.12.1996.[2]

Eine solch kombinierte Ausgestaltung des Entsorgungsverhältnisses in Form der Aufteilung in einen öffentlich-rechtlichen und einen privatrechtlichen Teil ist in Deutschland jedoch eher die Ausnahme. So entsorgt z.B. der Wasserverband „An der Führse" aufgrund § 3 seiner Satzung und der Schmutzwasserbeseitigungssatzungen seiner Mitglieder, der Stadt Nienburg/Weser und der Samtgemeinden Heemsen, Steimbke und Landesbergen, das Schmutzwasser nach Allgemeinen Entsorgungsbedingungen (AEB) und seine Mitglieder regeln durch Rumpfsatzung den Anschluß und die Benutzung der Abwasserbeseitigungsanlagen des Verbandes in ihren Stadt- bzw. Gemeindegebieten.[3] Die Entsorgung des im Entsorgungsgebiet anfallenden Schmutzwassers wird also auf der Grundlage der Rumpfsatzungen der einzelnen Mitgliedsstädte und -gemeinden des Verbandes sowie der AEB des Verbandes geregelt. Zwar sind seit dem Erscheinen der BGW-Arbeitsmuster diese mittlerweile von über 500 BGW-Mitgliedsunternehmen angefordert und teilweise in die Praxis umgesetzt worden. Dennoch erfolgt die Ausgestaltung der Abwasserentsorgungsverhältnisse zwischen Kommune und Bürger bislang nahezu ausschließlich unter Anwendung rein öffentlich-rechtlicher Vorschriften (Satzungen), die eine flexible Handhabung der Rechtsverhältnisse regelmäßig nicht gewährleisten.

c) AEB

Ist ein AEU privatrechtlich organisiert, so kann das Vertragsverhältnis rein theoretisch auch einzig durch die privatrechtlichen AEB ausgestaltet werden. Jedoch ist eine dahingehende Ausgestaltung des Entsorgungsverhältnisses nur dort angebracht, wo nahezu schon sämtliche Grundstücke eines Versorgungsgebietes an die Abwasserentsorgungsanlage angeschlossen sind, da ein Anschluß- und Benutzungszwang bei rein privatrechtlicher Regelung nicht bestehen kann. Eine solche Vertragsgestaltung durch ein privates AEU ist aus diesem Grunde äußerst unüblich und in der Praxis daher bislang auch nicht bekannt.

---

[1] OLG Schl.-Hol., GWF/R+S 1977, 3 ff; OVG Lüneburg, GWF/R+S 1977, 9 f; BGH, RdE 1982, 223 ff; OVG Koblenz, NVwZ-RR 1991, 322 ff; BGH, GWF/R+S 1991, 33 ff; BGH, NJW 1992, 171 ff.

[2] Sächs.OVG, NK-Urteil vom 10.12.1996 - 2 S 550/94 -: In dem zugrundeliegenden Normenkontrollverfahren wurden die Entwässerungssatzung, die AEB und die Regelungen der Kostenerstattung für die öffentliche Abwasserbeseitigung eines Zweckverbandes überprüft und deren Konformität mit dem sächsischen Landesrecht - insbesondere dem SächsKAG hinsichtlich der privaten Entgelterstattung - letztendlich bestätigt.

[3] Als weiters Bsp. zu erwähnen ist der Wasserverband „Am Sandkamp" in Marklohe. Er entsorgt aufgrund § 3 seiner Satzung und der Schmutzwasserbeseitigungssatzungen seiner Mitglieder, der Samtgemeinden Marklohe und Liebenau Schmutzwasser nach AEB und die beiden Mitgliedsgemeinden regeln durch Rumpfsatzung den Anschluß und die Benutzung der Beseitigungsanlagen des Verbandes in ihren Samtgemeindegebieten.

III. Die Mietparteien als Anschluß- und Benutzungsberechtigte nach den Satzungen

Die Satzungen der öffentlichen AEU orientieren sich regelmäßig an den Mustern für Abwassersatzungen. Daher enthalten die Abwassersatzungen nahezu sämtlicher öffentlicher AEU auch die Regelung über den Anschluß- und Benutzungszwang. Dieser bezieht sich jedoch ebenso wie bei der Wasserversorgung in der Regel nicht auf Mieter, sondern verpflichtet lediglich die Grundstückseigentümer (Vermieter), ihr Grundstück, auf dem Abwasser anfällt, an die öffentliche Entwässerungsanlage anzuschließen (Anschlußzwang) sowie das auf ihrem Grundstück anfallende Abwasser über den Grundstücksanschluß der Entwässerungsanlage zuzuführen (Benutzungszwang). Als notwendiges Korrelat aus diesem Zwang ergibt sich für den anschluß- und benutzungsverpflichteten Grundstückseigentümer gleichzeitig ein dahingehendes Recht auf Anschluß und Benutzung[1], insofern also ein Anspruch auf Abschluß eines entsprechenden Entwässerungsvertrages mit dem beseitigungspflichtigen Unternehmen. Zum Teil räumen die Satzungen den Grundstückseigentümern ein solches Anschluß- und Benutzungsrecht aber auch ausdrücklich ein. Erbbauberechtigte oder ähnlich zur Nutzung des Grundstücks dinglich Berechtigte stehen im Hinblick auf diese Rechte und Pflichten dem Grundstückseigentümer gleich. Dementsprechend sind „Kunden“ i.S.d. Entwässerungssatzungen grds. nur Grundstückseigentümer, Erbbauberechtigte und ähnlich dinglich Berechtigte. Da Mieter jedoch nicht dinglich, sondern schuldrechtlich Berechtigte sind, besteht das Anschluß- und Benutzungsrecht und damit das Recht auf Abschluß eines dahingehenden Entwässerungsvertrages danach nicht für Mieter. Somit sind sie nach den Abwassersatzungen, ebenso wie dies bei den Wasserversorgungssatzungen der Fall ist, nicht als Kunden der öffentlichen AEU vorgesehen.

In vielen Abwassersatzungen ist zwar ausdrücklich bestimmt, daß auch sämtliche Nutzer eines Grundstücks - also auch Mieter - verpflichtet sind, ihr Abwasser der öffentlichen Beseitigungsanlage zuzuführen. Allein aus diesem Benutzungsrecht ergibt sich jedoch noch kein Anspruch auf Begründung eines direkten Entsorgungsverhältnis. Hierfür Voraussetzung sind wie festgestellt vielmehr sowohl Benutzungs- als auch Anschlußrecht. Und ein Anschluß- und Benutzungsrecht besteht derzeit eben nur für Grundstückseigentümer und ähnlich dinglich Berechtigte.

IV. Die Mietparteien als Kunden nach den AEB

Genauso sieht es bei privatrechtlicher Gestaltung des Entwässerungsverhältnisses aus: Die AEB der privaten AEU enthalten regelmäßig eine Regelung, die der Formulierung des BGW-Arbeitspapieres „Anlage“ zur Abfassung von

[1] Das neue Wasserrecht, 03/3.1 S. 5.

„Ergänzenden Bestimmungen zur AVBWasserV" entspricht, und zwar ist dies die Regelung über den „Vertragsschluß". Im „BGW-Arbeitsmuster für privatrechtliche allgemeine Abwasserentsorgungsbedingungen (AEB)" ist diese Regelung unter § 2 (Vertragspartner, Kunde) vorgesehen. Danach schließt das AEU den Abwasserbeseitigungsvertrag mit dem Grundstückseigentümer, Erbbauberechtigten oder ähnlich zur Nutzung eines Grundstücks dinglich Berechtigten ab. Dementsprechend sind als Vertragspartner bzw. Kunden ausschließlich also nur diese Personengruppen vorgesehen, nicht aber die eigentlichen Verursacher des Abwassers, nämlich die Mieter. Und in der Praxis sieht es nicht anders aus: Die AEU halten sich streng an den Tenor in den AEB.

V. Die Abrechnung der Entwässerungskosten mit den Unternehmen

Die Abrechnung der Entwässerungskosten mit den beseitigungspflichtigen Unternehmen erfolgt grundsätzlich in Abhängigkeit vom gemessenen Trinkwasserverbrauch. Hierfür dient ein und derselbe Zähler, nämlich der Wasserzähler. Da die Wasserzähler grundsätzlich vom WVU beim Kunden installiert werden und auch im Eigentum der WVU verbleiben, sind die AEU auf die Überlassung der Zählerdaten angewiesen. Dies ist unproblematisch, wenn die Wasserversorgung z.B. durch einen Zweckverband erfolgt und die abwasserbeseitigungspflichtige Gemeinde Mitglied dieses Verbandes ist; denn es besteht bei dieser Konstellation ein gemeinsames Interesse an der Aufgabenbewältigung, also auch an der Berechnung des Wasserverbrauchs bzw. der verursachten Abwassermenge, wodurch die Überlassung der Zählerstand-Daten eine Selbstverständlichkeit ist. Anders ist dies allerdings, wenn keine wirtschaftsrechtliche Verknüpfung zwischen WVU und beseitigungspflichtiger Gemeinde besteht, etwa wenn die Wasserversorgung durch eine privatwirtschaftliche Gesellschaft betrieben wird, die ausschließlich Private beteiligt, die Abwasserentsorgung hingegen durch die Kommune erfolgt, etwa einen gemeindlichen Regiebetrieb. Jedoch können die Gemeinden gemäß den Kommunalabgabengesetzen der Länder (z.B. § 12 Abs. 2 NKAG) durch Satzung bestimmen, daß Dritte, die in engen rechtlichen oder wirtschaftlichen Beziehungen zu einem Sachverhalt stehen, an den die Abgabepflicht anknüpft, an Stelle der Beteiligten gegen Kostenerstattung verpflichtet sind, ihnen die zur Abgabenfestsetzung oder -erhebung erforderlichen Berechnungsgrundlagen mitzuteilen. Ist das private WVU also nicht freiwillig bereit, die ermittelten Frischwasserbezugswerte dem gemeidlichen AEU zwecks Berechnung der Abwassergebühren zu überlassen, so besteht in jedem Falle nach den Kommunalabgabengesetzen der Länder die Möglichkeit, die WVU mit eigener Rechtspersönlichkeit zur Datenüberlassung zu verpflichten.[1]

[1] Praxis der Gemeindeverwaltung, E 4 a § 12 KAG S. 84 b.

VI. Kontrahierungszwang (§ 826 BGB) für private AEU gegenüber Mieterhaushalten

Nach dem bisher Gesagten können Mieter also weder aus § 4 Abs.5 Nr.2 MHG noch aus den AEB einen Anspruch gegen die örtlichen und privaten AEU auf Abschluß der Entwässerungsverträge geltend machen. Jedoch könnte hier - ebenso wie bei der Wasserversorgung - ein solcher Anspruch aus § 826 BGB herleitbar sein.

Voraussetzung wäre folglich, daß es sich auch bei AEU sowohl um Betriebe mit Monopolstellung mit Aufgaben der Daseinsfürsorge handelt, die dem Kunden keine Wahl zu einem anderweitigen Vertragsschluß lassen.[1] Ein gesetzlicher Kontrahierungszwang ist für AEU ebensowenig wie für WVU vorgesehen. Jedoch könnten auch die privaten AEU dem allgemeinen Kontrahierungszwang aus § 826 BGB unterliegen. Zweifelsohne handelt es sich auch bei AEU um Unternehmen mit Monopolstellung und öffentlicher Zweckbestimmung. Denn indem § 18 Abs. 2 WHG die Beseitigungspflicht den öffentlichen Körperschaften und die Länderwassergesetze die Beseitigungspflicht den Gemeinden zuweisen, wurde mit den AEU in der Sache ein Beseitigungsmonopol geschaffen.[2] Da weiter die AEU lediglich befugt sind, ausschließlich in ihrem Entsorgungsgebiet Abwasser zu beseitigen, ist es den Bürgern auch nicht möglich, auf ein anderes Unternehmen auszuweichen, etwa das benachbarte AEU. In Anbetracht der Tatsache, daß die Abwasserbeseitigung nicht nur dem Schutz der Volksgesundheit (Seuchengefahr) dient[3], sondern auch für den Umweltschutz so bedeutsam geworden ist[4], daß sie grundsätzlich als öffentliche Aufgabe ausgewiesen und deshalb in der Regel Körperschaften des öffentlichen Rechts zu übertragen ist, erfüllen die AEU zweifellos eine Aufgabe zur Daseinsfürsorge. Es handelt sich mithin bei den wahrzunehmenden Aufgaben dieser Monopolunternehmen um Dienstleistungen, die für das Gemeinwohl unentbehrlich sind, wodurch AEU niemandem ihre Dienste versagen dürfen.[5] Aus diesem Grunde unterliegen sie - ebenso wie WVU - grundsätzlich dem allgemeinen Kontrahierungszwang aus § 826 BGB.

Dieser würde auch gegenüber Mieterhaushalten wirken, wenn durch die Weigerung der AEU, mit ihnen die Entsorgungsverträge abzuschließen, den Mietern „automatisch" ein nicht unerheblicher Schaden in einer gegen die guten Sitten verstoßenden Weise zugefügt würde bzw. wenn ihnen durch die Vertragsverweigerung ein solcher drohte. Anzuknüpfen ist also wiederum an die Merkmale „Schaden" und „sittenwidrige Handlung".

---

1 Staudinger-Schäfer, § 826 Rdn. 203; Erman-Hefermehl, Vor § 145 Rdn. 18 f; Jauernig-Jauernig, Vor § 145 Anm. 4; Bydlinski, AcP 180 (1980), 1, 37; Esser-Schmidt, § 10 II a S. 167; Larenz-SchR Bd. I AT, § 4 I a S. 42 f; Kilian, AcP 180 (1980), 47, 57; OLG Celle, OLGZ 1972, 281.

2 Sautter, S. 70.

3 Das neue Wasserrecht, 03/3.1 S. 4.

4 Sautter, S. 70.

5 Vgl. Grundsatzentscheidung aus dem Jahre 1901: RGZ 48, 127.

1. Schaden für Mieter

Im Prinzip kann hier nichts anderes gelten als bei der Schadensprüfung bezüglich der Abschlußweigerung von WVU. Die *Verwaltungskosten*, die dem Vermieter im Zusammenhang mit der Verbrauchsabrechnung entstehen, beziehen sich nicht allein auf die Abrechnung der Frischwasserkosten, sondern ebenso auf die Abrechnung der Abwasserkosten der einzelnen Mietparteien. Diese Kosten trägt nicht der Vermieter, sondern vielmehr der Mieter, indem sie auf die zu entrichtende Miete aufgeschlagen werden. Zum einen summieren sich diese Beträge im Laufe der Jahre und zum anderen sind sie insbesondere dann sehr hoch, wenn der Vermieter die Verwaltung der Mieterhaushalte einer Firma oder Einrichtung übertragen hat, die diese Aufgaben in Form von Dienstleistungen erbringt. Könnte der Mieter ein eigenes Vertragsverhältnis mit seinem örtlichen AEU gründen, entstünden ihm diese Kosten nicht, zumindest nicht in dieser Höhe. Denn er würde die Verwaltungsarbeit selbst erledigen und daher die Kosten für die Einschaltung Dritter sparen, zumal dies für ihn bei der Abrechnung der Stromkosten längst selbstverständlich ist. Insofern handelt es sich bei den Verwaltungskosten für die Abrechnung der Abwassergebühren, die der Mieter nach bisheriger Praxis im Innenverhältnis zu seinem Vermieter tragen muß, um eine nicht unerhebliche finanzielle Zusatzbelastung des Mieters, die insofern als Schaden zu qualifizieren ist.

Auch für die *höheren Abwasserkosten* im Falle verbrauchs*un*abhängiger Abrechnung kann hier nichts anderes gelten als bei der Schadensprüfung bezüglich WVU. Wasserverbrauch und verursachte Abwassermenge stehen in einem unmittelbaren Zusammenhang. Daher muß der sparsame Mieter nicht nur die Frischwasserkosten für den verschwenderischen Mieter mitbezahlen, sondern gleichermaßen dessen Abwasserkosten. Es handelt sich hierbei um einen Schaden i.H.d. Abwasserkosten-Mehrbelastung, die dem sparsamen Mieter nicht entstünde, wenn die AEU von ihrer Abschlußverweigerung gegenüber Mietern abließen. Auch dieser Schaden ist nicht unerheblich, da es sich einerseits um Dauerschuldverhältnisse handelt, wodurch sich also selbst eine geringe Fremdbelastung im Laufe der Jahre summiert und andererseits die Mehrbelastung des sparsamen Mieters schon im Hinblick auf einen kurzen Zeitraum insbesondere dann enorm sein kann, wenn der Anteil der Kostenverursachung durch Fremde sehr hoch ist.

Aus der Tatsache heraus, daß die AEU den Mietern den Vertragsabschluß verweigern, können mithin für sie Schäden zum einen daraus resultieren, daß der Mieter (indirekt) die Verwaltungskosten für den Vermieter tragen muß und zum anderen daraus, daß die Abrechnung der Abwasserkosten nicht verbrauchsabhängig erfolgt und der sparsame Mieter dadurch für den verschwenderischen mitbezahlen muß. Die Entstehung von Schäden für Mieter aufgrund Vertragsverweigerung seitens der AEU ist folglich auch hier zu bejahen.

2. „Sittenwidrige Handlung" des AEU

Diese Schäden müßten den sparsamen Mietern nunmehr von den AEU in einer gegen die guten Sitten verstoßenden Weise zugefügt werden. Denn nur dann bestünde auch gegenüber Mietern ein Kontrahierungszwang für AEU aus § 826 BGB.

Da die Umweltethik als eine Erweiterung der Sozialmoral allgemein anerkannt ist und damit das „Anstandsgefühl aller billig und gerecht Denkenden" konkretisiert, könnte sich eine Sittenwidrigkeit der Schadenszufügung auch hier aus dem Aspekt einer eventuellen „Übergehung ökologischer Gesichtspunkte" durch AEU ergeben. Wie oben[1] festgestellt, hat der „Durchschnittsbürger" von heute ein insgesamt stark ausgeprägtes Umweltbewußtsein, das als Maßstab für die Beurteilung der Sittenwidrigkeit zu setzen ist. Indem die Vertragsverweigerung gegenüber Mietern einen Mehrverbrauch an Wasser, damit die Verursachung von unnötig hohen Abwassermengen und somit die zusätzliche Belastung der Gewässer, also der gesamten Umwelt bewirken,[2] kollidiert diese Abschlußweigerung der AEU gegenüber Mietern mit der gegenwärtig herrschenden Umweltethik, nämlich den Grundvorstellungen der Bevölkerung von „Schonung der Umwelt" und „Erhaltung der Ressourcen". Insofern ist eine sittenwidrige Schädigung von Mietern aufgrund der „Übergehung ökologischer Gesichtspunkte" nicht allein durch WVU zu bejahen, sondern ebenso durch AEU.

3. Fazit

Aus diesem Grunde unterliegen AEU gleichermaßen dem allgemeinen Kontrahierungszwang auch gegenüber Mietern. Die Regelung in den Allgemeinen Abwasserentsorgungsbedingungen (AEB), nach der das AEU den Abwasserbeseitigungsvertrag ausschließlich mit dem Grundstückseigentümer, Erbbauberechtigten oder ähnlich zur Nutzung eines Grundstücks dinglich Berechtigten abschließt, verstößt mithin gegen den grundsätzlich auch gegenüber Mietern wirkenden Kontrahierungszwang für AEU aus § 826 BGB und ist mithin nichtig.

VII. Verhältnis des Anschluß- und Benutzungsrechts der Mieter zu den Satzungen der öffentlichen AEU

Wie oben festgestellt, besteht aufgrund der Satzungsregelung über das ausschließliche Anschlußrecht von Grundstückseigentümern und ähnlich dinglich Berechtigten kein Anspruch für Mieter auf den Abschluß der Entwässerungsverträge gegen die Abwasser-Beseitigungspflichtigen. Eine solche Satzungsgestaltung steht aber ebenso wie bei der Wasserversorgung mit dem generell gegenüber Mietern wirkenden Kontrahierungszwang für private AEU nicht im Einklang. Zu prüfen ist daher, ob die Regelungen in den Satzungen der öffentlich-rechtlich organisierten AEU, welche ausschließlich Grundstückseigentümern und ähnlich dinglich Be-

[1] Kapitel 4 D III 3 c bb (3), S. 67 f.

[2] Siehe zu dieser Auslösung einer „Kettenreaktion" die Argumentation in Kapitel 4 F II 3 b bb, S. 100 ff.

rechtigten ein Anschlußrecht einräumen und damit nur diesem Personenkreis ein Recht auf Gründung eines entsprechenden öffentlich-rechtlichen Nutzungsverhältnisses zubilligen, rechtmäßig sind.

1. Ermächtigungsgrundlage für den Bestand dieser Satzungen

Ebenso wie bezüglich den Wasserversorgungssatzungen sind die Gemeinden ermächtigt, Satzungen über den Anschluß der Grundstücke an die öffentliche Abwasseranlage und die Beseitigung des auf ihnen anfallenden Abwassers (Abwasserbeseitigungssatzungen) zu erlassen. Nach den Gemeindeordnungen der Länder gehört die Abwasserbeseitigung zu den „Aufgaben des eigenen Wirkungskreises“[1] der Gemeinden, denn sie ist den Gemeinden im Rahmen von § 18 a WHG i.V.m. den einzelnen Länderwassergesetzen[2] zur Pflicht gemacht. Insofern ist die Gemeinde zur Erfüllung aller Aufgaben, die mit der Abwasserbeseitigung verbunden sind, verpflichtet. Voraussetzung für die Beseitigung von Abwasser ist das Bestehen eines dahingehenden Entwässerungsverhältnisses zwischen Bürger und Beseitigungspflichtigem, nämlich der Abwassersatzung. Daher sind die Gemeinden zur Schaffung der Abwassersatzungen nicht nur ermächtigt, sondern sogar verpflichtet. Die Gemeindeordnungen der Länder i.V.m. § 18 a WHG und den Länderwassergesetzen sind mithin Ermächtigungsgrundlage für den Bestand der Abwassersatzungen.

2. Formelle Rechtmäßigkeit der Abwassersatzungen

Es besteht kein Zweifel an der Zuständigkeit der Gemeinden, Abwassersatzungen zu erlassen, ebensowenig an der Durchführung eines ordnungsgemäßen Verfahrens sowie an der Wahrung der Form beim Zustandekommen der Abwassersatzungen der einzelnen Gemeinden. In formeller Hinsicht bestehen damit keinerlei Bedenken gegen die Rechtmäßigkeit der einzelnen Abwassersatzungen.

3. Materielle Rechtmäßigkeit der Abwassersatzungen

Fraglich ist jedoch auch hier die materielle Rechtmäßigkeit der Satzungen, insbesondere die der Regelungen über die Anschluß- und Benutzungsberechtigten bzw. -verpflichteten, wonach sich das Anschlußrecht und damit das Vertragsabschlußrecht lediglich auf Grundstückseigentümer und ähnlich dinglich Berechtigte beschränkt. Eine Rechtswidrigkeit dieser Satzungsregelungen könnte sich hier ebenfalls aufgrund Verstoßes gegen höherrangigeres Recht ergeben.

[1] Z.B. § 4 NGO, Art. 57 BayGO.

[2] Z.B. § 151 Abs. 1 WGLSA, § 63 Abs. 2 SächsWG, § 52 Abs.1 S.1 LWG Rh.-Pf., § 50 Abs. 1 S. 1 SWG, § 148 Abs. 1 NWG, § 52 Abs. 1 HWG.

a) Verstoß gegen die Vorschrift „Sparsamer Umgang mit Wasser" in den LWG

(§§ 59 BbgWG, 131 a BrWG, 55 HWG, 44 LWaGMV, 58 SächsWG, 148 WGLSA, 62 ThürWG)

Bereits im Zusammenhang mit der Prüfung der Rechtmäßigkeit der bestehenden Regelungen über die Anschluß- und Benutzungsberechtigten in den Wasserversorgungssatzungen der öffentlichen WVU wurde herausgearbeitet, daß die satzungsrechtliche Beschränkung der Anschlußberechtigten auf Grundstückseigentümer und ähnlich dinglich Berechtigte gegen die Wassergesetze der Länder Brandenburg, Bremen, Hessen, Mecklenburg-Vorpommern, Sachsen-Anhalt und Thüringen verstößt, da der satzungsrechtliche Ausschluß von Mietern vom Vertrag dazu führt, daß das Wasser nicht zwingend zu 100 % verbrauchsabhängig abgerechnet wird, damit für den Mieter kein Anreiz zum sparsamen Umgang mit dieser Ressource geschaffen wird und letztendlich mehr Wasser verbraucht wird, als eigentlich notwendig wäre. Durch den Ausschluß der Mieter vom Anschlußrecht haben die satzungsgebenden öffentlichen WVU also genau das Gegenteil der an sie gerichteten Forderung in den Länderwassergesetzen erreicht: Anstatt den rationellen Umgang mit Wasser durch die satzungsrechtliche Einräumung einer Anschluß- und Benutzungsberechtigung für Mieter zu fördern, beschränken sie den Kreis der Versorgungsberechtigten auf Grundstückseigentümer und verhindern damit die Realisierung einer generell stattfindenden streng verbrauchsabhängigen Abrechnung, wodurch ein finanziellen Anreiz für Mieter zum Wassersparen untergraben wird.

aa) Die Anwendbarkeit dieser LWG-Vorschriften auf AEU

Fraglich ist allerdings, ob überhaupt und wenn ja inwiefern sich diese Grundsätze auf die Abwassersatzungen übertragen lassen.

(1) Der Wortlaut der Norm

Nach dem Wortlaut der Regelungen über „sparsamen Umgang mit Wasser" in den Länderwassergesetzen sind zunächst einmal ausschließlich die „Träger der öffentlichen Wasserversorgung" verpflichtet, durch die Gestaltung ihrer Anschluß- und Benutzungsbedingungen auf einen rationellen Umgang mit Wasser hinzuwirken. D.h., daß nach dem Wortlaut der Norm die Träger der öffentlichen Abwasserbeseitigung von einer dahingehenden Pflicht nicht erfaßt werden. Eine solch strenge Auslegung des Wortes „Versorgung" könnte jedoch zu eng am Wortlaut des Gesetzes haften und den Sinn und Zweck der Vorschrift aus dem Auge verlieren.

(2) Sinn und Zweck der Norm

Der Sinn und Zweck der Norm, welche an die öffentlichen WVU die Forderung stellt, auf eine rationelle Verwendung des Wassers hinzuwirken, läßt sich aus dem unmittelbaren Zusammenhang zwischen Wasserverbrauch und Gewässerbelastung herleiten. Jeder Liter Wasser, den wir verbrauchen, wird mit Schadstoffen belastet, spätestens mit seinem Eintreffen in der Kanalisation durch Vermischung mit anderen Abwässern. Da es weder technisch noch finanziell möglich ist, diese Schadstoffe aus dem Wasser restlos zu entfernen, gelangen sie über die Kläranlagen in die Gewässer und damit in den natürlichen Kreislauf, wo sie Schäden für sämtliche Organismen anrichten. Während der Frischwasserverbrauch für sich genommen also völlig unbedenklich ist, erhält er erst durch die Vermischung mit Schadstoffen, d.h. durch seine Umwandlung in Abwasser seinen „Negativcharakter". Abwasser und Trinkwasser stehen dabei also in einem unmittelbaren Gegenseitigkeitsverhältnis, mit anderen Worten: Abwasser ist das zwangsläufige Korrelat des Frischwassers. Insofern bezweckt die Norm zwar ausdrücklich den sparsamen Umgang mit Frischwasser, jedoch mit dem unmittelbaren Ziel, daß dementsprechend weniger schädliches Abwasser anfällt, welches die Gewässer belastet und damit die gesamte Umwelt schädigt. Sinn und Zweck der Norm im eigentlichen Sinne ist damit der Gewässerschutz durch Reduzierung von Abwasser und dies wiederum durch vorausgehende Wasserersparnis.

Ursprung der Gewässerbelastung ist demnach also die Wasserverwendung. Deshalb zielen alle Gewässerschutznormen (und nicht nur die hier besprochene Norm) ihrem Wortlaut nach nicht auf die Verringerung der Abwassermenge ab, sondern knüpfen vielmehr an die Ursache an, nämlich die sparsame Verwendung von Frischwasser. Auch rein rhetorisch ist es wohl wirkungsvoller, zum „sparsamen Umgang mit Wasser" aufzurufen, als die „Reduzierung der Abwassermenge" zu fordern. Letztendlich liefe aber beides auf dasselbe hinaus: Die Abwassermenge wird in beiden Fällen, und zwar sowohl durch „Sparsamen Umgang mit Wasser" als auch durch „Reduzierung der Abwassermenge" verringert und damit der Sinn und Zweck der Gewässerschutznorm erfüllt, nämlich die Schonung des Wasserhaushalts und damit der Schutz der Umwelt. Aus diesem Grunde trifft die Pflicht zum Hinwirken auf eine rationelle Wasserverwendung nicht allein die Unternehmen zur Frischwasserversorgung (WVU), sondern ebenso die entsprechenden Unternehmen zur Entsorgung des Abwassers (AEU). Denn um eine Verringerung des Abwassers und damit den Gewässerschutz zu erreichen, was Sinn und Zweck der Norm ist, müssen ebenso die AEU am Ursprung der Gewässerbelastung anknüpfen, nämlich wie die WVU auf eine sparsame Verwendung von Frischwasser hinwirken, und zwar auch hier durch die Gestaltung ihrer Anschluß- und Benutzungsbedingungen. Insoweit ist der Begriff der „Wasserversorgung" weit auszulegen. Nach dem Sinn und Zweck der Norm beschränkt sich mithin die Pflicht zum Hinwirken auf eine rationelle Verwendung des Wassers nicht einzig auf WVU, sondern ebenso auf AEU.

Daher sind die Normen über den „sparsamen Umgang mit Wasser" in den Länderwassergesetzen (§§ 59 Abs. 1 BbgWG, 131 a BrWG, 55 HWG, 44 LWaGMV, 58 Abs. 1 SächsWG, 148 WGLSA und 62 ThürWG) gleichermaßen auf AEU anzuwenden.

bb) Verstoß der Satzungsregelung über die Anschluß- und Benutzungsberechtigten gegen §§ 59 Abs.1 Nr.5 BbgWG, 131 a Nr. 2 BrWG, 55 Nr. 5 HWG, 44 Nr. 6 LWaGMV, 148 Nr. 5 WGLSA, 62 Nr. 5 ThürWG

Da also die öffentlichen AEU nach dem jeweiligen Landesrecht ebenso wie die öffentlichen WVU verpflichtet sind, bei der Gestaltung ihrer Anschluß-/ Benutzungs-/Versorgungsbedingungen den Aspekt der „Förderung des rationellen Umgangs mit Wasser" zu berücksichtigen, ist nunmehr zu prüfen, ob diejenige Anschluß- und Benutzungsbedingung in den Abwassersatzungen der Beseitigungspflichtigen, die ausschließlich Grundstückseigentümer und ähnlich dinglich Berechtigte zum Anschluß an die Entwässerungsanlage berechtigt, dieser Forderung in den LWG gerecht wird.

(1) Das Argument des „Wassermehrverbrauchs" durch Ausschluß der Mieter vom Anschlußrecht

Durch diese Beschränkung des Anschlußrechts auf den genannten Personenkreis ergibt sich für die lediglich schuldrechtlich berechtigten und von diesem Wortlaut nicht erfaßten Mieter zwangsläufig, daß für sie ein dahingehendes Recht nicht besteht. Sie sind also nicht anschlußberechtigt und können daher die Gründung eines Nutzungsverhältnisses nicht verlangen. Nach bestehender Praxis wird also nur der Grundstückseigentümer (Vermieter) vom AEU in das Entwässerungsverhältnis einbezogen. Hieraus folgt, daß die Abrechnung der Abwassergebühren ebenso wie die Kosten der Frischwasserversorgung nicht zwingend verbrauchsabhängig erfolgt, sondern zumeist nach Kopfteilen oder Quadratmetern Wohnfläche. Durch diese verbrauchs*un*abhängige Abrechnung bezahlt der sparsame Mieter nun nicht nur die Frischwasserkosten für den unvernünftigen und verschwenderischen Mieter mit, sondern zusätzlich auch noch dessen Abwasserkosten. Er wird also doppelt bestraft, so daß jeglicher Anreiz für den Mieter zum Wassersparen und zu einer daraus folgenden entsprechenden Verringerung der Abwassermenge untergraben wird. Ein solcher Anreiz zur Reduzierung des Abwassers durch sparsamen Umgang mit Frischwasser wird beim Mieter also erst geschaffen, wenn er einen eigenen Zähler zur absolut verbrauchsabhängigen Abrechnung bekommt, was seinerseits allein durch die Gründung eines eigenen Entwässerungsverhältnisses zu seinem örtlichen AEU garantiert wird.

Die Gründung eines derartigen eigenen Nutzungsverhältnisses ist für den Mieter aufgrund der derzeit bestehenden Regelung in den Abwassersatzungen über das ausschließliche Anschlußrecht für Grundstückseigentümer und ähnlich dinglich Berechtigte aber gerade ausgeschlossen. Insoweit kann hier auf die Argumentation bezüglich des Verstoßes der Wasserversorgungssatzungen gegen die LWG[1] zurückgegriffen werden: Die öffentlichen AEU haben es versäumt, den Willen der Mieter zur Reduzierung ihrer Nebenkosten durch Sparsamkeit aufzugreifen und als Anknüpfungspunkt zu nutzen, um auf eine Reduzierung der Abwassermenge durch sparsame Verwendung von Frischwasser in ihren Anschluß- und Benutzungsbe-

[1] Siehe Kapitel 4 F II 3 a aa (2), S. 94 ff.

dingungen hinzuwirken. Sie hätten in ihren Abwassersatzungen, insbesondere in den Regelungen zum Anschluß- und Benutzungszwang/recht, die rechtlichen Voraussetzungen für eine Berechtigung von Mietern zur Gründung eigener Entwässerungsverhältnisse schaffen müssen.

Der Grundgehalt der bestehenden Regelung über die Anschlußberechtigten würde durch die Etablierung einer eigenen und direkten Versorgungsberechtigung für Mieter nicht angetastet; lediglich der Personenkreis der Anschlußberechtigten würde erweitert. Indem die öffentlichen AEU diesen praktisch möglichen Wassersparеffekt in Form der Einräumung einer eigenen Anschlußberechtigung für Mieter in ihren Abwassersatzungen unberücksichtigt lassen, werden sie der an sie gerichteten Forderung aus den LWG nicht gerecht, nämlich auf eine rationelle Verwendung des Wassers insbesondere durch die Gestaltung ihrer Anschluß- und Benutzungsbedingungen hinzuwirken. Die bestehenden Satzungsregelungen über das ausschließliche Anschlußrecht von Grundstückseigentümern und ähnlich dinglich Berechtigten in den Abwassersatzungen der öffentlichen AEU verstoßen damit ebenso wie die entsprechenden Regelungen in den Wasserversorgungssatzungen der öffentlichen WVU gegen §§ 59 Abs.1 Nr.5 BbgWG, 131 a Nr. 2 BrWG, 55 Nr.5 HWG, 44 Nr. 6 LWaGMV, 148 Nr. 5 WGLSA und 62 Nr. 5 ThürWG.

(2) Das Argument des Erfordernisses gleicher Abrechnungsmodalitäten bezüglich Wasser- und Abwasserkosten

Es ist jedoch noch ein anderer Aspekt hinsichtlich der Beurteilung des Verhältnisses zwischen den Abwassersatzungen und den Länderwassergesetzen zu berücksichtigen: Und zwar erfolgt die Abrechnung des durch die Mieter verursachten Abwassers grundsätzlich in Abhängigkeit vom gemessenen Frischwasserverbrauch, was auch dem Wortlaut des § 21 Abs.3 S.2 NMV zu entnehmen ist. Daraus ergibt sich das Erfordernis gleicher Abrechnungsmodalitäten bezüglich Wasserkosten und Abwasserkosten.[1] Erfolgt die Abrechnung der Frischwasserkosten zwischen AEU und Vermieter, also für den Mieter nach dem verbrauchs*un*abhängigen Maßstab (nach Quadratmeter Wohnfläche oder pro Kopf), so wird zwangsläufig auch das verursachte Abwasser auf diesem Wege abgerechnet. Findet nunmehr die Abrechnung der Frischwasserkosten unmittelbar zwischen AEU und Mieter aufgrund einer eigenen Anschluß- und Benutzungsberechtigung der Mieter statt, also entsprechend dem gemessenen Verbrauch, so erfolgt auch die Abrechnung der Abwasserkosten auf dieser Basis.

Bezüglich der Wasserkosten wurde nun festgestellt, daß allein die Abrechnung auf der Basis einer eigenen Berechtigung der Mieter dem Erfordernis der Länderwassergesetze nach „Förderung des rationellen Umgangs mit Wasser" gerecht wird. Diese kann jedoch nur stattfinden, wenn die Mieter gleichfalls ein eigenes Anschluß- und Benutzungsrecht bezüglich der Abwasserentsorgung erhalten. Soll der Mieter also einen Anreiz zum Wassersparen erhalten, so muß er eine eigene Berechtigung zum Wasserbezug vom WVU erhalten und aufgrund des Erforder-

[1] MieWo-Schmid, § 21 NMV Rdn. 5.

nisses gleicher Abrechnungsmodalitäten ebenso die Berechtigung zur Gründung eines eigenen Entwässerungsverhältnisses gegenüber seinem örtlichen AEU. Daher verstoßen diejenigen Satzungsregelungen der öffentlichen AEU, die nur den Grundstückseigentümer und ähnlich dinglich Berechtigte zum Anschluß berechtigen, auch wegen des „Erfordernisses gleicher Abrechnungsmodalitäten bezüglich Wasser- und Abwasserkosten" gegen die §§ 59 Abs.1 Nr.5 BbgWG, 131 a Nr. 2 BrWG, 55 Nr. 5 HWG, 44 Nr. 6 LWaGMV, 148 Nr. 5 WGLSA, 62 Nr. 5 ThürWG. Damit sind diese Regelungen in den Abwassersatzungen aller öffentlichen AEU, die sich in den Ländern Brandenburg, Bremen, Hessen, Mecklenburg-Vorpommern, Sachsen-Anhalt und Thüringen befinden, mit ihrem derzeitigen Wortlaut rechtswidrig und damit nichtig.

b) Verstoß gegen § 1 a Abs. 2 WHG i.V.m. §§ 2, 3 LWG

Da sich die Unwirksamkeit der besprochenen Regelungen aufgrund Verstoßes gegen die LWG nur auf die Abwassersatzungen der AEU bezieht, die sich in diesen sechs Bundesländern befinden, ist hier weiter zu prüfen, ob auch die Satzungsregelungen derjenigen AEU, die sich in den anderen zehn Bundesländern befinden und in ihren LWG keine Bestimmung über die „Förderung des rationellen Umgangs mit Wasser durch die Gestaltung ihrer Anschluß- und Benutzungsbedingungen" getroffen haben, unwirksam sind. Eine allgemeine und damit länderunabhängige Unwirksamkeit dieser Satzungsregelungen aller deutschen öffentlichen AEU könnte sich hier - ebenso wie bezüglich den Satzungen der WVU - aus dem Bundesgesetz des § 1 a Abs. 2 WHG (i.V.m. §§ 2, 3 LWG) ergeben.

aa) „jedermann"

Wie im Zusammenhang mit der Wasserversorgung bereits festgestellt wurde, richtet sich die Sorgfaltspflicht nach Abs. 2 an jede natürliche und an jede juristische Person.[1] Ebenso wie die öffentlichen WVU werden die öffentlichen AEU von den Gemeinden oder Gemeindeverbänden errichtet und betrieben, welche juristische Personen des öffentlichen Rechts sind. Aus diesem Grunde fallen auch die AEU unter den Begriff „jedermann" i.S.d. § 1 a Abs. 2 WHG.

bb) „Maßnahmen, mit denen Einwirkungen auf ein Gewässer verbunden sein können"

Es stellt sich aber auch hier die Frage, ob es sich bei der Gestaltung der Regelungen über die ausschließliche Anschlußberechtigung von Grundstückseigentümern und ähnlich dinglich Berechtigten in den Abwassersatzungen der öffentlichen AEU um Maßnahmen handelt, mit denen Einwirkungen auf Gewässer verbunden sein können. In dieser Arbeit wurde bereits mehrmals dargelegt, daß durch den satzungsrechtlichen Ausschluß der Mieter von einem Recht auf Begründung eigener Versorgungs- und Entsorgungsverhältnisse bezüglich Wasserversorgung

[1] Kapitel 4 F II 3 b aa, S. 101.

und Abwasserbeseitigung die Mieter erstens mehr Wasser verbrauchen als eigentlich notwendig wäre, daß zweitens dadurch entsprechend mehr Abwasser anfällt und drittens die Gewässer folglich unnötig stark belastet werden. Auf dieser Basis wurde oben[1] ein Verstoß der Wasserversorgungssatzungen gegen § 1 a Abs. 2 WHG angenommen. Auf die dort geführte Argumentation kann an dieser Stelle verwiesen werden: Wasserverbrauch bedeutet Abwasser und Abwasser bedeutet Gewässerbelastung. Wegen diesen unmittelbaren Wechselwirkungen zwischen den drei Komponenten „Wasserverbauch", „Abwasserverursachung" und „Gewässerbelastung" kann bezüglich der Wirksamkeit der Satzungsregelungen über die Anschluß- und Benutzungsberechtigten in den Abwassersatzungen der öffentlichen AEU nichts anderes gelten. Stellt die Regelung über die ausschließliche Anschlußberechtigung von Grundstückseigentümern in den Wasserversorgungssatzungen eine Maßnahme i.S.d. § 1 a Abs. 2 WHG dar, so gilt dies erst recht für die entsprechende Regelung in den Abwassersatzungen. Denn aufgrund des Ausschlusses der Mieter von der Direktbeziehung zu den AEU muß der sparsame Mieter für den verschwenderischen Mieter nicht nur dessen Frischwasser mitbezahlen, sondern zusätzlich noch dessen Abwasser, wodurch für ihn jeder finanzielle Anreiz zum Wassersparen und damit zur Abwasservermeidung in doppelter Hinsicht untergraben wird.

Hierbei handelt es sich auch nicht etwa um eine unerhebliche Zusatzbelastung des Wasserhaushalts, sondern vielmehr um einen Dauerzustand von größter Ressourcenverschleuderung. Der Anteil der mietenden Bevölkerung ist in Deutschland im Vergleich zu anderen europäischen Staaten mit einer Anzahl von ca. 50 Millionen außergewöhnlich hoch.[2] Bereits im Rahmen der Darstellung der Wassersparmöglichkeiten[3] wurde deutlich gemacht, daß aufgrund einer finanziellen Anreizschaffung für diese Bevölkerungsgruppe der Wasserhaushalt enorm weniger belastet werden könnte, als dies mit der derzeitigen Handhabung der Anschlußberechtigten der Fall ist. Es könnte - wie oben festgestellt - jährlich die enorme Summe von 250.000 Millionen Litern gespart werden.

Der Ausschluß der Mieter vom Anschlußrecht bewirkt letztendlich eine massive sowie ganz und gar unnötige zusätzliche Belastung des Wasserhaushalts. Bei den Regelungen über die Anschluß- und Benutzungsberechtigten in den Abwassersatzungen der öffentlichen AEU handelt es sich damit (aufgrund des durch sie ausgelösten Wassermehrverbrauchs und der damit verbundenen höheren Abwasserverursachung) um „Maßnahmen", die sich mittelbar auf Gewässer auswirken, also „Einwirkungen" auf Gewässer verursachen.

cc) Beachtung der „erforderlichen Sorgfalt"

Bezüglich der Frage, ob die öffentlichen AEU bei der Gestaltung ihrer Satzungsregelungen, insbesondere die der Anschluß- und Benutzungsberechtigten, die

[1] Siehe Kapitel 4 F II 3 b S. 98 ff.
[2] Siehe Bellevue 1/97 S. 15 (Immobilienzeitschrift).
[3] Siehe Kapitel 4 F II 3 b bb, S. 100 ff.

nach den Umständen erforderliche Sorgfalt angewendet haben, um eine mit Rücksicht auf den Wasserhaushalt gebotene sparsame Verwendung des Wassers zu erzielen, kann hier nichts anderes gelten als im Hinblick auf die Unwirksamkeit der streitigen Regelung in den Wasserversorgungssatzungen der öffentlichen WVU. Eine weitgehende Pflicht zur Ergreifung von Maßnahmen, die der Verhütung von nachteiligen Einwirkungen auf Gewässer dienen, obliegt nicht nur den WVU, sondern ebenso den AEU. Da hier das hochwertige Schutzgut „Wasser“ auf dem Spiel steht, war dessen angemessene Berücksichtigung bei der Formulierung der Satzungsregelung über die Anschluß- und Benutzungsberechtigten geboten. Die Interessen der öffentlichen AEU an der Aufrechterhaltung dieser Satzungsregelung sind in Anbetracht ihrer Monopolstellung vernachlässigenswert, so daß den AEU die Vermeidung nachteiliger Wirkungen auf das Schutzgut „Wasser“ durch eine entsprechende Satzungsgestaltung zumutbar ist.

Daher findet der Aspekt der „Verpflichtung zu Verhütungsmaßnahmen“ keine angemessene Berücksichtigung in den besprochenen Satzungsregelungen. Die öffentlichen AEU lassen damit ebenso wie die öffentlichen WVU bei der Gestaltung dieser Regelungen die nach den Umständen erforderliche Sorgfalt außer acht, um eine mit Rücksicht auf den Wasserhaushalt gebotene sparsame Verwendung des Wassers zu erzielen. Die bestehenden Regelungen in den Abwassersatzungen über das ausschließliche Anschlußrecht von Grundstückseigentümern und ähnlich dinglich Berechtigten verstoßen damit ebenso wie diese Regelungen in den Wasserversorgungssatzungen gegen § 1 a Abs. 2 WHG und die den in dieser Vorschrift normierten Grundsätzen entsprechenden §§ 2, 3 LWG.

c) Ergebnis

Die Regelungen in den Abwassersatzungen über das ausschließliche Anschlußrecht für Grundstückseigentümer und ähnlich dinglich Berechtigte verstoßen folglich sowohl gegen die Vorschriften über den „sparsamen Umgang mit Wasser“ einiger LWG (§§ 59 Abs.1 Nr.5 BbgWG, 131 a Nr. 2 BrWG, 55 Nr. 5 HWG, 44 Nr. 6 LWaGMV, 148 Nr. 5 WGLSA und 62 Nr. 5 ThürWG) als auch gegen § 1 a Abs. 2 WHG und die dieser Vorschrift inhaltlich entsprechenden §§ 2, 3 LWG. Damit sind nicht nur diese Regelungen derjenigen öffentlichen AEU, die sich in den Bundesländern Brandenburg, Bremen, Hessen, Mecklenburg-Vorpommern, Sachsen-Anhalt und Thüringen befinden, rechtswidrig und unwirksam, sondern ebenso die aller öffentlichen AEU im Bundesgebiet.

Sie müssen folglich gleichermaßen wie die entsprechenden Regelungen in den Wasserversorgungssatzungen der öffentlichen WVU geändert bzw. erweitert werden. Dem Anspruch von Mietern auf Einbeziehung in das Anschlußrecht ist bereits durch eine Erweiterung des § 3 Abs.1 S.1 des BGW-Arbeitsmusters für Abwassersatzungen zu genügen.

6. Kapitel

Die Müllentsorgung (Müllabfuhr)

Das Abfallrecht ist - wie die meisten Gebiete des Umweltrechts - ein verhältnismäßig junges Rechtsgebiet. Bis zum Anfang der 70-er Jahre war die Hausmüllabfuhr Angelegenheit der Gemeinden und fand ihre rechtliche Regelung in den kommunalen Satzungen.[1] Etwa seit 1960 haben jedoch die sprunghaft ansteigenden Abfallmengen, die knapper werdenden Beseitigungsmöglichkeiten und die Herausbildung eines „Umweltbewußtseins" die Gesetzgeber in Bund und Ländern genötigt, die Abfallbeseitigung ebenso wie die Wasserversorgung und Entwässerung als einen elementaren Bereich der Daseinsvorsorge generell zu ordnen, also eine gemeindeübergreifende Lösung zu finden. Es war mit dem Aufbau eines leistungsfähigen und umweltgerechten Entsorgungssystems zu beginnen, das auch den Anforderungen der kommenden Jahrzehnte gewachsen sein mußte.[2] Für die Kontrolle des Abfallstroms vom Einsammeln bis zur Ausscheidung aus dem Stoffkreislauf wurde ein Verwaltungsinstrumentarium erforderlich, das mangels bewährter Vorbilder weitgehend neu zu schaffen war.[3] Dabei ging man davon aus, daß die Beseitigung der Abfälle aus Haushaltungen eine Aufgabe der öffentlichen Hand sei und bleiben müsse.[4] Auf dieser Grundlage wurde von den Bundesländern ein Mustergesetzesentwurf ausgearbeitet, der Vorbild für einige Anfang der 70-er Jahre ergangene Landesabfallgesetze war. Im Jahr 1972 erhielt der Bund die Gesetzgebungskompetenz für den Bereich des Abfallrechts[5] und erließ das Abfallbeseitigungsgesetz, aus welchem mit dem 4. Änderungsgesetz am 27. August 1986 das Abfallgesetz (AbfG)[6] wurde.

Im Zuge der aufkommenden Diskussion um die Priorität der Verwendung von Abfällen vor ihrer Beseitigung (im engeren Sinne) hat der Gesetzgeber mit dem 4. Änderungsgesetz den Terminus „Abfallbeseitigung" durch den Begriff „Abfall-

---

[1] v.Köller, S. 16.
[2] So Birn-Jung, 02/1 Einführung S. 2.
[3] Birn-Jung, 02/1 Einführung S. 2.
[4] Birn-Jung, 02/1 Einführung S. 2.
[5] Art. 72 Abs.1, 74 Abs.1 Nr. 24 GG.
[6] BGBl. I S. 1410.

entsorgung" ersetzt. Zur „Abfallentsorgung" gehört gem. § 1 Abs. 2 AbfG nunmehr nicht nur das Einsammeln, Befördern, Behandeln, Lagern und Ablagern von Abfällen, sondern auch das Gewinnen von Stoffen oder Energie aus diesen.

I. Die Begriffe „Abfall" und „Müll"

Sowohl in der Praxis der Abfallentsorgung als auch in der Literatur werden die Begriffe „Abfall" und „Müll" durchgängig verwendet. Dabei ist zu beachten, daß es sich hierbei nicht nur um verschiedene Begriffe handelt, sondern daß beide Bezeichnungen auch verschiedene Bedeutungen haben.

Das Gesetz über die Vermeidung und Entsorgung von Abfällen (AbfG) definiert *„Abfälle"* in § 1 Abs. 1 als „bewegliche Sachen, deren sich der Besitzer entledigen will oder deren geordnete Entsorgung zur Wahrung des Wohls der Allgemeinheit, insbesondere des Schutzes der Umwelt, geboten ist". Der Abfallbegriff umfaßt dabei sowohl feste als auch flüssige und gasförmige Abfallstoffe und bildet damit den Oberbegriff.

Die Bezeichnung *„Müll"* wird im allgemeinen nur für die festen Abfallstoffe verwendet, also nicht für die flüssigen und gasförmigen Abfälle.[1] Insofern handelt es sich bei der Bezeichnung „Müll" um einen Unterbegriff des Terminus „Abfall".

1. Subjektiver und objektiver Abfallbegriff

Eine Eingrenzung des Abfalls und damit auch des Mülls wurde in § 1 Abs.1 S.1 AbfG dadurch erzielt, daß eine bewegliche Sache mit einer subjektiven Komponente des öffentlichen Rechts („bewegliche Sachen, deren sich der Besitzer entledigen will") und einer objektiven Komponente des öffentlichen Rechts („bewegliche Sache, ... deren geordnete Entsorgung zur Wahrung des Wohls der Allgemeinheit, insbesondere des Schutzes der Umwelt, geboten ist") verbunden wurde.[2]

Es leuchtet ein, daß zunächst der Abfallbesitzer zu entscheiden hat, ob er eine bewegliche Sache loswerden, sich ihrer also entledigen will. In der Praxis der Abfallentsorgung ist dies der Normalfall. Die Beseitigungspflichtigen sind verpflichtet, sich dieses Abfalls anzunehmen. Andererseits kann nach dem objektiven Abfallbegriff eine bewegliche Sache auch dann Abfall sein, wenn der Besitzer sich ihrer nicht entledigen will, sofern deren Beseitigung im Interesse des Wohls der Allgemeinheit geboten ist, sog. Zwangsabfall. Der objektive Abfallbegriff sorgt also dafür, daß über den subjektiven Abfallbegriff nicht der Eigenwille eines einzelnen gegen das Allgemeinwohl verstoßen kann. Eine Sache kann danach ihre Abfallei-

---

1 Erbel/Kaupert, S. 15.

2 Siehe hierzu und zu den folgenden Ausführungen: Kunig/Schwermer/Versteyl, § 1 Rdn. 11 ff; Birn-Jung, 02/3 § 1 S. 6 ff; Struß, S. 33; Dopheide, S. 5 f; Bilitewski/Härdtle/Marek, S. 14; Brehm, S. 31; v. Köller, S. 31 ff.; Bälder, S. 42; Tabasaran-Sautter, S. 14 f; Deubert, S. 47 ff; Hösel/v.Lersner, 1110 Rdn. 3.

genschaft entweder mit der einen oder mit der anderen Begründung erlangen (alternativ), aber auch auf beiden Wegen (kumulativ).

2. Die Müllgruppen, insbesondere „Hausmüll"

Eine Einteilung des Mülls ist nach mehreren Gesichtspunkten denkbar, etwa nach der Herkunft, der Zusammensetzung oder der Art ihrer Beseitigung. Nach der Herkunft unterscheidet man Hausmüll, Geschäftsmüll, Gewerbemüll, Industriemüll, landwirtschaftlichen Müll etc.[1]

Unter Hausmüll versteht man dabei alle festen Abfälle, die in Haushaltungen und Anstalten, Hotels und Gaststätten, Kantinen und Werksküchen, Wirtschaft- und Verwaltungsgebäuden anfallen, wie z.B. Speisereste und Küchenabfälle, Papierreste und Verpackungsmaterial von Gütern des täglichen Gebrauchs, Heizungsrückstände, kleine Gebrauchsgegenstände, zerbrochenes Geschirr, Glas und Porzellan, Kunststoffe und Plastik, Metalle, Textilien und Holz etc.[2] Hausmüll ist insofern der Sammelbegriff für Abfälle, die im Interesse der Sauberhaltung der menschlichen Wohnungen regelmäßig aus den Häusern entfernt und in den zugelassenen Erfassungssystemen bereitgestellt werden müssen. Die unterschiedlichen Bestandteile sind in den Satzungen der entsorgungspflichtigen Körperschaften festgeschrieben. Was aber letztendlich Hausmüll ist, hängt davon ab, was die angeschlossenen Einwohner tatsächlich in die Erfassungssysteme geben.[3] Menge und Zusammensetzung unterliegen dabei regionalen und saisonalen Schwankungen, so daß Erhebungen über Art und Anfall des Hausmülls regelmäßig erheblich streuen.[4] Die Müllgruppe des „Hausmülls" ist also recht heterogen zusammengesetzt und stellt nicht nur qualitativ sondern auch quantitativ eines der Hauptprobleme der Abfallentsorgung dar.[5]

Für den in dieser Arbeit behandelten Themenkreis ist in diesem Zusammenhang lediglich nur diese Gruppe des „Hausmülls" von Interesse, und zwar speziell derjenige Hausmüll, der in den Haushaltungen (Mieterhaushalten) anfällt. Daher kann auf eine Beschreibung der übrigen Müllgruppen in diesem Rahmen verzichtet werden.

[1] Strobach, S. 19; Bälder, S. 50 ff; v. Köller, S. 30 ff; Brehm, S. 37 ff; Pautz/Pietrzeniuk, S. 11 ff; Habeck=Tropfke, S. 39 ff.

[2] Kumpf/Maas/Straub, 1760 S. 7; Bilitewski/Härdtle/Marek, S. 14; Bälder, S. 51; Habeck=Tropfke, S. 39; Strobach, S. 19; Erbel/Kaupert, S. 15, Mitteilungen der LAGA, S. 7.

[3] Bälder, S. 52.

[4] Erbel/Kaupert, S. 16; Bälder, S. 53.

[5] Bälder, S. 52.

II. Die Entsorgungspflichtigen, die technische Seite der Müllentsorgung und des Systems und die Rechtsquellen der Entsorgung von Müll

1. Die Entsorgungspflichtigen

a) Die nach Landesrecht zuständigen Körperschaften des öffentlichen Rechts (§ 3 Abs.2 S.1 AbfG)

Bis zum Inkrafttreten des AbfG waren wie erwähnt die Gemeinden in Eigenverantwortung zur Abfuhr und Beseitigung der in ihrem Gebiet anfallenden häuslichen Abfälle verpflichtet. Mit der Schaffung des AbfG im Jahre 1972 wurde § 3 Abs.2 S.1 eine der wichtigsten Normen dieses Gesetzes. Nach dieser Vorschrift haben nunmehr die nach Landesrecht zuständigen Körperschaften des öffentlichen Rechts die in ihrem Gebiet angefallenen Abfälle zu entsorgen. Alle Bundesländer haben in Ausführung des Bundes-AbfG Landesabfallgesetze (LAbfG) erlassen bzw. bestehende Gesetze an das AbfG angepaßt.[1]

Den Handlungsspielraum, den das Bundesrecht den Ländern zur Bestimmung der im einzelnen zuständigen öffentlich-rechtlichen Körperschaften läßt, haben die Landesgesetzgeber folgendermaßen genutzt: Baden-Württemberg (§ 6 Abs. 1 LAbfGBW), Bayern (Art. 3 Abs. 1 BayAbfAlG), Brandenburg (§ 3 Abs. 1 LAbfVG), Mecklenburg-Vorpommern (§ 3 Abs. 1 AbfAlGMV), Niedersachsen (§ 2 Abs. 1 NAbfG), Rheinland-Pfalz (§ 3 Abs. 1 LAbfWAG), Schleswig-Holstein (§ 3 Abs. 1 LAbfWG), Sachsen (§ 3 Abs. 1 EGAB), Sachsen-Anhalt (§ 3 Abs. 1 AbfGLSA) und Thüringen (§ 2 Abs. 1 ThAbfAG) haben die Abfallentsorgung i.S.d. § 1 Abs. 2 AbfG grundsätzlich vollständig auf die Landkreise und die kreisfreien Städte bzw. Gemeinden übertragen. Diese Körperschaften können -müssen aber nicht notwendigerweise- bestimmte Aufgaben der Entsorgung, wie etwa das Einsammeln und Befördern von Abfällen an kreisangehörige Gemeinden übertragen.[2] Insoweit anders geregelt ist dieser Tatbestand in Hessen (§ 1 Abs. 1 HAbfG) und Nordrhein-Westfalen (§ 5 Abs. 6 LAbfGNW). In diesen Ländern sieht der Landesgesetzgeber vor, daß das Einsammeln von Abfällen kraft Gesetz originär Aufgabe der kreisangehörigen Gemeinden (Nordrhein-Westfalen) bzw. der kreisangehörigen Gemeinden und kreisfreien Städte (Hessen) ist. Die sonstige Entsorgungspflicht (Verwertung etc.) obliegt jedoch auch hier den Landkreisen und kreisfreien Städten.

[1] Einige Bundesländer haben bereits vor Verabschiedung des Bundes-AbfG eigene Abfallgesetze erlassen, die sich weitgehend am Musterentwurf der Länderarbeitsgemeinschaft Abfallbeseitigung orientierten. Andere Länder verzichteten seinerzeit auf die Verabschiedung eigener Abfallgesetze wegen des angekündigten Bundes-AbfG.

[2] Z.B. Art. 5 Abs. 1 BayAbfAlG, § 2 Abs. 1 NAbfG (Verwaltungshilfe), § 3 Abs. 4 AbfGLSA, § 2 Abs. 3 ThAbfAG, § 3 Abs. 2 LAbfVG.

Anders haben das Saarland und die Stadtstaaten ihren Handlungsspielraum ausgeschöpft: Nach saarländischem Recht haben die Gemeinden[1] Abfälle zu entsorgen, § 2 Abs. 1 SAbfG. In Bremen (§ 1 BremAGAbfG) und Hamburg (§ 1 HmbAbfG) haben die Städte und in Berlin (§ 6 Abs. 1 LAbfGB) das Land[2] die Entsorgungsverpflichtung.

b) Beauftragung „Dritter" i.S.d. § 3 Abs.2 S.2 AbfG

Über das AbfG ist weiterhin bestimmt, daß sich die zuständigen Körperschaften zur Erfüllung ihrer Entsorgungsaufgabe Dritter bedienen können (§ 3 Abs.2 S.2 AbfG). Diese Regelung greifen einige Landesgesetzgeber ausdrücklich auf, z.B. § 1 Abs. 6 HAbfG, § 5 Abs. 7 LAbfGNW, Art. 3 Abs. 6 BayAbfAlG, § 3 Abs. 2 LAbfWAG, § 3 Abs. 3 AbfGLSA, § 3 Abs. 4 AbfAlGMV, § 3 Abs. 5 BbgLAbfVG; zum Teil ergänzt um die Voraussetzung, daß dadurch eine umweltgerechtere, kostengünstigere Entsorgung ermöglicht wird, etwa § 3 Abs. 3 AbfGLSA.

Dritte i.S.d. AbfG können andere Gebietskörperschaften und öffentlich-rechtliche Zweckverbände[3] (also auch die - z.T. nicht entsorgungspflichtigen - kreisangehörigen Gemeinden), private Beseitigungsunternehmen jeder Rechtsform sowie Beseitigungsunternehmen in privatrechtlicher Rechtsform unter Beteiligung öffentlicher Körperschaften (z.B. Sondermüll-GmbH) sein.[4] Es muß sich jedoch um eine rechtsfähige Person des privaten oder öffentlichen Rechts handeln,[5] weshalb ein rechtlich unselbständiger kommunaler Eigenbetrieb nicht „Dritter" im Sinne dieser Vorschrift sein kann.

Das Recht der entsorgungspflichtigen Körperschaften, sich zur Erfüllung ihrer Aufgaben Dritter zu bedienen, hat jedoch nicht den Vorrang vor der Erfüllung durch die zuständige Körperschaft selbst. Vielmehr ist sowohl rechts- als auch wirtschaftspolitisch von der Möglichkeit der Beauftragung privater Dritter lediglich dann Gebrauch zu machen, wenn das Privatunternehmen die Entsorgungsaufgabe ordnungsgemäß i.S.d. Gesetzes und mindestens ebenso wirtschaftlich erfüllen kann, wie die nach Landesrecht jeweils entsorgungspflichtige Körperschaft.[6] Ein Rechtsanspruch von Seiten dieses Dritten auf Beauftragung besteht dabei nicht.[7]

Die Beauftragung Dritter bedeutet jedoch nicht die Aufgabe der vom Gesetzgeber übertragenen Entsorgungspflicht, sondern es verbleibt die abfallrechtliche

---

[1] Die Gemeinden sind zur Erfüllung dieser Aufgabe zum „Kommunalen Abfallentsorgungsverband Saar" (§ 2 Abs. 2 und 3 SAbfG) zusammengeschlossen.

[2] Für das Land nehmen die „Berliner Stadtreinigungsbetriebe" (§ 6 Abs.1 S.2 LAbfG) diese Aufgabe wahr.

[3] Vgl. amtliche Begründung, BT-Drucks. VI/2401 S. 12; OVG Münster, Städtetag 1979, 474.

[4] Kunig/Schwermer/Versteyl, § 3 Rdn. 31; Bälder, S. 249; Birn-Jung, 02/3 § 3 S. 17; Hösel/v.Lersner, 1130 Rdn. 15; Schneider in: Hdb. zur Planung von Abfallbeseitigungsanlagen, S. 411; Dopheide, S. 13; Struß, S. 76 f.

[5] Hösel/v.Lersner, 1130 Rdn. 15.

[6] Birn-Jung, 02/3 § 3 S. 16; Hösel/v.Lersner, 1130 Rdn. 15.

[7] Birn-Jung, 02/3 § 3 S. 17; Schneider in: Hdb. zur Planung von Abfallbehandlungsanlagen, S. 412; Struß, S. 76.

Veranwortung im Falle der Beauftragung Dritter nach § 3 Abs.2 S.2 AbfG bei der nach Landesrecht bestimmten öffentlich-rechtlichen Körperschaft.[1] Der „Dritte" wird in Erfüllung der ihm übertragenen Pflicht hoheitlich tätig.[2] Das Rechtsverhältnis zwischen der entsorgungspflichtigen Körperschaft und dem beauftragten Dritten ist in der Regel ein Werkvertrag, der nach h.M. privatrechtlicher Natur ist.[3]

c) Die Organisationsmodelle

Die Organisationsformen und Trägerschaften der Müllentsorgung sind vielfältig und uneinheitlich. Sie reichen von der staatlichen Sondermüll-GmbH, über Zweckverbände bishin zu rein privatwirtschaftlichen Lösungen:

aa) Öffentlich-rechtliche Organisationsformen[4]

(1) Kommunaler Regiebetrieb[5]

Nach wie vor wird der überwiegende Teil der öffentlich-rechtlichen Müllentsorgung in der Organisationsform des Regiebetriebes vorgenommen.[6] Häufig wird die Entsorgung dann unter dem behördlichen Dach des Bau- oder Wirtschaftsdezernates von einem „Stadtreinigungsamt" oder „Abfallwirtschaftsamt" übernommen. Die abfalltechnischen Anlagen wie Fuhrpark, Deponie, Sortieranlage etc. werden im allgemeinen zusammengefaßt und zu einer „öffentlichen Einrichtung" gewidmet. Teilweise führt ein „Amt für öffentliche Einrichtungen" neben der Müllentsorgung andere technische Betriebe.

(2) Kommunaler Eigenbetrieb[7]

Die kommunale Müllentsorgung wird zunehmend als Eigenbetrieb organisiert. Bis zur Jahrtausendwende könnte etwa die Hälfte der kommunalen Einrichtungen außerhalb der privaten Rechtsform als Eigenbetrieb geführt werden.[8]

---

[1] Bälder, S. 249; Hösel/v.Lersner, 1130 Rdn. 15; Birn-Jung, 02/3 § 3 S. 17; Struß, S. 76; Kunig/Schwermer/Versteyl, § 3 Rdn. 33.

[2] Hamb.OVG, ZfW 1979, 166; Struß, S. 76; Hösel/v.Lersner, 1130 § 3 Rdn. 15; Kunig/Schwermer/Versteyl, § 3 Rdn. 32.

[3] So Hösel/v.Lersner, 1130 Rdn. 15; Kunig/Schwermer/Versteyl, § 3 Rdn. 32 und OLG Bamberg, BayVBl. 1980, 695, 696. BGH, ZfW 1978, 292 nennt ihn ein Dauerschuldverhältnis werkvertraglicher Art. OLG Bamberg, BayVBl. 1980, 695: Auch dann privatrechtlich, wenn Beauftragter ein Zweckverband. Für öffentl.-rechtl. Werkvertrag: Henke, DÖV 1985, 41.

[4] Siehe Abwasserentsorgung, Kapitel 5 II 1 c aa, S. 121 f.

[5] Siehe Wasserversorgung, Kapitel 4 A I 1, S. 42.

[6] Siehe Struß, S. 63 mit Hinweis auf Schmeken, Städtetag 1989, 239, 240.

[7] Siehe Wasserversorgung, Kapitel 4 A I 2, S. 42.

[8] So Struß, S. 63.

(3) Anstalt öffentlichen Rechts

Das Organisationsmodell „Anstalt öffentlichen Rechts" wurde bereits im Rahmen der AEU vorgestellt. Daher kann auf diese Ausführungen an dieser Stelle verwiesen werden.[1]

(4) Zweckverband[2]

Die Abfallgesetze einiger Bundesländer lassen die Bildung von Abfallentsorgungsverbänden (Zweckverbänden) ausdrücklich zu, z.B. § 10 Abs. 1 LAbfGB; § 6 Abs. 1 LAbfGNW; § 7 Abs. 1 AbfAlGMV; § 4 Abs. 1 EGAB; § 5 Abs. 1 LAbfVG.

bb) Privatrechtliche Organisationsformen[3]

Die praktische Bewältigung der Müllentsorgung geschieht in großem Umfang durch privatrechtlich organisierte Unternehmen. Ganz überwiegend übernehmen diese die Entsorgung des Hausmülls in den ländlichen Gegenden und Städten bis etwa 100.000 Einwohnern.[4] Nach Ermittlungen der Bundesregierung aus dem Jahr 1982[5], die auch für die 90-er Jahre noch zutreffend sind[6], machen sie 50 % der Hausmüllabfuhr aus.[7] Die Durchführung der Müllentsorgung in privater Rechtsform stellt sich als eine Erweiterung der Selbständigkeit des mit dieser Aufgabe betrauten Unternehmens dar.

(1) Eigengesellschaft[8]

Für die Ausgestaltung der privatrechtlichen Aufgabenerfüllung bieten sich auch hier die Gesellschaftformen AG und GmbH, aber auch die Mischformen der AG & Co., der GmbH & KGaA und der GmbH & Co.KG an.[9] Die GmbH wird, gefolgt von der AG, von den Kommunen am häufigsten gewählt.[10] Sie werden als private, gemischt-wirtschaftliche oder gemischt-öffentliche Unternehmen mit mehreren Körperschaften als Gesellschaftern betrieben. Aber auch eine Kombination ist möglich, bei der an einem gemischt-öffentlichen Unternehmen private Entsorger beteiligt werden.[11]

---

[1] Siehe Abwasserentsorgung, Kapitel 5 II 1 c aa (3), S. 121.

[2] Siehe Wasserversorgung, Kapitel 4 A I 3, S. 43 und Abwasserentsorgung, Kapitel 5 II 1 c aa (4), S. 121.

[3] Siehe hierzu insbesondere Köppke/Wokittel, AJ 1996, 44 und Schneider in: Thome=Kozmiensky, S. 416 ff.

[4] Struß, S. 20.

[5] Siehe BT-Drucks. 9/914 S. 18. Vgl. auch BR-Drucks. 465/84 S. 16 und BT-Drucks. 10/2885 S. 42, 49.

[6] Struß, S. 20.

[7] So Kufe, MuA 1989, 553, 555. Aber auch Schneider in: Thome=Kozmiensky, S. 418.

[8] Siehe Abwasserentsorgung, Kapitel 5 II 1 c bb (1), S. 122.

[9] Struß, S. 101.

[10] Schiefer, NWVBL 1991, 5 f; Ehlers, DÖV 1986, 897, 899.

[11] Struß, S. 101.

Aufgaben der Ver- und Entsorgung können dabei in einem sog. Querverbund kombiniert werden.[1] Es existiert in vielen Fällen bereits eine Einheit von Verkehrs- und Energieversorgungsunternehmen, etwa als „Stadtwerke". Die Aufgabenerfüllung erfolgt dann direkt durch die Gesellschaft. Möglich ist es jedoch auch, daß unter dem Dach einer kommunalen Holding eine Zwischenschaltung von Tochtergesellschaften für einzelne Dienstleistungen erfolgt.[2]

(2) Betreibermodell, Betriebsüberlassung und Kooperationsmodell

Sowohl das Organisationsmodell „Betreibermodell[3]„ als auch die Modelle „Betriebsüberlassung[4]„ und „Kooperationsmodell[5]„ wurden bereits im Rahmen der Organisation von AEU vorgestellt. Für MEU kann nichts anderes gelten, so daß auf die dort getätigten Ausführungen verwiesen werden kann.

2. Die technische Seite der Müllentsorgung

Für den Bürger ist die „Müllabfuhr" nichts anderes als das regelmäßige Entleeren seines Mülleimers, den er zu diesem Zweck an den Straßenrand stellt.[6] Die Fragen nach dem „Wohin" mit dem Müll und dem „Wie" der Beseitigung können die wenigsten beantworten. Das Abfahren des Hausmülls ist jedoch nur ein Teil der „Müllabfuhr". Verfolgt man den Ablauf, so beginnt zwar der Gesamtvorgang mit dem Bereitstellen der Müllgefäße und endet mit der schadlosen Beseitigung der anfallenden Abfallstoffe; dazwischen liegen jedoch eine ganze Reihe von Arbeitsschritten, die einen beachtlichen Teil der "Müllabfuhr" ausmachen. Und zwar sind dies gem. § 1 Abs. 2 AbfG die Entsorgungstufen „Einsammeln", „Befördern", „Behandeln" und „Lagern" des Mülls.

a) Einsammeln

Unter dem Begriff „Einsammeln" versteht man das Abholen des Mülls, den der Besitzer im Rahmen seiner Überlassungspflicht nach § 3 Abs. 1 AbfG für die Träger der öffentlichen Müllentsorgung oder ihre Beauftragten bereitstellt.[7]

Dieser Tätigkeit der Entsorgungspflichtigen geht voraus das „Sammeln" durch die Besitzer, welches nicht unter den Einsammelbegriff des § 1 Abs. 2 AbfG fällt. Und zwar tragen die Bürger bei Entstehung des Mülls diesen zunächst in den Wohnungen zusammen und sammeln ihn in kleineren Behältern, die sich in der Wohnung (Küche, Abstellraum) befinden. In diesen „Wohnungs"-Müllgefäßen

[1] Schmeken, StuG 1991, 28, 30.
[2] Struß, S. 102.
[3] Siehe Abwasserentsorgung, Kapitel 5 II 1 c bb (2), S. 123.
[4] Siehe Abwasserentsorgung, Kapitel 5 II 1 c bb (4), S. 123.
[5] Siehe Abwasserentsorgung, Kapitel 5 II 1 c bb (5), S. 124.
[6] So Habeck=Tropfke, S. 51.
[7] Kunig/Schwermer/Versteyl, § 1 Rdn. 45; Hösel/v. Lersner, 1110 Rdn. 15; Birn-Jung, 02/3 § 1 S. 23.

wird er dann von den Bürgern zu der zentralen Sammelstelle (Mülleimer, -tonnen, -großbehälter oder -container) getragen und zwischengelagert, um erst dann von der Müllabfuhr übernommen zu werden.[1] Diese zentrale Zwischenlagerung und spätere Beförderung des Mülls erfolgt durch sog. Sammelsysteme:[2]

aa) Die Arten von Sammelsystemen

Zu unterscheiden ist dabei zwischen dem Umleer-System[3], dem Umtausch-System[4] und dem Einwegsystem.[5]

---

[1] Strobach, S. 33.

[2] Blume/Brune, S. 23; Habeck=Tropfke, S. 52 ff; Bälder, S. 98; Sattler/Emberger, S. 61; Keller-Müller, S. 109 f; Thome=Kozmiensky, S. 22-35; Müller/Schmitt=Gleser-Deckers, III-2 S. 13 ff; Bilitewski/Härtle/Marek, S. 39 ff; Kumpf/Maas/Straub, 2120 S. 1 ff.

[3] Für Hausmüll wird in Deutschland meistens das Umleer-System angewendet. Dabei wird der Inhalt des Müllbehälters über spezielle Umleervorrichtungen in die Aufnahmebehälter von Müll-Sammelfahrzeugen ausgeleert und der Behälter wieder zurückgestellt. In ländlichen Gebieten werden bevorzugt genormte Mülleimer (DIN 6628) mit 35 oder 50 Litern Fassungsvolumen, genormte Mülltonnen (DIN 6629, 30740) mit einem Fassungsvermögen von 60 bis 240 Litern verwendet. Sie sind teilweise aus verzinktem Stahlblech, meistens aber aus Kunststoff. Die Bürger sind verpflichtet, diese Müllbehälter zu den vorgeschrieben Zeiten zur Entleerung an den Straßenrand zu stellen und sie dort wieder abzuholen. Jeder Bürger behält also „seinen“ Müllbehälter. In dichter bebauten Gebieten (z.B. Wohnblocks) werden oftmals Müllgroßbehälter und -container (DIN 30700, 30718) aus verzinktem Stahlblech oder Kunststoff mit 1100 Litern bis 5 m^3 Fassungsvermögen mit vier Fahrrollen aufgestellt. Diese müssen durch die Lader zum Straßenrand transportiert werden. Siehe hierzu Keller/Müller, S. 109; Bälder, S. 98; Thome=Kozmiensky, S. 22; Habeck=Tropfke, S. 52; Blume/Brune, S. 23; Bilitewski/Härdtle/Marek, S. 40; Müller/ Schmidt=Gleser-Deckers, III-2 S. 13; Kumpf/Maas/Straub, 2120 S. 2.

[4] Beim Umtausch-System (auch Wechsel-System genannt) wird der volle Müllbehälter gegen einen leeren ausgetauscht. Da die modernen Müll-Sammelfahrzeuge heute Hub- und Kippeinrichtungen besitzen, ist ein Umtausch der Behälter nicht mehr verbreitet. Dieses System kommt heute nur noch bei sehr großen und schweren Containern, sog. Absetz- und Rollcontainern mit 2 bis 35 m^3 Fassungsvolumen, vor. Sie werden von Spezialfahrzeugen regelmäßig oder nach Bedarf abgeholt. Dieses System wird vorwiegend für Industrie- und Gewerbeabfälle sowie für den Hausmüll großer Gebäudeeinheiten (z.B. Hochhäuser) angewandt. Siehe hierzu Sattler/Emberger, S. 62; Blume/Brune, S. 23; Bälder, S. 98; Habeck=Tropfke, S. 52; Thome=Kozmiensky, S. 30; Müller/Schmitt=Gleser-Deckers, III-2 S. 15; Bilitewski/Härdtle/Marek, S. 40; Kumpf/Maas/Straub, 2120 S. 3.

[5] Das dritte System bezieht sich vowiegend auf die Verwendung von Müllsäcken, eine sehr saubere und hygienisch einwandfreie Entsorgung, die durchaus wirtschaftlich ist. Es wird also auf Müllbehälter verzichtet, die nach periodischer Entleerung wieder benutzt werden können. Stattdessen wird der Sack gemeinsam mit dem gesammelten Müll behandelt oder beseitigt. Siehe hierzu Thome=Kozmiensky, S. 35; Habeck=Tropfke, S. 53; Sattler/Emberger, S. 63; Bälder, S. 98; Kumpf/Maas/Straub, 2120 S. 3 f; Bilitewski/Härdtle/Marek, S. 40; Müller/Schmitt=Gleser-Deckers, III-2 S. 15. Die Einweg-Müllsäcke haben ein Fassungsvermögen bis zu 110 Liter und sind aus Papier oder Plastik (Polyethylen - PE). Die Organisation der Verteilung der Müllsäcke ist außerordentlich verschieden. In manchen Gemeinden wird einmalig an jeden Bürger eine bestimmte Anzahl Säcke (gegen Erstattung einer Grundgebühr) abgegeben, während weitere Säcke in beliebiger Menge (teilweise zum Selbstkostenpreis) gekauft werden können. Andere Gemeinden stellen die Säcke (z.B. den „gelben Sack“) unentgeltlich nach Bedarf zur Verfügung (Abholung z.B. bei allen Postämtern), wobei sich

bb) Die getrennte Abfuhr des Mülls

Die klassische Aufgabe der Abfallwirtschaft bestand in der Vergangenheit vor allem darin, Müll zu erfassen und einer Ablagerung zuzuführen. Ziel der modernen Abfallwirtschaft ist es, Abfälle zu vermeiden und nicht vermeidbare Abfälle schadlos zu verwerten. Der einzelne Bürger kann dazu nicht nur durch Müllvermeidung beitragen, sondern auch dadurch, daß er die ihm vom Gesetzgeber und Entsorgungspflichtigen zur Verfügung gestellten Möglichkeiten zur Sortierung bzw. getrennten Sammlung der verschiedenen Müllstoffgruppen konsequent nutzt und dadurch eine schadlose Verwertung seines Mülls unterstützt und ermöglicht. Die wichtigsten vorhandenen Verfahren für eine getrennte Sammlung der verschiedenen Müllstoffgruppen sind die Restmüll[1]- und Biomüllsammlung[2], die Sammlung mit dem „gelben Sack" (bzw. der „gelben Tonne")[3], die Straßensammlung[4] sowie die Sammlung durch Bringsysteme[5].

„unentgeltlich" auf den Akt des Abholens bezieht, eine Finanzierung letztendlich aber über die jährlichen Müllgebühren erfolgt.

[1] Restmüll ist derjenige Abfall, der nach getrennter Erfassung von verwertbaren Altstoffen übrigbleibt (Müller/Schmitt=Gleser-Deckers, III-2 S. 19). Er wird durchweg im Umleerverfahren gesammelt, in Mülleimern, -tonnen, -großbehältern oder -containern, die üblicherweise aus anthrazitgrauem Kunststoff bzw. aus verzinktem Stahlblech bestehen. Die Abholung erfolgt üblicherweise vierzehntägig.

[2] In separaten Sammelbehältern werden organische Küchen- und Gartenabfälle, die mit ca. 40 % die größte Gewichtsfraktion im Hausmüll darstellen, im Umleerverfahren gesammelt (Bilitewski/ Härdtle/Marek, S. 72; Müller/Schmitt=Gleser-Deckers, III-2 S. 19). Dafür werden die üblichen Systembehälter eingesetzt, die oft aus braunem Kunststoff bestehen und mit einem gelochten Einsatz versehen sein können. Die Biomüllabfuhr erfolgt im allgemeinen alternierend mit dem Restmüll, also ebenfalls vierzehntägig.

[3] Dieses Verfahren ist weitverbreitet zur Sammlung von gebrauchten Verkaufsverpackungen (sog. Leichtverpackungen) durch das „Duale System Deutschland". Es werden bevorzugt gelbe Plastiksäcke (sog. Einwegsystem) aber auch gelbe Kunststofftonnen verwendet (sog. Einwegsystem), die in der Regel einmal monatlich abgefahren werden.

[4] Diese Art findet besonders bei der Sammlung von Alttextilien und von Altpapier Anwendung (Müller/Schmitt=Gleser-Deckers, III-2 S. 16; Bilitewski/Härdtle/Marek, S. 71). Sie werden in unregelmäßigen, z.T. auch regelmäßigen Intervallen nach Bereitstellung auf der Straße von karitativen Organisationen oder durch gewerbliche Sammler abgeholt. Altkleider werden in (teilweise dafür extra zur Verfügung gestellten) Plastiksäcken, Altpapier wird gebündelt in Kartons oder Plastiktüten, bereitgestellt. In manchen Gegenden wird auf diese Weise ebenso Glas (in Kartons) abgeholt.

[5] Von großer Bedeutung ist die Sammlung durch Bringsysteme. Im Haushalt angefallene Wertstoffe werden durch den Bürger selbst zu zentralen Standplätzen transportiert und dort in speziellen Behältern gesammelt (Müller/Schmitt=Gleser-Deckers, III-2 S. 15 f; Bilitewski/ Härdtle/Marek, S. 67 ff). Besonders bewährt haben sich Standplätze an zentralen öffentlichen Plätzen, Einkaufszentren, Großmärkten und auf Parkplätzen. Mit dem Bringsystem werden vor allem Papier und Glas (Glas getrennt nach Weiß-,Grün- und Braunglas) erfaßt. Es werden meist Müllgroßbehälter verwendet, die in Form und Aussehen sehr unterschiedlich sein können. Ihre Entleerung erfolgt entweder in festen Zeitabständen oder bei Bedarf und zwar im Umleer-System. Wesentlich seltener werden Mehrkammer-Depotcontainer aufgestellt. In einzelnen Kammern werden verschiedene Wertstoffe gesammelt. Ihre Entleerung erfolgt im Umtausch-System.

Zusammenfassend läßt sich feststellen, daß der von den Bürgern in den Behältern gesammelte und zur Entleerung bereitgestellte bzw. hingebrachte Hausmüll - unabhängig von seiner Stoffgruppe, dem jeweiligen Trennverfahren und Sammelsystem - von den Müll-Sammelfahrzeugen abgeholt wird. Mit der Abholung des Mülls ist der Arbeitsschritt „Einsammeln" schließlich beendet.

b) Befördern

Unter „Befördern" des Mülls i.S.d. § 1 Abs. 2 AbfG versteht man die Vorgänge, die nach Beendigung der Sammlung beginnen, also den Transport des „angefallenen" Mülls an einen anderen Ort einschließlich des Be-, Um- und Entladens.[1] Die Beförderung des Mülls endet insofern mit der Übergabe des Mülls an die Beseitigungs- oder Verwertungsanlage.[2]

Sie beginnt jedoch zunächst mit dem Transport des Mülls in den sog. Müllsammel- und Transportfahrzeugen durch Teilnahme am öffentlichen Straßenverkehr.[3] Es handelt sich bei diesen Fahrzeugen um Sonderaufbauten auf LKW-Fahrgestellen. Zum Zwecke der Beladung müssen die Müllbehälter in der Regel mit Körperkraft bis zum Müll-Sammelfahrzeug transportiert werden. Hub-, Kipp- und Senkvorgänge werden dann von der Fahrzeugmechanik bzw. -hydraulik übernommen.[4] Ist der Beladevorgang beendet, erfolgt der *Direkttransport* zur Behandlungsanlage bzw. zur Umladeanlage mit anschließendem *Ferntransport* zur Zentraldeponie auf Straße, Schiene oder Wasserweg.[5]

c) Behandeln

Der Begriff „Behandeln" umspannt sämtliche Verfahren zur qualitativen oder quantitativen Veränderung des Mülls auf mechanischem, thermischem, chemischem und biologischem Weg und bildet damit das eigentliche Kernstück der Müllentsorgung.[6] Dazu zählen die Verfahren Zerkleinern, Verdichten, Entwässern, Kompostieren und Verbrennen.[7]

d) Lagern

Unter „Lagern" ist das Zwischenlagern von Stoffen vor ihrer Verwendung oder ihrer Endlagerung zu verstehen.[8] D.h. der Müll wird nicht direkt zu den Beseiti-

---

[1] Kunig/Schwermer/Versteyl, § 1 Rdn. 46; Hösel/v.Lersner, 1110 Rdn. 16; Birn-Jung, 02/3 § 1 S. 24.

[2] Thome=Kozmiensky, S. 105.

[3] Tabasaran-Junginger, S. 89; Habeck=Tropfke, S. 61.

[4] Sattler/Emberger, S. 68.

[5] Habeck=Tropfke, S. 71 ff; Thome=Kozmiensky, S. 106 ff.

[6] Birn-Jung, 02/3 § 1 S. 24 f.

[7] Kunig/Schwermer/Versteyl, § 1 Rdn. 47; Hösel/v.Lersner, 1110 Rdn. 17; Birn-Jung, 02/3 § 1S. 24 f.

[8] Kunig/Schwermer/Versteyl, § 1 Rdn. 48; Hösel/v.Lersner, 1110 Rdn. 18.

gungsanlagen bzw. Deponien abgefahren, sondern in Umladestationen zwischengelagert.

3. Die Rechtsquellen der Müllentsorgung - Ausschließliche Regelung durch Satzungen

Die Abfallentsorgungsverhältnisse über die Beseitigung von Hausmüll zwischen den Müllentsorgungsunternehmen (MEU) und den Bürgern werden grundsätzlich durch öffentlich-rechtliche Satzungen geregelt. Die Rechtsgrundlage für den Erlaß der kommunalen Abfallsatzung (Abfallentsorgungssatzung/Abfallbeseitigungssatzung) findet sich dabei in den Länderabfallgesetzen.[1] Einige Abfallgesetze schreiben ausdrücklich die Pflicht der beseitigungspflichtigen Körperschaften zur Satzungsgestaltung vor[2] bzw. bestimmen, daß derartige Regelungen durch Ortsgesetz zu treffen sind[3].

Die Satzungen der MEU orientieren sich dabei regelmäßig an den „Mustern einer Satzung über die Abfallentsorgung (Abfallsatzung)“, die von den obersten Abfallrechtsbehörden, den Landkreistagen oder den für das Kommunalrecht zuständigen Ministerien der einzelnen Bundesländer, aber auch von den kommunalen Spitzenverbänden wie dem Deutschen Städtetag, dem Deutschen Städte- und Gemeindebund und dem Deutschen Kreistag herausgegeben werden. Auch sie haben lediglich empfehlenden Charakter. Insbesondere sollen sie den MEU als Handlungsanleitung dienen und dazu beitragen, die Organisation der Abfallentsorgung nach Möglichkeit zu vereinheitlichen.[4] Insoweit stellen die Abfall-Mustersatzungen für die Kommunen die im einzelnen zur Verfügung stehenden Handlungsmodalitäten übersichtlich dar.[5]

Insbesondere müssen die Abfallsatzungen Vorschriften darüber enthalten, in welcher Weise, an welchem Ort und zu welcher Zeit dem MEU die Abfälle zu überlassen sind und unter welchen Voraussetzungen die zu entsorgenden Abfälle als angefallen gelten (Überlassungs- und Andienungspflicht, Umfang der Entsorgungspflicht, Ort und Zeitpunkt der Überlassung, zugelassene Behälter, Abfalltrennung). Aber auch der Zwang zum Anschluß und zur Benutzung an die kommunale Abfallentsorgungseinrichtung soll grds. durch die Abfallsatzung angeordnet werden. Denn dieser Anschlußzwang ist ebenso wie bei der Abwasserentsorgung von zentraler Bedeutung für den Schutz des Allgemeinwohls, insbesondere der Volksgesundheit.[6]

---

[1] §§ 8 Abs. 1 LAbfGBW; Art. 7 Abs. 1 BayAbfAlG; 7 Abs. 1 Bbg.LAbfVG; 2 Abs. 1 HAbfG; 6 Abs. 1 AbfAlGMV; 11 Abs. 1 NAbfG; 9 Abs. 1 LAbfGNW; 5 Abs. 1 LAbfWAG; 3 Abs. 1 SAbfG; 3 Abs. 2 EGAB; 4 AbfGLSA; 5 Abs. 1 LAbfWGSH; 4 Abs. 1 ThAbfAG.

[2] Z.B. §§ 8 Abs. 1 LAbfGBW; Art. 7 Abs. 1 BayAbfAlG; 7 Abs. 1 Bbg.LAbfVG; 6 Abs. 1AbfAlGMV; 11 Abs. 1 NAbfG; 5 Abs. 1 LAbfWGSH.

[3] Z.B. § 2 Abs.1 S. 1 BremAGAbfG.

[4] Birn-Kretz, 15/01.3 S. 20.

[5] Birn-Kretz, 15/01.3 S. 20.

[6] Queitsch, S. 848.

Die Ausgestaltung der Anschluß- und Benutzungsbedingungen auch für die kommunale Abfallentsorgungseinrichtung steht dabei grds. im Organisationsermessen der abfallentsorgungspflichtigen Kommune, wenn gleich das Organisationsermessen zur Regelung der detaillierten Benutzungsbedingungen nicht schrankenlos ist.[1] Es findet seine Grenze nämlich im Zweck der kommunalen Entsorgungseinrichtung und dem Grundsatz der Verhältnismäßigkeit.[2]

III. Die Mietparteien als Anschluß- und Benutzungsberechtigte nach den Satzungen

Ebenso wie die Wasserversorgungssatzungen der öffentlichen WVU und die Abwassersatzungen der AEU treffen also auch die Abfallsatzungen der MEU eine Regelung über den Anschluß- und Benutzungszwang (z.B. § 3 Abs.1 S. 2 Mustersatzung des Niedersächsischen Landkreistages),[3] nach der nur jeder Grundstückseigentümer zum Anschluß seiner Grundstücke an die öffentliche Abfallentsorgung und zur Überlassung seiner Abfälle an das MEU verpflichtet ist. Erbbauberechtigte, Wohnungseigentümer, Wohnungserbbauberechtigte, Nießbraucher und sonstige zur Nutzung des Grundstücks dinglich Berechtigte stehen auch hier den Grundstückseigentümern gleich (z.B. § 3 Abs.1 S.2 Mustersatzung des Nds. Landkreistages). Als notwendiges Korrelat aus diesem Zwang ergibt sich für die Anschluß- und Benutzungsverpflichteten gleichzeitig ein dahingehendes Recht auf Anschluß und Benutzung,[4] also ein Anspruch auf die Gründung eines dahingehenden Müllbeseitigungsverhältnisses mit dem örtlichen MEU.

Zwar sind neben den Anschlußpflichtigen auch alle anderen Abfallbesitzer, insbesondere Mieter und Pächter, verpflichtet, die auf dem Grundstück anfallenden Abfälle dem MEU aus Gründen der Volksgesundheit zu überlassen, (z.B. § 3 Abs. 2 Mustersatzung des Nds. Landkreistages). Allein aus dem Benutzungszwang und damit Benutzungsrecht läßt sich für Mieter jedoch kein Anspruch auf Begründung eines öffentlich-rechtlichen Entsorgungsverhältnisses mit seinem örtlichen MEU herleiten. Denn ein solcher Anspruch setzt neben dem Benutzungsrecht ein Anschlußrecht voraus.

Insofern besteht hier die gleiche Rechtslage wie bei der Wasserversorgung und bei der Abwasserentsorgung: Der Mieter ist nicht dinglich, sondern nur schuldrechtlich Berechtigter, d.h., es besteht für ihn aufgrund dieser Regelungen kein Recht zum Anschluß an die kommunale Abfallentsorgungseinrichtung und damit kein Recht auf Begründung eines dahingehenden Müllbeseitigungsverhältnisses mit dem örtlichen MEU. Nach den Abfallsatzungen der entsorgungspflichtigen Körperschaften sind die Mieter also nicht als Anschlußnehmer vorgesehen, eben-

[1] Queitsch, S. 848.
[2] OVG NW, NVwZ 1988, 561 f; Queitsch, S. 848.
[3] Abgedruckt im Anhang, S. 261 ff.
[4] Das neue Wasserrecht, 03/3.1 S. 5.

sowenig wie dies nach den Wasserversorgungs- und Abwasserentsorgungssatzungen der Fall ist.

IV. Die Bereitstellung der zulässigen Müllbehälter durch die MEU und die Pflicht zur Selbstbeschaffung

Die Möglichkeiten zur Beschaffung von Müllbehältern sind örtlich verschieden. Nach den Satzungen der meisten entsorgungspflichtigen Körperschaften stellt das MEU die vorgeschriebenen Abfallbehälter dem Anschluß- und Benutzungspflichtigen leihweise zur Verfügung (vgl. z.B. den Vorschlag in § 15 Abs. 2 Mustersatzung des Nds. Landkreistages[1]). Die Ausgabe der Behälter erfolgt dann in der Regel durch die Kommunen, wobei die Behälter im Eigentum des Beseitigungspflichtigen verbleiben. Insoweit ist der Austausch vorhandener Gefäße in kleinere oder größe unproblematisch, falls sich das bisherige Müllvolumen verändert. Es kann aber auch eine ersatzlose Rückgabe des Gefäßes erfolgen, z.B. wenn ein Haushalt aufgelöst wird.

Einige Kommunen treffen in ihren Satzungen lediglich eine Regelung darüber, welche Abfallbehälter für die Bereitstellung der Abfälle zur Abfuhr durch die öffentliche Abfallentsorgung zugelassen sind (z.B. § 6 Abs. 2 Abfallentsorgungssatzung Landkreis Ammerland; § 15 Abs. 1 Abfallentsorgungssatzung Landkreis Schaumburg). Eine Bereitstellung der zugelassenen Müllgefäße erfolgt in diesem Falle nicht durch den Beseitigungspflichtigen. Vielmehr ist der Anschluß- und Benutzungsberechtigte verpflichtet, die in der Satzung zugelassenen Behälter auf eigene Kosten zu beschaffen. Es besteht dabei zum einen die Möglichkeit, in Raiffeisenmärkten und Baumärkten neuwertige Müllbehälter zu erwerben. Zum anderen ist als Alternative der Gebrauchtwarenmarkt (Zeitungsannoncen, Flohmärkte etc.) vorhanden. Die Weitergabe gebrauchter Müllgefäße von einem Haushalt an den anderen ist dabei durchaus üblich, etwa wenn das bisher benötigte Gefäßvolumen nicht mehr ausreicht oder nicht ausgeschöpft wird und aus diesem Grunde eine größere bzw. kleinere „Tonne“ erworben werden muß oder wenn ein neuer Haushalt gegründet wird. Eine Abweichung von dieser Regelung können einige Satzungen allerdings vorsehen, und zwar im Hinblick auf Gemeinschaftsgroßbehälter und-container. Diese können z.T. auch wahlweise vom Entsorgungspflichtigen zur Verfügung gestellt werden (z.B. § 6 Abs. 6 Abfallentsorgungssatzung Landkreis Ammerland).

---

[1] Abgedruckt im Anhang, S. 261 ff.

V. Anspruch des Mieters auf haushaltsbezogene Müllgefäße, individuelles Behältervolumen sowie gefäßabhängige Abrechnung ?

1. Die Behälterwahl durch den Vermieter

Nach den Abfallsatzungen der Kommunen stellt also der Entsorgungspflichtige die vorgeschriebenen Abfallbehälter dem Anschlußberechtigten entweder zur Verfügung, oder es werden ihm die zulässigen Behälter vorgeschrieben, die er sich dann selbst beschaffen muß. Anschlußberechtigter ist nach den Satzungen wie festgestellt allerdings ausschließlich der Grundstückseigentümer[1], also der Vermieter. Aus diesem Grunde obliegt auch ihm die Besorgung der Müllbehälter für sein Grundstück und die Bereitstellung für seine Mieter. Entsprechend wählt der Vermieter als Anschlußberechtigter in der Regel auch die für die zu erwartende Abfallmenge als ausreichend anzusehenden festen Abfallbehälter aus (z.B. § 15 Abs. 3 Mustersatzung des Nds. Landkreistages).[2] Er kann außerdem für Wohngebäude mit mehreren Wohnungen bzw. für mehrere benachbarte Grundstücke einen oder mehrere gemeinsame Behälter mit entsprechend größerer Kapazität wählen (z.B. § 15 Abs. 5 Mustersatzung des Nds. Landkreistages).

Nach der Mustersatzung z.B. des Nds. Landkreistages hat der Vermieter bezüglich der Behältergröße und -anzahl also ein weitgefächertes Wahlrecht. Insofern hat der Mieter also keinerlei Mitspracherecht, es sei denn, daß der Vermieter auf Wünsche seiner Mieter eingeht oder sie sogar selbst entscheiden läßt, welche Müllgefäße sie benutzen wollen. Dies kommt jedoch vorwiegend nur in den Fällen vor, wo ein Vermieter lediglich eine oder wenige Wohnungen vermietet. Denn erstens kommt hier die Verwendung von Großbehältern bzw. Containern wegen zu großem Vorhaltevolumen ohnehin nicht in Betracht und zweitens führt die Beschaffung individueller Gefäße für die einzelnen Mietparteien in Abstimmung auf deren Personenzahl und Müllaufkommen nicht zu einem unzumutbaren Arbeits- und Kostenaufwand für den Vermieter. Hingegen sind Vermieter von Wohnblocks bzw. Großwohnanlagen (z.B. Wohnungsgesellschaften) in der Regel nicht bereit, jede einzelne Mietpartei die Größe ihrer Müllgefäße selbst wählen zu lassen bzw. diesen Mietern überhaupt ein Mitspracherecht einzuräumen.

Eine Ausnahme besteht lediglich dann, wenn der Vermieter zumindest bereit ist, insoweit auf die Bitte aller Mieter einzugehen, indem er einen Austausch der z.B. vorhandenen 240-l-Tonnen gegen 60-l-Tonnen veranlaßt bzw. vornimmt. Jedoch findet auch hier keine individuelle Anpassung der Gefäßgröße an die besonderen Verhältnisse der einzelnen Mietparteien statt, sondern einzig eine pauschale Ausstattung aller Parteien mit ein und derselben Gefäßgröße unabhängig von deren

---

1 Von den sonstigen dinglich Berechtigten abgesehen.

2 In den bisherigen Satzungsmustern wurde zusätzlich eine Mindestbehälterkapazität von 15 Litern pro Woche und Bewohner vorgegeben. Diese ist aber vor dem Hintergrund des Urteils des Nds. OVG vom 29.3.1995 (Nds.VBl. 1995, 204 ff) gestrichen worden.

Personenzahl und Müllverursachung. Grundsätzlich besteht für Mieter also kein Selbstbestimmungsrecht bezüglich der Größe ihrer Müllgefäße, und zwar weder gegenüber ihrem Vermieter als auch nicht gegenüber ihrem örtlichen MEU, da Anschlußnehmer ausschließlich der Vermieter ist. Der Mieter ist danach als am Versorgungsverhältnis „Unbeteiligter" anzusehen.

2. Die Auswirkungen auf den Abrechnungsmaßstab

Zu prüfen ist weiterhin, wie sich die Größe der in Mehrfamilienhäusern verwendeten Müllgefäße auf den Abrechnungsmaßstab für die Verteilung der Müllgebühren auswirkt. Gem. § 22 a Abs. 2 NMV sind die Kosten der Müllabfuhr nach einem Maßstab, der der unterschiedlichen Müllverursachung durch die Wohnparteien Rechnung trägt oder nach dem Verhältnis der Wohnflächen umzulegen. Auch hier ist der im Mietvertrag vereinbarte Maßstab verbindlich.

a) Gemeinschaftsbehälter = pauschale Abrechnung

Bei Verwendung von Gemeinschaftsgefäßen (Gemeinschaftstonnen, -großbehältern oder -containern) kommt logischerweise ausschließlich die verursacher-*un*abhängige Abrechnung in Betracht, also ebenso wie bei der Verteilung der Wasser- und Abwasserkosten die Umlegung nach der Wohnfläche oder der Anzahl der Wohneinheiten.

b) Haushaltsbezogene Müllbehälter = Kein Anspruch auf gefäßabhängige Abrechnung

Sind separate haushaltsbezogene Müllbehälter vorhanden, so ist zulässig zum einen die verbrauchs- bzw. verursacherabhängige Abrechnung, d.h. die Umlegung der Gesamtkosten für die Müllabfuhr nach einem Maßstab, der der unterschiedlichen Müllverursachung Rechnung trägt (§ 4 Abs.5 S.1 Nr.1 MHG), also z.B. die Verteilung der Kosten in Höhe der Jahresgebühr für das jeweils verwendete Müllgefäß. Zum anderen ist ebenso die pauschale Umlegung der Gesamtmüllkosten auf die einzelnen Mietparteien möglich, also auch hier die Verteilung nach den Maßstäben „Personenzahl", „Wohnfläche", „Anzahl der Wohnparteien" etc. sowie vielerlei Mischformen, also weitgehend die verbrauchs*un*abhängige bzw. verursacher*un*abhängige Abrechnung.

Ein Anspruch der Mieter auf die Anwendung eines bestimmten Verteilungsmaßstabes ist auch hier nicht gegeben. Vielmehr steht die Bestimmung des Verteilungsmaßstabes im billigen Ermessen des Vermieters. Selbst wenn der Mieter also über haushaltsbezogene separate Müllgefäße verfügt, hat er keinen Anspruch gegen seinen Vermieter auf gefäßabhängige, also verbrauchs- bzw. verursacherabhängige Abrechnung.[1] Damit ist diese Rechtslage identisch mit derjenigen bei der

[1] Eine Ausnahme besteht in der Praxis lediglich dann, wenn sich die Höhe der dem Vermieter in Rechnung gestellten Müllkosten nach dem tatsächlichen Müllaufkommen jeder Mietpartei

Wasserversorgung und Abwasserentsorgung: Dort hat der Mieter gleichermaßen keinen Anspruch auf verbrauchsabhängige Abrechnung seiner Wasser- und Entwässerungskosten, selbst wenn er auf eigene Kosten einen Wohnungswasserzähler nachträglich eingebaut hat.[1]

VI. Mögliche Beiträge der Bürger zur Vermeidung von Hausmüll

In den Privathaushalten Deutschlands fallen jährlich rund 15 Millionen Tonnen Müll, also eine enorme Menge Hausmüll an. Dabei sind die Bürger oftmals durchaus in der Lage, diese Abfälle erheblich zu reduzieren, ohne dadurch Einbußen in ihrer Lebensqualität hinnehmen zu müssen. Zudem würden sie durch ein umweltbewußteres Verhalten der Natur einen großen Dienst erweisen und dadurch dem sozialpolitischen Ziel der „Verringerung der Umweltbelastung durch Abfallvermeidung" gerecht werden. In diesem Kapitel ist es daher Aufgabe der Verfasserin, erstens die vorhandenen Einsparpotentiale in Privathaushalten aufzuzeigen und zweitens darauf hinzuweisen, daß insbesondere durch die Gründung eines direkten Entsorgungsverhältnisses zwischen MEU und Mietern ein durchaus großer Anreiz für Mieter geschaffen werden kann, gerade diese vorhandenen Einsparpotentiale durch die Aneignung eines umwelt- und preisbewußten Verhaltens zu mobilisieren. Bestünde in der Praxis für Privathaushalte gar nicht die Möglichkeit, ihren Müll durch kosten- und umweltbewußteres Verhalten tatsächlich zu reduzieren, so erübrigte sich die in dieser Arbeit u.a. zum Gegenstand gemachte Frage, ob die müll-entsorgungspflichtigen Körperschaften überhaupt berechtigt sind, die Begründung direkter Entsorgungsverhältnisse mit den einzelnen Mietparteien zu verweigern. Aus diesem Grunde ist es zunächst notwendig, kurz aufzuzeigen, welche Möglichkeiten bei Bürgern im Wohnbereich grundsätzlich vorhanden sind, um Hausmüll zu vermeiden. Hausmüll setzt sich im großen und ganzen zusammen aus den Abfallsorten (Müllstoffgruppen) Biomüll, Papier und Pappe, Altglas, Leichtverpackungen, Sperrmüll, Schadstoffe, Textilien und Restmüll.

1. Leichtverpackungen

Die Abfallverursachung bzw. -vermeidung fängt schon beim Einkauf an, wobei dies in einem besonderen Maße gerade für denjenigen Müll zutrifft, der durch Leichtverpackungen anfällt und durch das zumeist bekannte Abfallsystem „Gelber Sack" entsorgt wird. Allein durch die Aneignung bewußterer Kaufgewohnheiten kann jeder Bürger den Anfall dieser Müllsorte verringern; konkret, indem er z.B. auf den Kauf von Getränken in Dosen, Kunststoffflaschen und Verbundkartons (sog. Tetrapaks) verzichtet und auf Mehrwegflaschen zurückgreift, Gemüse in Dosen ablehnt, Klappkisten, Körbe, Netze oder Taschen statt Plastiktüten zum Ein-

---

richtet. In diesem Falle ist der Vermieter zur verbrauchsabhängigen Abrechnung verpflichtet (vgl. AG Moers, WM 1996, 96: sog. Scanner-System).

[1] Siehe hierzu Kapitel 3 V, S. 29 f und VII 3, S. 33 ff.

kaufen verwendet, Umverpackungen gleich beim Händler beläßt, Obst, Gemüse sowie Brot nicht in Folie eingeschweißt kauft usw.

2. Papier und Pappe

Die Verursachung von Papier und Pappe, die entweder am Wertstofftag gebündelt vom MEU abgeholt oder vom Bürger zum zentralen Papiercontainer gebracht werden, kann dadurch vermieden werden, daß z.B. beim Einkauf auf Mehrfach-, Mogel-, Miniportions- und Luxusverpackungen verzichtet wird, der Einwurf von Werbung in den Briefkasten untersagt wird, Papierbögen beidseitig beschrieben und kopiert werden, gelesene Zeitungen und Zeitschriften weitergegeben werden, unnötige Mehrfachausdrucke am Computer vermieden werden etc.

3. Altglas

Altglas, das ebenfalls entweder am Wertstofftag vom MEU abgeholt wird oder vom Bürger zum zentralen Glascontainer gebracht werden soll, kann vor allem dadurch vermieden werden, daß Einwegflaschen und -gläser im Regal stehengelassen und stattdessen Mehrwegflaschen und -gläser (Pfandglas) gekauft werden. Denn eine Pfandflasche kann im Gegensatz zur „Ex-und-hopp-Flasche“ bis zu 40 mal wiederbefüllt werden und schont somit die Umwelt.

4. Sperrmüll

Bei (langfristig) bewußtem, vorausschauendem Verhalten der Bürger kann aber auch die Menge des Sperrmülls verringert werden, der in der Regel entweder nach Terminabsprache oder an festen Abfuhrterminen vom örtlichen MEU frei Haus abgeholt wird. Zum Beispiel sorgt Qualität beim Einkauf für langes Leben der Produkte und hilft Abfälle zu vermeiden. Auch das Aufmöbeln alter Teile und die Weitergabe an andere (z.B. Verkauf auf dem Gebrauchtwarenmarkt, Schenkung an Privatpersonen oder soziale Einrichtungen) verringert Sperrmüllabfallmengen.

5. Schadstoffe

Auch der Anfall von Schadstoffen, die z.B. an den Recyclinghöfen der MEU angenommen werden, ist in einem gewissen Maß vermeidbar. Zum Beispiel können die Bürger statt Batterien aufladbare Akkus oder solarbetriebene Geräte verwenden und beim Einkauf von Farben und Lacken die Einkaufsmenge dem Verbrauch anpassen, so daß keine unnötigen Reste entstehen usw.

6. Biomüll

Die Vermeidung von Biomüll (meist braune Tonne) ist zumindest in der Stadt kaum möglich, es sei denn, daß die Bürger die Möglichkeit haben, Grünabfälle zu einem Wertstoffdepot zu bringen oder selbst zu kompostieren. Ansonsten handelt es sich beim Biomüll um eine Müllsorte, deren Menge auch durch ein bewußtes Handeln der Bürger nicht vermeidbar ist. Sie bildet damit eine Ausnahme von den anderen Müllsorten. Dies ist jedoch im Hinblick auf die Ökologie unschädlich, da biologische Stoffe bei ordnungsgemäßer Kompostierung für die Umwelt keine Schäden hervorrufen.

7. Restmüll

Restmüll (meist graue Tonne) ist diejenige Müllsorte, die bei umweltbewußtem Handeln der Bürger auf ein Minimum reduzierbar ist. Denn Restabfall ist das, was übrigbleibt, wenn alle Wertstoffe sorgfältig getrennt und die Schadstoffe separat entsorgt werden, etwa Asche, Glühlampen, kleine Elektrogeräte, Einwegfeuerzeuge, Kugelschreiber, Windeln etc. Und selbst diese wenigen Reste sind noch vermeidbar, z.B. indem auf Wegwerffeuerzeuge und -kugelschreiber verzichtet wird, Elektrogeräte gekauft werden, die sich reparieren lassen, Stromsparlampen verwendet werden usw. Es ist also offensichtlich, daß der Restmüll diejenige Müllsorte ist, die auf ein absolutes Minimum verringerbar ist, vor allem durch Trennung, aber auch insgesamt durch Vermeidung.

Aus diesem Grunde knüpft auch genau an diesen Restmüll die Müllentsorgung an. Ein Restmüllbehälter ist inzwischen in ganz Deutschland eingeführt worden. Die Müllgebühren richten sich (teilweise ausschließlich) nach der Größe (Grundgebühr) dieses Behälters. Die Kosten für die anderen Dienstleistungen wie Sperrmüllabfuhr, Glas-, Papier- und Schadstoffsammlung, der „Gelbe Sack“ und z.T. sogar der Biomüll-Behälter[1] sind oftmals in den Kosten für den Restmüll-Behälter enthalten. Verhält sich der jeweilige Haushalt bzw. die jeweilige Müllgemeinschaft umweltbewußt, d.h. trennen die dazugehörigen Personen den Müll sorgfältig entsprechend den vom örtlichen MEU angebotenen verschiedenen Abfallsystemen und vermeiden damit Restmüll, so bleibt nur ein geringer Anteil für den Restmüllbehälter übrig. Entsprechend klein und damit auch günstig braucht dieser Behälter dann auch nur auszufallen; zu große Behälter könnten in kleinere und damit günstigere Behälter ausgetauscht werden. Eine gute Abfalltrennung und damit -vermeidung würde also honoriert. Insofern ist normalerweise der finanzielle Anreiz für die Bürger groß, sich umweltbewußt zu verhalten, denn unbestritten ist die Kostenbelastung ein wesentlicher Faktor zur Erzielung eines solchen Verhaltens.

[1] In Bremen z.B. ist die Biotonne sowie die Abfuhren von Textilien und Altpapier in der Gebühr für das Restmüllgefäß enthalten.

VII. Verschiedener Einfluß der Abfuhr- und Gebührensysteme auf das Müllverhalten von Mietern

Trotz all der aufgezählten Sparmöglichkeiten ist das Bewußtsein der Bürger zugunsten der Abfallvermeidung und Abfalltrennung mehr oder weniger stark ausgeprägt. Während der eine Bürger sowohl in Voraussicht auf die schadlose Beseitigung der Abfallprodukte einkauft als auch ganz konsequent seinen verursachten Müll entsprechend den von seinem örtlichen MEU angebotenen Systemen sortiert, beteiligt sich der ein oder andere Bürger grundsätzlich an keiner Aktion zur Müllvermeidung. Grund hierfür ist aber nicht immer allein das fehlende Umweltbewußtsein dieser Personen, sondern oftmals auch die durch Ungerechtigkeiten bei der Gebührenverteilung begünstigte Ignoranz bei den Bürgern, und zwar vor allem bei der Personengruppe der Mieter großer Wohnblocks. In diesen Fällen bilden viele Mietparteien eine Abfallgemeinschaft, d.h. sie sind gezwungen, mit vielen anderen Mitmietern ein und dieselben Mülltonnen, Müllgroßbehälter oder gar Container zu benutzen. Die Kosten werden dann verursacher*un*abhängig auf die einzelnen Mietparteien umgelegt.

1. Abfuhrsystem Nr. 1: Verwendung von Gemeinschaftsbehältern

a) Gemeinschaftsbehälter am Bsp. der Stadt Hannover

Ein typisches Beispiel hierfür ist die Stadt Hannover. Die Müllbeseitigung dieser Stadt zeichnet sich dadurch aus, daß der Anteil an Gemeinschaftsbehältern wie Großmüllbehältern, Containern und größeren Tonnen sehr hoch ist und sogar noch steigt. Dem Tätigkeitsbericht[1] 1994 ist zu entnehmen, daß im Jahr 1994 ca. 12.500 Müllgroßbehälter und 634 Container für die Sammlung und den Transport des Haus- und Gewerbemülls in der Stadt Hannover im Einsatz waren. Im Jahr 1995 betrug die Zahl an Müllgroßbehältern bereits ca. 15.100 und die Zahl an Containern 640,[2] während die Gesamtzahl an Mülltonnen trotz verstärkter Einführung der Biotonne annähernd gleichblieb. Und im Jahr 1996 stieg die Zahl der eingesetzten Container sogar auf 1.018, also fast auf das Doppelte an.[3]

Die Mülltonnen für sich genommen haben dabei im Vergleich zu anderen Entsorgungsgebieten auch noch recht große Fassungsvermögen (110 l). Kleine Volumina, wie etwa 35 l, 50 l oder 60 l, die in anderen Versorgungsgebieten für kleine und separate Haushaltungen vorgesehen sind, werden in Hannover erst gar nicht zugelassen. Weit verbreitet sind vielmehr Ringtonnen von 110 Litern Fassungsvermögen sowie Rest- und Biomülltonnen von 120 l und sogar 240 l. Diese großen Tonnen-Volumina können in der Regel nur durch mehrere Familien ausgelastet werden. Insofern werden in Hannover also selbst „Tonnen" zu einem großen Teil

[1] Jahresbericht 1994 des Abfallwirtschaftsbetriebes der Stadt Hannover, S. 19.
[2] Jahresbericht 1995 des Abfallwirtschaftsbetriebes der Stadt Hannover, S. 6.
[3] Jahresbericht 1996 des Abfallwirtschaftsbetriebes der Stadt Hannover, S. 6 .

als Gemeinschaftsbehälter verwendet. Zusammenfassend läßt sich folglich feststellen, daß die Bürger und damit die Mieter der Stadt Hannover zu einem großen Teil gezwungen sind, mit ihren Mitmietern ein und dieselben Müllgefäße gemeinsam zu benutzen und damit zwangsläufig einer pauschalen Verteilung der Müllgebühren (nach Personenzahl, Wohnfläche, Anzahl der Wohnparteien etc.), also einer verursacher*un*abhängigen Abrechnung unterliegen.

b) Gemeinschaftsbehälter = Kein Anreiz zur Müllvermeidung

Soweit Abfallgemeinschaften, insbesondere bei Verwendung von Müllgroßbehältern oder sogar Containern gebildet werden, ist ein Überblick über die Müllverursachung einzelner Mietparteien unmöglich. Oftmals herrscht Chaos im Container: Es ist nicht nur, daß unverträgliche Mischungen und teilweise völlig unverantwortliche Einwürfe das eigentlich benötigte Vorhaltevolumen überfordern, sondern hinzu kommt, daß durch solch ein Handeln eine ordnungsgemäße Verwertung in der Abfallanlage oftmals unmöglich gemacht wird. Neben der Belastung der Umwelt durch unnötiges Müllvolumen und mangelnde Sortenreinheit führt dies zu erheblichen Mehrkosten, die von allen zu tragen sind. Dadurch sieht der umwelt- und preisbewußte Mieter wenig Sinn darin, sich beim Produktkauf vorausschauend zu verhalten und seinen Müll entsprechend den vom örtlichen MEU angebotenen verschiedenen Abfallsystemen zu trennen. Denn es ist für ihn offensichtlich, daß eine Verringerung der Umweltbelastung durch Müllvermeidung nur wirklich erreicht werden kann, wenn sich alle beteiligen, ein umweltbewußtes Verhalten allein von seiner Seite wenig ausrichten kann und er ohnehin für den weniger umwelt- und kostenbewußten Nachbarn mitbezahlen muß. Ein Anreiz zum umweltbewußten Verhalten ist für ihn in Anbetracht dieser Tatsachen bei Verwendung von Gemeinschaftsgroßbehältern nicht gegeben.

Der Ursprung hierfür ist dabei in der Gestaltung der Abfallsatzung zu erblicken. Ebenso wie die Wasserversorgungs- und Abwassersatzungen der WVU und AEU enthalten auch alle Abfallsatzungen der Kommunen eine Regelung über die Anschluß- und Benutzungsberechtigten (z.B. § 3 Mustersatzung des Nds. Landkreistages), nach der das Anschluß- und Benutzungsrecht ausschließlich Grundstückseigentümern sowie ähnlich dinglich Berechtigten (Erbbauberechtigten, Wohnungseigentümern, Wohnungserbbauberechtigten, Nießbrauchern) zusteht, wodurch die lediglich schuldrechtlich berechtigten Mieter nicht anschlußberechtigt sind. Anschlußnehmer sowie Gebührenschuldner und damit aus dem Anschlußverhältnis Berechtigter und Verpflichteter ist also allein der Vermieter. Aus diesem Grunde ist es auch ihm vorbehalten zu bestimmen, welche Müllgefäße für seine Mieter zur Verfügung gestellt werden. Das MEU stellt dem Vermieter die Müllgebühren in Rechnung, und der Vermieter legt diese Kosten auf seine Mieter um. Wählt der Vermieter von Mehrfamilienhäusern Gemeinschaftsgefäße, wie es gerade in Städten üblich ist, so erfolgt die Umlage dieser Kosten verursacher*un*abhängig, d.h. nach Personenzahl, Wohnfläche oder Anzahl der Wohnparteien (Wohneinheiten). Für die betroffenen Mieter besteht damit kein Anreiz zur Müllvermeidung und somit wird von ihnen viel mehr Müll produziert, als eigentlich notwendig ist. Dies wäre anders, wenn die Abfallsatzungen auch den Mietern ein Anschlußrecht an die öffentliche Abfallentsorgung einräumen würden. Der einzelne Mieter wäre nunmehr selbst Gebührenschuldner, wofür Voraussetzung ein eigenes Anschlußrecht für Mieter ist. Es müßte also die verursacherabhängige Abrechnung der Müllkosten erfolgen in Form der Einführung eines verbrauchsnahen Abrechnungssystems, und zwar durch die Verwendung von haushaltsbezogenen separaten Müllgefäßen.

2. Abfuhrsystem Nr. 2: Verwendung haushaltsbezogener Müllbehälter

Fraglich ist, ob diejenigen MEU den Forderungen in den Länderabfallgesetzen nach einem Hinwirken auf „Müllvermeidung" gerecht werden, deren Entsorgungssystem bzw. deren Abfallsatzung dahingehend gestaltet ist, daß in erster Linie haushaltsbezogene Müllbehälter von den Wohnparteien verwendet werden sollen.

a) Haushaltsbezogene Müllbehälter am Bsp. des Landkreises Ammerland

Auf eine eigene Berechtigung von Mietern zum Anschluß an die öffentliche Abfallentsorgung käme es gar nicht an, wenn auch ohne eine solche Anschlußberechtigung dem gesetzgeberischen Ziel der Verringerung der Umweltbelastung durch Abfallvermeidung in den Länderabfallgesetzen entsprochen werden könnte. Ein größerer Anreiz zur Müllvermeidung für Mieter in Mehrfamilienhäusern und damit eine eventuell ausreichende Erfüllung der Forderung nach „Müllvermeidung" in den Länderabfallgesetzen könnte in der vorwiegenden Verwendung haushaltsbezogenener Müllbehälter zu erblicken sein. Als Beispiel für ein Entsorgungsgebiet, in dem vorwiegend haushaltsbezogene separate Müllgefäße verwendet werden, soll die öffentliche Abfallentsorgung des Landkreises Ammerland vorgestellt werden.

Gemäß § 6 Abs.1 S. 1 Abfallsatzung des Landkreises Ammerland müssen bei bewohnten Grundstücken pro Haushalt mindestens ein fester zugelassener Restmüllbehälter und eine Bio-Tonne bereitstehen, wobei die Behältergröße frei wählbar ist. Aus dieser Regelung ergibt sich ausdrücklich, daß es angestrebt wird, die einzelnen Haushalte mit separaten Müllgefäßen auszustatten.

Zwar können nach Abs. 6 für mehrere benachbarte anschlußpflichtige Grundstücke sowie für Wohngebäude mit mehreren Wohnungen auch gemeinsame Behälter mit entsprechend größerer Kapazität zur Verfügung gestellt oder zugelassen werden. Diese Regelung wurde jedoch in erster Linie geschaffen, um diejenigen Haushalte zu berücksichtigen, bei denen besonders wenig Müll anfällt.[1] Denn erweist sich z.B. der kleinste angebotene Müllbehälter von 35 Liter Fassungsvermögen für einen Einfamilienhaushalt als zu groß, so kann mit einem anderen Haushalt eine Abfallgemeinschaft gebildet werden

[1] Dies ging aus einem Gespräch der Verfasserin mit einem Angestellten des Landkreises Ammerland (Abfallbeseitigung) hervor.

und z.B. gemeinsam eine 50-Liter-Tonne benutzt werden. Dadurch kann das Mindestvolumen und damit die Kostenbelastung dieser Bürger verringert werden. Diese Regelung ermöglicht es im Gegenzuge natürlich auch dem bequemen Vermieter von Mehrfamilienhäusern, Gemeinschaftsbehälter zu wählen und dementsprechend pauschal abzurechnen. In der Praxis wird diese Möglichkeit jedoch kaum ausgenutzt, da im Ammerland der Trend in die Richtung eines Vorhaltevolumens von 10 Litern pro Woche und Person geht. Ein Wohngebäude müßte z.B. mindestens 55 Personen beherbergen (bei 14-tägiger Abfuhr, § 8 Abs.2 Nr.2), um einen Gemeinschaftsgroßbehälter von 1.100 Litern Füllraum verwenden zu können. Für die Füllung einer Gemeinschafts-Tonne von 240 Litern wären zwar zweifelsohne weniger Personen erforderlich. Trotzdem machen die Vermieter von dieser Möglichkeit kaum noch Gebrauch, sondern halten sich vielmehr an den Tenor in § 6 Abs.1 S.1 (Abfallsatzung des Landkreises Ammerland), wonach Abfallbehälter pro Haushalt bereitstehen sollen.

Im Ergebnis läßt sich mithin festhalten, daß im Landkreis Ammerland vorwiegend haushaltsbezogene separate Müllgefäße verwendet werden, also in der Regel jeder Haushalt über eigene Behältnisse verfügt und nicht gemeinsam mit seinen Mitmietern sog. Gemeinschaftsgefäße benutzen muß.

b) Beschränkter Anreiz zur Müllvermeidung bei gefäßunabhängiger (pauschaler) Kostenverteilung durch den Vermieter

Es stellt sich nunmehr die Frage, wie sich eine solche Handhabung auf das Müllverhalten der Mieter auswirkt. Zweifellos ist der Mieter mit haushaltsbezogenen separaten Behältern zunächst bedacht (unabhängig vom praktizierten Verteilungsmaßstab der Müllgebühren) für Sortenreinheit in seinen eigenen Müllbehältern zu sorgen, nämlich schon allein aus dem Grund, daß die MEU berechtigt sind, im Falle nicht ordnungsgemäßer Sortierung die Leerung der Gefäße bzw. die Abfuhr von Wertstoffen zu verweigern. Ein solches Bestreben ist bei Mietern von großen Wohnanlagen eher weniger anzutreffen. Denn es ist kaum kontrollierbar und erst recht im nachhinein nicht nachvollziehbar, welcher Mieter Fremdstoffe in ein bestimmtes Abfallsystem eingebracht hat bzw. gar nicht sortiert hat und einfach seinen ganzen Hausmüll in einem Großbehälter oder Container „abgeladen" hat. Somit kann der „Übeltäter" auch nicht zur Verantwortung gezogen werden und dem MEU bleibt nichts weiter übrig, als diesen Container trotz der unverträglichen Mischung zu leeren bzw. abzufahren. Zumindest wird derjenige Mieter, dem eigene Müllgefäße zur Verfügung stehen, insoweit auf eine gewisse Sortenreinheit in seinen Behältern, Säcken etc. achten, wie diese erforderlich ist, um die Abfuhr nicht zu gefährden.

Weiterhin geben separate Müllgefäße gegenüber Gemeinschaftsbehältern auch zu umweltbewußtem Mieterverhalten Anreiz: Da sich jede der Mietparteien auf die ihr eigens zur Verfügung gestellten Müllgefäße beschränken muß, sind sie gezwungen, mit dem Vorhaltevolumen dieser Gefäße auszukommen. Auch aus diesem Gesichtspunkt heraus sind sie dazu angehalten, nicht achtlos alles in die Tonnen zu geben, was bei ihnen anfällt, sondern die jeweils dafür vorgesehenen Abfallsysteme zu nutzen und wenn nötig sogar auf bestimmte Dinge beim Kauf grundsätzlich zu verzichten, die im nachhinein die Kapazität ihrer Müllbehälter überfordern oder zumindest stark beeinträchtigen würden.

Alles in allem besteht für Mieter mit haushaltsbezogenen Gefäßen also auf jeden Fall ein Anreiz zur Müllvermeidung, also auf Sortenreinheit durch Mülltrennung zu achten, um die Abfuhr zu gewährleisten sowie mit dem vorhandenen Vorhaltevolumen auszukommen, also ebenfalls den Müll weitgehend zu trennen und zu vermeiden. Insoweit besteht im Hinblick auf die Schonung der Umwelt durch Müllvermeidung auf jeden Fall ein Vorteil der haushaltsbezogenen Müllgefäße gegenüber Gemeinschaftsbehältern, unabhängig davon, ob letztendlich auch gefäßabhängig abgerechnet wird oder nicht.

Darüber hinaus ist das Interesse der Mieter an einer konsequenten Müllvermeidung allerdings beschränkt. Ein finanzieller Anreiz zur Müllvermeidung über sein verfügbares Behältervolumen hinaus besteht nicht. Denn er bezahlt ohnehin nach einem festen Maßstab seine Müllgebühren (nach Personen, Quadratmeter Wohnfläche etc.). Selbst wenn er also mit einem kleineren und folglich billigerem Behältervolumen auskäme, würde sich an der Kostenverteilung für ihn nichts ändern. Er bezahlt nach wie vor nach dem festen Maßstab, selbst wenn seine Mitmieter mit gleicher Personenzahl bzw. gleicher Wohnfläche einen größeren und teuren Behälter benutzen.

c) Größerer Anreiz zur Müllvermeidung bei gefäßabhängiger Abrechnung

Es drängt sich daher die Frage auf, ob für Mieter, die zwar über haushaltsbezogene Mülltonnen oder -eimer verfügen, dennoch gefäß*un*abhängig abrechnen müssen. Denn ein größerer Anreiz zur Müllvermeidung bestünde zweifelsohne, wenn die Kosten für die Müllabfuhr gefäßabhängig und damit verursacherorientiert umgelegt würden. Zu unterscheiden ist an dieser Stelle zwischen Vermietern von vielen Wohnungen (Wohnungsgesellschaften) und Vermietern, die lediglich eine oder wenige Wohnungen vermieten.

aa) Im Falle des Vermieters vieler Wohnungen

In der Praxis ist es meist so, daß der Vermieter von sehr vielen Wohnungen (z.B. Wohnblocks) generell keine unterschiedlichen Müllgefäße für seine Mieter bereitstellt, sondern die Mietshäuser mit einheitlichen Mülltonnen ausstattet. Er stimmt also die Größe der Tonnen nicht auf die Personenzahl der einzelnen Mietparteien und erst recht nicht auf deren individuelles Müllverhalten ab. Rein praktisch ist er auch gar nicht dazu in der Lage, für jede Mietpartei individuelle Behältervolumina zur Verfügung zu stellen. Denn gerade in großen Mehrfamilienhäusern findet ein ständiger Mieterwechsel statt. So kann z.B. eine fünfköpfige Familie aus- und eine Einzelperson einziehen. Der Austausch der z.B. vorhandenen 120-l-Tonne in einen 35-l-Eimer ist aus verwaltungstechnischen und finanziellen Gründen einem Vermieter von vielen Hundert Wohnungen wohl kaum zumutbar. Insoweit ist es nicht realisierbar, einen sparsamen und/oder kleinen Mieterhaushalt durch kleine Mülltonnen und einen großen und/oder verschwenderischen Haushalt durch große Tonnen zu berücksichtigen.

Sollte aber ein Vermieter von vielen Wohnungen dennoch bereit sein, gefäßabhängig abzurechnen, so nur unter der Voraussetzung, daß alle Mietparteien die gleichen Müllgefäße verwenden. Dies hätte zumindest den Vorteil, daß die Müllgebühren nicht pauschal abgerechnet würden, so daß z.B. eine sparsame Mietpartei nicht zusätzlich dadurch bestraft würde, daß sie überdurchschnittlich viel Wohnfläche oder mehr Familienmitglieder als der Großteil der anderen Familien hat. Denn in diesen Fällen müßte eine z.B. 5-köpfige Familie einen größen Anteil an Müllgebühren bezahlen als z.B. eine 2-köpfige Familie, obwohl beide mit ein und derselben Tonnengröße ausgestattet sind. Insoweit wäre eine gefäßabhängige Abrechnung, die in diesem Falle dem Abrechnungsmaßstab „Wohneinheiten" entspricht, auf jeden Fall gerechter als die gefäßunabhängige (pauschale) Abrechnung, etwa nach Wohnfläche oder Personenzahl.

bb) Im Falle des Vermieters einer oder weniger Wohnungen

Handelt es sich hingegen um einen Vermieter von einer oder wenigen Wohnungen, so ist dieser in der Regel bereit, das Behältervolumen nach dem individuellen Müllverhalten der einzelnen Mietparteien auszurichten bzw. zumindest die Anzahl der Haushaltsmitglieder bei der Wahl des Gefäßes zu berücksichtigen. Denn hieraus ergibt sich für ihn im Gegensatz zu Vermietern von vielen Wohnungen kein unzumutbarer Mehraufwand. Dies hat den Vorteil, daß es an jeder einzelnen Mietpartei selbst liegt, wie hoch ihre jährlichen Müllgebühren ausfallen. Verhalten sie sich umweltbewußt, d.h. trennen sie sorgfältig den Müll entsprechend den vom örtlichen MEU angebotenen Abfallsystemen und achten sie auch beim Kauf auf abfallarme Produkte, so kommen sie mit einer kleinen Tonne aus; eine zu große Tonne wird vom Vermieter in der Regel ohne größere Probleme zugunsten einer kleinen Tonne ausgetauscht. Entsprechend brauchen sparsame Mieter dann auch nur für die kleine Tonne die Gebühren zu bezahlen. Dadurch wird gewährleistet, daß sich der sparsame Mieter an den von anderen -weniger preis- und umweltbewußt handelnden Mitmietern- verursachten Mehrkosten nicht beteiligen muß, so daß für den einzelnen Mieter durchaus ein Anreiz zur Müllvermeidung besteht. Die Bereitstellung von haushaltsbezogenen Müllgefäßen zum ersten, die gefäßabhängige Abrechnung zum zweiten sowie die individuelle Anpassung der Behältergrößen an die Bedürfnisse der verschiedenen Haushalte zum dritten sind hervorragende Voraussetzungen für die Erreichung des gesetzgeberischen Ziels der Verringerung der Umweltbelastung durch Abfallvermeidung.

Nach dem bisher Gesagten steht fest, daß haushaltsbezogene Müllgefäße auf jeden Fall besser geeignet sind als Gemeinschaftbehälter, um dem gesetzgeberischen Ziel der Verringerung der Umweltbelastung durch Abfallvermeidung gerecht zu werden. Anknüpfungpunkt ist auch hier der finanzielle Anreiz für Mieter. Je größer dieser ist, desto stärker wird Müll vermieden. Der finanzielle Anreiz zur Abfallvermeidung ist dabei desto größer, je weniger der Sparsame für den Verschwenderischen mitbezahlen muß. Dies wird am besten gewährleistet durch eine möglichst verbrauchsnahe Abrechnung.

d) Fazit

Eine verbrauchsnahe Abrechnung der Müllgebühren ist bei der Verwendung von separaten haushaltsbezogenen Müllgefäßen ohne weiteres praktisch möglich, jedoch ist sie nicht in jedem Falle sichergestellt. Denn solange der Vermieter Vertragspartner und Gebührenschuldner der MEU ist, liegt es in seinem billigen Ermessen, wie er die Gesamtkosten auf seine Mieter umlegt. Er kann also, obwohl er für seine Mieter haushaltsbezogene Mülltonnen gewählt hat, die Gesamtkosten nach wie vor pauschal und verursacher*un*abhängig, d.h. nach Wohnfläche, Personenzahl etc. umlegen, wodurch für diese Mieter kein Anreiz zur Müllvermeidung geschaffen wird. Denn ebenso wie bei der verbrauchs*un*abhängigen Abrechnung der Wasserkosten bezahlt auch hier der umwelt- und kostenbewußte Mieter für den weniger bewußten Mitmieter mit. Eine garantiert verursacherabhängige Kostentragung durch den einzelnen Mieterhaushalt wird auch bei diesem Gebührensystem nur erreicht, wenn eine derartige Zwischenschaltung des Vermieters unterbleibt, d.h. wenn der Mieter selbst eine eigene Anschlußberechtigung an die öffentliche Abfallentsorgung von der beseitigungspflichtigen Körperschaft eingeräumt bekommt. Nach dem derzeitigen Wortlaut der Abfallsatzungen, insbesondere den Regelungen über die Anschluß- und Benutzungsberechtigten, ist die Aufnahme von Direktbeziehungen zwischen Mietern und Kommune jedoch ausgeschlossen.

3. Abfuhrsystem Nr. 3: Das Scanner-System am Beispiel der Städte Moers und Bremen

Womöglich sorgt hingegen ein anderes Abfuhr- und Gebührensystem bereits für einen bestmöglichen Anreiz der Bürger zur Müllvermeidung, so daß es auf eine eigene Anschluß- und Benutzungsberechtigung von Mietern gar nicht mehr ankäme. In Betracht kommt das sog. Scanner-System. Und zwar hat die Stadt Moers (Regiebetrieb) Mitte 1993 ein solches eingeführt. Seit 1994 berechnet sie die Müllgebühren für private Haushalte nach dem System „Codierter Tonnen". Die Bremer Entsorgungsbetriebe haben im Laufe des Jahres 1994 ebenfalls die „codierte Tonne" eingeführt und rechnen seit 1995 nach dem neuen Gebührensystem ab.

a) Funktionsweise des Scanner-Systems

Dieses System funktioniert folgendermaßen: Die Müllabfuhr erfolgt in der Regel einmal wöchentlich in einem festen Rhythmus. Die Bürger stellen die Gefäße aber nur dann heraus, wenn sie geleert werden sollen. Alle Müllbehälter sind mit einer elektronischen Markierung (Code-Nummer) ausgestattet. Bei jeder Leerung einer „codierten Tonne" wird von der Leseeinrichtung am Müllfahrzeug aufgezeichnet, welcher Behälter geleert wurde. Anhand der gespeicherten Daten errechnet die Gebührenstelle des MEU zum Jahresende, welcher Behälter wie oft im ganzen Jahr geleert wurde. Zunächst wird eine volle Jahresgebühr für das entsprechende Müllgefäß bezahlt. Bei Überschreitung der Grund- (Mindest)leerungszahl werden die zusätzlichen Leerungen berechnet, und es wird eine Gebührennachzahlung fällig. Über all dies wird am Jahresende ein Gebührenbescheid erstellt.

b) Anspruch der Mieter auf Abrechnung nach dem tatsächlichen Müllauf-kommen (Jahresgebühr plus Anzahl ihrer Gefäßleerungen)

Grundsätzlich ergeht der Gebührenbescheid für die Müllgebühren von vermieteten Mehrfamilienhäusern an den Vermieter. Denn er ist nach den Satzungen Grundstückseigentümer und somit Gebührenschuldner. Richtet sich die Höhe der vom MEU dem Vermieter in Rechnung gestellten Müllkosten nach dem tatsächlichen Müllaufkommen jeder Mietpartei, wie es z.B. beim Scanner-System der Fall ist, d.h. gehen aus dem Gebührenbescheid die einzelnen Gefäßnummern sowie neben der Jahresgebühr die Anzahl der auf die einzelnen Müllgefäße entfallenen Leerungen hervor, so ist die Verteilung der Müllgebühren nach einem verursacher-*un*abhängigen Maßstab, z.B. nach den Wohnflächen, unbillig.[1] Vielmehr sind die Vermieter verpflichtet, in diesem Falle die Kosten für die Müllabfuhr nach dem tatsächlichen Verbrauch der einzelnen Mietparteien zu verteilen, also nach Jahresgebühr und Anzahl der jeweiligen Gefäßleerungen. Denn Zweck des von der Stadt durch Satzung eingeführten Scanner-Systems ist die Erreichung des Ziels der Verringerung der Umweltbelastung durch Abfallvermeidung, der weitgehend unterlaufen würde, wenn man im Bereich der Mietwohnungen die Wahl der Abrechnungsmethode ausschließlich dem Vermieter überließe.[2] Die von der Stadt Moers bereitgestellte Gebührenerfassung bietet eine ohne weiteres zuverlässige und genaue Methode zur gerechten Erfassung des Müllaufkommens und einer dem tatsächlichen Verbrauch entsprechenden Kostenverteilung.[3] Diejenigen Mieter, deren Müll nach dem Scanner-System oder einem anderweitigem, dem tatsächlichen Müllaufkommen der einzelnen Mietparteien entsprechenden Gebührensystem (Banderolen-, Wertmarken-, Plaketten- oder Verwiegungssystem) abgefahren wird, haben mithin Anspruch auf eine Kostenverteilung, die dem tatsächlichen Müllaufkommen entspricht; das wäre beim Scanner-System also die Verteilung nach der Grundgebühr plus der Anzahl zusätzlicher Gefäßleerungen der einzelnen Mietparteien.

c) Positive Auswirkungen auf das Müllverhalten der Bürger

Es liegt also auf der Hand, daß die Bürger bemüht sind, die „codierte Tonne" möglichst selten herauszustellen, also bemüht sind, wenig Müll zu verursachen. Denn je seltener die Tonne voll ist und geleert wird, desto niedriger fallen die Kosten für zusätzliche Leerungen aus. Insoweit wird sich abfallbewußtes Verhalten

[1] Vgl. hierzu AG Moers, WM 1996, 96.
[2] AG Moers, WM 1996, 96, 97.
[3] AG Moers, WM 1996, 96, 97.

mit Sicherheit für die Bürger finanziell auszahlen. Wie die Erfahrung auch in anderen Bereichen, z.B. mit den Wasserkosten oder dem Benzinpreis, lehrt, ist die Kostenbelastung ein wesentlicher Faktor zur Erzielung eines umweltbewußten und energiesparenden Verhaltens.[1] Und genau diesem Zweck dienen die gesetzlichen Grundlagen der von den Städten Moers und Bremen erlassenen Abfallsatzungen, nämlich eine Gebührenerfassung, die ohne weiteres eine zuverlässige und genaue Methode zur gerechten Erfassung des Müllaufkommens und einer dem tatsächlichen Verbrauch entsprechenden Kostenverteilung bietet.

Wie dem Erfahrungsbericht der Stadt Moers[2] zu entnehmen ist, sind die Abfallmengen seit Einführung des Scanner-Systems insgesamt gesunken. Der Anreiz, möglichst wenig Restmüll zu produzieren, um Behälterleerungen zu vermeiden, führte dazu, daß andere abfallwirtschaftliche Leistungen verstärkt in Anspruch genommen wurden. So konnte z.B. die Separaterfassung von Wertstoffen intensiviert (Metallschrott) oder ganz neu aufgebaut werden (Elektronikschrott), um mehr Abfälle der Wiederverwertung zuzuführen. Die Einführung des Scanner-Systems bewirkte bei der Bevölkerung also insgesamt eine bessere Trennung und Vermeidung des Mülls.

d) Negativ: *Hemmung der Müllvermeidung durch zu hohe Grundleerungszahlen*

Allerdings ist im Zusammenhang mit der Gebührenabrechnung für die Abfuhr „codierter Tonnen" folgender Nachteil verbunden: Wie erwähnt, fällt grundsätzlich eine Grund- (Basis-)gebühr an, die jeder Haushalt entrichten muß. Mit dieser Grundgebühr werden zusätzliche Dienstleistungen wie z.B. die Abfuhr des „Gelben Sackes", die Glas- und Papiersammlung, die Sperrmüllabfuhr, die Schadstoffsammlung, die Bioabfallkompostierung etc. finanziert. In dieser Grundgebühr ist eine bestimmte Anzahl an Leerungen pro Jahr enthalten (Grund- oder Mindestleerungszahl). Diese ist von Kommune zu Kommune verschieden. Jede Leerung, die darüber hinaus in Anspruch genommen wird, kostet zusätzliche Gebühren. Nicht in Anspruch genommene Leerungen werden nicht erstattet.

Die Bremer Entsorgungsbetriebe z.B. bieten 26 Leerungen pro Jahr an, wobei in der Grundgebühr 20 Leerungen[3] enthalten sind. Hält man sich diese Zahl vor Augen, so ist offensichtlich, daß der Bürger für eine fast 14-tägige Müllabfuhr bezahlt, unabhängig davon, ob er seine Tonne leeren läßt oder nicht. Insoweit wird das an sich durch das Scanner-System gerade angestrebte Ziel der Verringerung der Umweltbelastung durch Abfallvermeidung in einem nicht unerheblichem Maße ausgehebelt. Zwar werden die Wohnparteien bemüht sein, mit 20 Leerungen im Jahr auszukommen, um keinen zusätzlichen Gebühren ausgesetzt zu werden. In einem gewissen Umfang wird durch die Einführung des Scanner-Systems zur Ver-

[1] So AG Moers, WM 1996, 96, 97.

[2] Erfahrungsbericht der Stadt Moers, Systemumstellung bei der Hausmüllabfuhr zum 1. Juli 1993

[3] Bei Einpersonen-Haushalten mit einer 60-l-Tonne sind in der Jahresgebühr ausnahmsweise nur 17 Leerungen enthalten.

ringerung der Umweltbelastung durch Abfallvermeidung zweifellos beigetragen. Jedoch endet für die Bürger der finanzielle Anreiz zur Müllvermeidung an derjenigen Stelle, wo es zusätzlich möglich wäre, sogar unter den 20 Leerungen, die in der Grundgebühr enthaltenen sind, zu bleiben. Und gerade hierin ist ein enormes Einsparpotential zu erblicken. Wie einer Entscheidung des AG Moers (WM 1996, 96, 97) zu entnehmen ist, reichte in einem Mehrfamilienhaus die Zahl der Leerungen innerhalb eines Halbjahres von 4 bis 12. Auf das ganze Jahr gerechnet wäre also eine Fluktuation zwischen 8 und 22 Leerungen nicht unrealistisch. Selbst der unvernünftigste Haushalt mit 22 Leerungen pro Jahr unterläge so lediglich einer Gebührennachzahlung für zwei Leerungen, und zwar bei einer 60-l-Tonne i.H.v. insgesamt 21,10 DM. Hingegen kommt jeder andere Haushalt, der sich einigermaßen vernünftig verhält, ohne besondere Anstrengungen mit 20 Grundleerungen aus. Es ist also offensichtlich, daß die Grundleerungszahl eindeutig zu hoch angesetzt ist, so daß letztendlich der an sich gute Grundgedanke des Scanner-Systems nicht denjenigen Effekt zu erzielen vermag, zu dessen Zweck es entwickelt und für viel Geld in die Praxis umgesetzt wurde. Würde also die Grundleerungszahl tiefer angesetzt bzw. für nicht benötigte Leerungen eine Rückerstattung eines gewissen Gebührenanteils vorgenommen, so würde ein viel wirkungsvollerer finanzieller Anreiz für die Bürger zur Müllvermeidung geschaffen.

Ihre Gebührenpolitik besser gestaltet hat die Stadt Moers. Sie bietet den Bürgern pro Jahr insgesamt 52 Leerungen an, wobei in der Grundgebühr pro Quartal 3 Leerungen, also jährlich 12 Leerungen enthalten sind. Im Gegenzuge ist zwar im Vergleich zu der Stadt Bremen die jährliche Grundgebühr höher[1], dafür ist jedoch die Gebühr für jede weitere Leerung geringer als in der Stadt Bremen[2]. Sparsamer Umgang mit Ressourcen kann natürlich zu höheren Preisen führen. Diese stehen jedoch nicht im Widerspruch zur ökologischen Zielrichtung; im Gegenteil: Sie „zwingen" den Verbraucher bis zu einem gewissen Punkt sogar zu einem bewußteren Verhalten. Mit einer Grundleerungszahl von 12 Leerungen jährlich, wie dies die Stadt Moers praktiziert, wird zweifellos ein viel effektiverer Anreiz zur Müllvermeidung geschaffen als mit 20 Leerungen in Bremen. Denn um mit den 12 Leerungen jährlich auszukommen, bedarf es schon eines gewissen konsequenten Verhaltens. Nur derjenige Haushalt, der gewissenhaft seinen Müll trennt und sich bewußte Kaufgewohnheiten aneignet, ist in der Lage, diese niedrige Grundleerungszahl nicht zu überschreiten.

Die Einführung des Scanner-Systems als solches ist also durchaus geeignet, den Bürger zu einem bewußten Müllverhalten zu bewegen. Voraussetzung ist jedoch, daß die Grundleerungszahl nicht so hoch angesetzt wird, damit nicht jede Familie - sei sie nun umwelt- und preisbewußt oder nicht - es ohne weiteres vermag, die Grundleerungszahl einzuhalten oder gar zu unterbieten.

[1] 60-l-Behälter in *Bremen*: 260,40 DM; in *Moers*: 357,60 DM (4 x 89,40 DM), wobei hier zusätzlich zu beachten ist, das voneinander abweichende zusätzliche Dienstleistungen in den genannten Gebühren enthalten sind. In der Bremer Gebühr ist z.B. zusätzlich eine Biotonne enthalten.

[2] 60-l-Behälter in *Bremen*: 10,55 DM; in *Moers*: 6,90.

e) Negativ: *Hemmung der Müllvermeidung durch Verwendung von (codierten) Gemeinschaftsbehältern*

Trotz der ökologisch positiven Eigenschaft des Scanner-Systems, den Bürger dazu zu bewegen, möglichst wenig Müll zu verursachen, um die „codierte Tonne“ möglichst selten herausstellen und damit nur die Grundgebühr bezahlen zu müssen, ist nicht zu übersehen, daß auch hier den Vermietern die Möglichkeit eingeräumt wird, für Mehrfamilienhäuser Gemeinschaftsbehälter zu verwenden. Die Stadt Bremen stellt gem. der Anlage 3 des Abfallortsgesetzes (zu § 17 Abs. 1) für Großwohnanlagen sowohl codierte 770-l-Gefäße als auch codierte 1100-l-Gefäße, also Gemeinschaftsgroßbehälter zur Verfügung. Aber auch die codierten 60-, 90-, 120- und 240-l-Tonnen können durchaus von mehreren Parteien gemeinsam benutzt werden. Und in der Praxis machen die Vermieter von diesen Möglichkeiten regelmäßig Gebrauch. Die Kosten für die Müllentsorgung werden auf die verschiedenen Mietparteien pauschal verteilt.

In der Stadt Moers ist es sogar so, daß lediglich die 60 bis einschließlich 240-l-Gefäße codiert sind. Darüber hinaus werden nichtcodierte Gemeinschaftsgroßbehälter bzw. Container mit einem Volumen von 770 bis 5.000 Litern von der Stadt zur Verfügung gestellt. Gem. § 13 Abs. 2 Abfallsatzung der Stadt Moers bestimmt sich das Litervolumen dann nach der Größe der Abfallgemeinschaft (Anzahl der zusammengeschlossenen Haushalte). Wie sich die Tonnengröße bzw. die Größe einer Abfallgemeinschaft auf das Müllverhalten der betroffenen Bürger auswirkt, ist dem Gesamtbericht der Stadt Moers für die Zeit vom 01.01.1997 bis 31. 08. 1997 entnehmbar.[1] Den dort angegebenen Zahlen ist zu entnehmen, daß, je größer das Gefäßvolumen und damit die Anzahl der zu einer Müllgemeinschaft zusammengeschlossenen Haushalte ist, desto öfter die Behälter geleert werden müssen, und dies trotz Codierung.

f) *Fazit*

Selbst wenn die Gemeinschaftbehälter allesamt codiert sind, ändert dies jedoch nichts an der Tatsache, daß nach wie vor mehrere Mietparteien gezwungen sind, ein und dieselben Behälter zu benutzen, was trotz Codierung zu einem weniger umwelt- und kostenbewußten Verhalten dieser Mieter führt. Eine wirkliche Effektivität des Scanner-Systems wird also nur in den Fällen erzielt, wo der einzelne Haushalt über separate codierte Tonnen verfügt, die codierten Tonnen dem Nutzer konkret zugeordnet und die Abfallgebühren vom Vermieter letztendlich auch streng verbrauchsgerecht umgelegt werden. Ein Anspruch von Mietern auf separate Tonnen und eine verursachergerechte Abrechnung der Kosten besteht auch

---

[1] Da es sich bei diesem Zeitraum um lediglich 8 Monate handelt, werden die Daten von der Verfasserin in einen durchschnittlichen Jahreswert umgewandelt:

Behältervolumen:	durchschnittliche Leerungen pro Jahr:
60 l (codiert)	18
80 l (codiert)	20
120 l (codiert)	23
240 l (codiert)	27

hier aufgrund der Zwischenschaltung des Vermieters nicht. Diese Zwischenschaltung des Vermieters beruht auf der Satzungsregelung über das ausschließliche Anschluß- und Benutzungsrecht der Grundstückseigentümer.

g) Zumutbarkeitsgrenzen für die Verwendung von Einzelbehältern nach den jeweiligen Wohnformen

Allerdings darf dabei nicht übersehen werden, daß selbst bei einer solchen Handhabung auch nachteilige Wirkungen entstehen können. Durchaus muß mit der Konsequenz gerechnet werden, daß jene Mieter, die ihren Müll ausschließlich aus finanzieller Motivation heraus reduzieren wollen, keinen Halt davor machen, ihr Portemonnaie auf Kosten anderer bzw. auf Kosten der Umwelt „zu schonen". Gemeint sind jene Bürger, die „Müllreduzierung" dahingehend verstehen könnten, daß der Müllbehälter dann möglichst leer bleibt, wenn der Abfall in fremden Behältern anderer Haushalte verteilt oder gar auf öffentlichen Plätzen verstreut oder in die Natur verbracht wird. Es besteht sogar die Gefahr, daß selbst ursprünglich umweltbewußte Mieter durch diese verursachergerechte Abrechnung „verleitet" werden, zugunsten geringerer Müllkosten ein gegenteiliges Bewußtsein zu entwikkeln. Das an sich gut durchdachte verursachungsgerechte Scannersystem könnte also genau in das Gegenteil umschlagen.

Zweifellos ist es weniger bedenklich, lieber etwas mehr Müll in die Müllbehälter zu geben und diesen ordnungsgemäß abzutransportieren, als den Müll unverantwortlich in der Umwelt zu verstreuen. Selbst die beste Motivation der Allgemeinheit zur Müllvermeidung könnte also durch einzelne wenige Bürger untergraben und letztendlich sogar in ihr Gegenteil umgekehrt werden. Die Verschärfung von Kontrollen sowie der ordnungs-, umwelt- und strafrechtlichen Regelungen dürfte indes nicht die geeignete Lösung des Problems sein. Jedenfalls bedarf es einiger Sensibilität bei der Gestaltung verursachungsgerechter Gebühren- und Abfallsysteme.

Des weiteren ist zu bedenken, daß wohnungsbezogene Einzelgefäße schon aus Platzgründen nicht für jede Wohnform geeignet sein könnten. Insbesondere bei Wohnblocks, in denen teilweise zwanzig und mehr Mietparteien wohnen, dürfte es schwierig sein, für jede Familie separate Müllgefäße zur Verfügung zu stellen. Abstellflächen sowohl im Haus als auch außerhalb des Gebäudes sind oftmals nicht oder nur begrenzt vorhanden. Auch vor oder hinter dem Haus ist nicht immer genügend Platz, von dem optischen Eindruck mal ganz abgesehen. Des weiteren ist zu bedenken, daß diese erhebliche Anzahl einzelner Gefäße eine Gefahr für spielende Kinder, Passanten sowie den Anlieger- und Versorgungsverkehr bergen können. Dem Vermieter obliegen auch dahingehende Verkehrssicherungspflichten.

Insoweit ginge es fehl, wenn man pauschal verlangte, daß grundsätzlich für alle Mieter Einzelbehälter zur Verfügung gestellt werden müssen, um einen effektiven Anreiz zur Müllvermeidung zu schaffen. Vielmehr bedarf es hier der Differenzierung und der Bestimmung von Grenzen, inwieweit Einzelbehälter für Mieterhaushalte nach den jeweiligen Wohnformen überhaupt zumutbar sind.

Die Bejahung der „Unzumutbarkeit“ und damit die Gestattung der weiteren Verwendung von Gemeinschaftsbehältern sollte jedoch die absolute Ausnahme sein und höchstens den dicht bebauten und besiedelten Wohnblockvierteln vorbehalten bleiben. In normalen Wohnsiedlungen dürften im Hinblick auf die Müllvermeidung Gemeinschaftsbehälter jedoch kein Thema mehr sein.

4. Abfuhrsystem Nr. 4: Das Verwiegungs-System am Beispiel der Stadt Niddatal

Die Stadt Niddatal, im hessischen Wetteraukreis gelegen, führte bereits zum 1.1.1995 die Verwiegung der Restabfall- und Biotonnen ein. Dadurch sollen die ständig steigenden Müllgebühren verursachergerechter auf die Bürger umgelegt werden.[1] Die Verwiegung löste ein Wertmarkensystem für Rest- und Biomülltonnen ab.

a) Funktionsweise des Verwiegungs-Systems

Dieses System funktioniert folgendermaßen: Die Müllabfuhr erfolgt in einem 14-tägigen Rhythmus, wobei sich der Bürger auch hier einer bedarfsweisen Abfuhr bedient. Ähnlich wie bei der „codierten Tonne“ sind die Müllgefäße mit einer elektronischen Markierung ausgestattet. Das Sammelfahrzeug ist mit einer Waage ausgestattet, die bei Leerung der Gefäße das jeweilige Nettogewicht registriert.[2] Am Jahresende ergeht ein Gebührenbescheid über die im Jahr insgesamt abgefahrene Müllmasse. Je Restmüllbehälter wird eine monatliche Grundgebühr erhoben, die unabhängig von einem in dieser Gebühr enthaltenen Mindestgewicht ist. Die Abfuhrgebühren werden nach dem gemessenen Gewicht, und zwar je Kilogramm berechnet.

b) Anspruch der Mieter auf Abrechnung nach dem tatsächlichen Müllaufkommen (Monatsgebühr plus kg-Gebühr)

Da es sich auch beim Verwiegungs-System um eine Methode handelt, bei der sich die Höhe der vom MEU dem Vermieter in Rechnung gestellten Müllkosten nach dem tatsächlichen Müllaufkommen jeder Wohnpartei richtet, kann hier nichts anderes gelten als in Bezug auf das Scanner-System.[3,4] Diejenigen Mieter, deren Müll nach dem Verwiegungs-System abgefahren und in Rechnung gestellt wird, haben also Anspruch auf eine verursachergerechte Verteilung dieser Kosten durch ihre Vermieter. Sind aus dem Gebührenbescheid also sowohl die einzelnen Gefäßnummern sowie neben der Monatsgebühr die Abfuhrgewichte ersichtlich, so muß der Vermieter auch hier die Gesamtkosten in Abhängigkeit dieser Daten auf die einzelnen Mietparteien verteilen.

---

[1] Foerster, Müll und Abfall 1997, 452.
[2] Queitsch, S. 861.
[3] Vgl. hierzu AG Moers, WM 1996, 96, 97.
[4] Vgl. hierzu die Argumentation zum Scanner-System in Kapitel 6 VII 3 b, S. 172.

c) Hervorragende Auswirkungen auf das Müllverhalten der Bürger

Untersuchungen der Stadt Niddatal zeigen eindeutig, daß durch die Umstellung vom Wertmarkensystem auf das Verwiegungs-System eine noch weitergehende Trennung der Abfälle im Haushalt erreicht wird. Dies ist auch kein Wunder, denn je weniger Rest-Müllgewicht die Bürger produzieren, desto geringer fallen die Gebühren aus, so daß sie bemüht sind, insbesondere gewichtsintensive Abfallbestandteile wie z.B. Altpapier und Altglas der stofflichen Wiederverwertung zuzuführen,[1] d.h. insgesamt den Müll bestmöglich zu trennen und von vornherein bewußt einzukaufen.

Ein Vergleich des Hausmüllaufkommens von 1993 (Wertmarkensystem) mit 1995 nach Einführung der Verwiegung hat erstaunliche Ergebnisse erbracht.[2] Die Gesamtmenge des Hausmülls ist von 323 kg pro Einwohner auf 273 gesunken. Während der Restmüllanteil 1993 noch 108 kg pro Einwohner betrug, betrug er 1995 nach Einführung des Verwiegungs-Systems nur noch erstaunliche 65 kg und hat sich damit - man höre und staune - fast halbiert. Es zeigt sich also, daß eine streng verursacherabhängige Müllentsorgung bei der Bevölkerung enorme Einsparpotentiale mobilisiert, hier insbesondere ein auf konsequente Mülltrennung gerichtetes Verhalten. Und selbst bei den Wertstoffen konnte mit Einführung des Verwiegungssystems eine Verringerung der Menge verzeichnet werden, und zwar sank sie von 215 kg pro Einwohner/Jahr auf 208 kg. Diese Reduzierung ist allein darauf zurückzuführen, das sich die Bürger bewußtere Kaufgewohnheiten angeeignet haben. Denn aufgrund einer nunmehr besseren Trennung wäre an sich eine Steigerung des Wertstoffanteils zu erwarten gewesen. Es zeigt sich also, daß in der Bevölkerung ein unglaubliches Einsparpotential vorhanden ist, das nur zugunsten der Umweltschonung mobilisiert werden muß. Und dies dürfte mit der Einführung des Verwiegungs-Systems der Stadt Niddatal am besten von allen Kommunen geglückt sein.

d) **Positiv:** *Keine Grundgebühr für Zugrundelegung eines Mindestgewichtes*

Äußerst positiv wirkt sich auf diese Zahlen auch aus, daß die Stadt Niddatal keine dahingehende Grundgebühr erhebt, die eine bestimmte Anzahl an Kilogramm Abfall pro Monat enthält, etwa ein Mindest- oder Grundgewicht, vergleichbar mit der Grund- oder Mindestleerungszahl beim Scanner-System. Denn dann bestünde auch hier die Gefahr, daß diese Mindest- bzw. Grundkilozahl so hoch angesetzt würde, daß der finanzielle Anreiz zur Müllvermeidung an der Stelle enden würde, wo es eigentlich möglich wäre, noch unter der in der Grundgebühr enthaltenen Mindestkilozahl zu bleiben. Indem die Stadt Niddatal auf eine darauf ausgerichtete Gebühr verzichtete, schaffte sie für ohnehin schon umwelt- und preisbewußt ausgerichtete Bürger einen weiteren Anreiz zur Müllvermeidung und wird damit der Forderung des Gesetzgebers nach Schonung der Umwelt durch Re-

[1] Queitsch, S. 861.
[2] Siehe zu den im folgenenden aufgeführten Daten: Foerster, Müll und Abfall 1997, 452, 456.

duzierung der Müllmenge besser als alle anderen entsorgungspflichtigen Körperschaften gerecht.

e) Negativ: Hemmung der Müllvermeidung durch Verwendung von Gemeinschaftsbehältern

Jedoch sind auch hier nicht ausnahmslos nur positive Strukturen im Abfuhr- und Gebührensystem zu verzeichnen. Vielmehr ist auch am Verwiegungs-System der Stadt Niddatal aus ökologischer Sicht zu kritisieren, daß ebenso wie von allen anderen entsorgungspflichtigen Körperschaften auch hier Gemeinschaftsbehälter zugelassen werden. Die Verwiegung des Mülls schafft zwar die rechtlichen Voraussetzungen dafür, daß die Umlegung der Müllgebühren auf die Bürger streng verursachergerecht erfolgt. Jedoch stellt die Verwiegung nicht in jedem Falle sicher - ebenso wie alle anderen Systeme- daß ausschließlich jedem Haushalt separate Mülltonnen zur Verfügung stehen und auch entsprechend streng verursachergerecht abgerechnet wird. So schreibt die Abfallsatzung der Stadt Niddatal in § 11 Abs. 1 vor, daß für den Restmüll leihweise 120-l-, 240-l-, 360-l- sowie 1.100-l-Behälter zur Verfügung gestellt werden. Dabei gilt für Wohngrundstücke eine Mindestausstattung, und zwar muß bis 8 Personen wenigstens ein 120-l-Gefäß, bis 16 Personen ein 240-l-Gefäß, bis 24 Personen ein 360-l-Gefäß usw. vorhanden sein (§ 12 Abs. 2 Abfallsatzung der Stadt Niddatal). Auch die Satzung der Stadt Niddatal sieht für Mehrfamilienhäuser also die Verwendung von Gemeinschaftsgefäßen (Gemeinschaftstonnen und Gemeinschafts-Großbehälter) vor. Setzt man die oben begonnene Reihe des Mindestvorhaltevolumens fort, so müßte spätestens ab 72 Personen ein Gemeinschafts-Großbehälter von 1.100 Liter Volumen verwendet werden, womit wir wieder bei der bereits bekannten Situation der Müllentsorgung in Wohnblockgebieten wären.

Zwar werden auch die Großbehälter vom Müllauto bei der Abfuhr gewogen. Dadurch ändert sich jedoch nichts an der Tatsache, daß mehrere Wohnparteien ein und dieselben Gefäße benutzen müssen, wodurch - wie festgestellt - für den einzelnen Mieter kein großer Anreiz zur Müllvermeidung besteht. Denn es ist ihm bewußt, daß er sich an den von anderen - weniger preis- und umweltbewußt handelnden Mitmietern - verursachten Mehrkosten zu beteiligen hat.

Es mangelt also selbst diesem wohl am besten ökologisch durchdachten Müllabfuhrsystem an letzter Konsequenz. Und in Anbetracht der Tatsache, daß es sich bei Niddatal um eine Stadt handelt, die kleinstädtisch bis dörflich strukturiert ist, die Bebauungsstruktur also weitgehend aus Ein- bis Zweifamilienhäusern besteht und nur wenige große Mehrfamilienhäuser vorhanden sind,[1] wäre eine Satzungsgestaltung, die ausschließlich haushaltsbezogene Müllgefäße für bewohnte Grundstücke vorschreibt, nicht nur praktisch leicht umsetzbar, sondern ist im Hinblick auf die Notwendigkeit des Umweltschutzes unbedingt zu fordern.

[1] Foerster, Müll und Abfall 1997, 452, 453.

f) Fazit

Insoweit vermag es selbst das von allen Abfuhrsystemen ökologisch am besten durchdachte Verwiegungs-System nur dann effektiv das gesetzgeberische Ziel der Verringerung der Umweltbelastung durch Abfallvermeidung zu verfolgen, wenn erstens die Verwendung von haushaltsbezogenen Müllgefäßen und zweitens deren familienabhängige Zuordnung gewährleistet ist sowie drittens der Vermieter die Müllgebühren streng verursacherabhängig abrechnet. Das Verwiegungs-System ermöglicht es grundsätzlich zum einen zwar wie alle anderen Abfuhrsysteme dem Vermieter, haushaltsbezogene Müllgefäße den Mietern zur Verfügung zu stellen. Und zum anderen ist auch die verursacherabhängige Umlegung dieser Kosten nach dem geltenden Mietrecht (§ 4 Abs. 5 MHG) möglich. Jedoch garantiert das Verwiegungs-System ebensowenig eine solche Handhabung zugunsten der Müllvermeidung. Die Verwendung separater Müllgefäße und die verursacherabhängige Abrechnung der Müllgebühren würden letztendlich auch hier einzig durch eine eigene Anschlußberechtigung von Mietern garantiert, die bisher aufgrund der bestehenden Satzungsregelungen jedoch ausgeschlossen ist.

5. Zusammenfassung

In Deutschland werden verschiedene Gebührenmaßstäbe aufgrund verschiedener Abfuhrsysteme praktiziert. Entsprechend unterscheiden sich die einzelnen Abfall- und Gebührensatzungen teilweise erheblich voneinander. Während in manchen Gegenden (ländliche Gegenden) vorwiegend haushaltsbezogene Mülltonnen verwendet werden, stellt man vor allem den Bürgern in Großstädten Gemeinschaftsgroßbehälter oder gar -container zur Verfügung. Entsprechend unterschiedlich wird vom Vermieter, der nach allen Satzungen gleichermaßen als Grundstückseigentümer Anschlußnehmer und Gebührenschuldner ist, die Verteilung der Müllgebühren auf seine Mieter vorgenommen. Sie variiert zwischen verursacher*un*abhängiger Abrechnung (Personenzahl, Wohnfläche, Wohnparteien), verursacherabhängiger Abrechnung (Gefäßabhängigkeit, Gewichtsabhängigkeit, Anzahl der Leerungen) und geht hin bis zu verschiedenen Mischformen.

Jedoch haben alle Abfuhrsysteme, seien sie nun ökologisch orientiert oder nicht, eine Gemeinsamkeit: Alle Satzungen ermöglichen es dem Vermieter von Mehrfamilienhäusern, für seine Mietparteien Gemeinschaftsbehälter zu verwenden, wodurch selbst das ökologisch beste System ausgehebelt wird. Selbst das Scanner- und das Verwiegungssystem stellen nicht sicher, daß haushaltsbezogene Mülltonnen verwendet werden. Und selbst wenn solche verwendet werden, ist noch lange nicht garantiert, daß auch streng verursacherabhängig abgerechnet wird. Es besteht also nach allen Satzungen bzw. Abfuhr- und Gebührensystemen lediglich die rechtliche Möglichkeit für den Vermieter, separate Müllgefäße für seine Mieter zu wählen und gem. § 4 Abs.5 S.1 Nr.1 MHG auch ein Optionrecht, die Kosten der Müllabfuhr nach einem Maßstab umzulegen, der der unterschiedlichen Müllverursachung Rechnung trägt. Macht der Vermieter hiervon jedoch keinen Gebrauch, so besteht keinerlei rechtliche Handhabe für den Mieter, die Anschaffung von haushaltsbezogenen Mülltonnen und die gefäßabhängige bzw. verursachergerechte Abrechnung zu erzwingen.

Die Verwendung separater haushaltsbezogener Müllbehälter und eine Kostenumlegung, die der unterschiedlichen Müllverursachung Rechnung trägt, werden letztendlich nur garantiert, wenn den Mietern eine eigene Anschlußberechtigung an die öffentliche Müllentsorgung eingeräumt wird. Derzeit ist das Anschlußrecht nach den Abfallsatzungen aller deutschen entsorgungspflichtigen Körperschaften jedoch ausschließlich Grundstückseigentümern und ähnlich dinglich Berechtigten vorbehalten. Die entsorgungspflichtigen Körperschaften müßten ihre Satzungen also dahingehend ändern, daß Mieter nicht nur einem Benutzungszwang (-recht) unterliegen, sondern ebenso einem Anschlußrecht. Wie bereits hinsichtlich den Wasserversorgungs- und Abwassersatzungen ausführlich dargestellt wurde, sind diese Versorgungs- und Entsorgungsunternehmen jedoch keineswegs freiwillig bereit, den Mietern ein Anschluß- und Benutzungsrecht einzuräumen, da dies zunächst zu erheblichen Mehrkosten führen würde. Auf deren Einverständnis käme es aber auch hier gar nicht an, wenn gleichermaßen jene Bestimmungen in den Abfallsatzungen rechtswidrig wären, die lediglich Grundstückseigentümer und ähnlich dinglich Berechtigte zum Anschluß an die öffentliche Müllentsorgung berechtigen, nicht aber die nur schuldrechtlich berechtigten Mieter.

VII. Verstoß der Satzungen[1], insb. der Regelungen über das ausschließliche Anschlußrecht für Grundstückseigentümer gegen höherrangiges Recht

Insofern ist zu prüfen, ob - ebenso wie in den Wasserversorgungs- und Abwassersatzungen - auch die Regelungen in den Abfallsatzungen über das ausschließliche Anschlußrecht von Grundstückseigentümern und ähnlich dinglich Berechtigten gegen höherrangiges Recht, insbesondere die Regelungen zum Schutz der Umwelt verstoßen. Eine allgemeine und länderunabhängige Unwirksamkeit würde sich ergeben, wenn die Satzungsregelungen über das ausschließliche Anschlußrecht für Grundstückseigentümer und ähnlich dinglich Berechtigte gegen ein Bundesgesetz

---

[1] **Ermächtigungsgrundlage:** Die Rechtsgrundlage für den Erlaß von Entsorgungssatzungen ist nicht im Abfallrecht des Bundes, sondern in den entsprechenden Landesgesetzen enthalten (Jänicke in: Gaßner/Versmann, S. 83). Insofern ermächtigen zum Erlaß von Satzungen die Länderabfallgesetze (z.B. §§ 8 Abs. 1 LAbfGBW; Art. 7 Abs. 1 BayAbfAlG; 7 BbgLAbfVG; 2 Abs. 1 HAbfAG; 6 Abs. 1 AbfAlGMV; 11 Abs. 1NAbfG; 9 Abs. 1 LAbfGNW; 5 Abs. 1 LAbfWAG Rh-Pf; 4 AbfGLSA; 3 Abs. 1 SAbfG; 5 Abs. 1 LAbfWGSH; 4 Abs. 1 ThAbfAG).
Formelle Rechtmäßigkeit der Satzungen: Es besteht kein Zweifel an der Zuständigkeit der Landkreise und kreisfreien Städte, Abfallentsorgungssatzungen zu erlassen, ebensowenig an der Durchführung eines ordnungsgemäßen Verfahrens sowie an der Wahrung der Form beim Zustandekommen der Müllsatzungen der nach Landesrecht beseitigungspflichtigen Körperschaften. In formeller Hinsicht bestehen damit keinerlei Bedenken gegen die Rechtmäßigkeit der einzelnen Abfallsatzungen.

verstießen. Als solche kommen hier die §§ 1 a Abs.1 S.1 AbfG, 4 Abs.1 Nr.1, Abs.2 KrW-/AbfG in Betracht. Ein Verstoß hiergegen würde zur Rechtswidrigkeit und damit zur Nichtigkeit dieser Regelungen in den Abfallsatzungen aller deutschen Kommunen führen.

1. § 1 a AbfG

Zu § 1 a Abs.1 S.1 AbfG heißt es:

„Abfälle sind nach Maßgabe von Rechtsverordnungen auf Grund des § 14 Abs.1 Nr.3, 4 und Abs.2 S.3 Nr.2 bis 5 zu vermeiden."

Das Vermeidungsgebot des § 1 a Abs.1 S.1 AbfG verweist lediglich auf Vermeidungspflichten des § 14 AbfG. Von ihrer programmatischen Aussage abgesehen entfaltet diese Vorschrift keine eigenen rechtlichen Wirkungen, wie sie sich etwa aus den Verordnungen nach § 14 ergeben.[1] Vielmehr liegt der Schaffung des Vermeidungsgebotes in § 1 a Abs. 1 AbfG eine deutliche Programmatik zugrunde, deren Anwendung für den privaten Abfallerzeuger nicht erreicht wird; das Gesetz hat insoweit keine unmittelbare Wirkung.[2] Aus diesem Grunde verstoßen die Satzungsregelungen über das ausschließliche Anschluß- und Benutzungsrecht für Grundstückseigentümer der entsorgungspflichtigen Körperschaften nicht gegen § 1 a Abs.1 S.1 AbfG.

2. § 4 KrW-/AbfG

In § 4 Abs.1 Nr.1 KrW-/AbfG heißt es, daß Abfälle in erster Linie zu vermeiden sind, insbesondere durch die Verminderung ihrer Menge. Eine Maßnahme zur Vermeidung von Abfällen ist nach Abs. 2 insbesondere ein auf den Erwerb abfallarmer Produkte gerichtetes Konsumverhalten.

Fraglich ist jedoch, ob unter „Maßnahme" zu verstehen ist, daß die entsorgungspflichtigen Körperschaften ihre Satzungen dahingehend gestalten sollen, daß die Bürger zur Entwicklung eines solchen abfallbewußten Konsumverhaltens angeregt werden. Eine dahingehende Pflicht könnte anzunehmen sein, weil die Überschrift zum „Zweiten Teil" des KrW-/AbfG „Grundsätze und Pflichten der Erzeuger und Besitzer von Abfällen sowie der Entsorgungsträger" festlegt.

Zweifellos richtet sich die Forderung in Bezug auf das Kaufverhalten jedoch an die Bürger. Denn insbesondere werden deren Mitwirkungspflichten im Rahmen

---

[1] Hösel/v.Lersner, 1111 Rdn. 4; Kunig/Schwermer/Versteyl, § 1 a Rdn. 2.

[2] So Kunig/Schwermer/Versteyl, § 1 a Rdn. 2; Hösel/v.Lersner, 1111 Rdn. 4; Bergmüller, BayVBl. 1987, 193, 194. Für eine unmittelbare Anwendbarkeit ist hingegen Birn-Jung, 02/3 § 1 a S. 3.

der Wertstofferfassung Bedeutung erlangen.[1] Sinn und Zweck der Norm ist es daher, am Verhalten des Abfallverursachers und -besitzers, nämlich des Bürgers selbst, anzuknüpfen, um eine Verminderung von Abfällen zu erreichen. Die Forderung nach einem auf den Erwerb abfall- und schadstoffarmer Produkte gerichteten Konsumverhalten i.S.d § 4 Abs. 2 KrW-/AbfG richtet sich mithin nicht an die entsorgungspflichtigen Körperschaften. Davon abgesehen bleibt Abs. 2 lediglich auch auf eine Appellfunktion an die Bürger beschränkt.[2]

Jedenfalls kann aus den Grundsätzen des § 4 keine Pflicht der entsorgungspflichtigen Körperschaften hergeleitet werden, Maßnahmen zu ergreifen, die auf die Entwicklung gerade dieses abfallbewußten Konsumverhaltens bei den Bürgern hinzielen. Für eine solche Annahme ist diese Regelung zu unbestimmt. Aus diesem Grunde verstoßen die Satzungsregelungen über das ausschließliche Anschluß- und Benutzungsrecht für Grundstückseigentümer und ähnlich dinglich Berechtigte nicht gegen § 4 Abs.1 Nr.1, Abs. 2 KrW-/AbfG.

3. §§ 2 Abs.1 S.1 LAbfGBW, 3 Abs. 4 AbfAlGMV, 5 Abs. 2 LAbfGNW, 4 Abs. 1 LAbfWAG, 1 Abs. 2 SAbfG, 5 Abs.1 S.1 LAbfWGSH

i.V.m. §§ 1, 2 LAbfG

Da ein Verstoß gegen ein Bundesgesetz nicht vorliegt, ist zu prüfen, ob vielleicht die Ländergesetze allesamt eine Regelung enthalten, die zur Nichtigkeit der Regelungen über das ausschließliche Anschlußrecht für Grundstückseigentümer führen könnten. Nach den §§ 1 oder 2 der meisten Länderabfallgesetze heißt es, daß jeder einzelne durch sein Verhalten dazu beizutragen hat, daß die Ziele der Abfallwirtschaft erreicht werden.[3] Die Abfallgesetze einiger Bundesländer enthalten zusätzlich eine Regelung, wonach die entsorgungspflichtigen Körperschaften verpflichtet sind, bestmöglich dazu beizutragen, daß wenig Abfall entsteht. Und zwar sind dies die §§ 2 Abs.1 S.1 LAbfGBW, 3 Abs. 4 AbfAlGMV, 5 Abs. 2 LAbfGNW, 4 Abs. 1 LAbfWAG, 1 Abs. 2 SAbfG und 5 Abs.1 S.2 LAbfWGSH.

Allerdings stellt sich hier die Frage, ob diese Normen bestimmt genug sind, um aus ihnen eine Pflicht für entsorgungspflichtige Körperschaften herzuleiten, den einzelnen Mietern ein Recht auf Anschluß an die öffentliche Müllentsorgung und damit auf Begründung eigener Vertragsverhältnisses einzuräumen.

---

[1] Birn, KrW-/AbfG, 2.3 § 4 S. 6.

[2] Birn, KrW-/AbfG, 2.3 § 4 S. 6.

[3] Art. 1 Abs. 2 BayAbfAlG, §§ 1 Abs.3 S.2 BbgLAbfVG, 2 Abs. 3 HmbAbfG, 1 Abs. 2 AbfAlGMV, 1 Abs. 2 LAbfWAG Rh.-Pf., 1 Abs.2 S.1 EGAB, 1 Abs. 2 AbfGLSA; „daß nicht unnötig Abfälle entstehen": § 2 NAbfG; „daß die Ziele der Abfallwirtschaft nicht gefährdet werden": § 1 Abs. 4 LAbfWGSH.

Die Normen sind zweifelsohne sehr allgemein gehalten. Dies wird insbesondere deutlich, wenn man diese abfallrechtlichen Regelungen mit den ohnehin schon recht allgemein gehaltenen wasserrechtlichen Regelungen vergleicht. Während in der Wasserversorgung gemäß § 1 WHG die öffentlichen WVU als juristische Person gehalten sind, bei *jeglichen* Maßnahmen, mit denen nachteilige Einwirkungen auf Gewässer verbunden sein *könnten,* die erforderliche Sorgfalt anzuwenden, um eine Wassererspamis zu erzielen, sind die öffentlichen MEU als „jeder einzelne" lediglich gehalten, *bestmöglich* zur Müllvermeidung *beizutragen.* Hier besteht schon das Bedenken, ob es justiziabel ist, welches der „bestmögliche" Beitrag sein soll. Hinzu kommt, daß lediglich ein „Beitrag" ausreichen soll - es mithin auf bestimmte Maßnahmen nicht ankommt. Insofern ist hier davon auszugehen, daß diese Normen lediglich eine Appellfunktion inne haben und damit keine abschließend bestimmten Pflichten für die öffentlichen MEU begründen sollen.

Bei den länderrechtlichen Bestimmungen zur Abfallvermeidung handelt es sich mithin um bloße Aufgabennormen, die für die müllentsorgungspflichtigen Körperschaften keine abschließenden Pflichten festlegen. Aus diesem Grunde sind die Satzungsregelungen in den Abfallsatzungen der einzelnen öffentlichen MEU über das ausschließliche Anschlußrecht für Grundstückseigentümer und ähnlich dinglich Berechtigte auch nicht rechtswidrig.

4. Ergebnis

Die genannten abfallrechtlichen Normen sind so gefaßt, daß sich aus ihnen noch keine abschließenden Pflichten der müllentsorgungspflichtigen Körperschaften bei der Gestaltung der Entsorgungsbeziehungen ergeben, also auch keine Verpflichtung zu direkten Rechtsbeziehungen mit den einzelnen Mieterhaushalten. Das entspricht auch der Tatsache, daß die unterschiedliche Verdichtung des Wohnens und das Experimentieren mit verschiedenen Abfuhr- und Gebührensystemen eine solch generelle Regelung noch nicht zulassen. Rechtspolitisch ist es aber dringend notwendig, auch im Müllentsorgungsbereich für eine verursachungsgerechte, ressourcenschonende Regelung der Leistungsbeziehungen zu sorgen. Der Gesetzgeber ist also aufgerufen, die Abfallgesetze insoweit zu verschärfen.

7. Kapitel

Zusammenfassung und Resümee

I.

Anknüpfungspunkt der Arbeit ist § 4 Abs. 5 MHG, nach dem der Vermieter verlangen kann, daß die Kosten der Wasserversorgung, Entwässerung und Müllabfuhr unmittelbar zwischen den Mietern und den jeweiligen Leistungserbringern abgerechnet werden. Der Gesetzgeber hat bei der Schaffung dieser Regelung in erster Linie ökologischen Grundgedanken Rechnung getragen, aber auch die Möglichkeit einer Haftungsbefreiung der Vermieter berücksichtigt.

1.

In Anbetracht dieser gesetzgeberischen Intentionen ist nicht zu eng am Wort "abrechnen" zu haften; vielmehr erstreckt sich die Befugnis des Vermieters auf die Übertragung der gesamten Vertragspflicht. Denn nur der "Direktvertrag" garantiert eine streng verbrauchsabhängige Abrechnung und damit den sparsamen Umgang mit Ressourcen sowie die Haftungsbefreiung des Vermieters.

2.

Im Rahmen einer Interessenanalyse wurde festgestellt, daß durch die Realisierung des Direktvertrages die wirtschaftliche Situation aller drei Parteien unterschiedlich betroffen wird.

a)

Der Vermieter wälzt den Verwaltungsaufwand, die Verwaltungskosten und die Gesamtverantwortung einschließlich des Risikos des pünktlichen Zahlungseinganges und des Insolvenzrisikos für einzelne Mieter auf den Leistungserbringer ganges und des Insolvenzrisikos für einzelne Mieter auf den Leistungserbringer ab. Außerdem befreit er sich aus seiner Rolle einer „kostenlosen Inkassostelle". Er löst sich also aus seinen Verpflichtungen bezüglich Wasser, Abwasser und Müll völlig und profitiert damit aus dem Direktvertrag in jeder Hinsicht.

b)

Im Gegenzuge nimmt der Leistungserbringer diese Nachteile auf sich. Allerdings kann er die daraus entstehenden Mehrkosten durch Gebühren- bzw. Entgeltserhöhung auf den Mieter abwälzen und damit neutralisieren.

c)

Der Mieter ist nun zwar für die Kosten seines Verbrauchs direkt verantwortlich. Jedoch wird er durch die Direktabrechnung in die Lage versetzt, seine Nebenkosten z.T. erheblich zu senken. Denn er muß nun nicht mehr für den weniger kosten- und umweltbewußten Mitmieter mitbezahlen und erhält somit einen Anreiz zum ökologischen Umgang mit den Ressourcen.

3.

Jedoch handelt es sich bei § 4 Abs. 5 MHG um eine rein mietrechtliche Regelung, so daß die Realisierung des Direktvertrages mit den Mietern die Zustimmung des jeweiligen Versorgungs- und Entsorgungsunternehmens erfordert. Und dazu sind die Leistungserbringer aus den o.g. Gründen regelmäßig nicht bereit. Die Vorschrift läuft also weitgehend leer.

4.

Auf direkte Vertragsbeziehungen zwischen Mietern und Leistungserbringern käme es auch gar nicht an, wenn im Rahmen des Mietrechts die Installation von Wohnungswasserzählern bzw. die Bereitstellung von haushaltsbezogenen Müllgefäßen sichergestellt werden könnte und eine verbrauchs- bzw. verursachungsabhängige Abrechnung ermöglicht würde. Ein Anspruch des Mieters einer Bestandswohnung gegen den Vermieter auf Anbringung eines Zwischenzählers und Änderung des Umlagemaßstabes besteht jedoch nicht.

Zwar kann der Mieter auf eigene Kosten einen Zwischenzähler installieren. Allerdings führt dies nicht zwingend zur verbrauchsabhängigen Abrechnung. Das gleiche gilt bei Anschaffung haushaltsbezogener Müllgefäße. Ein Anspruch auf verbrauchsabhängige Abrechnung läßt sich jedenfalls nicht aus dem Mietrecht herleiten.

5.

Daher war in der Arbeit wiederum die Frage nach einer eigenen Vertrags- bzw. Anschlußberechtigung von Mietern aufzugreifen. Den Ausschluß der Mieter von diesem Recht rechtfertigen die Leistungserbringer mit ihren geltenden Vertrags- und Satzungsregelungen, nach denen nur Grundstückseigentümer und ähnlich dinglich Berechtigte vertrags- bzw. anschlußberechtigt sind.

II.

Alles in allem führt die Arbeit zu dem Ergebnis, daß die Regelungen in den Satzungen und Vertragsbestimmungen der Wasserversorgungs- und Abwasserentsorgungsunternehmen, die das Recht auf Anschluß und Benutzung bzw. auf Vertragsschluß auf Grundstückseigentümer beschränken und damit den einzelnen Mieter von diesen Rechten ausschließen, mit ihrem derzeitigen Wortlaut nicht aufrechterhalten werden können.

1.

Diejenigen Wasserversorgungsunternehmen (WVU) und Abwasserentsorgungsunternehmen (AEU), die privatrechtlich organisiert sind, unterliegen als Monopolunternehmen zur Daseinsfürsorge grundsätzlich dem Kontrahierungszwang aus §§ 826 i.V.m. 1004 BGB. Nach den hier getroffenen Erwägungen kommen diese Unternehmen ihrer Pflicht zum Vertragsabschluß keineswegs dadurch ausreichend nach, daß sie die Verträge entsprechend ihren bestehenden Vertragsbedingungen mit den Grundstückseigentümern abschließen. Vielmehr besteht entsprechend den hier geführten Erwägungen gleichermaßen ein Anspruch für Mieter auf Abschluß eigener Versorgungs- bzw. Entsorgungsverträge.

a)

Konkret wurde festgestellt, daß durch die privatrechtlichen Regelungen über die Vertragspartner dem einzelnen Mieter ein nicht unerheblicher Schaden in einer gegen die guten Sitten verstoßenden Weise zugefügt wird. Der Schaden resultiert aus den unnötigen Verwaltungskosten des Vermieters, die im Innenverhältnis der Mieter trägt, sowie der mangelnden Möglichkeit für den sparsamen Mieter zur Drosselung seiner Verbrauchskosten bei verbrauchs*un*abhängiger Abrechnung, da er für den weniger kosten- und umweltbewußten Mieter mitbezahlen muß.

b)

Die Sittenwidrigkeit ergibt sich dabei aus dem heutzutage stark ausgeprägten Umweltbewußtsein des „Durchschnittsbürgers“ und der Übergehung ökologischer Gesichtpunkte durch die WVU und AEU, indem sie die Mieter von der Vertragsberechtigung ausschließen und diese dadurch mit Wasser nicht so schonend umgehen, wie sie eigentlich könnten. Die Mehrheit der umweltethisch denkenden Bürger bringt für dieses Verhalten der Wasserversorger und -entsorger kein Verständnis (mehr) auf, so daß darin ein Verstoß gegen das Anstandsgefühl aller billig und gerecht Denkenden zu erblicken ist.

2.

Dieses Ergebnis wird durch die anschließende Inhaltskontrolle der besagten Vertragspartnerregelung nach § 9 AGB-Gesetz bestätigt: Der Ausschluß von Mietern von einer eigenen Vertragsberechtigung benachteiligt die Mieter als schutzwürdige Dritte entgegen den Geboten von Treu und Glauben unangemessen. Dies ergibt sich aus der Abwägung der berücksichtigungsfähigen Interessen der WVU (Rationalisierungsinteressen) mit den Interessen der Vermieter (Haftungsbefreiung) und Mieter (Ersparnisinteresse und Umweltbewußtsein). Der Ausschluß der Mieter von der Vertragsberechtigung hält also auch § 9 AGB-Gesetz nicht stand.

3.

Bezüglich den öffentlich-rechtlichen Wasserversorgungs- und Entwässerungsverhältnissen wurde in der Arbeit die Erkenntnis gewonnen, daß die Rechtswidrigkeit der bestehenden Satzungsregelungen über das ausschließliche Anschluß- und Benutzungsrecht von Grundstückseigentümern auf deren Verstoß gegen höherrangiges Recht zurückzuführen ist, und zwar insbesondere wegen Verstoßes gegen Vorschriften, die den Schutz der Umwelt bezwecken.

4.

Sie verstoßen gegen die landeswasserrechtlichen Vorschriften zum sparsamen Umgang mit Wasser, die die Wassergesetze von sieben Bundesländern prägen, denn eine nicht vom Verbrauch abhängige Abrechnung ist mit einem sparsamen Umgang mit Wasser nicht vereinbar.

5.

Die Länderwassergesetze sind keineswegs unverbindliche Programmerklärungen oder unverbindliche Aufgabennormen. Sie sind unmittelbare Gebotsnormen, also zwingende Rechtssätze, die für die zuständigen Behörden und für die in ihnen ausgesprochenen Adressaten unmittelbar verbindlich sind. Die Norm, die die Förderung des rationellen Umgangs mit Wasser vorschreibt, ist für die öffentlichen WVU und AEU geltendes Recht und für sie unmittelbar verbindlich. Die jeweiligen Gesetzgeber haben sich durch die gezielte Einfügung dieser Bestimmungen ja gerade besonders ambitioniert auf den schonenden Umgang mit Wasser festgelegt.

6.

Für diejenigen Bundesländer, deren Wassergesetze einen sparsamen Umgang mit Wasser nicht ausdrücklich vorsehen, begründet sich ein entsprechendes Ergebnis aufgrund Verstoßes gegen § 1 a Abs.2 WHG i.V.m. §§ 2, 3 LWG, in denen ebenfalls die erforderliche Sorgfalt zur Sicherung einer sparsamen Verwendung des Wassers mit Rücksicht auf den Wasserhaushalt statuiert ist. Gegen diese Pflicht verstoßen die öffentlichen WVU und AEU, weil die erforderliche Sorgfalt bei der Ausgestaltung der Rechtsbeziehungen nicht gewahrt wird, wenn nicht über direkte Beziehungen zum Mieter eine streng verbrauchsabhängige Kostenabrechnung gesichert wird.

7.

Die Müllentsorgungsverhältnisse zum Bürger sind ausschließlich öffentlich-rechtlich ausgestaltet. Die Müllentsorgungssatzungen der beseitigungspflichtigen Körperschaften enthalten allesamt auch die Regelung über die ausschließliche Anschlußberechtigung von Gundstückseigentümern. Indem die beseitigungspflichtigen Körperschaften also - unabhängig von der Frage der Zumutbarkeit von Einzelbehältern - Mieter grundsätzlich von eigenen Rechtsbeziehungen ausschließen, ist es den Vermietern im Rahmen des Mietvertrages vorbehalten, die Art und Größe der für die Mieter verwendeten Müllbehälter zu bestimmen. Und dies sind oft ohne Not Gemeinschafts(groß)behälter, die dem einzelnen Mieter einen Anreiz zur Müllvermeidung praktisch nicht geben.

8.

Daran ändert auch nichts die Tatsache, daß z.T. ökologisch gut durchdachte Abfuhrsysteme eingesetzt werden, z.B. das Scannersystem in Bremen und Moers sowie das Verwiegungssystem in Niddatal. Die Verwendung von Gemeinschaftsbehältern unter Zugrundelegung der Abfallsatzungen mit einer ausschließlichen Anschluß- und Benutzungsberechtigung der Eigentümer ist für sich genommen mit den Müllvermeidungsimperativen der Länderabfallgesetze nicht vereinbar. Denn diese statuieren die Pflicht eines jeden, durch sein Verhalten dazu beizutragen, daß die Ziele der Abfallwirtschaft (Abfallvermeidung) erreicht werden.

9.

Trotz alledem verstoßen die Regelungen über die Anschluß- und Benutzungsberechtigten in den Müllsatzungen der Beseitigungspflichtigen nach derzeit bestehender Rechtslage nicht gegen höherangiges Recht. Diese abfallrechtlichen Normen sind so gefaßt, daß sich aus ihnen noch keine abschließenden Pflichten der entsorgungspflichtigen Körperschaften bei der Gestaltung der Entsorgungsbeziehungen ergeben, also auch keine Verpflichtung zur Begründung direkter Rechtsbeziehungen zu den Mieterhaushalten. Rechtspolitisch ist der Gesetzgeber aber dringend aufgerufen, die Abfallgesetze zu verschärfen und für eine verursachungsgerechte ressourcenschonende Regelung der Leistungsbeziehungen auch im Müllentsorgungsbereich zu sorgen.

III.

Es wurde nachgewiesen, daß nach bestehender Rechtslage im Wasserrecht die genannten Regelungen in den Wasserversorgungs- und Abwasserentsorgungssatzungen unter dem Gesichtspunkt der ökologischen Zwecke des Gesetzgebers rechtswidrig sind und die Unwirksamkeit der Vertragspartnerklauseln nach bestehendem Recht letztendlich gleichermaßen auf ökologische Aspekte zurückzuführen ist: Jedenfalls sind in der Wasserversorgung und -entsorgung die Leistungserbringer verpflichtet, die betreffenden Satzungs- bzw. Vertragsbestimmungen umzugestalten, und zwar dahingehend, daß auch Mieter (schuldrechtlich Berechtigte bzw. nicht nur vorübergehend Nutzungsberechtigte) vom Wortlaut der Regelungen erfaßt werden.

Bezüglich der Müllentsorgung ist der Gesetzgeber aufgerufen, die Abfallgesetze so zu verschärfen, daß auch hier eine entsprechende Handhabe geschaffen wird.

§ 4 MHG erlangt dadurch auch wirklich praktische Bedeutung. Der Vermieter wird in die Lage versetzt, den direkten Vertragsabschluß zwischen seinen Mietern und den Leistungserbringern zu erzwingen. Dadurch wird das mit der Schaffung des § 4 Abs. 5 MHG angestrebte gesetzgeberische Ziel, nämlich die Einsparung von Ressourcen aufgrund verbrauchs- und verursachergerechter Kostenabrechnung sowie die Haftungsbefreiung des Vermieters, verwirklicht.

8. Kapitel

Vorschlag zur Neuformulierung der Satzungen und der Allgemeinen Bedingungen im Hinblick auf die Direktbeziehungen zwischen Unternehmen und Bürgern (Mietern)

Abschließend soll nach den Erkenntnissen dieser Arbeit ein Vorschlag zur Neuformulierung der Satzungen und der Allgemeinen Bedingungen im Hinblick auf die Direktbeziehungen zwischen Unternehmen und Bürgern (Mietern) gemacht werden.

I. Das Wasserversorgungsverhältnis

1. Ergänzende Vertragsbestimmungen

Vorschlag für privatrechtlich organisierte WVU bezüglich der Neugestaltung ihrer Regelungen über die Vertragspartner in ihren „Ergänzenden Bestimmungen“, die in der Anlage zur AVBWasserV getroffen werden können (in Anlehnung an das Muster des BGW, abgedruckt im Anhang - S. 211 ff. - dieser Arbeit):

§ ... (Vertragsschluß)

alt:	neu:
1. Das WVU schließt den Versorgungsvertrag mit dem Eigentümer des anzuschließenden Grund-stückes ab. **In Ausnahmefällen kann der Vertrag auch mit dem Nutzungsberechtigten, z.B. Mieter, Pächter, Erbbauberechtigten, Nießbraucher abgeschlossen werden.**	1. Das WVU schließt den Versorgungsvertrag mit dem Eigentümer des anzuschließenden Grundstückes **oder mit dem nicht nur vorübergehend Nutzungsberechtigten, z.B. Mieter** ab.

2. Satzung

Vorschlag für öffentlich-rechtlich organisierte WVU bezüglich der Neugestaltung ihrer Regelungen über die Anschluß- und Benutzungsberechtigten (bzw. -verpflichteten) in ihren Satzungen über den Anschluß an die öffentliche Wasserversorgungsanlage und die Versorgung der Grundstücke mit Wasser (Wasserversorgungssatzung) in Anlehnung an das Arbeitsmuster (abgedruckt im Anhang - S. 220 ff. - dieser Arbeit):

§ 2 (Grundstücksbegriff-Grundstückseigentümer)

alt:

(2) Die in dieser Satzung für Grundstückseigentümer erlassenen Vorschriften gelten auch für Erbbauberechtigte oder ähnlich zur Nutzung eines Grundstücks dinglich Berechtigte.

neu:

(2) Die in dieser Satzung für Grundstückseigentümer erlassenen Vorschriften gelten auch für Erbbauberechtigte oder ähnlich zur Nutzung eines Grundstücks dinglich Berechtigte **sowie schuldrechtlich Berechtigte, z.B. Mieter.**

und

§ 3 (Anschluß- und Benutzungsrecht)

alt:

(1) Jeder Eigentümer eines im Gebiet der Gemeinde liegenden Grundstücks ist berechtigt, den Anschluß seines Grundstücks an die Wasserversorgungsanlage und die Belieferung mit Trink- und Betriebswasser nach Maßgabe der Satzung zu verlangen.

neu:

(1) Jeder Eigentümer **und nicht nur vorübergehend Nutzungsberechtigte** eines im Gebiet der Gemeinde liegenden Grundstücks ist berechtigt, den Anschluß seines Grundstücks an die Wasserversorgungsanlage und die Belieferung mit Trink -und Betriebswasser nach Maßgabe dieser Satzung zu verlangen.

II. Das Abwasserentsorgungsverhältnis

1. Satzung

Vorschlag für die beseitigungspflichtigen Körperschaften bezüglich der Neugestaltung ihrer Regelungen über die Anschluß- und Benutzungsberechtigten in ihren Satzungen über den Anschluß an die öffentliche Entwässerungsanlage und die Entwässerung der Grundstücke (Abwassersatzungen), in Anlehnung an das Satzungsmuster des Landes Baden-Württemberg (abgedruckt im Anhang - S. 231 ff. - dieser Arbeit)

§ 3 Berechtigung und Verpflichtung zum Anschluß und zur Benutzung

alt:	neu:
(1) Die Eigentümer von Grundstücken, auf denen Abwasser anfällt, sind nach näherer Bestimmung dieser Satzung berechtigt und verpflichtet, ihre Grundstücke an die öffentlichen Abwasseranlagen anzuschließen, diese zu benutzen und das gesamte auf den Grundstücken anfallende Abwasser der Gemeinde im Rahmen des § 45 b Abs. 1 WG zu überlassen. Der Erbbauberechtigte tritt an die Stelle des Eigentümers.	(1) Die Eigentümer **und nicht nur vorübergehend Nutzungsberechtigten** von Grundstücken, auf denen Abwasser anfällt, sind nach näherer Bestimmung dieser Satzung berechtigt und verpflichtet, ihre Grundstücke an die öffentlichen Abwasseranlagen anzuschließen, diese zu benutzen und das gesamte auf den Grundstücken anfallende Abwasser der Gemeinde im Rahmen des § 45 b Abs. 1 WG zu überlassen.

2. Rumpfsatzung

Vorschlag für die beseitigungspflichtigen Körperschaften bezüglich der Neugestaltung ihrer Regelungen über die Anschluß- und Benutzungsberechtigten in ihren Rumpfsatzungen über die Abwasserbeseitigung und den Anschluß an die öffentliche Abwasserbeseitigungseinrichtung, in Anlehnung an das Arbeitsmuster des BGW (abgedruckt im Anhang - S. 246 ff. - dieser Arbeit):

§ 3 Anschluß- und Benutzungsrecht

alt:

(1) Jeder Grundstückseigentümer ist berechtigt, den Anschluß seines Grundstücks an die Abwasserbeseitigungseinrichtung zu verlangen und nach Maßgabe der Abwasserentsorgungsbedingungen im Sinne von § 8 der Satzung Abwasser in die Abwasserbeseitigungseinrichtung einzuleiten.

neu:

(1) Jeder Grundstückseigentümer **und nicht nur vorübergehend Nutzungsberechtigte** ist berechtigt, den Anschluß seines Grundstücks an die Abwasserbeseitigungseinrichtung zu verlangen und nach Maßgabe der Abwasserentsorgungsbedingungen im Sinne von § 8 der Satzung Abwasser in die Abwasserbeseitigungseinrichtungeinzuleiten.

3. Allgemeine Entsorgungsbedingungen (AEB)

Vorschlag für die beseitigungspflichtigen Körperschaften bezüglich der Neugestaltung ihrer Regelungen über die Vertragspartner in ihren privatrechtlichen Abwasserentsorgungsbedingungen (AEB), in Anlehnung an das Arbeitsmuster (abgedruckt im Anhang - S. 249 ff. - dieser Arbeit):

§ 2 Vertragspartner, Kunde

alt:

(1) Das AEU schließt den Abwasserbeseitigungsvertrag mit dem Grundstückseigentümer, **Erbbauberechtigten oder ähnlich zur Nutzung** eines Grundstücks **dinglich Berechtigten** ab.

neu:

(1) Das AEU schließt den Abwasserentsorgungsvertrag mit dem Grundstückseigentümer **oder nicht nur vorübergehend Nutzungsberechtigten** eines Grundstückes ab.

III. Das Müllentsorgungsverhältnis - Satzung

Vorschlag für die beseitigungspflichtigen Körperschaften bezüglich der Neugestaltung ihrer Regelungen über die Anschluß- und Benutzungsberechtigten in ihren Abfallbeseitigungssatzungen, in Anlehnung an das Satzungsmuster des Niedersächsischen Landkreistages (abgedruckt im Anhang - S. 261 ff. - dieser Arbeit):

§ 3 Anschluß- und Benutzungszwang

alt:

(1) Die Eigentümer bewohnter und bebauter Grundstücke sind verpflichtet, ihre Grundstücke an die öffentliche Abfallentsorgung anzuschließen (Anschlußzwang). Den Grundstückseigentümern stehen **Erbbauberechtigte, Wohnungseigentümer, Wohnungserbbauberechtigte, Nießbraucher und sonstige zur Nutzung des Grundstücks dinglich Berechtigte** gleich.

neu:

(1) Die Eigentümer bewohnter und bebauter Grundstücke sind verpflichtet, ihre Grundstücke an die öffentliche Abfallentsorgung anzuschließen (Anschlußzwang). Den Grundstückseigentümern stehen **alle nicht nur vorübergehend Nutzungsberechtigten** gleich.

Anhang

I. Wasserversorgungsverhältnis

1. AVBWasserV

Verordnung
über Allgemeine Bedingungen für die Versorgung
mit Wasser (AVBWasserV)

Vom 20. Juni 1980, BGBl. I S. 684

Auf Grund des § 27 des Gesetzes zur Regelung des Rechts der Allgemeinen Geschäftsbedingungen vom 9. Dezember 1976 (BGBl. I S. 3317) wird mit Zustimmung des Bundesrates verordnet:

§ 1 Gegenstand der Verordnung

(1) Soweit Wasserversorgungsunternehmen für den Anschluß an die öffentliche Wasserversorgung und für die öffentliche Versorgung mit Wasser Vertragsmuster oder Vertragsbedingungen verwenden, die für eine Vielzahl von Verträgen vorformuliert sind (allgemeine Versorgungsbedingungen), gelten die §§ 2 bis 34. Diese sind, soweit Absatz 3 und § 35 nichts anderes vorsehen, Bestandteil des Versorgungsvertrages.

(2) Die Verordnung gilt nicht für den Anschluß und die Versorgung von Industrieunternehmen und Weiterverteilern sowie für die Vorhaltung von Löschwasser.

(3) Der Vertrag kann auch zu allgemeinen Versorgungsbedingungen abgeschlossen werden, die von den §§ 2 bis 34 abweichen, wenn das Wasserversorgungsunternehmen einen Vertragsabschluß zu den allgemeinen Bedingungen dieser Verordnung angeboten hat und der Kunde den Abweichungen ausdrücklich einverstanden ist. Auf die abweichenden Bedingungen sind die §§ 3 bis 11 des Gesetzes zur Regelung des Rechts der Allgemeinen Geschäftsbedingungen anzuwenden.

(4) Das Wasserversorgungsunternehmen hat seine allgemeinen Versorgungsbedingungen, soweit sie in dieser Verordnung nicht abschließend geregelt sind oder nach Absatz 3

von den §§ 2 bis 34 abweichen, einschließlich der dazugehörenden Preisregelungen Preislisten in geeigneter Weise öffentlich bekanntzugeben.

§ 2 Vertragsabschluß

(1) Der Vertrag soll schriftlich abgeschlossen werden. Ist er auf andere Weise zustande gekommen, so hat das Wasserversorgungsunternehmen den Vertragsabschluß den Kunden unverzüglich schriftlich zu bestätigen. Wird die Bestätigung mit automatischen Einrichtungen ausgefertigt, bedarf es keiner Unterschrift. Im Vertrag oder in der Vertragsbestätigung ist auf die allgemeinen Versorgungsbedingungen hinzuweisen.

(2) Kommt der Vertrag dadurch zustande, daß Wasser aus dem Verteilungsnetz des Wasserversorgungsunternehmens entnommen wird, so ist der Kunde verpflichtet, dies dem Unternehmen unverzüglich mitzuteieln. Die Versogung erfolgt zu den für gleichartige Versorgungsverhältnisse geltenden Preisen.

(3) Das Wasserversorgungsunternehmen ist verpflichtet, jedem Neukunden bei Vertragsabschluß sowie den übrigen Kunden auf Verlangen die dem Vertrag zugrunde liegenden allgemeinen Versorgungsbedingungen einschließlich der dazugehörenden Preisregelungen und Preislisten unentgeltlich auszuhändigen.

§ 3 Bedarfsdeckung

(1) Das Wasserversorgungsunternehmen hat dem Kunden im Rahmen des wirtschaftlich Zumutbaren die Möglichkeit einzuräumen, den Bezug auf den von ihm gewünschten Verbrauchszweck oder auf einen Teilbedarf zu beschränken. Der Kunde ist verpflichtet, seinen Wasserbedarf im vereinbarten Umfange aus dem Versorgungsnetz des Wasserversorgungsunternehmens zu decken.

(2) Vor der Errichtung einer Eigengewinnungsanlage hat der Kunde dem Wasserversorgungsunternehmen Mitteilung zu machen. Der Kunde hat durch geeignete Maßnahmen sicherzustellen, daß von seiner Eigengewinnungsanlage keine Rückwirkungen in das öffentliche Wasserversorgungsnetz möglich sind.

§ 4 Art der Versorgung

(1) Das Wasserversogungsunternehmen stellt zu den jeweiligen allgemeinen Versorgungsbedingungen einschließlich der dazugehörigen Preise Wasser zur Verfügung.

(2) Änderungen der allgemeinen Versorgungsbedingungen werden erst nach öffentlicher Bekanntgabe wirksam. Dies gilt auch für die dazugehörenden Preise, sofern sie nicht dem Kunden im Einzelfall mitgeteilt werden.

(3) Das Wasser muß den jeweils geltenden Rechtsvorschriften und den anerkannten Regeln der Technik für die vereinbarte Bedarfsart (Trink- oder Betriebswasser) entsprechen. Das Wasserversorgungsunternehmen ist verpflichtet, das Wasser unter dem Druck zu liefern, der für eine einwandfreie Deckung des üblichen Bedarfs in dem betreffenden Versorgungsgebiet erforderlich ist. Das Unternehmen ist berechtigt, die Beschaffenheit und den Druck des Wassers im Rahmen der gesetzlichen und behördlichen Bestimmungen sowie der anerkannten Regeln der Technik zu ändern, falls dies in besonderen Fällen aus wirt-

schaftlichen oder technischen Gründen zwingend notwendig ist; dabei sind die Belange des Kunden möglichst zu berücksichtigen.

(4) Stellt der Kunde Anforderungen an Beschaffenheit und Druck des Wassers, die über die vorgenannten Verpflichtungen hinausgehen, so obliegt es ihm selbst, die erforderlichen Vorkehrungen zu treffen.

§ 5 Umfang der Versorgung, Benachrichtigung bei Versorgungsunterbrechungen

(1) Das Wasserversorgungsunternehmen ist verpflichtet, Wasser im vereinbarten Umfang jederzeit am Ende der Anschlußleitung zur Verfügung zu stellen. Dies gilt nicht,

1. soweit zeitliche Beschränkungen zur Sicherstellung der öffentlichen Wasserversorgung erforderlich oder sonst vertraglich vorbehalten sind,

2. soweit und solange das Unternehmen an der Versorgung durch höhere Gewalt oder sonstige Umstände, deren Beseitigung ihm wirtschaftlich nicht zugemutet werden kann, gehindert ist.

(2) Die Versorgung kann unterbrochen werden, soweit dies zur Vornahme betriebsnotwendiger Arbeiten erforderlich ist. Das Wasserversorgungsunternehmen hat jede Unterbrechung oder Unregelmäßigkeit unverzüglich zu beheben.

(3) Das Wasserversorgungsunternehmen hat die Kunden bei einer nicht nur für kurze Dauer beabsichtigten Unterbrechung der Versorgung rechtzeitig in geeigneter Weise zu unterrichten. Die Pflicht zur Benachrichtigung entfällt, wenn die Unterrichtung

1. nach den Umständen nicht rechtzeitig möglich ist und das Unternehmen dies nicht zu vertreten hat oder

2. die Beseitigung von bereits eingetretenen Unterbrechungen verzögert würde.

§ 6 Haftung bei Versorgungsstörungen

(1) Für Schäden, die ein Kunde durch Unterbrechung der Wasserversorgung oder durch Unregelmäßigkeiten in der Belieferung erleidet, haftet das ihn beliefernde Wasserversorgungsunternehmen aus Vertrag oder unerlaubter Handlung im Falle

1. der Tötung oder Verletzung des Körpers oder der Gesundheit des Kunden, es sei denn, daß der Schaden von dem Unternehmen oder einem Erfüllungs- oder Verrichtungsgehilfen weder vorsätzlich noch fahrlässig verursacht worden ist,

2. der Beschädigung einer Sache, es sei denn, daß der Schaden weder durch Vorsatz noch durch grobe Fahrlässigkeit des Unternehmens oder eines Erfüllungs- oder Verrichtungsgehilfen verursacht worden ist.

3. eines Vermögensschadens, es sei denn, daß dieser weder durch Vorsatz noch durch grobe Fahrlässigkeit des Inhabers des Unternehmens oder eines vertretungsberechtigten Organs oder Gesellschafters verursacht worden ist.

§ 831 Abs. 1 Satz 2 des Bürgerlichen Gesetzbuches ist nur bei vorsätzlichem Handeln von Verrichtungsgehilfen anzuwenden.

(2) Absatz 1 ist auch auf Ansprüche von Kunden anzuwenden, die diese gegen ein drittes Wasserversorgungsunternehmen aus unerlaubter Handlung geltend machen. Das Wasserversorgungsunternehmen ist verpflichtet, seinen Kunden auf Verlangen über die mit der Schadensverursachung durch ein drittes Unternehmen zusammenhängenden Tatsachen insoweit Auskunft zu geben, als sie ihm bekannt sind oder von ihm in zumutbarer Weise aufgeklärt werden können und ihre Kenntnis zur Geltendmachung des Schadensersatzes erforderlich ist.

(3) Die Ersatzpflicht entfällt für Schäden unter 30 Deutsche Mark.

(4) Ist der Kunde berechtigt, das gelieferte Wasser an einen Dritten weiterzuleiten, und erleidet dieser durch Unterbrechung der Wasserversorgung oder durch Unregelmäßigkeiten in der Belieferung einen Schaden, so haftet das Wasserversorgungsunternehmen dem Dritten gegenüber in demselben Umfange wie dem Kunden aus dem Versorgungsvertrag.

(5) Leitet der Kunde das gelieferte Wasser an einen Dritten weiter, so hat er im Rahmen seiner rechtlichen Möglichkeiten sicherzustellen, daß dieser aus unerlaubter Handlung keine weitergehenden Schadensersatzansprüche erheben kann, als sie in den Absätzen 1 bis 3 vorgesehen sind. Das Wasserversorgungsunternehmen hat den Kunden hierauf bei Abschluß des Vertrages besonders hinzuweisen.

(6) Der Kunde hat den Schaden unverzüglich dem ihn beliefernden Wasserversorgungsunternehmen oder, wenn dieses feststeht, dem ersatzpflichtigen Unternehmen mitzuteilen. Leitet der Kunde das gelieferte Wasser an einen Dritten weiter, so hat er diese Verpflichtung auch dem Dritten aufzuerlegen.

§ 7 Verjährung

(1) Schadensersatzansprüche der in § 6 bezeichneten Art verjähren in drei Jahren von dem Zeitpunkt an, in welchem der Ersatzberechtigte von dem Schaden, von den Umständen, aus denen sich seine Anspruchsberechtigung ergibt, und von dem ersatzpflichtigen Wasserversorgungsunternehmen Kenntnis erlangt, ohne Rücksicht auf diese Kenntnis in fünf Jahren von dem schädigenden Ereignis an.

(2) Schweben zwischen dem Ersatzpflichtigen und dem Ersatzberechtigten Verhandlungen über den zu leistenden Schadensersatz, so ist die Verjährung gehemmt, bis der eine oder andere Teil die Fortsetzung der Verhandlungen verweigert.

(3) § 6 Abs. 5 gilt entsprechend.

§ 8 Grundstücksbenutzung

(1) Kunden und Anschlußnehmer, die Grundstückseigentümer sind, haben für Zwecke der örtlichen Versorgung das Anbringen und Verlegen von Leitungen einschließlich Zubehör zur Zu- und Fortleitung von Wasser über ihre im gleichen Versorgungsgebiet liegenden Grundstücke sowie erforderliche Schutzmaßnahmen unentgeltlich zuzulassen. Diese Pflicht betrifft nur Grundstücke, die an die Wasserversorgung angeschlossen sind, die vom Eigentümer in wirtschaftlichem Zusammenhang mit der Wasserversorgung genutzt werden oder

für die die Möglichkeit der Wasserversorgung sonst wirtschaftlich vorteilhaft ist. Sie entfällt, wenn die Inanspruchnahme der Grundstücke den Eigentümer mehr als notwendig oder in zumutbarer Weise belasten würde.

(2) Der Kunde oder Anschlußnehmer ist rechtzeitig über Art und Umfang der beabsichtigten Inanspruchnahme des Grundstückes zu benachrichtigen.

(3) Der Grundstückseigentümer kann die Verlegung der Einrichtungen verlangen, wenn sie an der bisherigen Stelle für ihn nicht mehr zumutbar sind. Die Kosten der Verlegung hat das Wasserversorgungsunternehmen zu tragen; dies gilt nicht, soweit die Einrichtungen ausschließlich der Versorgung des Grundstücks dienen.

(4) Wird der Wasserbezug eingestellt, so hat der Grundstückseigentümer die Entfernung der Einrichtungen zu gestatten oder sie auf Verlangen des Unternehmens noch fünf Jahre unentgeltlich zu dulden, es sei denn, daß ihm dies nicht zugemutet werden kann.

(5) Kunden und Anschlußnehmer, die nicht Grundstückseigentümer sind, haben auf Verlangen des Wasserversorgungsunternehmens die schriftliche Zustimmung des Grundstückseigentümers zur Benutzung des zu versorgenden Grundstücks im Sinne der Absätze 1 und 4 beizubringen.

(6) Die Absätze 1 bis 5 gelten nicht für öffentliche Verkehrswege und Verkehrsflächen sowie für Grundstücke, die durch Planfeststellung für den Bau von öffentlichen Verkehrswegen und Verkehrsflächen bestimmt sind.

§ 9 Baukostenzuschüsse

(1) Das Wasserversorgungsunternehmen ist berechtigt, von den Anschlußnehmern einen angemessenen Baukostenzuschuß zur teilweisen Abdeckung der bei wirtschaftlicher Betriebsführung notwendigen Kosten für die Erstellung oder Verstärkung von der örtlichen Versorgung dienenden Verteilungsanlagen zu verlangen, soweit sie sich ausschließlich dem Versorgungsbereich zuordnen lassen, in dem der Anschluß erfolgt. Baukostenzuschüsse dürfen höchstens 70 vom Hundert dieser Kosten abdecken.

(2) Der von den Anschlußnehmern als Baukostenzuschuß zu übernehmende Kostenanteil kann unter Zugrundelegung der Straßenfrontlänge des anzuschließenden Grundstücks und des Preises für einen Meter Versorgungsleitung bemessen werden. Der Preis für einen Meter Versorgungsleitung ergibt sich aus den Anschaffungs- und Herstellungskosten der in Absatz 1 genannten Verteilungsanlagen, geteilt durch die Summe der Straßenfrontlängen aller Grundstücke, die im betreffenden Versorgungsbereich an die Verteilungsanlagen angeschlossen werden können. Das Wasserversorgungsunternehmen kann der Berechnung eine die Verhältnisse des Versorgungsbereichs berücksichtigende Mindeststraßenfrontlänge von bis zu 15 Metern zugrunde legen.

(3) Das Wasserversorgungsunternehmen kann bei der Bemessung des Baukostenzuschusses an Stelle oder neben der Straßenfrontlänge andere kostenorientierte Bemessungseinheiten, wie die Grundstücksgröße, die Geschoßfläche oder die Zahl der Wohnungseinheiten oder gleichartiger Wirtschaftseinheiten verwenden. In diesem Fall ist bei der Berechnung des Baukostenzuschusses die Summe der Bemessungseinheiten der Grundstücke zu berücksichtigen, die im betreffenden Versorgungsbereich angeschlossen werden können.

(4) Ein weiterer Baukostenzuschuß darf nur verlangt werden, wenn der Anschlußnehmer seine Leistungsanforderung wesentlich erhöht hat. Er ist nach den Absätzen 2 und 3 zu bemessen.

(5) Wird ein Anschluß an eine Verteilungsanlage hergestellt, die vor dem 1. Januar 1981 errichtet worden oder mit deren Errichtung vor diesem Zeitpunkt begonnen worden ist, so kann das Wasserversorgungsunternehmen abweichend von den Absätzen 1 bis 3 einen Baukostenzuschuß nach Maßgabe der für die Anlage bisher verwendeten Berechnungsmaßstäbe verlangen.

(6) Der Baukostenzuschuß und die in § 10 Abs. 5 geregelten Hausanschlußkosten sind getrennt zu errechnen und dem Anschlußnehmer aufgegliedert auszuweisen.

§ 10 Hausanschluß

(1) Der Hausanschluß besteht aus der Verbindung des Verteilungsnetzes mit der Kundenanlage. Er beginnt an der Abzweigstelle des Verteilungsnetzes und endet mit der Hauptabsperrvorrichtung.

(2) Art, Zahl und Lage der Hausanschlüsse sowie deren Änderung werden nach Anhörung des Anschlußnehmers und unter Wahrung seiner berechtigten Interessen vom Wasserversorgungsunternehmen bestimmt.

(3) Hausanschlüsse gehören zu den Betriebsanlagen des Wasserversorgungsunternehmens und stehen vorbehaltlich abweichender Vereinbarung in dessen Eigentum. Sie werden ausschließlich von diesen hergestellt, unterhalten, erneuert, geändert, abgetrennt und beseitigt, müssen zugänglich und vor Beschädigungen geschützt sein. Soweit das Versorgungsunternehmen die Erstellung des Hausanschlusses oder Veränderungen des Hausanschlusses nicht selbst, sondern durch Nachunternehmer durchführen läßt, sind Wünsche des Anschlußnehmers bei der Auswahl der Nachunternehmer zu berücksichtigen. Der Anschlußnehmer hat die baulichen Voraussetzungen für die sichere Errichtung des Hausanschlusses zu schaffen. Er darf keine Einwirkungen auf den Hausanschluß vornehmen oder vornehmen lassen.

(4) Das Wasserversorgungsunternehmen ist berechtigt, vom Anschlußnehmer die Erstattung der bei wirtschaftlicher Betriebsführung notwendigen Kosten für

1. die Erstellung des Hausanschlusses,

2. die Veränderungen des Hausanschlusses, die durch eine Änderung oder Erweiterung seiner Anlage erforderlich oder aus anderen Gründen von ihm selbst veranlaßt werden, zu verlangen. Die Kosten können pauschal berechnet werden.

(5) Kommen innerhalb von fünf Jahren nach Herstellung des Hausanschlusses weitere Anschlüsse hinzu und wird der Hausanschluß dadurch teilweise zum Bestandteil des Verteilungsnetzes, so hat das Wasserversorgungsunternehmen die Kosten neu aufzuteilen und dem Anschlußnehmer den etwa zuviel gezahlten Betrag zu erstatten.

(6) Soweit hinsichtlich des Eigentums am Hausanschluß und der daraus folgenden Pflichten zur Herstellung, Unterhaltung, Erneuerung, Änderung, Abtrennung und Beseitigung bestehende allgemeine Versorgungsbedingungen von Absatz 4 abweichen, können diese Regelungen auch nach Inkrafttreten dieser Verordnung beibehalten werden.

(7) Jede Beschädigung des Hausanschlusses, insbesondere das Undichtwerden von Leitungen sowie sonstige Störungen sind dem Wasserversorgungsunternehmen unverzüglich mitzuteilen.

(8) Kunden und Anschlußnehmer, die nicht Grundstückseigentümer sind, haben auf Verlangen des Wasserversorgungsunternehmens die schriftliche Zustimmung des Grundstückseigentümers zur Herstellung des Hausanschlusses unter Anerkennung der damit verbundenen Verpflichtungen beizubringen.

§ 11 Meßeinrichtungen an der Grundstücksgrenze

(1) Das Wasserversorgungsunternehmen kann verlangen, daß der Anschlußnehmer auf eigene Kosten nach seiner Wahl an der Grundstücksgrenze einen geeigneten Wasserzählerschacht oder Wasserzählerschrank anbringt, wenn

1. das Grundstück unbebaut ist oder

2. die Versorgung des Gebäudes mit Anschlußleitungen erfolgt, die unverhältnismäßig lang sind oder nur unter besonderen Erschwernissen verlangt werden können, oder

3. kein Raum zur frostsicheren Unterbringung des Wasserzählers vorhanden ist.

(2) Der Anschlußnehmer ist verpflichtet, die Einrichtungen in ordnungsgemäßem Zustand und jederzeit zugänglich zu halten.

(3) Der Anschlußnehmer kann die Verlegung der Einrichtungen auf seine Kosten verlangen, wenn sie an der bisherigen Stelle für ihn nicht mehr zumutbar sind und die Verlegung ohne Beeinträchtigung einer einwandfreien Messung möglich ist.

(4) § 10 Abs. 8 gilt entsprechend.

§ 12 Kundenanlage

(1) Für die ordnungsgemäße Errichtung, Erweiterung, Änderung und Unterhaltung der Anlage hinter dem Hausanschluß, mit Ausnahme der Meßeinrichtungen des Wasserversorgungsunternehmens, ist der Anschlußnehmer verantwortlich. Hat er die Anlage oder Anlagenteile einem Dritten vermietet oder sonst zur Benutzung überlassen, so ist er neben diesem verantwortlich.

(2) Die Anlage darf nur unter Beachtung der Vorschriften dieser Verordnung und anderer gesetzlicher oder behördlicher Bestimmungen sowie nach den anerkannten Regeln der Technik errichtet, erweitert, geändert und unterhalten werden. Die Errichtung der Anlage und wesentliche Veränderungen dürfen nur durch das Wasserversorgungsunternehmen oder ein in ein Installationsverzeichnis eines Wasserversorgungsunternehmens eingetragenes In-

stallationsunternehmen erfolgen. Das Wasserversorgungsunternehmen ist berechtigt, die Ausführungen der Arbeiten zu überwachen.

(3) Anlagenteile, die sich vor den Meßeinrichtungen befinden, können plombiert werden. Ebenso können Anlagenteile, die zur Kundenanlage gehören, unter Plombenverschluß genommen werden, um eine einwandfreie Messung zu gewährleisten. Die dafür erforderliche Ausstattung der Anlage ist nach den Angaben des Wasserversorgungsunternehmens zu veranlassen.

(4) Es dürfen nur Materialien und Geräte verwendet werden, die entsprechend den anerkannten Regeln der Technik beschaffen sind. Das Zeichen einer anerkannten Prüfstelle (zum Beispiel DIN-DVGW, DVGW- oder GS-Zeichen) bekundet, daß diese Voraussetzungen erfüllt sind.

(5) Die Teile des Hausanschlusses, die in Anwendung von § 10 Abs. 6 im Eigentum des Kunden stehen und zu deren Unterhaltung er verpflichtet ist, sind Bestandteile der Kundenanlage.

§ 13 Inbetriebsetzung der Kundenanlage

(1) Das Wasserversorgungsunternehmen oder dessen Beauftragte schließen die Kundenanlage an das Verteilungsnetz an und setzen sie in Betrieb.

(2) Jede Inbetriebsetzung der Anlage ist beim Wasserversorgungsunternehmen über das Installationsunternehmen zu beantragen.

(3) Das Wasserversorgungsunternehmen kann für die Inbetriebsetzung vom Kunden Kostenerstattung verlangen; die Kosten können pauschal berechnet werden.

§ 14 Überprüfung der Kundenanlage

(1) Das Wasserversorgungsunternehmen ist berechtigt, die Kundenanlage vor und nach ihrer Inbetriebsetzung zu überprüfen. Es hat den Kunden auf erkannte Sicherheitsmängel aufmerksam zu machen und kann deren Beseitigung verlangen.

(2) Werden Mängel festgestellt, welche die Sicherheit gefährden oder erhebliche Störungen erwarten lassen, so ist das Wasserversorgungsunternehmen berechtigt, den Anschluß oder die Versorgung zu verweigern; bei Gefahr für Leib und Leben ist es hierzu verpflichtet.

(3) Durch Vornahme oder Unterlassung der Überprüfung der Anlage sowie durch deren Anschluß an das Verteilungsnetz übernimmt das Wasserversorgungsunternehmen keine Haftung für die Mängelfreiheit der Anlage. Dies gilt nicht, wenn es bei einer Überprüfung Mängel festgestellt hat, die eine Gefahr für Leib oder Leben darstellen.

§ 15 Betrieb, Erweiterung und Änderung von Kundenanlage und Verbrauchseinrichtungen; Mitteilungspflichten

(1) Anlage und Verbrauchseinrichtungen sind so zu betreiben, daß Störungen anderer Kunden, störende Rückwirkungen auf Einrichtungen des Wasserversorgungsunternehmens oder Dritter oder Rückwirkungen auf die Güte des Trinkwassers ausgeschlossen sind.

(2) Erweiterungen und Änderungen der Anlage sowie die Verwendung zusätzlicher Verbrauchseinrichtungen sind dem Wasserversorgungsunternehmen mitzuteilen, soweit sich dadurch preisliche Bemessungsgrößen ändern oder sich die vorzuhaltende Leistung wesentlich erhöht.

§ 16 Zutrittsrecht

Der Kunde hat dem mit einem Ausweis versehenen Beauftragten des Wasserversorgungsunternehmens den Zutritt zu seinen Räumen und zu den in § 11 genannten Einrichtungen zu gestatten, soweit dies für die Prüfung der technischen Einrichtungen, zur Wahrnehmung sonstiger Rechte und Pflichten nach dieser Verordnung, insbesondere zur Ablesung oder zur Ermittlung preislicher Bemessungsgrundlagen erforderlich und vereinbart ist.

§ 17 Technische Anschlußbedingungen

(1) Das Wasserversorgungsunternehmen ist berechtigt, weitere technische Anforderungen an den Hausanschluß und andere Anlagenteile sowie den Betrieb der Anlage festzulegen, soweit dies aus Gründen der sicheren und störungsfreien Versorgung, insbesondere im Hinblick auf die Erfordernisse des Verteilungsnetzes notwendig ist. Diese Anforderungen dürfen den anerkannten Regeln der Technik nicht widersprechen. Der Anschluß bestimmter Verbrauchseinrichtungen kann von der vorherigen Zustimmung des Versorgungsunternehmens abhängig gemacht werden. Die Zustimmung darf nur verweigert werden, wenn der Anschluß eine sichere und störungsfreie Versorgung gefährden würde.

(2) Das Wasserversorgungsunternehmen hat die weiteren technischen Anforderungen der zuständigen Behörde anzuzeigen. Die Behörde kann sie beanstanden, wenn sie mit Inhalt und Zweck dieser Verordnung nicht zu vereinbaren sind.

§ 18 Messung

(1) Das Wasserversorgungsunternehmen stellt die vom Kunden verbrauchte Wassermenge durch Meßeinrichtungen fest, die den eichrechtlichen Vorschriften entsprechen müssen. Bei öffentlichen Verbrauchseinrichtungen kann die gelieferte Menge auch rechnerisch ermittelt oder geschätzt werden, wenn die Kosten der Messung außer Verhältnis zur Höhe des Verbrauchs stehen.

(2) Das Wasserversorgungsunternehmen hat dafür Sorge zu tragen, daß eine einwandfreie Messung der verbrauchten Wassermenge gewährleistet ist. Es bestimmt Art, Zahl und Größe sowie Anbringungsort der Meßeinrichtungen. Ebenso ist die Lieferung, Anbringung, Überwachung, Unterhaltung und Entfernung der Meßeinrichtungen Aufgabe des Unternehmens. Es hat den Kunden und den Anschlußnehmer anzuhören und deren berechtigte Interessen zu wahren. Es ist verpflichtet, auf Verlangen des Kunden oder des Hauseigentümers die Meßeinrichtungen zu verlegen, wenn dies ohne Beeinträchtigung einer einwandfreien Messung möglich ist; der Kunde oder der Hauseigentümer ist verpflichtet, die Kosten zu tragen.

(3) Der Kunde haftet für das Abhandenkommen und die Beschädigung der Meßeinrichtungen, soweit ihn hieran ein Verschulden trifft. Er hat den Verlust, Beschädigung und Störungen dieser Einrichtungen dem Wasserversorgungsunternehmen unverzüglich mitzuteilen. Er ist verpflichtet, sie vor Abwasser, Schmutz- und Grundwasser sowie vor Frost zu schützen.

§ 19 Nachprüfung von Meßeinrichtungen

(1) Der Kunde kann jederzeit die Nachprüfung der Meßeinrichtungen durch eine Eichbehörde oder eine stattlich anerkannte Prüfstelle im Sinne des § 6 Abs. 2 Eichgesetzes verlangen. Stellt der Kunde den Antrag auf Prüfung nicht bei dem Wasserversorgungsunternehmen, so hat er dieses vor Antragstellung zu benachrichtigen.

(2) Die Kosten der Prüfung fallen dem Unternehmen zur Last, falls die Abweichung die gesetzlichen Verkehrsfehlergrenzen überschreitet, sonst dem Kunden.

§ 20 Ablesung

(1) Die Meßeinrichtungen werden vom Beauftragten des Wasserversorgungsunternehmens möglichst in gleichen Zeitabständen oder auf Verlangen des Unternehmens vom Kunden selbst abgelesen. Dieser hat dafür Sorge zu tragen, daß die Meßeinrichtungen leicht zugänglich sind.

(2) Solange der Beauftragte des Unternehmens die Räume des Kunden nicht zum Zwekke der Ablesung betreten kann, darf das Unternehmen den Verbrauch auf der Grundlage der letzten Ablesung schätzen; die tatsächlichen Verhältnisse sind angemessen zu berücksichtigen.

§ 21 Berechnungsfehler

(1) Ergibt eine Prüfung der Meßeinrichtungen eine Überschreitung der Verkehrsfehlergrenzen oder werden Fehler in der Ermittlung des Rechnungsbetrages festgestellt, so ist der zuviel oder zuwenig berechnete Betrag zu erstatten oder nachzuentrichten. Ist die Größe des Fehlers nicht einwandfrei festzustellen oder zeigt eine Meßeinrichtung nicht an, so ermittelt das Wasserversorgungsunternehmen den Verbrauch für die Zeit seit der letzten fehlerfreien Ablesung aus dem Durchschnittsverbrauch des ihr vorhergehenden und des der Feststellung des Fehlers nachfolgenden Ablesezeitraums oder aus Grund des vorjährigen Verbrauchs durch Schätzung; die tatsächlichen Verhältnisse sind angemessen zu berücksichtigen.

(2) Ansprüche nach Absatz 1 sind auf den der Feststellung des Fehlers vorhergehenden Ablesezeitraum beschränkt, es sei denn, die Auswirkung des Fehlers kann über einen größeren Zeitraum festgestellt werden; in diesem Fall ist der Anspruch auf längsten zwei Jahre beschränkt.

§ 22 Verwendung des Wassers

(1) Das Wasser wird nur für die eigenen Zwecke des Kunden, seiner Mieter und ähnlich berechtigter Personen zur Verfügung gestellt. Die Weiterleitung an sonstige Dritte ist nur mit schriftlicher Zustimmung des Wasserversorgungsunternehmens zulässig. Diese muß erteilt werden, wenn dem Interesse an der Weiterleitung nicht überwiegend versorgungswirtschaftliche Gründe entgegenstehen.

(2) Das Wasser darf für alle Zwecke verwendet werden, soweit nicht in dieser Verordnung oder auf Grund sonstiger gesetzlicher oder behördlicher Vorschriften Beschränkungen vorgesehen sind. Das Wasserversorgungsunternehmen kann die Verwendung für bestimmte Zwecke beschränken, soweit dies zur Sicherstellung der allgemeinen Wasserversorgung erforderlich ist.

(3) Der Anschluß von Anlagen zum Bezug von Bauwasser ist beim Wasserversorgungsunternehmen vor Beginn der Bauarbeiten zu beantragen. Der Antragsteller hat dem Wasserversorgungsunternehmen alle für die Herstellung und Entfernung des Bauwasseranschlusses entstehenden Kosten zu erstatten. Die Sätze 1 und 2 gelten für Anschlüsse zu sonstigen vorübergehenden Zwecken entsprechend.

(4) Soll Wasser aus öffentlichen Hydranten nicht zum Feuerlöschen, sondern zu anderen vorübergehenden Zwecken entnommen werden, sind hierfür Hydrantenstandrohre des Wasserversorgungsunternehmens mit Wasserzähler zu benutzen.

§ 23 Vertragsstrafe

(1) Entnimmt der Kunde Wasser unter Umgehung, Beeinflussung oder vor Anbringung der Meßeinrichtungen oder nach Einstellung der Versorgung, so ist das Wasserversorgungsunternehmen berechtigt, eine Vertragsstrafe zu verlangen. Dabei kann höchstens vom Fünffachen desjenigen Verbrauchs ausgegangen werden, der sich auf der Grundlage des Vorjahresverbrauchs anteilig für die Dauer der unbefugten Entnahme ergibt. Kann der Vorjahresverbrauch des Kunden nicht ermittelt werden, so ist derjenige vergleichbarer Kunden zugrunde zu legen. Die Vertragsstrafe ist nach den für den Kunden geltenden Preisen zu berechnen.

(2) Eine Vertragsstrafe kann auch verlangt werden, wenn der Kunde vorsätzlich oder grob fahrlässig die Verpflichtung verletzt, die zur Preisbildung erforderlichen Angaben zu machen. Die Vertragsstrafe beträgt das Zweifache des Betrages, den der Kunde bei Erfüllung seiner Verpflichtung nach den für ihn geltenden Preisen zusätzlich zu zahlen gehabt hätte.

(3) Ist die Dauer der unbefugten Entnahme oder der Beginn der Mitteilungspflicht nicht festzustellen, so kann die Vertragsstrafe nach vorstehenden Grundsätzen über einen festgestellten Zeitraum hinaus für längstens ein Jahr erhoben werden.

§ 24 Abrechnung, Preisänderungsklauseln

(1) Das Entgelt wird nach Wahl des Wasserversorgungsunternehmens monatlich oder in anderen Zeitabschnitten, die jedoch zwölf Monate nicht wesentlich überschreiten dürfen, abgerechnet.

(2) Ändern sich innerhalb eines Abrechnungszeitraumes die Preise, so wird der für die neuen Preise maßgebliche Verbrauch zeitanteilig berechnet; jahreszeitliche Verbrauchsschwankungen sind auf der Grundlage der für die jeweilige Abnehmergruppe maßgeblichen Erfahrungswerte angemessen zu berücksichtigen. Entsprechendes gilt bei Änderung des Umsatzsteuersatzes.

(3) Preisänderungsklauseln sind kostennah auszugestalten. Sie dürfen die Änderung der Preise nur von solchen Berechnungsfaktoren abhängig machen, die der Beschaffung und Bereitstellung des Wassers zuzurechnen sind. Die Berechnungsfaktoren müssen vollständig und in allgemein verständliche Form ausgewiesen werden.

§ 25 Abschlagszahlungen

(1) Wird der Verbrauch für mehrere Monate abgerechnet, so kann das Wasserversorgungsunternehmen für die nach der letzten Abrechnung verbrauchte Wassermenge Abschlagszahlungen verlangen. Diese ist anteilig für den Zeitraum der Abschlagszahlung entsprechend dem Verbrauch im zuletzt abgerechneten Zeitraum zu berechnen. Ist eine solche Berechnung nicht möglich, so bemißt sich die Abschlagszahlung nach dem durchschnittlichen Verbrauch vergleichbarer Kunden. Macht der Kunde glaubhaft, daß sein Verbrauch erheblich geringer ist, so ist dies angemessen zu berücksichtigen.

(2) Ändern sich Preise, so können die nach Preisänderung anfallenden Abschlagszahlungen mit dem Vomhundertsatz der Preisänderung entsprechend angepaßt werden.

(3) Ergibt sich bei der Abrechnung, daß zu hohe Abschlagszahlungen verlangt wurden, so ist der übersteigende Betrag unverzüglich zu erstatten, spätestens aber mit der nächsten Abschlagsforderung zu verrechnen. Nach Beendigung des Versorgungsverhältnisses sind zuviel gezahlte Abschläge unverzüglich zu erstatten.

§ 26 Vordrucke für Rechnungen und Abschläge

Vordrucke für Rechnungen und Abschläge müssen verständlich sein. Die für die Forderung maßgeblichen Berechnungsfaktoren sind vollständig und in allgemein verständlicher Form auszuweisen.

§ 27 Zahlung, Verzug

(1) Rechnungen und Abschläge werden zu dem vom Wasserversorgungsunternehmen angegebenen Zeitpunkt, frühestens jedoch zwei Wochen nach Zugang der Zahlungsaufforderung fällig.

(2) Bei Zahlungsverzug des Kunden kann das Wasserversorgungsunternehmen, wenn es erneut zur Zahlung auffordert oder den Betrag durch einen Beauftragten einziehen läßt, die dadurch entstandenen Kosten auch pauschal berechnen.

§ 28 Vorauszahlungen

(1) Das Wasserversorgungsunternehmen ist berechtigt, für den Wasserverbrauch eines Abrechnungszeitraums Vorauszahlungen zu verlangen, wenn nach den Umständen des Einzelfalles zu besorgen ist, daß der Kunde seinen Zahlungsverpflichtungen nicht oder nicht rechtzeitig nachkommt.

(2) Die Vorauszahlung bemißt sich nach dem Verbrauch des vorhergehenden Abrechnungszeitraumes oder dem durchschnittlichen Verbrauch vergleichbarer Kunden. Macht der Kunde glaubhaft, daß sein Verbrauch erheblich geringer ist, so ist dies angemessen zu berücksichtigen. Erstreckt sich der Abrechnungszeitraum über mehrere Monate und erhebt das Wasserversorgungsunternehmen Abschlagszahlungen, so kann es die Vorauszahlung

nur in ebenso vielen Teilbeträgen verlangen. Die Vorauszahlung ist bei der nächsten Rechnungserteilung zu verrechnen.

(3) Unter den Voraussetzungen des Absatzes 1 kann das Wasserversorgungsunternehmen auch für die Erstellung oder Veränderung des Hausanschlusses sowie in den Fällen des § 22 Abs. 3 Satz 1 Vorauszahlungen verlangen.

§ 29 Sicherheitsleistung

(1) Ist der Kunde oder Anschlußnehmer zur Vorauszahlung nicht in der Lage, so kann das Wasserversorgungsunternehmen in angemessener Höhe Sicherheitsleistung verlangen.

(2) Barsicherheiten werden zum jeweiligen Diskontsatz der Deutschen Bundesbank verzinst.

(3) Ist der Kunde oder Anschlußnehmer in Verzug und kommt er nach erneuter Zahlungsaufforderung nicht unverzüglich seinen Zahlungsverpflichtungen aus dem Versorgungsvertrag nach, so kann sich das Wasserversorgungsunternehmen aus der Sicherheit bezahlt machen. Hierauf ist in der Zahlungsaufforderung hinzuweisen. Kursverluste beim Verkauf von Wertpapieren gehen zu Lasten des Kunden oder Anschlußnehmers.

(4) Die Sicherheit ist zurückzugeben, wenn ihre Voraussetzungen weggefallen sind.

§ 30 Zahlungsverweigerung

Einwände gegen Rechnungen und Abschlagsberechnungen berechtigen zum Zahlungsaufschub oder zur Zahlungsverweigerung nur,

1. soweit sich aus den Umständen ergibt, daß offensichtliche Fehler vorliegen, und

2. wenn der Zahlungsaufschub oder die Zahlungsverweigerung innerhalb von zwei Jahren nach Zugang der fehlerhaften Rechnung oder Abschlagsberechnung geltend gemacht wird.

§ 31 Aufrechnung

Gegen Ansprüche des Wasserversorgungsunternehmens kann nur mit unbestrittenen oder rechtskräftig festgestellten Gegenansprüchen aufgerechnet werden.

§ 32 Laufzeit des Versorgungsvertrages, Kündigung

(1) Das Vertragsverhältnis läuft solange ununterbrochen weiter, bis es von einer der beiden Seiten mit einer Frist von einem Monat auf das Ende eines Kalendermonats gekündigt wird.

(2) Bei einem Umzug ist der Kunde berechtigt, den Vertrag mit zweiwöchiger Frist auf das Ende eines Kalendermonats zu kündigen.

(3) Wird der Verbrauch von Wasser ohne ordnungsgemäße Kündigung eingestellt, so haftet der Kunde dem Wasserversorgungsunternehmen für die Bezahlung des Wasserprei-

ses für den von der Meßeinrichtung angezeigten Verbrauch und für die Erfüllung sämtlicher sonstiger Verpflichtungen.

(4) Ein Wechsel in der Person des Kunden ist dem Wasserversorgungsunternehmen unverzüglich mitzuteilen und bedarf dessen Zustimmung. Das Unternehmen ist verpflichtet, dem Eintritt des Dritten in die sich aus dem Vertragsverhältnis ergebenden Rechte und Pflichten zuzustimmen.

(5) Tritt anstelle des bisherigen Wasserversorgungsunternehmens ein anderes Unternehmen in die sich aus dem Vertragsverhältnis ergebenden Rechte und Pflichten ein, so bedarf es hierfür nicht der Zustimmung des Kunden. Der Wechsel des Wasserversorgungsunternehmens ist öffentlich bekanntzugeben.

(6) Die Kündigung bedarf der Schriftform.

(7) Der Kunde kann eine zeitweilige Absperrung seines Anschlusses verlangen, ohne damit das Vertragsverhältnis zu lösen.

§ 33 Einstellung der Versorgung, fristlose Kündigung

(1) Das Wasserversorgungsunternehmen ist berechtigt, die Versorgung fristlos einzustellen, wenn der Kunde den allgemeinen Versorgungsbedingungen zuwiderhandelt und die Einstellung erforderlich ist, um

1. eine unmittelbare Gefahr für die Sicherheit von Personen oder Anlagen abzuwenden,

2. den Verbrauch von Wasser unter Umgehung, Beeinflussung oder vor Anbingung der Meßeinrichtungen zu verhindern oder

3. zu gewährleisten, daß Störungen anderer Kunden, störende Rückwirkungen auf Einrichtungen des Unternehmens oder Dritter oder Rückwirkungen auf die Güte des Trinkwassers ausgeschlossen sind.

(2) Bei anderen Zuwiderhandlungen, insbesondere bei Nichterfüllung einer Zahlungsverpflichtung trotz Mahnung, ist das Wasserversorgungsunternehmen berechtigt, die Versorgung zwei Wochen nach Androhung einzustellen. Dies gilt nicht, wenn der Kunde darlegt, daß die Folgen der Einstellung außer Verhältnis zur Schwere der Zuwiderhandlung stehen und hinreichende Aussicht besteht, daß der Kunde seinen Verpflichtungen nachkommt. Das Wasserversorgungsunternehmen kann mit der Mahnung zugleich die Einstelllung der Versorgung androhen.

(3) Das Wasserversorgungsunternehmen hat die Versorgung unverzüglich wieder aufzunehmen, sobald die Gründe für ihre Einstellung entfallen sind und der Kunde die Kosten der Einstellung und Wiederaufnahme der Versorgung ersetzt hat. Die Kosten können pauschal berechnet werden.

(4) Das Wasserversorgungsunternehmen ist in den Fällen des Absatzes 1 berechtigt, das Vertragsverhältnis fristlos zu kündigen, in den Fällen der Nummer 1 und 3 jedoch nur, wenn die Voraussetzungen zur Einstellung der Versorgung wiederholt vorliegen. Bei wiederholten Zuwiderhandlungen nach Absatz 2 ist das Unternehmen zur fristlosen Kündigung

berechtigt, wenn sie zwei Wochen vorher angedroht wurde; Absatz 2 Satz 2 und 3 gilt entsprechend.

§ 34 Gerichtsstand

(1) Der Gerichtsstand für Kaufleute, die nicht zu den in § 4 des Handelsgesetzbuchs bezeichneten Gewerbetreibenden gehören, juristische Personen des öffentlichen Rechts und öffentlich-rechtliche Sondervermögen ist am Sitz der für den Kunden zuständigen Betriebsstelle des Wasserversorgungsunternehmens.

(2) Das gleiche gilt,

1. wenn der Kunde keinen allgemeinen Gerichtsstand im Inland hat oder

2. wenn der Kunde nach Vertragsschluß seinen Wohnsitz oder gewöhnlichen Aufenthaltsort aus dem Geltungsbereich dieser Verordnung verlegt oder sein Wohnsitz oder gewöhnlichen Aufenthalt im Zeitpunkt der Klageerhebung nicht bekannt ist.

§ 35 Öffentlich-rechtliche Versorgung mit Wasser

(1) Rechtsvorschriften, die das Versorgungsverhältnis öffentlich-rechtlich regeln, sind den Bestimmungen dieser Verordnung entsprechend zu gestalten; unberührt bleiben die Regelungen des Verwaltungsverfahrens sowie gemeinderechtliche Vorschriften zur Regelung des Abgabenrechts.

(2) Bei Inkrafttreten dieser Verordnung geltende Rechtsvorschriften, die das Versorgungsverhältnis öffentlich-rechtlich regeln, sind bis zum 1. Januar 1982 anzupassen.

§ 36 Berlin-Klausel

Diese Verordnung gilt nach § 14 des Dritten Überleitungsgesetzes in Verbindung mit § 29 des Gesetzes zur Regelung des Rechts der Allgemeinen Geschäftsbedingungen auch im Land Berlin.

§ 37 Inkrafttreten

(1) Diese Verordnung tritt mit Wirkung vom 1. April 1980 in Kraft.

(2) Die §§ 2 bis 34 gelten auch für Versorgungsverträge, die vor dem 1. April 1980 zustande gekommen sind, unmittelbar. Das Wasserversorgungsunternehmen ist verpflichtet, die Kunden in geeigneter Weise hierüber zu unterrichten. Laufzeit und Kündigungsbestimmungen der vor Verkündung dieser Verordnung abgeschlossenen Versorgungsverträge bleiben unberührt.

(3) § 24 Abs. 2 und 3, § 25 Abs. 1 und 2 sowie § 28 gelten nur für Abrechnungszeiträume, die nach dem 31. Dezember 1980 beginnen.

Bonn, den 20. Juni 1980

Der Bundesminister für Wirtschaft
Lambsdorf

2. Ergänzende Vertragsbedingungen zur AVBWasserV

(BGW - Arbeitspapier „Anlage“)

Vorschläge für Regelungen, die in der Anlage zur AVBWasserV getroffen werden können

Zu regelnder Sachverhalt	*Formulierungsvorschlag*
1. Vertragsschluß Nach der Rechtsprechung sind die Wasserversorgungsunternehmen grundsätzlich nur verpflichtet, den Versorgungsvertrag mit dem Grundstückseigentümer abzuschließen. Die AVBWasserV regelt nicht, mit wem der Versorgungsvertrag zu schließen ist. Es ist deshalb in Betracht zu ziehen, eine entsprechende Regelung in der Anlage zu treffen.	***I. Vertragsschluß*** 1. Das WVU schließt den Versorgungsvertrag mit dem Eigentümer des anzuschließenden Grundstückes ab. In Ausnahmefällen kann der Vertrag auch mit dem Nutzungsberechtigten, z.B. Mieter, Pächter, Erbbauberechtigten, Nießbraucher abgeschlossen werden. 2. Tritt an die Stelle eines Hauseigentümers eine Gemeinschaft von Wohnungseigentümern im Sinne des Wohnungseigentumsgesetzes vom 15.3.1951, so wird der Versorgungsvertrag mit der Gemeinschaft der Wohnungseigentümer abgeschlossen. Jeder Wohnungseigentümer haftet als Gesamtschuldner. Die Wohnungseigentümergesellschaft verpflichtet sich, den Verwalter oder eine andere Person zu bevollmächtigen, alle Rechtsgeschäfte, die sich aus dem Versorgungsvertrag, mit Wirkung für und gegen alle Wohnungseigentümer mit dem WVU abzuschließen und personelle Änderungen, die die Haftung der Wohnungseigentümer berühren, dem WVU unverzüglich mitzuteilen. Wird ein Vertreter nicht benannt, so sind die an einen Wohnungseigentümer abgegebenen Erklärungen des WVU auch für die übrigen Eigentümer rechtswirksam. Das gleiche gilt, wenn das Eigentum an dem versorgten Grundstück mehreren Personen gemeinschaftlich zusteht (Gesamthandeigentum und Miteigentum nach Bruchteilen).
2. Antrag auf Wasserversorgung Die AVBWasserV regelt nicht das Antragsverfahren, das dem Abschluß des Versorgungsvertrages vorausgeht. Auch hier scheint eine ausdrückliche Regelung in der Anlage sinnvoll und zulässig zu sein.	***II. Antrag auf Wasserversorgung*** Der Antrag auf Wasserversorgung muß auf einem besonderen Vordruck gestellt werden.

3. Baukostenzuschuß

Die AVBWasserV legt diejenigen Verteilungsanlagen fest, für deren Errichtung oder Verstärkung ein Baukostenzuschuß erhoben werden kann. Hinsichtlich des Bemessungsmaßstabes zur Ermittlung der Baukostenzuschüsse können die WVU unter kostenorientierten Bemessungseinheiten wählen. Die Einzelheiten sollen in der Anlage näher geregelt werden. Dazu gehören insbesondere die Höhe des über die Baukostenzuschüsse zu deckenden Kostenanteil -wobei die angefallenen und noch zu erwartenden Kosten berücksichtigungsfähig sind-, der Bemessungsmaßstab und die Art und Weise seiner Ermittlung, die Festsetzung einer eventuell anzusetzenden Mindestfrontlänge und die Zahlungsmodalitäten.

III. Baukostenzuschuß

1. Der Anschlußnehmer zahlt dem WVU bei Anschluß an das Leitungsnetz des WVU bzw. bei einer wesentlichen Erhöhung seiner Leistungsanforderung einen Zuschuß zu den Kosten der örtlichen Verteilungsanlagen (Baukostenzuschuß).

2. Der Baukostenzuschuß errechnet sich aus den Kosten, die für die Erstellung oder Verstärkung der örtlichen Verteilungsanlagen erforderlich sind. Die örtlichen Verteilungsanlagen sind z.B. die der Erschließung des Versorgungsbereiches dienenden Hauptleitungen, Versorgungsleitungen, Behälter, Druckerhöhungsanlagen und zugehörige Einrichtungen.

3. Der Versorgungsbereich richtet sich nach der versorgungsgerechten Ausbaukonzeption für die örtlichen Verteilungsanlagen.

4. Als angemessener Baukostenzuschuß für die Erstellung oder Verstärkung der örtlichen Verteilungsanlagen gilt ein Anteil von x % dieser Kosten. Damit bemißt sich der vom Anschlußnehmer zu übernehmende Baukostenzuschuß
wie folgt:

$$\text{BKZ (In DM)} = (X \div 100) \times M^{*} \times (K \div \Sigma M)$$

Es bedeuten:
X: Der vom WVU festzusetzende Prozentsatz (max. 70 %)
K: Anschaffungs- und Herstellungskosten für die Erstellung der örtlichen Verteilungsanlagen gem. Abs. 2
M: Straßenfrontlänge des anzuschließenden Grundstücks
ΣM: Summe der Straßenfrontlänge aller Grundstükke, die im betreffenden Versorgungsbereich an die Verteilungsanlagen angeschlossen werden können
*: oder andere kostenorientierte Bemessungseinheiten

5. Bei Grundstücken, die an zwei oder mehreren öffentlichen Straßen angrenzen, gilt als Frontlänge die halbe Summe aller an öffentlichen Straßen angrenzenden Frontlängen des anzuschließenden Grundstücks.

6. Für jeden Anschluß werden mindestens ... Meter Straßenfrontlänge der Berechnung des Baukostenzuschusses zugrunde gelegt.

7. Der Anschlußnehmer zahlt einen weiteren Baukostenzuschuß, wenn er seine Leistungsanforderung wesentlich erhöht. Die Höhe des weiteren Baukostenzuschusses bemißt sich nach den Grundsätzen des Absatzes 4 (beim Frontmetermaßstab dürfte eine erneute Erhebung eines BKZ infolge einer wesentlichen Leistungserhöhung nicht in Betracht kommen).

Gemäß § 9 Abs. 5 kann nach der bisherigen BKZ-Regelung verfahren werden, wenn der Anschluß an eine Verteilungsanlage hergestellt wird, die vor diesem Zeitpunkt begonnen worden ist. Es besteht die Möglichkeit, in der „Anlage" auf die alte BKZ-Re-gelung zu verweisen oder sie im vollen Wortlaut wiederzugeben.

8. Wird ein Anschluß an eine örtliche Verteilungsanlage hergestellt, die vor dem 1. 1. 1981 errichtet oder mit deren Errichtung vor diesem Zeitpunkt begonnen worden ist, so bemißt sich der Baukostenzuschuß abweichend von den vorstehenden Absätzen nach der Baukostenzuschußregelung gemäß der Anlage des ... (WVU) Ausgabe ..., zu § ... der bis zum 31. 3. 1980 geltenden Allgemeinen Versorgungsbe-dingungen.

9. Der Baukostenzuschuß wird zwei Wochen nach Annahme des Angebots oder, falls die erforderlichen Verteilungsanlagen später fertig werden, zu diesem Zeitpunkt, spätesten jedoch bei Fertigstellung des Hausanschlusses fällig.

10. Von der Bezahlung des Baukostenzuschusses und der Hausanschlußkosten kann die Inbetriebsetzung der Kundenanlage abhängig gemacht werden.

4. Hausanschluß

Dem WVU steht unter den Voraussetzungen des § 10 Abs. 2 AVBWasserV ein Bestimmungrecht hinsichtlich Art, Zahl und Lage der Hausanschlüsse zu. Auch hier könnte eine ausdrückliche Regelung in der Anlage getroffen werden.

Soweit die Möglichkeit besteht, gemäß § 10 Abs. 6 zu verfahren, ist die bisherige Regelung in die „Anlage" aufzunehmen.

IV. Hausanschluß

1. Jedes Grundstück oder jedes Haus muß einen eigenen Anschluß an die Versorgungsleitung haben.

Als Grundstück gilt ohne Rücksicht auf die Grundbuchbezeichnung jeder zusammenhängende Grundbesitz, der eine selbständige wirtschaftliche Einheit bildet.

Befinden sich auf dem Grundstück mehrere zum dauernden Aufenthalt von Menschen bestimmte Gebäude, so kann das WVU für jedes dieser Gebäude, insbesondere dann, wenn ihnen eine eigene Hausnummer zugeteilt ist, die für Grundstücke maßgeblichen Bedingungen anwenden.

2. Der Abnehmer erstattet dem WVU die Kosten für die Erstellung des Hausanschlusses.

Bei Pauschalierung: Hierbei kann das WVU für vergleichbare Hausanschlüsse die durchschlittlichen Kosten je Hausanschluß berechnen.

Ferner erstattet der Anschlußnehmer die Kosten für Veränderungen des Hausanschlusses, die durch eine Änderung oder Erweiterung seiner Anlage erforderlich oder aus anderen Gründen von ihm veranlaßt werden.

5. Meßeinrichtungen an der Grundstücksgrenze

Nach § 11 Abs. 1 Nr. 2 kann das WVU die Anbringung eines Wasserzählerschachtes oder Wasserzählerschrankes u.a. verlangen, wenn die Anschlußleitung unverhältnismäßig lang ist. Hier wäre zu überlegen, in der Anlage die Meterzahl festzulegen, bei deren Überschreiten ein Wasserzählerschacht oder Wasserzählerschrank verlangt wird.

V. Meßeinrichtungen an der Grundstücksgrenze

Unverhältnismäßig lang im Sinne von § 11 Abs. 1 Ziff. 2 ist die Anschlußleitung dann, wenn sie auf dem Privatgrundstück eine Länge von ... m überschreitet.

6. Kundenanlage

Gemäß § 12 muß die Kundenanlage den anerkannten Regeln der Technik entsprechen (vgl. § 12 Abs. 2 und 4) und es müssen die in § 15 Abs. 1 genannten Rückwirkungen ausgeschlossen sein.

VI. Kundenanlage

Schäden innerhalb der Kundenanlage müssen ohne Verzug beseitigt werden.

7. Inbetriebsetzungskosten

Die Inbetriebsetzungskosten können nach tatsächlichem Aufwand oder pauschal abgerechnet werden.

VII. Inbetriebsetzungskosten

Die Kosten für die Inbetriebsetzung werden nach tatsächlichem Aufwand in Rechnung gestellt.

Bei Pauschalierung der Inbetriebsetzungskosten:

Die Kosten hierfür werden dem Kunden mit dem Weiterverrechnungssatz für ... Meisterstunden in Rechnung gestellt.

Oder:

Für die Inbetriebsetzung der Kundenanlage werden berechnet bei Zählern mit der Nennbelastung bzw. Nennweite

bis ... cbm/h der Verrechnungssatz für eine Facharbeiterstunde

über ... cbm/h der zweifache Verrechnungssatz für eine Facharbeiterstunde.

8. Verlegung von Meßeinrichtungen

Bei der Verlegung von Meßeinrichtungen nach § 18 Abs. 2 ist eine Pauschalierung nicht möglich.

VIII. Verlegung von Meßeinrichtungen

Verlegungskosten nach § 18 Abs. 2 sind nach dem tatsächlichen Aufwand zu erstatten.

9. Nachprüfung von Meßeinrichtungen

Eine Pauschalierung der Kosten nach § 19 Abs. 2 ist nicht möglich

IX. Nachprüfung von Meßeinrichtungen

Die Kosten der Nachprüfung von Meßeinrichtungen sind gem. § 19 Abs. 2 nach dem tatsächlichen Aufwand zu erstatten.

10. Zahlungsverzug; Einstellung und Wiederaufnahme der Versorgung

Die Kosten können in tatsächlicher Höhe oder pauschaliert in Rechnung gestellt werden.

X. Zahlungsverzug; Einstellung und Wiederaufnahme der Versorgung

Die Kosten aus Zahlungsverzug und aus einer erforderlich werdenden Einstellung der Versorgung sind mit folgenden Pauschalen zu bezahlen:

Mahnung	... DM
Nachinkasso oder Sperrung	... DM

Für die erneute Inbetriebsetzung der Kundenanlage gilt VII.

Oder:

Als Verzugskosten werden berechnet je Mahnung ein Betrag in Höhe von ... % des Verrechnungssatzes entsprechend der Stundenvergütung gemäß Vergütungsgruppe ... des jeweils geltenden Vergütungstarifvertrages und bei Einziehung des Rechnungsbetrages durch einen Beauftragten ein Betrag von ... % dieses Verrechnungssatzes für eine Facharbeiterstunde.

Oder:

Die Kosten aus Zahlungsverzug und aus einer erforderlich werdenden Einstellung der Versorgung sowie für die erneute Inbetriebsetzung der Kundenanlage sind nach dem tatsächlichen Aufwand zu erstatten.

11. Ablesung und Abrechnung

Aus rechtlichen Gründen erscheint es nicht notwendig, daß in der Anlage Bestimmungen über Ablesung und Abrechnung getroffen werden. Aus Gründen der Zweckmäßigkeit sollte allerdings die Ablesung und der Abrechnungszeitraum aufgeführt werden.

XI. Ablesung und Abrechnung

1. Die Zählerablesung und Rechnungserteilung erfolgt grundsätzlich in ... monatlichen Zeitabständen. Das WVU erhebt ... monatliche Abschläge.

2. Die endgültige Abrechnung erfolgt aufgrund einer Ablesung am Ende des Abrechnungszeitraums unter Berücksichtigung der für den Wasserverbrauch in diesem Zeitraum abgebuchten bzw. gezahlten Abschläge.

3. Wenn durch Schäden an der Kundenanlage oder aus einem anderen Grund Wasser ungenutzt abläuft, hat der Kunde dieses durch die Meßeinrichtungen erfaßte Wasser zu bezahlen.

12. Umsatzsteuer

Zu sämtlichen Kosten, die nach der AVBWasserV vom Kunden erstattet werden müssen, kommt die Umsatzsteuer hinzu.

XII. Umsatzsteuer

Zu den Entgelten, die sich in Anwendung der AVBWasserV nebst Anlage ergeben, wird die gesetzliche Umsatzsteuer in der jeweils gültigen Höhe zugerechnet.

XIII. Auskünfte

Das WVU ist berechtigt, den Städten und Gemeinden für die Berechnung ihrer Entwässerungsgebühren den Wasserbezug des Kunden mitzuteilen.

14. Zutrittsrecht

Im Gegensatz zur AVBWasserV bedarf es nach § 16 AVBWasserV einer besonderen Vereinbarung über das Zutrittsrecht. Wenn auch eine solche (stillschweigende) Vereinbarung grundsätzlich in allen Fällen angenommen werden kann, in denen der Kunde den Mitarbeitern des WVU den Zutritt gewährt, wäre doch daran zu denken, eine ausdrückliche Regelung in der Anlage zu treffen.

XIV. Zutrittsrecht

Der Kunde gestattet dem mit einem Ausweis versehenen Beaufragten des WVU den Zutritt zu seinen Räumen und zu den in § 11 genannten Einrichtungen, soweit dies für die Prüfung der technischen Einrichtungen, zur Wahrnehmung sonstiger Rechte und Pflichten nach den AVBWasserV oder zur Ermittlung preisrechtlicher Bemessungsgrundlagen erforderlich ist.

15. Wasserabgabe für Bau- oder sonstige vorübergehende Zwecke

Gemäß § 22 Abs. 3 ist der Anschluß von Anlagen zum Bezug von Bauwasser beim WVU vor Beginn der Bauarbeiten zu beantragen. Ferner hat der Antragsteller dem WVU alle Kosten für die Herstellung und Entfernung des Bauwasseranschlusses zu erstatten. Hier wäre zu prüfen, ob über die Wasserabgabe für Bau oder sonstige vorübergehende Zwecke eine besondere Bestimmung in der Anlage aufgenommen wird.

XV. Wasserabgabe für Bau- oder sonstige vorübergehende Zwecke

Standrohre zur Abgabe von Bauwasser oder für andere vorübergehnde Zwecke werden vom WVU nach Maßgabe der hierfür geltenden Bestimmungen vermietet (gilt nur, wenn das WVU besondere Bestimmungen für die Vermietung von Standrohren erläßt).

Bei der Vermietung von Standrohren zur Abgabe von Bauwasser oder für sonstige vorübergehende Zwecke haftet der Mieter für Beschädigungen aller Art, sowohl für Schäden am Mietgegenstand als auch für alle Schäden, die durch Gebrauch des Standrohres an öffentlichen Hydranten, Leitungseinrichtungen und Hydrantenschächten, auch durch Verunreinigungen dem WVU oder dritten Personen entstehen. Bei Verlust des Standrohres hat der Mieter vollen Ersatz zu leisten. Der Mieter ist verpflichtet, entweder das überlassene Standrohr spätestens am 16. jeden Monats beim WVU zur Rechnungsstellung vorzuzeigen, oder einen gleichbleibenden Ort anzugeben, an dem das WVU monatlich eine Kontrolle ausüben kann.

3. Satzung

Arbeitsmuster
(Leitfassung)
einer
Satzung über den Anschluß an die öffentliche Wasserversorgungsanlage und die Versorgung der Grundstücke mit Wasser (Wasserversorgungssatzung)
der Gemeinde ... vom ...

Aufgrund der §§... der Gemeindeordnung für... hat der Gemeinderat die folgende Satzung beschlossen:

§ 1 Allgemeines

Die Gemeinde betreibt die Wasserversorgung als öffentliche Einrichtung zur Versorgung der Grundstücke ihres Gebiets mit Trink- und Betriebswasser. Art und Umfang der Wasserversorgungsanlagen bestimmt die Gemeinde.

§ 2 Grundstücksbegriff - Grundstückseigentümer

(1) Grundstück im Sinne der Satzung ist unabhängig von der Eintragung im Liegenschaftskataster und im Grundbuch und ohne Rücksicht auf die Grundstücksbezeichnung jeder zusammenhängende Grundbesitz, der eine selbständige wirtschaftliche Einheit bildet.

(2) Die in dieser Satzung für Grundstückseigentümer erlassenen Vorschriften gelten auch für Erbbauberechtigte oder ähnlich zur Nutzung eines Grundstücks dinglich Berechtigte. Von mehreren dinglich Berechtigten ist jeder berechtigt und verpflichtet; sie haften als Gesamtschuldner.

§ 3 Anschluß- und Benutzungsrecht

(1) Jeder Eigentümer eines im Gebiet der Gemeinde liegenden Grundstücks ist berechtigt, den Anschluß seines Grundstücks an die Wasserversorgungsanlage und die Belieferung mit Trink- und Betrieswasser nach Maßgabe der Satzung zu verlangen.

(2) Das Anschluß- und Benutzungsrecht erstreckt sich nur auf solche Grundstücke, die durch eine Versorgungsleitung erschlossen werden. Die Grundstückseigentümer können nicht verlangen, daß eine neue Versorgungsleitung hergestellt oder eine bestehende Versorgungsleitung geändert wird.

(3) Der Anschluß eines Grundstücks an eine bestehende Versorgungsleitung kann versagt werden, wenn die Wasserversorgung wegen der Lage des Grundstücks oder aus sonstigen technischen oder betrieblichen Gründen der Gemeinde erhebliche Schwierigkeiten bereitet oder besondere Maßnahmen erfordert.

(4) Das Anschluß- und Benutzungsrecht besteht auch in den Fällen der Absätze 2 und 3, sofern der Grundstückseigentümer sich verpflichtet, die mit dem Bau und Betrieb zusammehängenden Mehrkosten zu übernehmen und auf Verlangen Sicherheit zu leisten.

§ 4 Anschlußzwang

(1) Die Eigentürner von Grundstücken, auf denen Wasser verbraucht wird, sind verpflichtet, diese Grundstücke an die öffentliche Wasserversorgungsanlage anzuschließen, wenn sie an eine öffentliche Straße (Weg, Platz) mit einer betriebsfertigen Versorgungsleitung grenzen oder ihren unmittelbaren Zugang zu einer solchen Straße durch einen Privatweg haben. Befinden sich auf einem Grundstück mehrere Gebäude zum dauernden Aufenthalt von Menschen, so ist jedes Gebäude anzuschließen.

§ 5 Befreiung vom Anschlußzwang

Von der Verpflichtung zum Anschluß wird der Grundstückseigentümer auf Antrag befreit, wenn der Anschluß ihm aus besonderen Gründen auch unter Berücksichtigung der Erfordernisse des Gemeinwohls nicht zugemutet werden kann. Der Antrag auf Befreiung ist unter Angabe der Gründe schriftlich bei der Gemeinde einzureichen.

§ 6 Benutzungszwang

Auf Grundstücken, die an die öffentliche Wasserversorgungsanlage angeschlossen sind, ist der gesamte Bedarf an Wasser im Rahmen des Benutzungsrechts (§ 3) ausschließlich aus dieser Anlage zu decken (Benutzungszwang). Verpflichtet sind die Grundstückseigentümer und alle Benutzer der Grundstücke.

§ 7 Befreiung vom Benutzungszwang

(1) Von der Verpflichtung zur Benutzung wird der Grundstückseigentümer auf Antrag befreit, wenn die Benutzung ihm aus besonderen Gründen auch unter Berücksichtigung der Erfordernisse des Gemeinwohls nicht zugemutet werden kann.

(2) Die Gemeinde räumt dem Grundstückseigentümer darüber hinaus im Rahmen des ihr wirtschaftlich Zumutbaren auf Antrag die Möglichkeit ein, den Bezug auf einen von ihm gewünschten Verbrauchszweck oder auf einen Teilbedarf zu beschränken.

(3) Der Antrag auf Befreiung oder Teilbefreiung ist unter Angabe der Gründe schriftlich bei der Gemeinde einzureichen.

(4) Der Grundstückseigentümer hat der Gemeinde vor Errichtung einer Eigengewinnungsanlage Mitteilung zu machen. Er hat durch geeignete Maßnahmen sicherzustellen, daß von seiner Eigenanlage keine Rückwirkungen in das öffentliche Wasserversorgungsnetz möglich sind.

§ 8 Art der Versorgung

(1) Das Wasser muß den jeweils geltenden Rechtsvorschriften und den anerkannten Regeln der Technik für die vereinbarte Bedarfsart (Trink- oder Betriebswasser) entsprechen. Die Gemeinde ist verpflichtet, das Wasser unter dem Druck zu liefern, der für eine einwandfreie Deckung des üblichen Bedarfs in dem betreffenden Versorgungsgebiet erforderlich ist. Sie ist berechtigt, die Beschaffenheit und den Druck des Wassers im Rahmen der gesetzlichen und behördlichen Bestimmungen sowie der anerkannten Regeln der Technik zu ändern, falls dies in besonderen Fällen aus wirtschaftlichen oder technischen Gründen zwingend notwendig ist; dabei sind die Belange des Grundstückseigentümers möglichst zu berücksichtigen.

(2) Stellt der Grundstückseigentümer Anforderungen an Beschaffenheit und Druck des Wassers, die über die vorgenannten Verpflichtungen hinausgehen, so obliegt es ihm selbst, die erforderlichen Vorkehrungen zu treffen.

§ 9 Umfang der Versorgung, Benachrichtigung bei Versorgungsunterbrechungen

(1) Die Gemeinde ist verpflichtet, das Wasser jederzeit am Ende der Anschlußleitung zur Verfügung zu stellen. Dies gilt nicht

1. soweit zeitliche Beschränkungen zur Sicherstellung der öffentlichen Wasserversorgung erforderlich oder sonst nach dieser Satzung vorbehalten sind,

2. soweit und solange die Gemeinde an der Versorgung durch höhere Gewalt oder sonstige Umstände, deren Beseitigung ihr wirtschaftlich nicht zugemutet werden kann, gehindert ist.

(2) Die Versorgung kann unterbrochen werden, soweit dies zur Vornahme betriebsnotwendiger Arbeiten erforderlich ist. Die Gemeinde hat jede Unterbrechung oder Unregelmäßigkeit unverzüglich zu beheben.

(3) Die Gemeinde hat die Grundstückseigentümer bei einer nicht nur für kurze Dauer beabsichtigten Unterbrechung der Versorgung rechtzeitig in geeigneter Weise zu unterrichten. Die Pflicht zur Benachrichtigung entfällt, wenn die Unterrichtung

1. nach den Umständen nicht rechtzeitig möglich ist und die Gemeinde dies nicht zu vertreten hat oder

2. die Beseitigung von bereits eingetretenen Unterbrechungen verzögern würde.

§ 10 Haftung bei Versorgungsstörungen

(1) Für Schäden, die ein Grundstückseigentümer durch Unterbrechung der Wasserversorgung oder durch Unregelmäßigkeiten in der Belieferung erleidet, haftet die Gemeinde aus dem Benutzungsverhältnis oder unerlaubter Handlung im Falle

1. der Tötung oder Verletzung des Körpers oder der Gesundheit des Grundstückseigentümers, es sei denn, daß der Schaden von der Gemeinde oder einem ihrer Bediensteten oder einem Verrichtungsgehilfen weder vorsätzlich noch fahrlässig verursacht worden ist,

2. der Beschädigung einer Sache, es sei denn, daß der Schaden weder durch Vorsatz noch durch grobe Fahrlässigkeit der Gemeinde oder eines ihrer Bediensteten oder eines Verrichtungsgehilfen verursacht worden ist,

3. eines Vermögensschadens, es sei denn, daß dieser weder durch Vorsatz noch durch grobe Fahrlässigkeit der Gemeinde oder eines vertretungsberechtigten Organs verursacht worden ist.

§ 831 Abs. 1 Satz 2 des Bürgerlichen Gesetzbuches ist nur bei vorsätzlichem Handeln von Verrichtungsgehilfen anzuwenden.

(2) Absatz 1 ist auch auf Ansprüche von Grundstückseigentümern anzuwenden, die diese gegen ein drittes Wasserversorgungsunternehmen aus unerlaubter Handlung geltend machen. Die Gemeinde ist verpflichtet, den Grundstückseigentümern auf Verlangen über die mit der Schadensverursachung durch ein drittes Unternehmen zusammenhängenden Tatsachen insoweit Auskunft zu geben, als sie ihr bekannt sind oder von ihr in zumutbarer Weise aufgeklärt werden können und ihre Kenntnisse zur Geltendmachung des Schadensersatzes erforderlich ist.

(3) Die Ersatzpflicht entfällt für Schäden unter 30,- DM.

(4) Ist der Grundstückseigentümer berechtigt, das gelieferte Wasser an einen Dritten weiterzuleiten, und erleidet dieser durch Unterbrechung der Wasserversorgung oder durch Unregelmäßigkeiten in der Belieferung einen Schaden, so haftet die Gemeinde dem Dritten gegenüber in demselben Umfange wie dem Grundstückseigentümer aus dem Benutzungsverhältnis.

(5) Leitet der Grundstückseigentümer das gelieferte Wasser an einen Dritten weiter, so hat er im Rahmen seiner rechtlichen Möglichkeiten sicherzustellen, daß dieser aus unerlaubter Handlung keine weitergehenden Schadensersatzansprüche erheben kann, als sie in den Absätzen 1 bis 3 vorgesehen sind. Die Gemeinde hat den Grundstückseigentümer hierauf bei Begründung des Benutzungsverhältnisses besonders hinzuweisen.

(6) Der Grundstückseigentümer hat den Schaden unverzüglich der Gemeinde oder, wenn dieses feststeht, dem ersatzpflichtigen Unternehmen mitzuteilen. Leitet der Grundstückseigentümer das gelieferte Wasser an einen Dritten weiter, so hat er diese Verpflichtung auch dem Dritten aufzuerlegen.

§ 11 Verjährung

(1) Schadensersatzansprüche der in § 10 bezeichneten Art verjähren in drei Jahren von dem Zeitpunkt an, in welchem der Ersatzberechtigte von dem Schaden, von den Umständen, aus denen sich seine Anspruchsberechtigung ergibt, und von dem ersatzpflichtigen Wasserversorgungsunternehmen Kenntnis erlangt, ohne Rücksicht auf diese Kenntnis in fünf Jahren von dem schädigenden Ereignis an.

(2) Schweben zwischen dem Ersatzpflichtigen und dem Ersatzberechtigten Verhandlungen über den zu leistenden Schadensersatz, so ist die Verjährung gehemmt, bis der eine oder andere Teil die Fortsetzung der Verhandlungen verweigert.

(3) § 10 Abs. 5 gilt entsprechend.

§ 12 Grundstücksbenutzung

(1) Die Grundstückseigentümer haben für Zwecke der örtlichen Versorgung das Anbringen und Verlegen von Leitungen einschließlich Zubehör zur Zu- und Fortleitung von Wasser über ihre im gleichen Versorgungsgebiet liegenden Grundstücke sowie erforderliche Schutzmaßnahmen unentgeltlich zuzulassen. Diese Pflicht betrifft nur Grundstücke, die an die Wasserversorgung angeschlossen sind, die vom Eigentümer in wirtschaftlichem Zusammenhang mit der Wasserversorgung genutzt werden oder für die die Möglichkeit der Wasserversorgung sonst wirtschaftlich vorteilhaft ist. Sie entfällt, wenn die Inanspruchnahme der Grundstücke den Eigentürner mehr als notwendig oder in unzumutbarer Weise belasten würde.

(2) Der Grundstückseigentürner ist rechtzeitig über Art und Umfang der beabsichtigten Inanspruchnahme des Grundstückes zu benachrichtigen.

(3) Der Grundstückseigentümer kann die Verlegung der Einrichtungen verlangen, wenn sie an der bisherigen Stelle für ihn nicht mehr zumutbar sind. Die Kosten der Verlegung hat die Gemeinde zu tragen. Dienen die Einrichtungen ausschließlich der Versorgung des Grundstücks, so gelten die Bestimmungen der Beitrags- und Gebührensatzung.

(4) Wird der Wasserbezug eingestellt, so hat der Grundstückseigentümer die Entfernung der Einrichtungen zu gestatten oder sie auf Verlangen der Gemeinde noch fünf Jahre unentgeltlich zu dulden, es sei denn, daß ihm dies nicht zugemutet werden kann.

(5) Die Absätze 1 bis 5 gelten nicht für öffentliche Verkehrswege und Verkehrsflächen sowie für Grundstücke, die durch Planfeststellung für den Bau von öffentlichen Verkehrswegen und Verkehrsflächen bestimmt sind.

§ 13 Hausanschluß

(1) Der Hausanschluß besteht aus der Verbindung des Verteilungsnetzes mit der Anlage des Grundstückseigentümers. Er beginnt an der Abzweigstelle des Verteilungsnetzes und endet mit der Hauptabsperrvorrichtung.

(2) Der Anschluß an die öffentliche Wasserversorgungsanlage und jede Änderung des Hausanschlusses ist vom Grundstückseigentümer unter Benutzung eines bei der Gemeinde erhältlichen Vordrucks für jedes Grundstück zu beantragen. Dem Antrag sind insbesondere folgende Unterlagen beizufügen, soweit sich die erforderlichen Angaben nicht bereits aus dem Antrag selbst ergeben:

1. Ein Lageplan nebst Beschreibung und Skizze der geplanten Anlage des Grundstückseigentümers (Wasserverbrauchsanlage),

2. der Name des Installationsunternehmens, durch das die Wasserverbrauchsanlage eingerichtet oder geändert werden soll,

3. eine nähere Beschreibung besonderer Einrichtungen (z.B. von Gewerbebetrieben usw.), für die auf dem Grundstück Wasser verwendet werden soll sowie die Angabe des geschätzten Wasserbedarfs,

4. Angaben über eine etwaige Eigengewinnungsanlage,

5. eine Erklärung des Grundstückseigentümers, die anfallenden Kosten der Anschlußleitung einschließlich der Wiederherstellungskosten im öffentlichen Verkehrsraum und der Straßenoberfläche nach Maßgabe der Beitrags- und Gebührensatzung zu übernehmen und der Gemeinde den entsprechenden Betrag zu erstatten,

6. im Falle des § 3 Abs. 2 und 3 die Verpflichtungserklärung zur Übernahme der mit dem Bau und Betrieb zusammenhängenden Mehrkosten.

(3) Art, Zahl und Lage der Hausanschlüsse sowie deren Änderung werden nach Anhörung des Grundstückseigentümers und unter Wahrung seiner berechtigten Interessen von der Gemeinde bestimmt.

(4) Hausanschlüsse gehören zu den Betriebsanlagen der Gemeinde und stehen vorbehaltlich abweichender Regelung in deren Eigentum. Sie werden ausschließlich von der Gemeinde hergestellt, unterhalten, erneuert, geändert, abgetrennt und beseitigt, müssen zugänglich und vor Beschädigung geschützt sein. Soweit die Gemeinde die Erstellung des Hausanschlusses oder Veränderungen des Hausanschlusses nicht selbst, sondern durch Nachunternehmer durchführen läßt, sind Wünsche des Grundstückseigentümers bei der Auswahl der Nachunternehmer zu berücksichtigen. Der Grundstückseigentümer hat die baulichen Voraussetzungen für die sichere Errichtung des Hausanschlusses zu schaffen. Er darf keine Einwirkungen auf den Hausanschluß vornehmen oder vornehmen lassen.

(5) Jede Beschädigung des Hausanschlusses, insbesondere das Undichtwerden von Leitungen sowie sonstige Störungen sind dem Wasserversorgungsunternehmen unverzüglich mitzuteilen.

§ 14 Meßeinrichtungen an der Grundstücksgrenze

(1) Die Gemeinde kann verlangen, daß der Grundstückseigentümer auf eigene Kosten nach seiner Wahl an der Grundstücksgrenze einen geeigneten Wasserzählerschacht oder Wasserzählerschrank anbringt, wenn

1. das Grundstück unbebaut ist oder

2. die Versorgung des Gebäudes mit Anschlußleitungen erfolgt, die unverhältnismäßig lang sind oder nur unter besonderen Erschwernissen verlegt werden können, oder

3. kein Raum zur frostsicheren Unterbringung des Wasserzählers vorhanden ist.

(2) Der Grundstückseigentümer ist verpflichtet, die Einrichtungen in ordnungsgemäßem Zustand und jederzeit zugänglich zu halten.

(3) Der Grundstückseigentümer kann die Verlegung der Einrichtungen auf seine Kosten verlangen, wenn sie an der bisherigen Stelle für ihn nicht mehr zumutbar sind und die Verlegung ohne Beeinträchtigung einer einwandfreien Messung möglich ist.

§ 15 Anlage des Grundstückseigentümers

(1) Für die ordnungsgemäße Errichtung, Erweiterung, Änderung und Unterhaltung der Anlage hinter dem Hausanschluß, mit Ausnahme der Meßeinrichtungen der Gemeinde, ist der Grundstückseigentümer verantwortlich. Hat er die Anlage oder Anlagenteile einem Dritten vermietet oder sonst zur Benutzung überlassen, so ist er neben diesem verantwortlich.

(2) Die Anlage darf nur unter Beachtung der Vorschriften dieser Satzung und anderer gesetzlicher oder behördlicher Bestimmungen sowie nach den anerkannten Regeln der Technik errichtet, erweitert, geändert und unterhalten werden. Die Errichtung der Anlage und wesentliche Veränderungen dürfen nur durch die Gemeinde oder ein in ein Installateurverzeichnis eines Wasserversorgungsunternehmens eingetragenes Installationsunternehmen erfolgen. Die Gemeinde ist berechtigt, die Ausführung der Arbeiten zu überwachen.

(3) Anlagenteile, die sich vor den Meßeinrichtungen befinden, können plombiert werden. Ebenso können Anlagenteile, die zur Anlage des Grundstückseigentümers gehören, unter Plombenverschluß genommen werden, um eine einwandfreie Messung zu gewährleisten. Die dafür erforderliche Ausstattung der Anlage ist nach den Angaben der Gemeinde zu veranlassen.

(4) Es dürfen nur Materialien und Geräte verwendet werden, die entsprechend den anerkannten Regeln der Technik beschaffen sind. Das Zeichen einer anerkannten Prüfstelle (z.B. DIN-DVGW, DVGW- oder GS-Zeichen) bekundet, daß diese Voraussetzungen erfüllt sind.

Teile des Hausanschlusses, die im Eigentum des Grundstückseigentümers stehen und zu deren Unterhaltung er verpflichtet ist, sind Bestandteile der Anlage des Grundstückseigentümers.

§ 16 Inbetriebsetzung der Anlage des Grundstückseigentümers

(1) Die Gemeinde oder deren Beauftragte schließen die Anlage des Grundstückseigentümers an das Verteilungsnetz an und setzen sie in Betrieb.

(2) Jede Inbetriebsetzung der Anlage ist bei der Gemeinde über das Installationsunternehmen zu beantragen.

§ 17 Überprüfung der Anlage des Grundstückseigentümers

(1) Die Gemeinde ist berechtigt, die Anlage des Grundstückseigentümers vor und nach ihrer Inbetriebsetzung zu überprüfen. Sie hat den Grundstückseigentümer auf erkannte Sicherheitsmängel aufmerksam zu machen und kann deren Beseitigung verlangen.

(2) Werden Mängel festgestellt, welche die Sicherheit gefährden oder erhebliche Störungen erwarten lassen, so ist die Gemeinde berechtigt, den Anschluß oder die Versorgung zu verweigern; bei Gefahr für Leib oder Leben ist sie hierzu verpflichtet.

(3) Durch Vornahme oder Unterlassung der Überprüfung der Anlage sowie durch deren Anschluß an das Verteilungsnetz übernimmt die Gemeinde keine Haftung für die Mängelfreiheit der Anlage. Dies gilt nicht, wenn sie bei einer Überprüfung Mängel festgestellt hat, die eine Gefahr für Leib und Leben darstellen.

§ 18 Betrieb, Erweiterung und Änderung der Anlage und Verbrauchseinrichtungen des Grundstückseigentümers;Mitteilungspflichten

(1) Anlagen und Verbrauchseinrichtungen sind so zu betreiben, daß Störungen anderer Grundstückseigentümer, störende Einwirkungen auf Einrichtungen der Gemeinde oder Dritter oder Rückwirkungen auf die Güte des Trinkwassers ausgeschlossen sind.

(2) Erweiterungen und Änderungen der Anlage sowie die Verwendung zusätzlicher Verbrauchseinrichtungen sind der Gemeinde mitzuteilen, soweit sich dadurch Größen für die Gebührenbemessung ändern oder sich die vorzuhaltende Leitung wesentlich erhöht.

§ 19 Zutrittsrecht

Der Grundstückseigentümer hat dem mit einem Ausweis versehenen Beauftragten der Gemeinde den Zutritt zu seinen Räumen und zu den in § 14 genannten Einrichtungen zu gestatten, soweit dies für die Prüfung der technischen Einrichtungen, zur Wahrnehmung sonstiger Rechte und Pflichten nach dieser Satzung, insbesondere zur Ablesung, oder zur Ermittlung der Grundlagen für die Gebührenermessung erforderlich ist.

§ 20 Technische Anschlußbedingungen

Die Gemeinde ist berechtigt, weitere technische Anforderungen an den Hausanschluß und andere Anlagenteile sowie an den Betrieb der Anlage festzulegen, soweit dies aus Gründen der sicheren und störungsfreien Versorgung, insbesondere im Hinblick auf die Erfordernisse des Verteilungsnetzes notwendig ist. Diese Anforderungen dürfen den anerkannten Regeln der Technik nicht widersprechen. Der Anschluß bestimmter Verbrauchseinrichtungen kann von der vorherigen Zustimmung der Gemeinde abhängig gemacht werden. Die Zustimmung darf nur verweigert werden, wenn der Anschluß eine sichere und störungsfreie Versorgung gefährden würde.

§ 21 Messung

(1) Die Gemeinde stellt die vom Grundstückseigentümer verbrauchte Wassermenge durch Meßeinrichtungen fest, die den eichrechtlichen Vorschriften entsprechen müssen. Bei öffentlichen Verbrauchseinrichtungen kann die gelieferte Menge auch rechnerisch ermittelt oder geschätzt werden, wenn die Kosten der Messung außer Verhältnis zur Höhe des Verbrauchs stehen.

(2) Die Gemeinde hat dafür Sorge zu tragen, daß eine einwandfreie Messung der verbrauchten Wassermenge gewährleistet ist. Sie bestimmt Art, Zahl und Größe sowie Anbringungsort der Meßeinrichtung. Ebenso ist die Lieferung, Anbringung, Überwachung, Unterhaltung und Entfernung der Meßeinrichtungen Aufgabe der Gemeinde. Sie hat den Grundstückseigentümer anzuhören und dessen berechtigte Interessen zu wahren. Sie ist ver-

pflichtet, auf Verlangen des Grundstückseigentümers die Meßeinrichtungen zu verlegen, wenn dies ohne Beeinträchtigung einer einwandfreien Messung möglich ist; der Grundstückseigentümer ist verpflichtet, die Kosten zu tragen.

(3) Der Grundstückseigentümer haftet für das Abhandenkommen und die Beschädigung der Meßeinrichtungen, soweit ihn hieran ein Verschulden trifft. Er hat den Verlust, Beschädigungen und Störungen dieser Einrichtungen der Gemeinde unverzüglich mitzuteilen. Er ist verpflichtet, die Einrichtungen vor Abwasser, Schmutz- und Grundwasser sowie vor Frost zu schützen.

§ 22 Nachprüfung von Meßeinrichtungen

(1) Der Grundstückseigentümer kann jederzeit die Nachprüfung der Meßeinrichtungen durch eine Eichbehörde oder eine staatlich anerkannte Prüfstelle im Sinne des § 6 Abs. 2 des Eichgesetzes verlangen. Stellt der Grundstückseigentümer den Antrag auf Prüfung nicht bei der Gemeinde, so hat er diese vor Antragstellung zu benachrichtigen.

(2) Die Kosten der Prüfung fallen der Gemeinde zur Last, falls die Abweichung die gesetzlichen Verkehrsfehlergrenzen überschreitet, sonst dem Grundstückseigentümer

§ 23 Ablesung

(1) Die Meßeinrichtungen werden vom Beauftragten der Gemeinde möglichst in gleichen Zeitabständen oder auf Verlangen der Gemeinde vom Grundstückseigentümer selbst abgelesen. Dieser hat dafür Sorge zu tragen, daß die Meßeinrichtungen leicht zugänglich sind.

(2) Solange der Beauftragte der Gemeinde die Räume des Grundstückseigentümers nicht zum Zwecke der Ablesung betreten kann, darf die Gemeinde den Verbrauch auf der Grundlage der letzen Ablesung schätzen; die tatsächlichen Verhältnisse sind angemessen zu berücksichtigen.

§ 24 Verwendung des Wassers

(1) Das Wasser wird nur für die eigenen Zwecke des Grundstückseigentümers, seiner Mieter und ähnlich berechtigter Personen zur Verfügung gestellt. Die Weiterleitung an sonstige Dritte ist nur mit schriftlicher Zustimmung der Gemeinde zulässig. Die muß erteilt werden, wenn dem Interesse an der Weiterleitung nicht überwiegende versorgungswirtschaftliche Gründe entgegenstellen.

(2) Das Wasser darf für alle Zwecke verwendet werden, soweit nicht in dieser Satzung oder aufgrund sonstiger gesetzlicher oder behördlicher Vorschriften Beschränkungen vorgesehen sind. Die Gemeinde kann die Verwendung für bestimmte Zwecke beschränken, soweit dies zur Sicherstellung der allgemeinen Wasserversorgung erforderlich ist.

(3) Der Anschluß von Anlagen zum Bezug von Bauwasser ist bei der Gemeinde vor Beginn der Bauarbeiten zu beantragen. Entsprechendes gilt für Anschlüsse zu sonstigen vorübergehenden Zwecken.

(4) Soll Wasser aus öffentlichen Hydranten nicht zum Feuerlöschen, sondern zu anderen vorübergehenden Zwecken entnommen werden, sind hierfür Hydrantenstandrohre der Gemeinde mit Wasserzählern zu benutzen.

(5) Sollen auf einem Grundstück besondere Feuerlöschanschlüsse eingerichtet werden, sind über ihre Anlegung, Unterhaltung und Prüfung besondere Vereinbarungen mit der Gemeinde zu treffen.

§ 25 Heranziehungsbescheide

Vordrucke für Heranziehungsbescheide müssen verständlich sein. Die für die Forderung maßgeblichen Berechnungsfaktoren sind vollständig und in allgemein verständlicher Form auszuweisen.

§ 26 Laufzeit des Versorgungsverhältnisses

(1) Will ein Grundstückseigentümer, der zur Benutzung der Wasserversorgungsanlagen nicht verpflichtet ist, den Wasserbezug vollständig einstellen, so hat er dies mindestens zwei Wochen vor der Einstellung der Gemeinde schriftlich mitzuteilen.

(2) Will ein zum Anschluß oder zur Benutzung Verpflichteter den Wasserbezug einstellen, so hat er bei der Gemeinde Befreiung nach den Bestimmungen dieser Satzung zu beantragen.

(3) Jeder Wechsel des Grundstückseigentümers ist der Gemeinde unverzüglich schriftlich mitzuteilen.

(4) Wird der Wasserverbrauch ohne schriftliche Mitteilung im Sinne von Abs. 1 oder vor Erteilung der Befreiung eingestellt, so haftet der Grundstückseigentümer der Gemeinde für die Erfüllung sämtlicher sich aus der Satzung ergebender Verpflichtungen.

(5) Der Grundstückseigentümer kann eine zeitweilige Absperrung seines Anschlusses verlangen, ohne damit das Benutzungsverhältnis aufzulösen.

§ 27 Einstellung der Versorgung

(1) Die Gemeinde ist berechtigt, die Versorgung fristlos einzustellen, wenn der Grundstückseigentümer den Bestimmungen dieser Satzung zuwiderhandelt und die Einstellung erforderlich ist, um

1. eine unmittelbare Gefahr für die Sicherheit von Personen oder Anlagen abzuwehren,

2. den Verbrauch von Wasser unter Umgehung, Beeinflussung oder vor Anbringung der Meßeinrichtungen zu verhindern oder

3. zu gewährleisten, daß Störungen anderer Grundstückseigentümer, störende Rückwirkungen auf Einrichtungen der Gemeinde oder Dritter oder Rückwirkungen auf die Güte des Trinkwassers ausgeschlossen sind.

(2) Bei anderen Zuwiderhandlungen, insbesondere bei Nichtzahlung einer fälligen Abgabenschuld, ist die Gemeinde berechtigt, die Versorgung zwei Wochen nach Androhung

einzustellen. Dies gilt nicht, wenn der Grundstückseigentümer darlegt, daß die Folgen der Einstellung außer Verhältnis zur Schwere der Zuwiderhandlung stehen und hinreichende Aussicht besteht, daß der Grundstückseigentümer seinen Verpflichtungen nachkommt.

(3) Die Gemeinde hat die Versorgung unverzüglich wieder aufzunehmen, sobald die Gründe für ihre Einstellung entfallen sind und der Grundstückseigentümer die Kosten der Einstellung und Wiederaufnahme der Versorgung ersetzt hat.

§ 28 Ordnungswidrigkeiten. Zwangsmittel

Ordnungswidrig im Sinne von § ... der Gemeindeordnung für ... handelt, wer vorsätzlich oder fahrlässig einem Gebot oder Verbot dieser Satzung (§§ 4, 6, 7 Abs. 4, 13 Abs. 5, 15 Abs. 2 und 4, 18 Abs. 1 und 2, 24 Abs. 1 und 2) oder einer aufgrund dieser Satzung ergangenen vollziehbaren Anordnung zuwiderhandelt. Die Ordnungswidrigkeit kann mit einer Geldbuße bis zu der in § ... der Gemeindeordnung für ... festgelegten Höhe geahndet werden.

§ 29 Aushändigung der Satzung

Die Gemeinde händigt jedem Grundstückseigentümer, mit dem erstmals ein Versorgungsverhältnis begründet wird, ein Exemplar dieser Satzung und der dazu erlassenen Beitrags- und Gebührensatzung unentgeltlich aus. Den bereits versorgten Grundstückseigentümern werden diese Satzungen auf Verlangen ausgehändigt.

§ 30 Inkrafttreten

Diese Satzung tritt am ... in Kraft. Gleichzeitig tritt die Satzung vom ... außer Kraft.

II. Abwasserentsorgungsverhältnis

1. Satzung

Satzung über die öffentliche Abwasserbeseitigung (Abwassersatzung - AbwS)

Aufgrund von § 45 b Abs. 3 des Wassergesetzes für BadenWürttemberg (WG) und der §§ 4, 11 und 142 der Gemeindeordnung für Baden-Württemberg (Gem0) in Verbindung mit den §§ 2, 9, 10 und 10 a des Kommunalabgabengesetzes für Baden-Württemberg (KAG) hat der Gemeinderat der Stadt/Gemeinde ... am ... folgende Satzung beschlossen:

§ 1 Öffentliche Einrichtung

(1) Die Stadt/Gemeinde ... betreibt die Beseitigung des in ihrem Gebiet angefallenen Abwassers als eine öffentliche Einrichtung.

(2) Als angefallen gilt Abwasser, das über eine Grundstücksentwässerungsanlage in die öffentliche Abwasseranlage gelangt oder zu einer öffentlichen Abwasserbehandlungsanlage gebracht (angeliefert) wird.

(3) Ein Rechtsanspruch auf Herstellung, Erweiterung oder Änderung der öffentlichen Abwasseranlagen besteht nicht.

§ 2 Begriffsbestimmungen

(1) Abwasser ist Wasser, das durch häuslichen, gewerblichen, landwirtschaftlichen oder sonstigen Gebrauch verunreinigt oder sonst in seinen Eigenschaften verändert ist oder das von Niederschlägen aus dem Bereich bebauter oder befestigter Grundstücke abfließt.

(2) Öffentliche Abwasseranlagen haben den Zweck, das im Gemeindegebiet angefallene Abwasser zu sammeln, den Abwasserbehandlungsanlagen zuzuleiten und zu reinigen. Öffentliche Abwasseranlagen sind insbesondere die öffentlichen Kanäle, Regenrückhaltebecken, Regenüberlauf- und Regenklärbecken, Abwasserpumpwerke und Klärwerke sowie offene und geschlossene Gräben, soweit sie von der Gemeinde zur öffentlichen Abwasserbeseitigung benutzt werden.
Zu den öffentlichen Abwasseranlagen gehören auch die Grundstücksanschlüsse im Bereich der öffentlichen Verkehrs- und Grünflächen (Anschlußkanäle) im Sinne von § 12.

(3) Grundstücksentwässerungsanlagen sind Einrichtungen, die der Sammlung, Vorbehandlung, Prüfung und Ableitung des Abwassers bis zur öffentlichen Abwasseranlage dienen. Dazu gehören insbesondere Leitungen, die im Erdreich oder im Fundamentbereich verlegt sind und das Abwasser dem Anschlußkanal zuführen (Grundleitungen), sowie Prüfschächte.

§ 3 Berechtigung und Verpflichtung zum Anschluß und zur Benutzung

(1) Die Eigentümer von Grundstücken, auf denen Abwasser anfällt, sind nach näherer Bestimmung dieser Satzung berechtigt und verpflichtet, ihre Grundstücke an die öffentlichen Abwasseranlagen anzuschließen, diese zu benutzen und das gesamte auf den Grundstücken anfallende Abwasser der Gemeinde im Rahmen des § 45 b Abs. 1 WG zu überlassen. Der Erbbauberechtigte tritt an die Stelle des Eigentümers.

(2) Die Benutzungs- und Überlassungspflicht nach Abs. 1 trifft auch die sonst zur Nutzung eines Grundtücks oder einer Wohnung berechtigten Personen.

(3) Bebaute Grundstücke sind anzuschließen, sobald die für sie bestimmten öffentlichen Abwasseranlagen betriebsfertig hergestellt sind.
Wird die öffentliche Abwasseranlage erst nach Errichtung einer baulichen Anlage hergestellt, so ist das Grundstück innerhalb von sechs Monaten nach der betriebsfertigen Herstellung anzuschließen.

(4) Unbebaute Grundstücke sind anzuschließen, wenn der Anschluß im Interesse der öffentlichen Gesundheitspflege, des Verkehrs oder aus anderen Gründen des öffentlichen Wohls geboten ist.

§ 4 Anschlußstelle, vorläufiger Anschluß

(1) Wenn der Anschluß eines Grundstücks an die nächste öffentliche Abwasseranlage technisch unzweckmäßig oder die Ableitung des Abwassers über diesen Anschluß für die öffentliche Abwasseranlage nachteilig wäre, kann die Gemeinde verlangen oder gestatten, daß das Grundstück an eine andere öffentliche Abwasseranlage angeschlossen wird.

(2) Ist die für ein Grundstück bestimmte öffentliche Abwasseranlage noch nicht hergestellt, kann die Gemeinde den vorläufigen Anschluß an eine andere öffentliche Abwasseranlage gestatten oder verlangen.

§ 5 Befreiungen

Von der Verpflichtung zum Anschluß an die öffentliche Abwasserbeseitigung und von der Pflicht zur Benutzung deren Einrichtungen ist der nach § 3 Abs. 1 und 2 Verpflichtete auf Antrag insoweit und solange zu befreien, als ihm der Anschluß bzw. die Benutzung wegen seines, die öffentlichen Belange überwiegenden privaten Interesses an der eigenen Beseitigung des Abwassers nicht zugemutet werden kann und die Befreiung wasserwirtschaftlich unbedenklich ist.

§ 6 Allgemeine Ausschlüsse

(1) Von der öffentlichen Abwasserbeseitigung sind sämtliche Stoffe ausgeschlossen, die die Reinigungswirkung der Klärwerke, den Betrieb der Schlammbehandlungsanlagen, die Schlammbeseitigung oder Schlammverwertung beeinträchtigen, die öffentlichen Abwasser-

anlagen angreifen, ihre Funktionsfähigkeit oder Unterhaltung behindern, erschweren oder gefährden können, oder die den in öffentlichen Abwasseranlagen arbeitenden Personen oder dem Vorfluter schaden können. Dies gilt auch für Flüssigkeiten, Gase und Dämpfe.

(2) Insbesondere sind ausgeschlossen:

1. Stoffe - auch in zerkleinertem Zustand -, die zu Ablagerungen oder Verstopfungen in den öffentlichen Abwasseranlagen führen können (z.B. Kehricht, Schutt, Mist, Sand, Küchenabfälle, Asche, Zellstoffe, Textilien, Schlachtabfälle, Tierkörper, Panseninhalt, Schlempe, Trub, Trester und hefehaltige Rückstände, Schlamm, Haut- und Lederabfälle);

2. feuergefährliche, explosible, giftige, fett- oder ölhaltige Stoffe (z.B. Benzin, Karbid, Phenole, Öle und dgl.), Säuren, Laugen, Salze, Reste von Pflanzenschutzmitteln oder vergleichbaren Chemikalien, Blut, mit Krankheitskeimen behaftete Stoffe und radioaktive Stoffe;

3. Jauche, Gülle, Abgänge aus Tierhaltungen, Silosickersaft und Molke;

4. faulendes und sonst übelriechendes Abwasser (z.B. Überläufe aus Abortgruben, milchsaure Konzentrate, Krautwasser);

5. Abwasser, das schädliche oder belästigende Gase ode Dämpfe verbreiten kann;

6. Abwasser, das wärmer als 35 Grad Celsius ist;

7. Abwasser mit einem pH-Wert von über 9,5 (alkalisch) oder unter 6,0 (sauer);

8. farbstoffhaltiges Abwasser, dessen Entfärbung im Klärwerk nicht gewährleistet ist;

9. Abwasser, das einem wasserrechtlichen Bescheid nicht entspricht.

(3) Die Gemeinde kann im Einzelfall über die nach Abs. 2 einzuhaltenden Grenzwerte hinausgehende Anforderungen stellen, wenn dies für den Betrieb der öffentlichen Abwasseranlagen erforderlich ist.

(4) Die Gemeinde kann im Einzelfall Ausnahmen von den Bestimmungen der Absätze 1 bis 3 zulassen, wenn öffentliche Belange nicht entgegenstehen, die Versagung der Ausnahme im Einzelfall eine unbillige Härte bedeuten würde und der Antragsteller evtl. entstehende Mehrkosten übernimmt.

§ 7 Ausschlüsse im Einzelfall, Mehrkostenvereinbarung

(1) Die Gemeinde kann im Einzelfall Abwasser von der öffentlichen Abwasserbeseitigung ausschließen:

a) dessen Sammlung, Fortleitung oder Behandlung im Hinblick auf den Anfaliort oder wegen der Art oder Menge des Abwassers unverhältnismäßig hohen Aufwand verursachen würde;

b) das nach den allgemein anerkannten Regeln der Abwassertechnik nicht mit häuslichen Abwässern gesammelt, fortgeleitet oder behandelt werden kann.

(2) Ein Grundstückseigentümer kann den Anschluß und die Benutzung in den Fällen des Absatzes 1 verlangen, wenn er die für den Bau und Betrieb der öffentlichen Abwasseranlagen entstehenden Mehrkosten übernimmt und auf Verlangen angemessene Sicherheit leistet.

(3) Schließt die Gemeinde in Einzelfällen Abwasser von der Beseitigung aus, bedarf dies der Zustimmung der Wasserbehörde (§ 45 b Abs. 3 Satz 2 WG).

§ 8 Einleitungsbeschränkungen

(1) Die Gemeinde kann im Einzelfall die Einleitung von Abwasser von einer Vorbehandlung oder Speicherung abhängig machen, wenn seine Beschaffenheit oder Menge dies insbesondere im Hinblick auf den Betrieb der öffentlichen Abwasseranlagen oder auf sonstige öffentliche Belange erfordert.

(2) Fäkalienhaltiges Abwasser darf in öffentliche Abwasseranlagen, die nicht an ein öffentliches Klärwerk angeschlossen sind, nur nach ausreichender Vorbehandlung eingeleitet werden.

(3) Die Einleitung von Abwasser, das der Beseitigungspflicht nicht unterliegt und von sonstigem Wasser bedarf der schriftlichen Genehmigung der Gemeinde.

§ 9 Eigenkontrolle

(1) Die Gemeinde kann verlangen, daß auf Kosten des Grundstückseigentümers oder des Bitzers Vorrichtungen zur Messung und Registrierung der Abflüsse und der Beschaffenheit der Abwässer zur Bestimmung der Schadstofffracht in die Grundstücksentwässerungsanlage eingebaut oder an sonst geeigneter Stelle auf dem Grundstück angebracht, betrieben und in ordnungsgemäßen Zustand gehalten werden.

(2) Die Gemeinde kann auch verlangen, daß eine Person bestimmt wird, die für die Bedienung der Anlage und für die Führung des Betriebstagebuchs verantwortlich ist. Das Betriebstagebuch ist mindestens drei Jahre lang, vom Datum der letzten Eintragung oder des letzten Beleges an gerechnet aufzubewahren und der Gemeinde auf Verlangen vorzulegen.

§10 Abwasseruntersuchungen

(1) Die Gemeinde kann Abwasseruntersuchungen auf Kosten des Benutzers vornehmen. Sie bestimmt, in welchen Abständen die Proben zu entnehmen sind, durch wen die Proben zu entnehmen sind und wer sie untersucht. Für das Zutrittsrecht gilt § 20 Abs. 2 entsprechend.

(2) Wenn bei einer Untersuchung des Abwassers Mängel festgestellt werden, hat der Grundstückseigentümer oder der Besitzer diese unverzüglich zu beseitigen.

(3) Kosten von Abwasseruntersuchungen, die wegen der Festsetzung von Starkverschmutzerzuschlägen (§§ 38, 39) auf Antrag des Gebührenschuldners erfolgen, sind von diesem zu tragen.

§ 11 Grundstücksbenutzung

Die Grundstückseigentümer sind unter den Voraussetzungen der §§ 88 ff. des Wassergesetzes für Baden-Württemberg verpflichtet, für Zwecke der öffentlichen Abwasserbeseitigung das Verlegen von Kanälen einschließlich Zubehör zur Ab- und Fortleitung von Abwasser über ihre Grundstücke gegen Entschädigung zu dulden. Die Grundstückseigentümer haben insbesondere den Anschluß anderer Grundstücke an die Anschlußleitung zu ihren Grundstücken zu dulden.

§ 12 Anschlußkanäle

(1) Anschlußkanäle (§ 2 Abs. 2 Satz 3) werden ausschließlich von der Gemeinde hergestellt, unterhalten, erneuert, geändert, abgetrennt und beseitigt.

(2) Art, Zahl und Lage der Anschlußkanäle sowie deren Änderung werden nach Anhörung des Grundstückseigentümers und unter Wahrung seiner berechtigten Interessen von der Gemeinde bestimmt.

(3) Die Gemeinde stellt die für den erstmaligen Anschluß eines Grundstücks notwendigen Anschlußkanäle bereit. Jedes Grundstück erhält einen Anschlußkanal. Die Gemeinde kann auf Antrag mehr als einen Anschlußkanal herstellen, soweit sie es für technisch notwendig hält.

(4) In besonders begründeten Fällen (z.B. bei Sammelgaragen, Reihenhäusern) kann die Gemeinde den Anschluß mehrerer Grundstücke über einen gemeinsamen Anschlußkanal vorschreiben oder auf Antrag zulassen.

(5) Die Kosten der für den erstmaligen Anschluß eines Grundstücks notwendigen Anschlußkanäle (Abs. 3 und 4) sind durch den Teilbetrag für den öffentlichen Abwasserkanal (§ 28 Nr. 1) abgegolten.

(6) Werden Gebiete im Trennverfahren entwässert, gelten die beiden Anschlußkanäle als ein Anschlußkanal.

§ 13 Sonstige Anschlüsse, Kostenerstattung

(1) Die Gemeinde kann auf Antrag des Grundstückseigentümers weitere Anschlußkanäle sowie vorläufige oder übergehende Anschlüsse herstellen. Als weitere Anschlußkanäle gelten auch Anschlußkanäle für Grundstücke, die nach Entstehen der Beitragspflicht (§ 29 Nr. 1) neu gebildet werden.

(2) Die Kosten der Herstellung, Unterhaltung, Erneuerung, Veränderung und Beseitigung der in Abs. 1 genannten Anschlußkanäle und Anschlüsse trägt der Grundstückseigentümer.

(3) Der Erstattungsanspruch entsteht mit der endgültingen Herstellung des Hausanschlusses, im übrigen mit der Beendigung der Maßnahme.

(4) Der Erstattungsanspruch wird binnen eines Monats nach Bekanntgabe des Abgabenbescheids fällig.

(5) Private Anschlußkanäle hat der Grundstückseigentümer selbst zu unterhalten, zu erneuern, zu ändern und zu beseitigen.

§ 14 Genehmigungen

(1) Der schriftlichen Genehmigung der Gemeinde bedürfen

a) die Herstellung der Grundstücksentwässerungsanlagen, deren Anschluß sowie deren Änderung;

b) die Benutzung der öffentlichen Abwasseranlagen sowie die Änderung der Benutzung.

Die Genehmigung gilt als erteilt, wenn die Baugenehmigung erteilt ist, und die Gemeinde selbst Baugenehmigungsbehörde ist.

Bei vorübergehenden oder vorläufigen Anschlüssen wird die Genehmigung widerruflich oder befristet ausgesprochen.

(2) Einem unmittelbaren Anschluß steht der mittelbare Anschluß (z.B. über bestehende Grundstücksentwässerungsanlagen) gleich.

(3) Für die den Anträgen beizufügenden Unterlagen gelten die Vorschriften der Bauvorlagenverordnung in der jeweils gültigen Fassung sinngemäß. Die zur Anfertigung der Pläne erforderlichen Angaben (Höhenlage des Straßenkanals, Lage der Anschlußstelle und Höhenfestpunkte) sind bei der Gemeinde einzuholen.

§ 15 Regeln der Technik

Grundstücksentwässerungsanlagen sind nach den allgemein anerkannten Regeln der Technik herzustellen und zu betreiben. Allgemein anerkannte Regeln der Technik sind insbesondere die technischen Bestimmungen für den Bau, den Betrieb und die Unterhaltung von Abwasseranlagen und die Einleitungsstandards, die die oberste Wasserbehörde durch öffentliche Bekanntmachung einführt.

§ 16 Herstellung, Änderung und Unterhaltung der Grundstücksentwässerungsanlagen

(1) Die Grundstücksentwässerungsanlagen sind vom Grundstückseigentümer zu reinigen.

(2) Der Grundstückseigentümer hat die Verbindung der Grundstücksentwässerungsanlagen mit den öffentlichen Abwasseranlagen im Einvernehmen mit der Gemeinde herzustellen. Grundleitungen sind in der Regel mit mindestens 150 mm Nennweite auszuführen. Der letzte Schacht mit Reinigungsrohr ist so nahe wie technisch möglich an die öffentlich Abwasseranlage zu setzen; er muß stets zugänglich und bis auf Rückstauebene (§ 19) wasserdicht ausgeführt sein.

(3) Bestehende Grundstücksentwässerungsanlagen sind vom Grundstückseigentümer auf seine Kosten zu ändern, wenn Menge oder Art des Abwassers dies notwendig machen.

(4) Änderungen an einer Grundstücksentwässerungsanlage, die infolge einer nicht vom Grundstückseigentümer zu vertretenden Änderung der öffentlichen Abwasseranlagen notwendig werden, führt die Gemeinde auf ihre Kosten aus, sofern nichts anderes bestimmt ist.

(5) Wird eine Grundstücksentwässerunganlage ganz oder teilweise -auch vorübergehend- außer Betrieb gesetzt, so kann die Gemeinde den Anschlußkanal verschließen oder beseitigen. Die Kosten trägt der Grundstückseigentümer.

§ 17 Abschneider, Hebeanlage, Zerkleinerungsgeräte

(1) Auf Grundstücken, auf denen Fette, Leichtflüssigkeiten wie Benzin und Benzol sowie Öle oder Ölrückstände in das Abwasser gelangen können, sind Vorrichtungen zur Abscheidung dieser Stoffe aus dem Abwasser (Abscheider mit dazugehörenden Schlammfängen) einzubauen, zu betreiben, zu unterhalten und zu erneuern. Die Abscheider mit den dazugehörenden Schlammfängen sind vom Grundstückseigentümer in regelmäßigen Zeitabständen, darüber hinaus bei besonderem Bedarf zu leeren und zu reinigen. Bei schuldhafter Säumnis ist er der Gemeinde schadenersatzpflichtig. Für die Beseitigung der anfallenden Stoffe gelten die Vorschriften über die Abfallbeseitigung.

(2) Die Gemeinde kann vom Eigentümer im Einzelfall den Einbau und den Betrieb einer Abwasserhebeanlage verlangen, wenn dies für die Ableitung des Abwassers notwendig ist; § 1 5 bleibt unberührt.

(3) Zerkleinerungsgeräte für Küchenabfälle, Mült, Papier usw. sowie Handtuchspender mit Spülvorrichtung dürfen nicht an Grundstücksentwässerungsanlagen angeschlossen werden.

§ 18 Spülaborte, Kleinkläranlagen

(1) Auf Grundstücken, die an die öffentliche Abwasserbeseitigung angeschlossen sind, sind in Gebäuden mit Aufenthaltsräumen nur Aborte mit Wasserspülung zulässig.

(2) Kleinkläranlagen sind unverzüglich außer Betrieb zu setzen, sobald das Grundstück an ein öffentliches Klärwerk angeschlossen ist. Abflußlose Gruben und Sickeranlagen sind außer Betrieb zu setzen, sobald ein Grundstück an die öffentlichen Abwasseranlagen angeschlossen ist. In beiden Fällen trägt der Grundstückseigentümer die Kosten der Stillegung.

§ 19 Sicherung gegen Rückstau

Aborte mit Wasserspülung, Bodenabläute, Ausgüsse, Spülen, Waschbecken und dgl., die tiefer als die Straßenoberfläche an der Anschlußstelle der Grundstücksentwässerung (Rückstauebene) liegen, müssen vom Grundstückseigentümer auf seine Kosten gegen Rückstau gesichert werden. Im übrigen hat der Grundstückseigentümer für rückstaufreien Abfluß des Abwassers zu sorgen.

§ 20 Abnahme und Prüfung der Grundstücksentwässerungsanlagen, Zutrittsrecht

(1) Vor der Abnahme darf die Grundstücksentwässerungsanlage nicht in Betrieb genommen werden. Die Abnahme erfolgt durch die Gemeinde.

Die Abnahme der Grundstücksentwässerungsanlage befreit den Bauherrn, den Planverfasser, den Bauleiter und den ausführenden Unternehmer nicht von ihrer Verantwortlichkeit für die vorschriftsmäßige und fehlerfreie Ausführung der Arbeiten.

(2) Die Gemeinde ist berechtigt, die Grundstücksentwässerungsanlagen zu prüfen. Den mit der Überwachung der Anlagen beauftragten Personen ist zu allen Teilen der Grundstücksentwässerungsanlagen Zutritt zu gewähren. Sie dürfen Wohnungen nur mit Einwilligung des Berechtigten, Betriebs- und Geschäftsräume ohne Einwilligung nur in den Zeiten betreten, in denen sie normalerweise für die jeweilige geschäftliche oder betriebliche Nutzung offenstehen. Grundstückseigentümer und Besitzer sind verpflichtet, die Ermittlungen und Prüfungen nach den Sätzen 1 und 2 zu dulden und dabei Hilfe zu leisten. Sie haben den zur Prüfung des Abwassers notwendigen Einblick in die Betriebsvorgänge zu gewähren und die sonst erforderlichen Auskünfte zu erteilen.

(3) Werden bei der Prüfung der Grundstücksentwässerungsanlagen Mängel festgestellt, hat sie der Grundstückseigentümer unverzüglich zu beseitigen.

§ 21 Erhebungsgrundsatz

Die Gemeinde erhebt zur teilweisen Deckung ihres Aufwands für die Herstellung der öffentlichen Abwasseranlagen einen Abwasserbeitrag. Der Abwasserbeitrag wird in Teilbeträgen (§ 28) erhoben.

§ 22 Gegenstand der Beitragspflicht

(1) Der Beitragspflicht unterliegen Grundstücke, für die eine bauliche oder gewerbliche Nutzung festgesetzt ist, wenn sie bebaut oder gewerblich genutzt werden können.

Erschlossene Grundstücke, für die eine bauliche oder gewerbliche Nutzung nicht festgesetzt ist, unterliegen der Beitragspflicht, wenn sie nach der Verkehrsauffassung Bauland sind und nach der geordneten baulichen Entwicklung der Gemeinde zur Bebauung anstehen.

(2) Wird ein Grundstück an die öffentlichen Abwasseranlagen tatsächlich angeschlossen, so unterliegt es der Beitragspflicht auch dann, wenn die Voraussetzungen des Abs. 1 nicht erfüllt sind.

§ 23 Beitragsschuldner

(1) Beitragsschuldner ist, wer im Zeitpunkt der Zustellung des Beitragsbescheids Eigentümer des Grundstücks ist. Der Erbbauberechtigte ist anstelle des Eigentümers Beitragsschuldner.

(2) Mehrere Beitragsschuldner haften als Gesamtschuldner. Bei Wohnungs- und Teileigentum sind die einzelnen Wohnungs- und Teileigentümer nur entsprechend ihrem Miteigentumsanteil Beitragsschuldner.

(3) Der Beitrag ruht als öffentliche Last auf dem Grundstück, im Falle des Abs. 1 Satz 2 auf dem Erbbaurecht, im Falle des Abs. 2 Satz 2 auf dem Wohnungs- oder Teileigentum.

§ 24 Beitragsmaßstab

(1) Maßstab für den Abwasserbeitrag ist die Nutzungsfläche Diese ergibt sich durch Vervielfachen der Grundstücksfläche (§ 25) mit dem Nutzungsfaktor (§ 26).

(2) Beitragsmaßstab in den Fällen des § 27 Abs. 5 sind die tatsächlichen Geschoßflächen der Gebäude. In den Fällen des § 27 Abs. 5 Nr. 2 sind sie dies nur insoweit, als sie die bisher vorhandenen Geschoßflächen übersteigen.

Die tatsächlichen Geschoßflächen werden dadurch ermittelt, daß die tatsächliche Grundfläche des Gebäudes mit der Zahl der Vollgeschosse (§ 26 Abs. 7) vervielfacht wird.

§ 25 Grundstücksfläche

(1) Als Grundstücksfläche gilt:

a) bei Grundstücken im Bereich eines Bebauungsplans die Fläche, die der Ermittlung der zulässigen Nutzung zugrunde zu legen ist-,

b) wenn ein Bebauungsplan nicht besteht oder die erforderliche Festsetzung nicht enthält, die tatsächliche Grundstücksfläche bis zu einer Tiefe von 50 Meter von der der Erschließungsanlage zugewandten Grundstücksgrenze. Reicht die bauliche oder gewerbliche Nutzung über diese Begrenzung hinaus oder sind Flächen tatsächlich angeschlossen, so ist die Grundstückstiefe maßgebend, die durch die hintere Grenze der Nutzung bestimmt wird. Grundstücksteile, die lediglich die wegemäßige Verbindung zur Erschließungsanlage herstellen, bleiben bei der Bestimmung der Grundstückstiefe unberücksichtigt.

(2) § 10 Abs. 3 Satz 2 KAG bleibt unberührt.

§ 26 Nutzungsfaktor

(1) Entsprechend der Ausnutzbarkeit wird die Grundstücksfläche (§ 25) mit einem Nutzungsfaktor vervielfacht, der im einzelnen beträgt:

1. bei Stellplatzgrundstücken und bei Grundstücken, für die nur eine Nutzung ohne Bebauung zulässig ist oder bei denen die zulässige Bebauung nur untergeordnete Bedeutung haben	0,50
2. bei eingeschossiger Bebaubarkeit	1,00
3. bei zweigeschossiger Bebaubarkeit	1,25
4. bei dreigeschossiger Bebaubarkeit	1,50
5. bei vier- oder fünfgeschossiger Bebaubarkeit	1,75
6. bei sechs- oder mehrgeschossiger Bebaubarkeit	2,00

(2) Als zulässige Zahl der Geschosse gilt die im Bebauungsplan festgesetzte höchstzulässige Zahl der Vollgeschosse. Weist der Bebauungsplan statt der Geschoßzahl eine Bau-

massenzahl aus, gilt als Zahl der Vollgeschosse die Baumassenzahl geteilt durch (3,5); ist nur die zulässige Höhe der baulichen Anlagen festgesetzt, gilt als Zahl der Vollgeschosse das festgesetzte Höchstmaß der Höhe baulicher Anlagen geteilt durch (3,5). Bruchzahlen werden auf die nächstfolgende volle Zahl aufgerundet.

(3) Ist tatsächlich eine höhere als die festgesetzte Zahl der Vollgeschosse zugelassen oder vorhanden, so ist diese zugrundezulegen; dies gilt entsprechend, wenn die zulässige Baumassenzahl oder das festgelegte Höchstmaß der Höhe baulicher Anlagen überschritten wird.

(4) In unbeplanten Gebieten und bei Grundstücken, für die ein Bebauungsplan weder die Geschoßzahl noch die Baumassenzahl oder die Höhe baulicher Anlagen festsetzt, ist maßgebend:

a) bei bebauten Grundstücken die Zahl der tatsächlich vorhandenen Geschosse,

b) bei unbebauten, aber bebaubaren Grundstücken die Zahl der näheren Umgebung überwiegend vorhandenen Geschosse.

(5) Im Außenbereich (§ 35 BauGB) ist, bei bebauten Grundstücken die Zahl der tatsächlich vorhandenen Geschosse maßgebend. Bei unbebauten Grundstücken, für die ein Bauvorhaben genehmigt ist, gilt die Zahl der genehmigten Geschosse. Bei unbebauten Grundstücken, Stellplatzgrundstücken und bei Grundstücken mit nur untergeordneter Bebauung einschließlich Wochenendhäusern gilt ein Nutzungsfaktor von 0,5.

(6) Wird für Gebiete ein Bebauungsplan aufgestellt (§ 33 BauGB), ist die zulässige Zahl der Geschosse, abweichend von Abs. 2, 4 und 5, nach dem Stand der Planungsarbeiten zu ermitteln. Abs. 2 findet sinngemäß Anwendung.

(7) Als Geschosse gelten Vollgeschosse im Sinne der Baunutzungsverordnung. Soweit für ein Grundstück keine Baumassenzahl festgesetzt ist, ergibt sich die Geschoßzahl bei Bauwerken mit Vollgeschossen, die höher als 3,5 m sind und bei Gebäuden ohne Vollgeschoß durch Teilung der tatsächlich vorhandenen Baumasse mit der tatsächlich überbauten Grundstücksfläche und nochmaliger Teilung des Ergebnisses durch 3,5. Bruchzahlen werden entsprechend Abs. 2 Satz 3 aufgerundet.

§ 27 Weitere Beitragspflicht

(1) Vergrößert sich die Fläche eines Grundstücks (z.B. durch Zukauf) und ist für die zugehende Fläche noch keine Beitragspflicht entstanden, so unterliegen die zusehenden Flächen der Beitragspflicht nach Maßgabe des § 24 Abs. 1.

(2) Abs. 1 gilt entsprechend, wenn

a) für Grundstücksflächen erstmals eine bauliche oder gewerbliche Nutzung festgesetzt wird oder

b) Grundstücksflächen tatsächlich angeschlossen, baulich oder gewerblich genutzt werden, soweit sie bisher gemäß § 10 Abs. 3 Satz 2 KAG oder gemäß § 25 Abs. 1 b) bei der Beitragsbemessung nicht berücksichtigt waren.

(3) Wird die der bisherigen Beitragsbemessung zugrundegelegte Zahl der Vollgeschosse bei einem Grundstück überschritten, das nach Maßgabe des § 24 Abs. 1 zum Beitrag herangezogen wurde, so unterliegt die übersteigende Nutzung einer weiteren Beitragspflicht. Entsprechendes gilt bei Grundstücken, die nach dem Maßstab der zulässigen Geschoßfläche zum Beitrag herangezogen wurden.

(4) Abs. 3 findet sinngemäß Anwendung, wenn nach Eintritt der Beitragspflicht eine größere Zahl von Vollgeschossen allgemein zugelassen wird.

(5) Grundstücke oder Grundstücksflächen, für die noch kein Beitrag nach einem grundstücksbezogenen Maßstab (z.B. Frontmeterlänge, Grundstücksfläche, zulässige Geschoßfläche) entstanden ist, unterliegen einer weiteren Beitragspflicht, wenn

1. ein weiteres Gebäude auf dem gleichen Grundstück errichtet wird

2. ein neues Gebäude anstelle früherer (abgebrochener) Gebäude auf dem Grundstück errichtet wird.

Ausgenommen bleiben Behelfsbauten, überdachte Stellplätze sowie untergeordnete Gebäude i. S. von § 4 Landesbauordnung.

§ 28 Beitragssatz

Der Abwasserbeitrag setzt sich wie folgt zusammen:

Teilbeträge	Je m^2 Nutzungsfläche (§ 24 Abs. 1) DM	Je m^2 Geschoßfläche (§ 24 Abs. 2) DM
1. für den öffentlichen Abwasserkanal	.....	.....
2. für den mechanischen Teil des Klärwerks	.....	.....
3. für den biologischen Teil des Klärwerks	.....	.....
4. für den chemischen Teil des Klärwerks	.....	.....

§ 29 Entstehung der Beitragsschuld

(1) Die Beitragsschuld entsteht:

1. In den Fällen des § 22 Abs. 1, sobald das Grundstück an den öffentlichen Kanal angeschlossen werden kann.

2. In den Fällen des § 22 Abs. 2 mit dem Anschluß, frühestens jedoch mit dessen Genehmigung.

3. In den Fällen des § 28 Nrn. 2 bis 4, sobald die Teile der Abwasseranlagen für das Grundstück genutzt werden können.

4. In den Fällen des § 27 Abs. 1, wenn die Vergrößerung des Grundstücks im Grundbuch eingetragen ist.

5. In den Fällen des § 27 Abs. 2 Buchstabe a) mit dem Inkrafttreten des Bebauungsplans bzw. dem Inkrafttreten der Abrundungssatzung i.S.v. § 34 Abs. 4 BauGB.

6. In den Fällen des § 27 Abs. 2 Buchstabe b):

   a) sobald tatsächlich angeschlossen ist, frühestens jedoch mit der Genehmigung des Anschlusses;

   b) bei baulicher Nutzung ohne tatsächlichen Anschluß mit der Erteilung der Baugenehmigung;

   c) bei gewerblicher Nutzung mit dem Eintritt dieser Nutzung.

7. In den Fällen des § 27 Abs. 3 mit der Baugenehmigung, frühestens jedoch mit der Genehmigung des Anschlusses.

8. In den Fällen des § 27 Abs. 4 mit der Erhöhung der zulässigen Nutzung.

9. In den Fällen des § 27 Abs. 5, wenn die neuen Gebäude an die öffentlichen Abwasseranlagen angeschlossen werden, frühestens jedoch mit der Genehmigung des Anschlusses.

(2) Für mittelbare Anschlüsse (§ 14 Abs. 2) gilt Abs. 1 entsprechend.

§ 30 Vorauszahlungen, Fälligkeit

(1) Die Gemeinde erhebt Vorauszahlungen auf die Teilbeträge nach § 28 Nrn. 2 bis 4 in Höhe von ... v. H. der voraussichtlichen Teilbeitragsschuld, sobald mit der Herstellung des Teils der öffentlichen Abwasseranlagen begonnen wird.

(2) Der Abwasserbeitrag (Teilbeitrag) und die Vorauszahlungen werden jeweils einen Monat nach Bekanntgabe des Abgabebescheids fällig.

§ 31 Ablösung

(1) Der Abwasserbeitrag (Teilbeitrag) kann vor Entstehung der Beitragsschuld abgelöst werden. Der Betrag einer Ablösung bestimmt sich nach der Höhe des voraussichtlich entstehenden Beitrags (Teilbeitrags).

(2) Für den Einzelfall wird die Ablösung durch Vereinbarung zwischen der Gemeinde und dem Beitragspflichtigen getroffen.

(3) Die Bestimmungen über die weitere Beitragspflicht in § 27 Abs. 1 bis 4 bleiben durch Vereinbarungen über die Ablösung unberührt.

§ 42 Anzeigepflicht

(1) Binnen eines Monats sind der Gemeinde der Erwerb oder die Veräußerung eines an die öffentlichen Abwasseranlagen angeschlossenen Grundstücks anzuzeigen. Entsprechendes gilt beim Erbbaurecht.

Anzeigepflichtig sind der Veräußerer und der Erwerber.

(2) Binnen eines Monats nach Anfall von Abwasser, das einen Verschmutzungsgrad annimmt, der nach §§ 38, 39 einen erhöhten Gebührensatz auslösen kann, ist dies der Gemeinde vom Gebührenschuldner anzuzeigen.

(3) Binnen eines Monats nach Ablauf des Veranlagungszeitraums hat der Gebührenschuldner der Gemeinde anzuzeigen:

a) Die Menge des Wasserverbrauchs aus einer nichtöffentlichen Wasserversorgungsanlage;

b) die Menge der Einleitungen aufgrund besonderer Genehmigung (§ 8 Abs. 3).

(4) Unverzüglich haben der Grundstückseigentümer und die sonst zur Nutzung eines Grundstücks oder einer Wohnung berechtigten Personen der Gemeinde mitzuteilen:

a) Änderungen der Beschaffenheit, der Menge und des zeitlichen Anfalls des Abwassers;

b) wenn gefährliche oder schädliche Stoffe in die öffentlichen Abwasseranlagen gelangen oder damit zu rechnen ist.

(5) Wird eine Grundstücksentwässerungsanlage ganz oder teilweise, auch nur vorübergehend, außer Betrieb gesetzt, hat der Grundstückseigentümer diese Absicht so frühzeitig mitzuteilen, daß der Anschlußkanal rechtzeitig verschlossen oder beseitigt werden kann.

§ 43 Haftung der Gemeinde

(1) Werden die öffentlichen Abwasseranlagen durch Betriebsstörungen vorübergehend ganz oder teilweise außer Betrieb gesetzt oder treten Mängel oder Schäden auf, die durch Rückstau infolge von Naturereignissen wie Hochwasser, Starkregen oder Schneeschmelze oder durch Hemmungen im Abwasserablauf verursacht sind, so erwächst daraus kein Anspruch auf Schadenersatz. Ein Anspruch auf Ermäßigung oder auf Erlaß von Beiträgen oder Gebühren entsteht in keinem Fall.

(2) Die Verpflichtung des Grundstückseigentümers zur Sicherung gegen Rückstau (§ 19) bleibt unberührt.

(3) Unbeschadet des § 21 Haftpflichtgesetzes haftet die Gemeinde nur für Vorsatz oder grobe Fahrlässigkeit.

§ 44 Haftung der Grundstückseigentümer

Die Grundstückseigentümer und die Benutzer haften für schuldhaft verursachte Schäden, die infolge einer unsachgemäßen oder den Bestimmungen dieser Satzung widersprechenden Benutzung oder infolge eines mangelhaften Zustands der Grundstücksentwässerungsanlagen entstehen. Sie haben die Gemeinde von Ersatzansprüchen Dritter freizustellen, die wegen solcher Schäden geltend gemacht werden. Gehen derartige Schäden auf mehrere Grundstücksentwässerungsanlagen zurück, so haften deren Eigentümer oder Benutzer als Gesamtschuldner.

§ 45 Ordnungswidrigkeiten

(1) Ordnungswidrig i. S. von § 142 Abs. 1 der Gemeindeordnung für Baden-Württemberg handelt, wer vorsätzlich oder fahrlässig

1. entgegen § 3 Abs. 1 das Abwasser nicht der Gemeinde überläßt;

2. entgegen § 6 Abs. 1, 2, und 3 von der Einleitung ausgeschlossene Abwässer oder Stoffe in die öffentlichen Abwasseranlagen einleitet oder die vorgeschriebenen Höchstwerte für einleitbares Abwasser nicht einhält;

3. entgegen § 8 Abs. 1 Abwasser ohne Vorbehandlung oder Speicherung in öffentliche Abwasseranlagen einleitet;

4. entgegen § 8 Abs. 2 fäkalienhaltiges Abwasser ohne ausreichende Vorbehandlung in öffentliche Abwasseranlagen einleitet, die nicht an ein öffentliches Klärwerk angeschlossen sind;

5. entgegen § 8 Abs. 3 sonstiges Wasser oder Abwasser, das der Beseitigungspflicht nicht unterliegt, ohne besondere Genehmigung der Gemeinde in öffentliche Abwasseranlagen einleitet;

6. entgegen § 13 Abs. 1 einen vorläufigen oder vorübergehenden Anschluß nicht von der Gemeinde herstellen läßt;

7. entgegen § 14 Abs. 1 einen Anschluß an die öffentlichen Abwasseranlagen ohne schriftliche Genehmigung der Gemeinde herstellt, benutzt oder ändert;

8. die Grundstücksentwässerungsanlage nicht nach den Vorschriften des § 15 und des § 16 Abs. 2 Satz 2 und 3 herstellt;

9. die Verbindung der Grundstücksentwässerungsanlage mit der öffentlichen Abwasseranlage nicht nach § 16 Abs. 2 Satz 1 im Einvernehmen mit der Gemeinde herstellt;

10. entgegen § 17 Abs. 1 die notwendige Entleerung und Reinigung der Abscheider nicht rechtzeitig vornimmt;

11. entgegen § 17 Abs. 3 Zerkleinerungsgeräte oder ähnliche Geräte an seine Grundstücksentwässerungsanlage anschließt;

12. entgegen § 20 Abs. 1 die Grundstücksentwässerungsanlage vor der Abnahme in Betrieb nimmt;

13. entgegen § 42 seinen Anzeigepflichten gegenüber der Gemeinde nicht, nicht richtig oder nicht rechtzeitig nachkommt.

(2) Die Vorschriften des Landesverwaltungsvollstreckungsgesetzes bleiben unberührt.

§ 46 Inkrafttreten

(1) Soweit Abgabenansprüche nach dem bisherigen Satzungsrecht bereits entstanden sind, gelten anstelle dieser Satzung die Satzungsbestimmungen, die im Zeitpunkt des Entstehens der Abgabeschuld gegolten haben.

(2) Diese Satzung tritt am ... in Kraft. Gleichzeitig tritt die Abwassersatzung vom ... (mit allen späteren Änderungen) außer Kraft.

..., den ...

(Bürgermeister)

2. Rumpfsatzung

Arbeitsmuster des BGW einer Rumpfsatzung über die Abwasserbeseitigung und den Anschluß an die öffentliche Abwasserbeseitigungseinrichtung

Aufgrund der §§ der Gemeindeordnung für ... und der §§ ... des Wassergesetzes für ... hat der Gemeinderat/Stadtrat der Gemeinde/Stadt am ... folgende Satzung beschlossen:

§ 1 Abwasserbeseitigungseinrichtung

(1) Der Gemeinde/Stadt obliegt die Abwasserbeseitigung der Grundstücke ihres Gebietes. Die Abwasserbeseitigung wird über eine öffentliche Abwasserbeseitigungseinrichtung durch die Stadtwerke .../Stadtwerke GmbH ... /die Abwasserentsorgungsgesellschaft ... durchgeführt.

(2) Die Abwasserbeseitigungseinrichtung umfaßt die leitungsgebundene Entwässerung. Art und Umfang der Abwasserbeseitigungseinrichtung bestimmt die Gemeinde/Stadt. Grundstückskläranlagen sind nicht Bestandteil der Abwasserbeseitigungseinrichtung.

§ 2 Begriffsbestimmungen

(1) Grundstück ist unabhängig von der Eintragung im Liegenschaftskataster oder im Grundbuch und ohne Rücksicht auf die Grundstücksbezeichnung jedes zusammenhängende Grundeigentum, das eine selbständige wirtschaftliche Einheit bildet. Die für Grundstückseigentümer erlassenen Vorschriften gelten auch für Erbbauberechtigte oder ähnlich zur Nutzung eines Grundstücks dinglich Berechtigte. Von mehreren Berechtigten ist jeder berechtigt und verpflichtet; sie haften als Gesamtschuldner.

(2) Abwasser ist Wasser, das durch häuslichen, gewerblichen, landwirtschaftlichen oder sonstigen Gebrauch verunreinigt oder sonst in seinen Eigenschaften verändert ist oder das von Niederschlägen aus dem Bereich von bebauten oder befestigten Flächen abfließt. Ausgenommen hiervon ist das in landwirtschaftlichen Betrieben anfallende Abwasser, das dazu bestimmt ist, auf landwirtschaftlich, forstwirtschaftlich oder gärtnerisch genutzte Böden aufgebracht zu werden.

(3) Die Abwasserbeseitigungseinrichtung umfaßt die Mischwasserkanäle, Schmutzwasserkanäle oder Regenwasserkanäle einschließlich der Sonderbauwerke wie z.B. Regenrückhaltebecken, Pumpwerke, Regenüberläufe sowie die Anlage zur Reinigung des in den Kanälen gesammelten Abwassers einschließlich der Ableitung zum Gewässer (Sammelkläranlage).

(4) Grundstückskläranlagen sind Anlagen eines Grundstücks zur Behandlung von Abwasser. Abflußlose Gruben zur Sammlung des Abwassers und Sickeranlagen sind den Grundstückskläranlagen gleichgestellt

§ 3 Anschluß- und Benutzungsrecht

(1) Jeder Grundstückseigentümer ist berechtigt, den Anschluß seines Grundstücks an die Abwasserbeseitigungseinrichtung zu verlangen und nach Maßgabe der Abwasserentsorgungsbedingungen im Sinne von § 8 der Satzung Abwasser in die Abwasserbeseitigungseinrichtung einzuleiten.

(2) Das Anschluß- und Benutzungsrecht erstreckt sich nur auf solche Grundstücke, die durch die Abwasserbeseitigungseinrichtung erschlossen sind. Die Grundstückseigentümer können nicht verlangen, daß neue Bestandteile der Abwasserbeseitigungseinrichtung hergestellt oder die bestehende Abwasserbeseitigungseinrichtung geändert wird.

(3) Ein Anschluß- und Benutzungsrecht besteht nicht,

1 wenn das Abwasser wegen seiner Art oder Menge nicht ohne weiteres von der Abwasserbeseitigungseinrichtung übernommen werden kann und besser von demjenigen behandelt wird, bei dem es anfällt und soweit die gesonderte Behandlung des Abwassers wegen der Siedlungsstruktur das Wohl der Allgemeinheit nicht beeinträchtigt;

2. wenn die Abwasserbeseitigung wegen der Lage des Grundstücks oder aus sonstigen technischen oder betrieblichen Gründen der Gemeinde/Stadt erhebliche Schwierigkeiten bereitet oder besondere Maßnahmen erfordert, es sei denn, der Grundstückseigentümer übernimmt die Mehrkosten, die mit dem Anschluß an die Abwasserbeseitigungseinrichtung und dem Betrieb zusammenhängen, und leistet auf Verlangen Sicherheit;

(4) Unbeschadet von Abs. 3 besteht ein Benutzungsrecht nicht, soweit eine Versickerung oder anderweitige Beseitigung von Niederschlagswasser ordnungsgemäß möglich ist. Die Gemeinde/Stadt kann die Benutzung im Einzelfall gestatten.

§ 4 Anschluß- und Benutzungszwang

(1) Die nach § 3 zum Anschluß Berechtigten sind verpflichtet, Grundstücke, auf denen Abwasser anfällt, an die Abwasserbeseitigungseinrichtung anzuschließen (Anschlußzwang). Ein Anschlußzwang besteht nicht, wenn der Anschluß rechtlich oder tatsächlich unmöglich ist.

(2) Von Grundstücken, die an die Abwasserbeseitigungseinrichtung angeschlossen sind, ist im Umfang des Benutzungsrechts alles Abwasser in die Abwasserbeseitigungseinrichtung einzuleiten (Benutzungszwang). Die Gemeinde/Stadt kann den Benutzungszwang auch auf die Ableitung von Niederschlagswasser erstrecken, wenn dies aus betriebstechnischen Gründen erforderlich ist. Verpflichtet sind die Grundstückseigentümer. Sie haben auf Verlangen der Gemeinde/Stadt die dafür erforderliche Überwachung zu dulden.

§ 5 Befreiung vom Anschluß- oder Benutzungszwang

Von der Verpflichtung zum Anschluß oder zur Benutzung wird auf Antrag ganz oder zum Teil befreit, wenn der Anschluß oder die Benutzung aus besonderen Gründen auch unter Berücksichtigung der Erfordernisse des Gemeinwohls nicht zumutbar ist. Der Antrag auf Befreiung ist unter Angabe der Gründe schriftlich bei der Gemeinde/Stadt einzureichen. Die Befreiung kann befristet, unter Bedingungen, Auflagen und Widerrufsvorbehalt erteilt werden.

§ 6 Stillegung von Entwässerungsanlagen auf dem Grundstück

Abflußlose Gruben und Sickeranlagen sind außer Betrieb zu setzen, sobald ein Grundstück an die Abwasserbeseitigungseinrichtung angeschlossen ist; das gleiche gilt für Grundstückskläranlagen, sobald die Abwässer der Abwasserbeseitigungseinrichtung zugeführt werden.

§ 7 Ordnungswidrigkeiten, Zwangsmittel

(1) Ordnungswidrig im Sinne von § ... der Gemeindeordnung für ... handelt, wer vorsätzlich oder fahrlässig gegen

1. § 4 Abs. 1 Satz 1
2. § 4 Abs. 2
3. § 6

dieser Satzung verstößt. Die Ordnungswidrigkeit kann mit einer Geldbuße bis zu der in § ... der Gemeindeordnung für ... festgelegten Höhe geahndet werden.

(2) Die Gemeinde/Stadt kann zur Erfüllung der nach dieser Satzung bestehenden Verpflichtungen Anordnungen für den Einzelfall erlassen.

(3) Für die Erzwingung der in dieser Satzung vorgeschriebenen Handlungen, eines Duldens oder Unterlassens gelten die Vorschriften des Verwaltungszustellungs- und Vollstreckungsgesetzes für ... entsprechend.

§ 8 Abwasserentsorgungsbedingungen

Der Anschluß an die Abwasserbeseitigungseinrichtung und die Entsorgung des Abwassers bestimmen sich im übrigen nach den „Abwasserentsorgungsbedingungen (AEB), den Ergänzenden Bestimmungen zu den AEB sowie den Preisen für die Abwasserbeseitigung der Stadtwerke ... /Stadtwerke GmbH ... /der Abwasserentsorgungsgesellschaft ...“ in der jeweils gültigen Fassung.

§ 9 Inkrafttreten

(1) Diese Satzung tritt am ... in Kraft.

(2) Gleichzeitig tritt die Satzung vom ... außer Kraft.

3. Allgemeine Entsorgungsbedingungen (AEB)

Arbeitsmuster
für privatrechtliche Abwasserentsorgungsbedingungen (AEB)

§ 1 Vertragsverhältnis

Das Abwasserentsorgungsunternehmen (AEU) führt die Abwasserbeseitigung auf der Grundlage eines privatrechtlichen Abwasserbeseitigungsvertrags durch. Für dieses Vertragsverhältnis gelten die nachfolgenden Bedingungen.

§ 2 Vertragspartner, Kunde

(1) Das AEU schließt den Abwasserbeseitigungsvertrag mit dem Grundstückseigentümer, Erbbauberechtigten oder ähnlich zur Nutzung eines Grundstücks dinglich Berechtigten ab.

(2) Tritt an die Stelle eines Grundstückseigentümers eine Gemeinschaft von Wohnungseigentümern im Sinne des Wohnungseigentumsgesetzes, so wird der Abwasserbeseitigungsvertrag mit der Gemeinschaft der Wohnungseigentümer abgeschlossen. Jeder Wohnungseigentümer haftet als Gesamtschuldner. Die Wohnungseigentümergemeinschaft verpflichtet sich, den Verwalter oder eine andere Person zu bevollmächtigen, alle Rechtsgeschäfte, die sich aus dem Abwasserbeseitigungsvertrag ergeben, mit Wirkung für und gegen alle Wohnungseigentümer mit dem AEU abzuschließen und personelle Änderungen, die die Haftung der Wohnungseigentümer berühren, dem AEU unverzüglich mitzuteilen. Wird ein Vertreter nicht benannt, so sind die an einen Wohnungseigentümer abgegebenen Erklärungen des AEU auch für die übrigen Eigentümer rechtswirksam.

(3) Abs. 2 gilt entsprechend, wenn das Eigentum an dem Grundstück mehreren Personen gemeinschaftlich zusteht (Gesamthandeigentum und Miteigentum nach Bruchteilen).

(4) Wohnt der Kunde nicht im Inland, so hat er dem AEU einen Zustellungsbevollmächtigten zu benennen.

(5) In den Fällen der Abs. 2 und 4 ist der Kunde verpflichtet, einen Wechsel des Bevollmächtigten dem AEU unverzüglich anzuzeigen.

(6) Tritt anstelle des AEU ein anderes Unternehmen in die sich aus dem Abwasserbeseitigungsvertrag ergebenden Rechte und Pflichten ein, so bedarf es hierfür nicht der Zustimmung des Kunden. Der Unternehmenswechsel ist öffentlich bekanntzugeben.

(7) Bei einer Veräußerung des Grundstücks ist der Kunde berechtigt, den Vertrag mit zweiwöchiger Frist auf das Ende eines Kalendermonats zu kündigen. Die Kündigung bedarf der Schriftform.

§ 3 Vertragsschluß

(1) Der Abwasserbeseitigungsvertrag soll schriftlich abgeschlossen werden. Kommt der Abwasserbeseitigungsvertrag durch die Inanspruchnahme der öffentlichen Abwasserbeseitigungseinrichtung zustande, so ist der Kunde verpflichtet, dies dem AEU unverzüglich mitzuteilen. Die Abwasserbeseitigung erfolgt zu den für gleichartige Vertragsverhältnisse geltenden Preisen des AEU.

(2) Das AEU ist verpflichtet, jedem Neukunden bei Vertragsschluß sowie den übrigen Kunden auf Verlangen die dem Abwasserbeseitigungsvertrag zugrundeliegenden Abwasserentsorgungsbedingungen einschließlich der dazugehörenden Preisregelungen und Preislisten unentgeltlich auszuhändigen.

(3) Änderungen der Abwasserentsorgungsbedingungen werden erst nach öffentlicher Bekanntgabe wirksam. Dies gilt auch für die dazugehörenden Preise, sofern sie nicht dem Kunden im Einzelfall mitgeteilt werden.

§ 4 Abwassereinleitungen

(1)In die öffentliche Abwasserbeseitigungseinrichtung dürfen Stoffe nicht eingeleitet werden,

- die die dort beschäftigten Personen gefährden oder deren Gesundheit beeinträchtigen,
- die öffentliche Abwasserbeseitigungseinrichtung oder die angeschlossenen Grundstükke gefährden oder beschädigen,
- den Betrieb der Abwasserbeseitigungseinrichtung erschweren, behindern oder beeinträchtigen oder
- die sich sonst schädlich auf die Umwelt, insbesondere die Gewässer, auswirken.

(2) Dieses Verbot gilt insbesondere für

1. feuergefährliche oder explosive Stoffe wie Benzin, Benzol, Öl

2. infektiöse Stoffe, Medikamente

3. radioaktive Stoffe

4. Farbstoffe, soweit sie zu einer deutlichen Verfärbung des Abwassers in der Kläranlage oder des Gewässers führen, Lösemittel

5. Abwasser oder andere Stoffe, die schädliche Ausdünstungen, Gase oder Dämpfe verbreiten können

6. feste Stoffe, auch in zerkleinerter Form wie Schutt, Asche, Sand, Kies, Faserstoffe, Zement, Kunstharze, Teer, Pappe, Dung, Küchenabfälle, Schlachtabfälle, Treber, Hefe sowie flüssige Stoffe, die erhärten

7. Räumgut aus Leichtstoff- und Fettabscheidern, Jauche, Gülle, Abwasser aus Dunggruben und Tierhaltungen, Silagegärsaft, Blut aus Schlächtereien, Molke

8. Absetzgut, Schlämme oder Suspensionen aus Vorbehandlungsanlagen, Räumgut aus Grundstückskläranlagen und Abortgruben

9. Stoffe oder Stoffgruppen, die wegen der Besorgung einer Giftigkeit, Langlebigkeit, Anreicherungsfähigkeit oder einer krebserzeugenden, fruchtschädigenden oder erbgutverändernden Wirkung als gefährlich zu bewerten sind wie Schwermetalle, Cyanide, halogenierte Kohlenwasserstoffe, Polycyclische Aromate, Phenole.

10. Abwasser aus Industrie- und Gewerbebetrieben,

- von dem zu erwarten ist, das es auch nach der Behandlung in der Kläranlage nicht den Mindestanforderungen nach § 7a des Wasserhaushaltsgesetzes entsprechen wird,
- das wärmer als + 35 Grad Celsius ist,
- das einen pH-Wert von unter 6,5 oder über 9,5 aufweist,
- das aufschwimmende Öle und Fette enthält,
- das als Kühlwasser benutzt worden ist.

11. Grund - und Quellwasser

(3) Ausgenommen von Abs. 1 und 2 sind

a) unvermeidbare Spuren solcher Stoffe im Abwasser in der Art und in der Menge, wie sie auch im Abwasser aus Haushaltungen üblicherweise anzutreffen sind;

b) Stoffe, die nicht vermieden oder in einer Vorbehandlungsanlage zurückgehalten werden können und deren Einleitung das AEU im Einzelfall gegenüber dem Kunden zugelassen hat.

(4) Darüber hinaus kann das AEU im Einzelfall die Einleitung von Abwasser besonderer Art und Menge ausschließen oder von besonderen Voraussetzungen abhängig machen, soweit dies zum Schutz des Betriebspersonals, der Abwasserbeseitigungseinrichtung oder zur Erfüllung der für den Betrieb der Abwasserbeseitigungseinrichtung geltenden Vorschriften, insbesondere der Bedingungen und Auflagen eines wasserrechtlichen Bescheides, erforderlich ist.

(5) Das AEU kann die Einleitungsbedingungen nach Abs. 3 b) und 4 neu festlegen, wenn die Einleitung von Abwasser in die Abwasserbeseitigungseinrichtung nicht nur vorübergehend nach Art oder Menge wesentlich geändert wird oder wenn sich die für den Betrieb der Abwasserbeseitigungseinrichtung geltenden Gesetze oder Bescheide ändern. Das AEU kann Fristen festlegen, innerhalb derer die zur Erfüllung der geänderten Anforderungen notwendigen Maßnahmen durchgeführt werden müssen.

(6) Das AEU kann die Einleitung von Stoffen im Sinne der Abs. 1 und 2 zulassen, wenn der Kunde Maßnahmen trifft, die ein Einleitungsverbot nicht mehr rechtfertigen. In diesem Fall hat der Kunde dem AEU eine Beschreibung der Maßnahmen vorzulegen.

(7) Wenn Stoffe im Sinne der Abs. 1 und 2 in die Abwasserbeseitigungseinrichtung gelangen, hat der Kunde das AEU sofort zu verständigen.

§ 5 Untersuchung des Abwassers

(1) Das AEU kann vom Kunden Auskunft über die Art und Menge des eingeleiteten oder einzuleitenden Abwassers verlangen. Bevor erstmalig Abwasser eingeleitet wird oder wenn Art oder Menge des eingeleiteten Abwassers geändert werden, ist dem AEU auf Verlangen nachzuweisen, daß das Abwasser keine Stoffe enthält, die unter das Verbot des § 4 Abs. 1 und 2 fallen.

(2) Das AEU hat jederzeit das Recht, Abwasseruntersuchungen vorzunehmen. Wird durch das Untersuchungsergebnis die nicht erlaubte Einleitung von Abwasser festgestellt, hat der Kunde die Kosten der Untersuchung zu tragen.

§ 6 Umfang der Abwasserbeseitigung, Benachrichtung bei Unterbrechungen

(1) Unter den Voraussetzungen des § 4 ist der Kunde berechtigt, jederzeit Abwasser in die Abwasserbeseitigungseinrichtung einzuleiten. Dies gilt nicht, soweit und solange das AEU an der Abwasserbeseitigung durch höhere Gewalt oder sonstige Umstände, deren Beseitigung ihm nicht zugemutet werden kann, gehindert ist.

(2) Die Abwasserbeseitigung kann unterbrochen werden, soweit dies zur Vornahme betriebsnotwendiger Arbeiten erforderlich ist. Das AEU hat jede Unterbrechung oder Unregelmäßigkeit unverzüglich zu beheben.

(3) Das AEU hat dem Kunden bei einer nicht nur für kurze Dauer beabsichtigten Unterbrechung der Abwasserbeseitigung rechtzeitig in geeigneter Weise zu unterrichten. Die Pflicht zur Benachrichtigung entfällt, wenn die Unterrichtung

1. nach den Umständen nicht rechtzeitig möglich ist und das AEU dies nicht zu vertreten hat oder
2. die Beseitigung von bereits eingetretenen Unterbrechungen verzögern würde.

§ 7 Haftung

Für Schäden, die ein Kunde durch Unterbrechung oder durch Unregelmäßigkeiten in der Abwasserbeseitigung erleidet, haftet das AEU aus Vertrag oder unerlaubter Handlung im Falle

1. der Tötung oder Verletzung des Körpers oder der Gesundheit des Kunden, es sei denn, daß der Schaden vom AEU oder einem Erfüllungs- oder Verrichtungsgehilfen weder vorsätzlich noch fahrlässig verursacht worden ist,

2. der Beschädigung einer Sache, es sei denn, daß der Schaden weder durch Vorsatz noch durch grobe Fahrlässigkeit des AEU oder eines Erfüllungs- oder Verrichtungsgehilfen verursacht worden ist,

3. eines Vermögenschadens, es sei denn, daß dieser weder durch Vorsatz noch durch grobe Fahrlässigkeit des Inhabers des AEU oder eines vertretungsberechtigten Organs oder Gesellschafters verursacht worden ist.

(2) Abs. 1 ist auch auf Ansprüche eines Kunden anzuwenden, die dieser gegen ein drittes Abwasserentsorgungsunternehmen aus unerlaubter Handlung geltend macht. Das AEU ist verpflichtet, seinem Kunden auf Verlangen über die mit der Schadensverursachung durch ein drittes Unternehmen zusammenhängenden Tatsachen insoweit Auskunft zu geben, als sie ihm bekannt sind und von ihm in zumutbarer Weise aufgeklärt werden können und ihre Kenntnis zur Geltendmachung des Schadenersatzes erforderlich ist.

(3) Der Kunde hat den Schaden unverzüglich dem AEU oder, wenn dieses feststeht, dem ersatzpflichtigen Unternehmen mitzuteilen.

§ 8 Grundstücksbenutzung

(1) Der Kunde hat für Zwecke der örtlichen Abwasserbeseitigung das Anbringen und Verlegen von Anlagen zur Abwasserbeseitigung einschließlich Zubehör sowie sonstige Schutzmaßnahmen unentgeltlich zuzulassen. Diese Pflicht betrifft nur Grundstücke, die an die Abwasserbeseitigungseinrichtung angeschlossen oder anzuschließen sind, die vom Kunden in wirtschaftlichem Zusammenhang mit einem angeschlossenen oder zum Anschluß vorgesehenen Grundstück genutzt werden oder für die die Möglichkeit der Abwasserbeseitigung sonst wirtschaftlich vorteilhaft ist. Die Verpflichtung entfällt, soweit die Inanspruchnahme des Grundstücks den Kunden mehr als notwendig oder in unzumutbarer Weise belasten würde.

(2) Der Kunde ist rechtzeitig über Art und Umfang der beabsichtigten Inanspruchnahme seines Grundstücks zu benachrichtigen.

(3) Der Kunde kann die Verlegung der Anlagen verlangen, wenn sie an der bisherigen Stelle für ihn nicht mehr zumutbar sind. Die Kosten der Verlegung hat das AEU zu tragen; dies gilt nicht, soweit die Anlagen ausschließlich der Abwasserbeseitigung des Grundstücks dienen.

(4) Wird die Abwasserbeseitigung eingestellt, so hat der Kunde die Entfernung der Anlagen zu gestatten oder sie auf Verlangen des AEU noch fünf Jahre unentgeltlich zu dulden, es sei denn, daß ihm dies nicht zugemutet werden kann.

(5) Kunden, die nicht Grundstückseigentümer sind, haben auf Verlangen des AEU die schriftliche Zustimmung des Grundstückseigentümers zur Benutzung des zu entsorgenden Grundstücks im Sinne der Abs. 1 und 4 beizubringen.

§ 9 Baukostenzuschuß

(1) Das AEU ist berechtigt, vom Kunden einen Baukostenzuschuß zur Abdeckung der bei wirtschaftlicher Betriebsführung entstehenden Kosten für die Herstellung, den Ausbau, die Verstärkung und die Erneuerung der Abwasserbeseitigungseinrichtung zu verlangen. Dabei kann der durchschnittliche Aufwand für die gesamte Abwasserbeseitigungseinrichtung zugrunde gelegt werden.

(2) Der Baukostenzuschuß und die in § 10 Abs. 4 geregelten Grundstücksanschlußkosten sind getrennt zu errechnen und dem Kunden aufgegliedert auszuweisen.

§ 10 Grundstücksanschluß

(1) Der Grundstücksanschluß besteht aus der Verbindung der Abwasserbeseitigungseinrichtung mit der Grundstücksentwässerungsanlage. Er beginnt mit der Abzweigstelle der Abwasserbeseitigungseinrichtung und endet an dem Kontrollschacht.

(2) Art, Zahl und Lage der Grundstücksanschlüsse sowie deren Änderung werden nach Anhörung des Kunden und unter Wahrung seiner berechtigten Interessen vom AEU bestimmt.

(3) Grundstücksanschlüsse gehören zu den Betriebsanlagen des AEU und stehen in dessen Eigentum. Sie werden ausschließlich von diesem hergestellt, unterhalten, erneuert, geändert, abgetrennt und beseitigt, müssen zugänglich und vor Beschädigungen geschätzt sein. Soweit das AEU die Herstellung des Grundstücksanschlusses oder Veränderungen des Grundstücksanschlusses nicht selbst, sondern durch Nachunternehmer durchführen läßt, sind Wünsche des Kunden bei der Auswahl der Nachunternehmer zu berücksichtigen. Der Kunde hat die baulichen Voraussetzungen für die sichere Errichtung des Grundstücksanschlusses zu schaffen. Er darf keine Einwirkungen auf den Grundstücksanschluß vornehmen oder vornehmen lassen.

(4) Das AEU ist berechtigt, vom Kunden die Erstattung der bei wirtschaftlicher Betriebsführung entstehenden Kosten für die Herstellung, Unterhaltung, Erneuerung, Veränderung und Beseitigung des Grundstücksanschlusses zu verlangen. Die Kosten können pauschal berechnet werden. Vor Beginn der Arbeiten hat der Kunde einen angemessenen, unverzinslichen Kostenvorschuß auf die voraussichtlich entstehenden Kosten zu zahlen.

(5) Kommen innerhalb von fünf Jahren nach Herstellung des Grundstücksanschlusses weitere Anschlüsse hinzu und wird der Grundstücksanschluß dadurch teilweise zum Bestandteil der Abwasserbeseitigungseinrichtung, so hat das AEU die Kosten neu aufzuteilen und dem Kunden den etwa zuviel gezahlten Betrag zu erstatten.

(6) Soweit bei Vertragsschluß hinsichtlich des Grundstücksanschlusses eine von Abs. 3 abweichende Eigentumsregelung besteht, wird diese durch den Vertrag nicht berührt. Im Einvernehmen mit dem AEU kann der Kunde das Eigentum am Grundstücksanschluß auf das AEU übertragen.

(7) Jede Beschädigung des Grundstücksanschlusses, insbesondere das Undichtwerden der Leitung sowie sonstige Störungen sind dem AEU sofort mitzuteilen.

(8) Kunden, die nicht Grundstückseigentümer sind, haben auf Verlangen des AEU die schriftliche Zustimmung des Grundstückseigentümers zur Herstellung des Grundstücksanschlusses unter Anerkennung der damit verbundenen Verpflichtungen beizubringen.

§ 11 Grundstücksentwässerungsanlage

(1) Die Grundstücksentwässerungsanlage besteht aus den Einrichtungen des Kunden, die der Ableitung des Abwassers dienen. Sie beginnt mit dem Kontrollschacht und umfaßt alle Leitungen und Anlagen des Kunden.

(2) Besteht zur Abwasserbeseitigungseinrichtung kein natürliches Gefälle, so kann das AEU vom Kunden den Einbau und Betrieb einer Hebeanlage zur Entwässerung des Grund-

stücks verlangen, wenn ohne diese Anlage eine ordnungsgemäße Beseitigung der Abwässer bei einer den Regeln der Technik entsprechenden Planung und Ausführung der Abwasserbeseitigungseinrichtung nicht möglich ist. Die Hebeanlage ist Bestandteil der Grundstücksentwässerungsanlage.

(3) Sofern mit dem Abwasser Leichtflüssigkeiten, wie z.B. Benzin, Benzol, Öle oder Fette mit abgeschwemmt werden können, sind in die Grundstücksentwässerungsanlage Abscheider einzuschalten und zu benutzten. Die Abscheider müssen in regelmäßigen Zeitabständen und bei Bedarf entleert werden. Das AEU kann den Nachweis der ordnungsgemäßen Entleerung verlangen.

(4) Die Grundstücksentwässerungsanlage ist vom Kunden gegen einen Rückstau des Abwassers aus der Abwasserbeseitigungseinrichtung zu sichern.

(5) Für die ordnungsgemäße Herstellung, Erweiterung, Änderung und Unterhaltung sowie den sicheren Betrieb der Grundstücksentwässerungsanlage ist der Kunde verantwortlich. Hat er die Anlage oder Anlagenteile einem Dritten vermietet oder sonst zur Benutzung überlassen, so ist er neben diesem verantwortlich.

(6) Die Grundstücksentwässerungsanlage ist so zu betreiben, daß Störungen anderer Kunden, störende Rückwirkungen auf Einrichtungen des AEU oder Dritter oder Rückwirkungen auf die Wasserversorgung ausgeschlossen sind. Schäden an der Grundstücksentwässerungsanlage sind vom Kunden sofort zu beseitigen.

(7) Die Grundstücksentwässerungsanlage darf nur unter Beachtung gesetzlicher oder behördlicher Bestimmungen, den anerkannten Regeln der Technik sowie den Vertragsbedingungen hergestellt, erweitert, geändert, unterhalten und betrieben werden. Die Herstellung der Grundstücksentwässerungsanlage sowie deren Erweiterung oder wesentliche Änderung dürfen nur durch fachlich geeignete Unternehmer ausgeführt werden. Das AEU ist berechtigt, die Ausführung der Arbeiten zu überwachen.

(8) Mit der Erweiterung oder wesentlichen Änderung der Grundstücksentwässerungsanlage darf erst nach schriftlicher Zustimmung des AEU begonnen werden. Eine Genehmigungspflicht nach sonstigen, insbesondere nach wasserrechtlichen Bestimmungen, bleibt durch die Zustimmung des AEU unberührt.

(9) In die Grundstücksentwässerungsanlage dürfen nur Materialien und Geräte eingebaut werden, die den anerkannten Regeln der Technik entsprechen.

(10) Steht der Grundstücksanschluß abweichend von § 10 Abs. 3 im Eigentum des Kunden, so ist er Bestandteil der Grundstücksentwässerungsanlage.

§ 12 Anschließung der Grundstücksentwässerungsanlage

(1) Nach Herstellung der Grundstücksentwässerungsanlage schließen das AEU oder dessen Beauftragte die Grundstücksentwässerungsanlage an die Abwasserbeseitigungseinrichtung an. Die Anschließung ist vom Kunden beim AEU zu beantragen.

(2) Das AEU kann für jede Anschließung vom Kunden Kostenerstattung verlangen; die Kosten können pauschal berechnet werden.

§ 13 Überprüfung der Grundstücksentwässerungsanlage

(1) Das AEU ist berechtigt, die Grundstücksentwässerungsanlage vor und nach ihrer Anschließung zu überprüfen. Es hat den Kunden auf erkannte Sicherheitsmängel aufmerksam zu machen. Festgestellte Mängel sind innerhalb einer angemessenen Frist vom Kunden zu beseitigen. Die Beseitigung der Mängel ist dem AEU anzuzeigen.

(2) Werden Mängel festgestellt, welche die Sicherheit gefährden oder erhebliche Störungen erwarten lassen, so ist das AEU berechtigt, bis zur angezeigten Beseitigung des Mangels die Abwasserbeseitigung zu verweigern oder andere geeignete Maßnahmen zur Mängelbeseitigung auf Kosten des Kunden zu ergreifen; bei Gefahr für Leib oder Leben ist es hierzu verpflichtet.

(3) Durch Vornahme oder Unterlassung der Überprüfung der Grundstücksentwässerungsanlage sowie durch deren Anschließung an die Abwasserbeseitigungseinrichtung übernimmt das AEU keine Haftung für die Mängelfreiheit der Anlage.

§ 14 Zutrittsrecht

(1) Der Kunde hat den mit einem Ausweis versehenen Beauftragten des AEU den Zutritt zu seinem Grundstück und zu seinen Räumen zu gestatten, soweit dies zur Prüfung der technischen Einrichtungen und zur Wahrnehmung sonstiger Rechte und Pflichten nach diesen Vertragsbedingungen erforderlich ist.

(2) Wenn es aus den in Abs. 1 genannten Gründen erforderlich ist, auch die Räume eines Dritten zu betreten, ist der Kunde verpflichtet, dem AEU hierzu die Möglichkeit zu verschaffen.

§ 15 Technische Anschlußbedingungen

(1) Das AEU ist berechtigt, weitere technische Anforderungen an den Grundstücksanschluß und andere Anlagenteile sowie an den Betrieb der Grundstücksentwässerungsanlage festzulegen, soweit dies aus Gründen der sicheren und störungsfreien Entsorgung, insbesondere im Hinblick auf die Erfordernisse der Abwasserbeseitigungseinrichtung notwendig ist. Diese Anforderungen dürfen den anerkannten Regeln der Technik nicht widersprechen.

(2) Der Anschluß bestimmter Abwasseraufnahmeeinrichtungen innerhalb der Grundstücksentwässerungsanlage durch den Kunden kann von der vorherigen Zustimmung des AEU abhängig gemacht werden. Die Zustimmung darf nur verweigert werden, wenn der Anschluß eine sichere und störungsfreie Entsorgung gefährden würde.

§ 16 Abrechnung der Abwasserbeseitigung

(1) Für die Einleitung von Abwasser in die öffentliche Abwasserbeseitigungseinrichtung ist vom Kunden ein Entgelt zu zahlen. Außerdem ist ein Grundpreis zu entrichten. Die Höhe der Entgelte ergibt sich aus den jeweils gültigen Preislisten des AEU. Die Entgelte werden nach Wahl des AEU monatlich oder in anderen Zeitabschnitten, die jedoch zwölf Monate nicht wesentlich überschreiten dürfen, abgerechnet.

(2) Ändern sich innerhalb eines Abrechnungszeitraumes die Preise, so wird die für die neuen Preise maßgebliche Abwassermenge zeitanteilig berechnet. Entsprechendes gilt bei Änderung des Umsatzsteuersatzes.

(3) Ergibt eine Prüfung der Meßeinrichtungen (vgl. §§ 17 Abs. 1 Nr. 1, Abs. 2, 18 Abs. 2) eine Überschreitung der Verkehrsfehlergrenzen oder werden andere Fehler in der Ermittlung des Rechnungsbetrages festgestellt, so ist das zuviel oder zuwenig berechnete Entgelt zu erstatten oder nachzuentrichten. Der Berichtigungsanspruch ist auf längstens zwei Abrechnungsjahre beschränkt.

§ 17 Festsetzung der Abwassermenge

(1) Das Entgelt für die Einleitung von Abwasser wird nach der Abwassermenge berechnet, die auf dem Grundstück des Kunden anfällt. Als angefallen gelten

1. die aus der öffentlichen Wasserversorgungseinrichtung entnommenen und durch Meßeinrichtungen gemessenen Frischwassermengen,

2.die aus Brunnen, Regenwassernutzungsanlagen und anderen Eigengewinnungsanlagen des Kunden entnommenen Wassermengen,abzüglich der Wassermengen, die vom Kunden nachweislich im Sinne von § 18 nicht in die öffentliche Abwasserbeseitigungseinrichtung eingeleitet worden sind.

(2) Auf Verlangen des AEU hat der Kunde zur Festsetzung der Abwassermengen im Sinne von Abs. 1 Nr. 2 Meßeinrichtungen, die den eichrechtlichen Vorschriften entsprechen müssen, auf eigene Kosten anzubringen und zu unterhalten sowie den Zählerstand mitzuteilen. Das AEU kann jederzeit die Nachprüfung der Meßeinrichtung durch eine Eichbehörde oder eine staatlich anerkannte Prüfstelle im des § 6 Abs. 2 des Eichgesetzes verlangen. Die Kosten der Prüfung fallen dem Kunden zur Last, falls die Abweichung die gesetzlichen Verkehrsfehlergrenzen überschreiten, sonst dem AEU. Verlangt das AEU keine Meßeinrichtung, hat der Kunde den Nachweis der eingeleiteten Abwassermengen durch nachprüfbare Angaben zu erbringen. Kommt der Kunde dieser Verpflichtung nicht nach oder zeigt die Meßeinrichtung des Kunden fehlerhaft an, ist das AEU berechtigt, die eingeleitete Abwassermenge zu schätzen. Die tatsächlichen Verhältnisse sind angemessen zu berücksichtigen.

(3) Den nach Abs. 1 angesetzten Wassermengen sind für jeden Quadratmeter befestigte Grundstücksfläche jährlich ... Kubikmeter Abwasser hinzuzurechnen. Befestigte Grundstücksfläche ist der Teil des Grundstücks, auf dem infolge künstlicher Einwirkung Regenwasser nicht oder nur in unbedeutendem Umfang einsickern kann. Als befestigte Grundstücksfläche gilt mindestens ... Viertel der Gesamtfläche des Grundstücks.

(4) Bei Grundstücken, von denen nur Niederschlagswasser in die Abwasserbeseitigungseinrichtung eingeleitet wird, gilt für jeden Quadratmeter befestigte Grundstücksfläche jährlich ... Kubikmeter Abwasser als der Abwasserbeseitigungseinrichtung zugeführt.

§ 18 Absetzungen

(1) Wassermengen, die nachweislich nicht in die öffentliche Abwasserbeseitigungseinrichtung eingeleitet wurden, werden auf Antrag des Kunden bei der Berechnung des Entgelts für die Einleitung von Abwasser abgesetzt. Der Antrag muß bis zum Ende des Kalen-

derjahres bzw. Abrechnungszeitraumes vom Kunden gestellt sein. Die erforderlichen Unterlagen sind vom Kunden beizufügen. Von der Absetzung ausgenommen ist eine Wassermenge von ... Kubikmeter/Jahr.

(2) Für landwirtschaftliche Betriebe soll der Nachweis der absetzbaren Menge über eine besondere Meßeinrichtung erbracht werden. Dabei ist zu gewährleisten, daß über diese Meßeinrichtung nur solche Frischwassermengen entnommen werden können, die in der Landwirtschaft verwendet werden und deren Einleitung als Abwasser nach § 4, insbesondere Abs. 2 Nr. 8 ausgeschlossen ist.

(3) Wird bei landwirtschaftlichen Betrieben die abzusetzende Wassermenge nicht durch Meßeinrichtungen nach Abs. 2 festgestellt, werden die nicht eingeleiteten Wassermengen pauschal ermittelt. Der Umrechnungsschlüssel für Tierbestände in Vieheinheiten zu § 51 des Bewertungsgesetzes ist entsprechend anzuwenden. Für den Viehbestand ist der Stichtag maßgebend, nachdem sich die Erhebung der Tierseuchenbeiträge für das laufende Jahr richtet.

§ 19 Abschlagszahlungen

(1) Wird die Abwassermenge für mehrere Monate abgerechnet, so kann das AEU für die nach der letzten Abrechnung ermittelte Abwassermenge Abschlagszahlungen verlangen. Diese sind anteilig für den Zeitraum der Abschlagszahlung entsprechend der Abwassermenge im zuletzt abgerechneten Zeitraum zu berechnen. Ist eine solche Berechnung nicht möglich, so bemißt sich die Abschlagszahlung nach der durchschnittlichen Abwassermenge vergleichbarer Kunden. Macht der Kunde glaubhaft, daß seine Abwassermenge erheblich geringer ist, so ist dies angemessen zu berücksichtigen.

(2) Ändern sich die Preise, so können die nach der Preisänderung anfallenden Abschlagszahlungen mit dem vom Hundertsatz der Preisänderung entsprechend angepaßt werden.

(3) Ergibt sich bei der Abrechnung, daß zu hohe Abschlagszahlungen verlangt wurden, so ist der übersteigende Betrag unverzüglich zu erstatten, spätestens aber mit der nächsten Abschlagsforderung zu verrechnen. Nach Beendigung des Vertragsverhältnisses sind zuviel gezahlte Abschläge unverzüglich zu erstatten.

§ 20 Zahlung, Verzug

(1) Rechnungen und Abschläge werden zu dem vom AEU angegebenen Zeitpunkt, frühestens jedoch zwei Wochen nach Zugang der Zahlungsaufforderung fällig.

(2) Bei Zahlungsverzug des Kunden kann das AEU, wenn es erneut zur Zahlung auffordert oder den Betrag durch einen Beauftragten einziehen läßt, die dadurch entstandenen Kosten auch pauschal berechnen.

§ 21 Vorauszahlungen

(1) Das AEU ist berechtigt, für die Abwassermenge eines Abrechnungszeitraumes Vorauszahlung zu verlangen, wenn nach den Umständen des Einzelfalles zu besorgen ist, daß der Kunde seinen Zahlungsverpflichtungen nicht oder nicht rechtzeitig nachkommt.

(2) Die Vorauszahlung bemißt sich nach der Abwassermenge des vorhergehenden Abrechnungszeitraumes oder der durchschnittlichen Abwassermenge vergleichbarer Kunden. Macht der Kunde glaubhaft, daß seine Abwassermenge erheblich geringer ist, so ist dies angemessen zu berücksichtigen. Erstreckt sich der Abrechnungszeitraum über mehrere Monate und erhebt das AEU Abschlagszahlungen, so kann es die Vorauszahlung nur in ebensovielen Teilbeträgen verlangen. Die Vorauszahlung ist bei der nächsten Rechnungserteilung zu verrechnen, wenn ihre Voraussetzungen weggefallen sind.

§ 22 Sicherheitsleistung

(1) Ist der Kunde zur Vorauszahlung nicht in der Lage, so kann das AEU in angemessener Höhe Sicherheitsleistung verlangen.

(2) Barsicherheiten werden zum jeweiligen Diskontsatz der Deutschen Bundesbank verzinst.

(3) Ist der Kunde in Verzug und kommt er nach erneuter Zahlungsaufforderung nicht unverzüglich seinen Zahlungsverpflichtungen aus dem Vertragsverhältnis nach, so kann sich das AEU aus der Sicherheit bezahlt machen. Hierauf ist in der Zahlungsaufforderung hinzuweisen. Kursverluste beim Verkauf von Wertpapieren gehen zu Lasten des Kunden.

(4) Die Sicherheit ist zurückzugeben, wenn ihre Voraussetzungen weggefallen sind.

§ 23 Zahlungsverweigerung

Einwände gegen Rechnungen und Abschlagsberechnungen berechtigen zum Zahlungsaufschub oder zur Zahlungsverweigerung nur,

1. soweit sich aus den Umständen ergibt, daß offensichtliche Fehler vorliegen, und
2. wenn der Zahlungsaufschub oder die Zahlungsverweigerung innerhalb von zwei Jahren nach Zugang der fehlerhaften Rechnung oder Abschlagsberechnung geltend gemacht wird.

§ 24 Aufrechnung

Gegen Ansprüche des AEU kann nur mit unbestrittenen oder rechtskräftig festgestellten Gegenansprüchen aufgerechnet werden.

§ 25 Datenschutz

Das AEU verpflichtet sich, die zur Durchführung des Abwasserbeseit!gungsvertrages erforderlichen kundenbezogenen Daten unter Beachtung der Vorschriften der Datenschutzgesetze des Bundes und des Landes ... zu verarbeiten und das Datengeheimnis zu wahren. Der Kunde erklärt sein Einverständnis zur automatisierten Datenverarbeitung durch das AEU.

§ 26 Verweigerung der Abwasserbeseitigung

Unbeschadet der Regelung des § 13 Abs. 2 ist das AEU berechtigt, die Abwasserbeseitigung zu verweigern, wenn der Kunde den Vertragsbedingungen zuwiderhandelt und die Verweigerung erforderlich ist, um

1. eine unmittelbare Gefahr für die Sicherheit der Allgemeinheit abzuwenden,
2. zu gewährleisten, daß die Einleitungsverbote des § 4 eingehalten werden,
3. zu gewährleisten, daß die Grundstücksentwässerungsanlage des Kunden so betrieben wird, daß Störungen anderer Kunden, störende Rückwirkungen auf Einrichtungen des AEU oder Dritter oder Rückwirkungen auf die Wasserversorgung ausgeschlossen sind.

(2) Das AEU hat die Abwasserbeseitigung unverzüglich wieder aufzunehmen, sobald die Gründe für die Verweigerung entfallen sind. Sind dem AEU durch Zuwiderhandlungen des Kunden nach Abs. 1 Kosten entstanden, hat dieser dem AEU diese Kosten zu ersetzen.

(3) Das AEU unterrichtet die Gemeinde/Stadt über die Verweigerung der Abwasserbeseitigung nach Abs. 1 und die Wiederaufnahme nach Abs. 2.

§ 27 Vertragsstrafe

(1) Verstößt der Kunde vorsätzlich oder grob fahrlässig gegen die Einleitungsverbote des § 4, ist das AEU berechtigt, eine Vertragsstrafe zu berechnen. Dabei kann das AEU höchstens vom Fünffachen derjenigen Abwassermenge ausgehen, die sich auf der Grundlage der Abwassermenge des Vorjahres anteilig für die Dauer des Verstoßes ergibt. Kann die Abwassermenge des Vorjahres nicht ermittelt werden, so ist diejenige vergleichbarer Kunden zugrunde zu legen. Die Vertragsstrafe ist nach den für den Kunden geltenden Preisen zu berechnen. Gleiches gilt, wenn unbefugt ein Anschluß an die Abwasserbeseitigungseinrichtung hergestellt oder Abwasser eingeleitet wird.

(2) Ist die Dauer des Verstoßes nicht festzustellen, so kann die Vertragsstrafe nach den Grundsätzen des Abs. 1 über einen festgestellten Zeitraum hinaus für längstens ein Jahr erhoben werden.

§ 28 Gerichtsstand

(1) Der Gerichtsstand für Kaufleute, die nicht zu den in § 4 des Handelsgesetzbuchs bezeichneten Gewerbetreibenden gehören, juristische Personen des öffentlichen Rechts und öffentlich-rechtliche Sondervermögen ist am Sitz der für den Kunden zuständigen Betriebsstelle des AEU.

(2) Das gleiche gilt,

1. wenn der Kunde keinen allgemeinen Gerichtsstand im Inland hat oder
2. wenn der Kunde nach Vertragsschluß seinen Wohnsitz oder gewöhnlichen Aufenthaltsort aus dem Gebiet der Gemeinde/Stadt verlegt, die das AEU mit der Durchführung der Abwasserbeseitigung beauftragt hat oder sein Wohnsitz oder gewöhnlicher Aufenthalt im Zeitpunkt der Klageerhebung nicht bekannt ist.

III. Müllentsorgungsverhältnis

Satzung

Niedersächsischer Landkreistag

Muster
einer Satzung über die Abfallentsorgung
für den Landkreis

Aufgrund der §§ 7 und 9 der Niedersächsischen Landkreisordnung (NLO) i. d. F. vom 22.8.1996 (Nds. GVBI. S. 365), zuletzt geändert durch ... (Nds. GVBI. S.) und des § 15 des Gesetzes zur Förderung der Kreislaufwirtschaft und Sicherung der umweltverträglichen Beseitigung von Abfällen (Kreislaufwirtschafts- und Abfallgesetz - KrW/AbfG) vom 27.09.1994 BGBl. 1 S. 2705), zuletzt geändert durch Art. 3 des Gesetzes vom 12.9.1996 (BGBl. 1 S. 1354), i. V. m. § 11 Abs. 1 des Nds. Abfallgesetzes (NAbfG) vom 21.03.1990 (Nds. GVBI. S. 91), zuletzt geändert durch ... (Nds. GVBI. S.), wird nach Beschlußfassung durch den Kreistag des Landkreises ... vom ... folgende Satzung über die Abfallentsorgung erlassen:

§ 1 Grundsatz

(1) Als öffentlich-rechtlicher Entsorgungsträger entsorgt der Landkreis die in seinem Gebiet angefallenen und überlassenen Abfälle nach den Vorschriften des Kreislaufwirtschafts- und Abfallgesetzes - KrW-/AbfG) sowie des Nds. Abfallgesetzes (NAbfG) nach Maßgabe dieser Satzung.

(2) Der Landkreis betreibt die Abfallentsorgung als öffentliche Einrichtung. Er kann sich dabei ganz oder teilweise Dritter bedienen.

Alternative:

(2) Der Landkreis betreibt die Abfallentsorgung als öffentliche Einrichtung in Form eines(r) Eigenbetriebs/Eigengesellschaft unter der Bezeichnung "Kreisabfallwirtschaft".

(3) Die öffentliche Einrichtung besteht aus folgenden wesentlichen Teilen:

- DeponieA
- Deponie B

- Bauschutt- und Bodendeponie C
- Kompostierungsanlage D
- Hausmüllverbrennungsanlagen E
- Fuhrpark
- sowie aller zur Erfüllung der in Abs. 1 beschriebenen Aufgaben notwendigen Sachen und Personen beim Landkreis und dessen Beauftragten.

§ 2 Umfang der Abfallentsorgung

(1) Die Abfallentsorgung umfaßt die Abfallverwertung i. S. d. §§ 4 - 7 KrW-/AbfG und die Abfallbeseitigung nach Maßgabe der §§ 10 - 12 KrW-/AbfG sowie alle hierzu erforderlichen Maßnahmen. Die Abfallberatung nach § 4 ist Teil der Abfallentsorgung.

(2) Die Abfallentsorgung erfaßt alle angefallenen und zu überlassenden Abfälle aus privaten Haushaltungen und die angefallenen und zu überlassenden Abfälle zur Beseitigung aus anderen Herkunftsbereichen (vgl. Anl. 1 - Positivkatalog). Dazu gehören auch die verbotswidrig lagernden Abfälle gem. § 10 Abs. 1 NAbfG, soweit sie nach Art und Menge den in privaten Haushaltungen anfallenden Abfällen entsprechen. Darüber hinaus erfaßt die Abfallentsorgung auch Abfälle zur Verwertung aus anderen Herkunftsbereichen, soweit sie dem Landkreis überlassen werden (vgl. Anlage 2 - Positivkatalog)

(3) Von der Abfallentsorgung insgesamt sind die in der Anlage 3 (Negativkatalog) zu dieser Satzung aufgeführten Abfälle ausgeschlossen. Besonders überwachungsbedürftige Abfälle sind insoweit nicht ausgeschlossen, als sie in Haushaltungen entsprechend § 12 oder in einer Menge von insgesamt nicht mehr als 2000 kg jährlich entsprechend § 13 anfallen.

(4) Von der Abfallentsorgung insgesamt sind Verpackungsabfälle im Sinne der Verordnung über die Vermeidung von Verpackungsabfällen (Verpackungsverordnung vom 12.6.1991, BGBl. 1 S. 1234, geändert durch VO vom 26.10.1993, BGBl. 1 S. 1782) ausgeschlossen.

(5) Vom Einsarnmein und Befördern sind die in der Anlage zu dieser Satzung aufgeführten Abfälle ausgeschlossen. § 16 bleibt unberührt.

(6) Im Einzelfall kann der Landkreis darüber hinaus solche Abfälle von der Entsorgung ausschließen, die er nach ihrer Art, Menge oder Beschaffenheit nicht mit den in Haushalten anfallenden Abfällen entsorgen kann.

(7) Soweit Abfälle nach Abs. 3 oder 6 von der Abfallentsorgung ausgeschlossen sind, ist der Besitzer zur Entsorgung dieser Abfälle verpflichtet.

§ 3 Anschluß- und Benutzungszwang

(1) Die Eigentümer bewohnter oder bebauter Grundstücke sind verpflichtet, ihre Grundstücke an die öffentliche Abfallentsorgung anzuschließen (Anschlußzwang) Den Gründstückseigentümern stehen Erbbauberechtigte, Wohnungseigentümer, Wohnungserbbauberechtigte, Nießbraucher und sonstige zur Nutzung des Grundstücks dinglich Berechtigte gleich.

(2) Die Anschlußpflichtigen und andere Abfallbesitzer, insbesondere Mieter und Pächter, sind verpflichtet, die auf dem Grundstück oder sonst bei ihnen anfallenden Abfälle dem Landkreis nach Maßgabe der §§ 5 bis 16 zu überlassen (Benutzungszwang), soweit die Überlassungspflicht gemäß § 13 Abs. 3 KrW-/AbfG nicht entfällt.

(3) Auf schriftliche Anzeige ist der Anschlußpflichtige oder der Abfallbesitzer vom Benutzungszwang befreit, wenn

- bei privaten Haushaltungen nachgewiesen wird, daß der Anzeigende in der Lage ist, den Abfall in eigenen Anlagen auf dem angeschlossenen oder einem in seinem Besitz befindlichen Grundstück ordnungsgemäß und schadlos zu verwerten.

- bei Abfällen zur Beseitigung aus anderen Herkunftsbereichen nachgewiesen wird, daß die Beseitigung in eigenen Anlagen erfolgt und überwiegend öffentliche Interessen eine Überlassung dieser Abfälle nicht erfordern.

(4) Für die Anzeige und den Nachweis nach Abs. 3 sind die vom Landkreis zur Verfügung gestellten Formulare zu verwenden. Die Befreiung vom Benutzungszwang tritt 14 Tage nach Eingang der Anzeige beim Landkreis ein, es sei denn, der Landkreis widerspricht innerhalb dieser Frist, weil der nach Abs. 3 erforderliche Nachweis nicht geführt wurde oder überwiegende öffentliche Interessen eine Überlassung der Abfälle zur Beseitigung aus anderen Herkunftsbereichen erfordern.

(5) Der Anschluß- und Benutzungszwang gilt nicht für nach § 2 Abs. 3, 4 oder 6 ausgeschlossene Abfälle und für solche Abfälle, deren Entsorgung außerhalb von Abfallentsorgungsanlagen durch Rechtsverordnung zugelassen ist.

(6) Grundstück im Sinne dieser Satzung ist ohne Rücksicht auf die Grundbuchbezeichnung jeder zusammenhängende Grundbesitz, der eine selbständige wirtschaftliche Einheit bildet.

§ 4 Abfallberatung

Damit möglichst wenig Abfall entsteht, berät der Landkreis die Abfallbesitzer sowie die Anschluß- und Benutzungspflichtigten und informiert sie regelmäßig über Möglichkeiten zur Vermeidung und Verwertung von Abfällen sowie über die Verwendung abfallarmer Produkte und Verfahren. Er kann sich bei der Wahrnehmung dieser Aufgabe Dritter bedienen.

§ 5 Abfalltrennung

(1) Der Landkreis führt mit dem Ziel einer Abfallverwertung und Schadstoffminimierung eine getrennte Entsorgung folgender Abfälle durch:

1. Kompostierbare Abfälle, § 6
2. Altpapier, § 7
3. Altglas, § 8
4. Bauabfälle, § 9
5. Sperrmüll, § 10
6. Problemabfälle aus Haushaltungen, § 11
7. Haushaltselektrogeräte (Elektroschrott), § 12

8. Sonderabfallkleinmengen, § 13
9. Sonstiger Hausmüll, hausmüllähnlicher Gewerbeabfall (Restabfall), § 14.

(2) Jeder Abfallbesitzer hat die in Abs. 1 genannten Abfälle getrennt bereitzuhalten und nach Maßgabe der §§ 6 bis 12 zu überlassen.

§ 6 Kompostierbare Abfälle

(1) Kompostierbare Abfälle im Sinne von § 5 Abs. 1 Nr. 1 sind bewegliche Sachen nativ-organischen Ursprungs aus Haushaltungen. Dazu gehören z.B. Gemüse-, Obst- und sonstige Speisereste sowie Grünabfälle.

(2) Kompostierbare Abfälle sind in dem dafür zugelassenen Abfallbehälter bereitzustellen. § 3 Abs. 3 bleibt unberührt.

Alternative:

(2) Kompostierbare Abfälle sind dem Landkreis an den bekanntgegebenen Sammelstellen zu überlassen.

§ 7 Altpapier

(1) Altpapier im Sinne von § 5 Abs. 1 Nr. 2 ist Abfall aus Papier, wie Zeitungen, Zeitschriften, Pappe und andere nicht verschmutzte, ausschließlich aus Papier bestehende, bewegliche Sachen.

(2) Altpapier ist dem Landkreis gebündelt oder in Pappkartons an den festgelegten Abfuhrterminen zu überlassen.

Alternative 1:

(2) Altpapier ist dem Landkreis an den bekanntgegebenen Sammelstellen durch Eingabe in die entsprechend gekennzeichneten Container zu überlassen.

Altemative 2:

(2) Altpapier ist dem Landkreis an den bekanntgegebenen Abfuhrterminen in den dafür zugelassenen Abfallbehältern (Wertoffsäcke) zu überlassen.

§ 8 Altglas

(1) Altglas im Sinne von § 5 Abs. 1 Nr. 3 ist Abfall aus Hohlglas (z. B. Flaschen und Gläser, nicht aber Fenster- oder Spiegelglas).

(2) Altglas ist dem Landkreis an den bekanntgegebenen Sammelstellen durch Eingabe in die entsprechend gekennzeichneten Glascontainer zu überlassen.

Altemative:

(2) Altglas ist dem Landkreis an den bekanntgegebenen Abfuhrterminen in den dafür zugelassenen Abfallbehältem (Wertstoffsäcke) zu überlassen.

§ 9 Bauabfälle

(1) Bauabfälle im Sinne von § 5 Abs. 1 Nr. 4 sind Bauschutt, Straßenaufbruch und Erdaushub ohne schädliche Verunreinigungen sowie Baustellenabfälle und sonstige Bauresststoffe.

(2) Bei der Errichtung, der Änderung und dem Abbruch baulicher Anlagen sind Bauabfälle, insbesondere Erdhaushub, Beton, Ziegel, Steine, Holz, Kunststoffe, Metall und Pappe vom Zeitpunkt ihrer Entstehung an, voneinander und von anderen Abfällen getrennt zu halten, wenn insgesamt mehr als ... cbm anfallen.

(3) Bauabfälle zur Beseitigung sind dem Landkreis an den bekanntgegebenen Entsorgungsanlagen durch Übergabe an die von ihm Beauftragten zu überlassen.

§ 10 Sperrmüll

(1) Sperrmüll im Sinne von § 5 Abs. 1 Nr. 5 sind Abfälle aus Haushaltungen, die selbst nach einer zumutbaren Zerkleinerung wegen ihrer Sperrigkeit, ihres Gewichtes oder ihrer Materialbeschaffenheit nicht in die vom Landkreis zur Verfügung gestellten Abfallbehälter passen, diese beschädigen oder das Entleeren erschweren könnten.

(2) Sperrmüll wird in der Regel ... abgefahren. Der Zeitpunkt der Abfuhr wird mindestens eine Woche vorher gem. § 20 bekanntgegeben.

Alternative:

(2) Sperrmüll wird auf Antrag des Abfallbesitzers abgefahren. Der Antrag ist schriftlich oder telefonisch mindestens einen Monat vor dem gewünschten Termin zu stellen. Der Landkreis legt den Abfuhrtermin fest und gibt ihn dem Abfallbesitzer mindestens drei Tage vorher bekannt.

(3) Sperrmüll ist soweit möglich getrennt nach Materialien (Holz, Metall usw.) bereitzustellen. Sperrmüll ist so zu stapeln, zu bündeln oder in sonstiger Weise zu ordnen, daß die Straße nicht verschmutzt wird und zügiges Verladen möglich ist. Die Einzelstücke dürfen höchstens ein Gewicht von 75 kg und eine Größe von 2,20 m x 1,50 m x 0,75 m haben. Die Gewichtsbegrenzung gilt nicht für Haushaltskoch- und -waschgeräte.

(4) Für zum Sperrmüll gehörende Abfälle, deren Umfang über den in Absatz 3 genannten hinausgeht, gelten § 2 Abs. 5 und § 16 entsprechend.

§ 11 Haushaltselektrogeräte (Elektroschrott)

(1) Elektroschrott sind Elektrogeräte aus Haushaltungen wie z.B. elektrische Küchengeräte, elektrische Handwerksgeräte, elektrische und elektronische Kommunikationsgeräte sowie Rundfunk- und Fernsehgeräte.

(2) Elektroschrott ist dem Landkreisen an den bekanntgegebenen Sammelstellen durch Übergabe an die von ihm Beauftragten zu überlassen. Sperriger Elektroschrott im Sinne des § 10 Abs. 1 kann mit dem Sperrmüll entsorgt werden.

§ 12 Problemabfälle

(1) Problemabfälle im Sinne von § 5 Abs. 1 Nr. 6 sind schädstoffhaltige Abfälle aus Haushaltungen, die eine umweltschonende Abfallentsorgung erschweren oder gefährden. Dazu zählen z.B. Gifte, Laugen, Säuren, Farben, Reiniger, Polituren, teer- und ölhaltige Rückstände, Pflanzenschutzmittel und sonstige Chemikalien sowie Abfälle, die diese Stoffe enthalten.

(2) Problemabfälle sind dem Landkreis an den bekanntgegebenen Sammelstellen durch Übergabe an die von ihm Beauftragten zu überlassen.

Altemative:

(2) Problemabfälle sind an den bekanntgegebenen Terminen und Orten dem Sammelfahrzeug des Landkreises zu überlassen.

§ 13 Kleinmengen von besonders überwachungsbedürftigen Abfällen (Sonderabfallkleinmengen)

(1) Kleinmengen von besonders überwachungsbedürftigen Abfällen zur Beseitigung (Sonderabfallkleinmengen) im Sinne von § 5 Abs. 1 Nr. 8 sind bewegliche Sachen aus gewerblichen oder sonstigen wirtschaftlichen Unternehmen oder öffentlichen Einrichtungen im Sinne von § 41 Abs. 1 Satz 1 KrW-/AbfG, soweit davon jährlich nicht mehr als insgesamt 2000 kg anfallen. Die in Frage kommenden Abfallarten ergeben sich aus der Anlage zur Verordnung zur Bestimmung von besonders überwachungsbedürftigen Abfällen vom 10.9.1996 (BGBl. I, S. 1366).

(2) Sonderabfallkleinmengen können (in den dafür vorgesehenen Behältnissen) dem Landkreis an den bekanntgegebenen Sammelstellen/Zwischenlagern - getrennt nach Abfallarten - durch Übergabe an die von ihm Beauftragten überlassen werden.

Altemative 1:

(2) Sonderabfallkleinmengen der in der Anlage 3. gekennzeichneten Abfallarten sind (in den dafür vorgesehenen Behältnissen) dem Landkreis an den bekanntgegebenen Sammelstellen) Zwischenlagern - getrennt nach Abfallarten - durch Übergabe an die von ihm Beauftragten zu überlassen. Die anderen in der Anlage zur Abfallbestimmungsverordnung genannten Abfallarten können dem Landkreis ebenso überlassen werden.

Alternative 2:

(2) Sonderabfallkleinmengen sind (in den dafür vorgesehenen Behältnissen) dem Landkreis an den bekanntgegebenen Sammelstellen/Zwischenlagern - getrennt nach Abfallarten - durch Übergabe an die von ihm Beauftragten zu überlassen.

§ 14 Sonstiger Hausmüll, hausmüllähnlicher Gewerbeabfall (Restabfall)

(1) Sonstiger Hausmüll und hausmüllähnlicher Gewerbeabfall im Sinne von § 5 Abs. 1 Nr. 9 sind alle sonstigen angefallenen und zu überlassenden Abfälle aus Haushaltungen und anderen Herkunftsbereichen, soweit sie nicht unter die §§ 6 - 13 fallen oder nach § 2 Abs. 3 und 4 von der Entsorgung ausgeschlossen sind (Restabfall).

(2) Restabfall ist in den nach § 15 zugelassenen Abfallbehältern bereitzustellen.

(3) Restabfall wird in der Regel einmal wöchentlich abgeholt. Der für die Abfuhr vorgesehene Wochentag wird gem. § 20 bekanntgegeben. Der Landkreis kann im Einzelfall oder für örtlich begrenzte Abfuhrbereiche einen längeren oder kürzeren Zeitraum für die regelmäßige Abfuhr festlegen; in diesem Falle gilt Satz 2 entsprechend.

(4) Die Abfallbehälter sind von den Pflichtigen nach § 3 Abs. 2 am Abfuhrtag rechtzeitig so bereitzustellen, daß der Abfuhrwagen auf öffentlichen oder dem öffentlichen Verkehr dienenden privaten Straßen an die Aufstellplätze heranfahren kann und das Laden sowie der Abtransport ohne Schwierigkeiten und Zeitverlust möglich sind. Die Aufstellung muß so erfolgen, daß Fahrzeuge und Fußgänger nicht behindert oder gefährdet werden. Nach der Entleerung sind die Abfallbehälter und eventuelle Abfallreste unverzüglich von der Straße zu entfernen. Weisungen der Beauftragten des Landkreises zu den in den Sätzen 1 bis 3 genannten Verpflichtungen sind zu befolgen.

(5) Die Abfallbehälter sind stets verschlossen zu halten. Die festen Abfallbehälter dürfen nur so gefüllt werden, daß ihre Deckel noch gut schließen und eine spätere ordnungsgemäße Entleerung möglich ist, insbesondere ist ein Einstampfen oder Einschlämmen nicht erlaubt.

(6) Können die Abfallbehälter aus einem von dem Anschluß- oder Benutzungspflichtigen zu vertretenden Grunde nicht entleert oder abgefahren werden, so erfolgt die Entleerung und Abfuhr erst am nächsten regelmäßigen Abfuhrtag.

(7) Bei vorübergehenden Einschränkungen, Unterbrechungen, Verspätungen oder Ausfällen der Abfuhr, insbesondere infolge von Betriebsstörungen, behördlichen Verfügungen oder höherer Gewalt hat der Anschlußpflichtige keinen Anspruch auf Schadensersatz oder Entschädigung.

(8) Die Absätze 2 bis 7 gelten für die Abfuhr der getrennt erfaßten Abfälle nach § 5 Abs. 1 Nr. 1 bis 8 entsprechend, soweit sich aus den §§ 6 bis 13 nichts anderes ergibt.

§ 15 Zugelassene Abfallbehälter

(1) Zugelassene Abfallbehälter sind:

1. Bioabfallbehälter mit ... l Füllraum

2. Restabfallbehälter mit ... l, oder ... m³ Füllraum

3. Bioabfall- und Restabfallsäcke mit entsprechendem Aufdruck des Landkreises und einem Füllraum von ... l.

Feste Abfallbehälter im Sinne dieser Satzung sind die in Satz 1 Nr. 1 und 2 genannten Abfallbehälter.

(2) Der Landkreis stellt dem Anschluß und Benutzungspflichtigen die zur Aufnahme des Abfalls vorgeschriebenen Abfallbehälter in ausreichender Zahl zur Verfügung. Die Ausgabe der Behälter erfolgt durch den Landkreis/die Gemeinden. Die zur Verfügung gestellten

festen Abfallbehälter sind vom Anschluß- und Benutzungspflichtigen zu übernehmen, er hat sie schonend und sachgemäß zu behandeln und bei Bedarf zu reinigen. Beschädigungen oder Verlust von Abfallbehältern sind der ausgebenden Stelle unverzüglich anzuzeigen. Für Schäden an Abfallbehältern haftet der Anschluß- und Benutzungspflichtige, falls er nicht nachweist, daß ihn insoweit kein Verschulden trifft.

(3) Der Anschluß- und Benutzungspflichtige wählt den für die zu erwartende Abfallmenge als ausreichend anzusehenden festen Abfallbehälter aus. Bei bewohnten Grundstücken müssen mindestens jeweils ein zugelassener fester Abfallbehälter für die kompostierbaren Abfälle und für den Restabfall bereitstehen, soweit nicht eine Befreiung nach § 3 Abs. 3 ausgesprochen wurde.

(4) Der Anschluß- und Benutzungspflichtige kann schriftlich beantragen, statt fester Abfallbehälter ausschließlich Abfallsäcke gem. Abs. 1 Nr. 3 benutzen zu wollen. Dabei muß er glaubhaft machen, daß die bei ihm anfallende Abfallmenge wesentlich unter der mit dem kleinsten zur Verfügung stehenden festen Abfallbehälter vorzuhaltenden Behälterkapazität pro Woche und Bewohner liegt.

(5) Für mehrere benachbarte anschluß- und benutzungspflichtige Grundstücke können ein oder mehrere gemeinsame Behälter mit entsprechend größerer Kapazität zur Verfügung gestellt oder zugelassen werden. Das gleiche gilt für Wohngebäude mit mehreren Wohnungen.

(6) Für die Einsammlung von Abfall, insbesondere wenn dieser vorübergehend verstärkt anfällt, dürfen neben den festen Abfallbehältern nur Abfallsäcke verwendet werden, die bei den vom Landkreis beauftragten Verkaufsstellen käuflich zu erwerben sind.

§ 16 Anlieferung bei den Abfallentsorgungsanlagen

(1) Besitzer von Abfällen nach § 2 Abs. 5 und § 10 Abs. 4 haben diese im Rahmen ihrer Verpflichtungen nach § 3 selbst oder durch Beauftragte zu den vom Landkreis betriebenen oder ihm zur Verfügung stehenden Abfallentsorgungsanlagen zu bringen. Der Transport hat in geschlossenen oder gegen Verlust des Abfalls in sonstiger Weise gesicherten Fahrzeugen zu erfolgen. § 49 KrW-/AbfG ist zu beachten.

(2) Die Benutzung der Abfallentsorgungsanlagen wird durch eine Benutzungsordnung geregelt.

§ 17 Modellversuche

Zur Erprobung neuer Abfallsammlungs-, -transport-, -behandlungs oder -entsorgungsmethoden oder -systeme kann die Stadt Modellversuche mit örtlich und zeitlich begrenzter Wirkung einfuhren.

§ 18 Anzeige-, Auskunfts- und Duldungspflicht

(1) Der Anschlußpflichtige hat dem Landkreis/der Gemeinde/Samtgemeinde für jedes anschlußpflichtige Grundstück das Vorliegen, den Umfang sowie jede Veränderung der Anschluß- und Benutzungspflicht innerhalb eines Monats schriftlich anzuzeigen. Wechselt der Grundstückseigentümer, sind sowohl der bisherige als auch der neue Eigentümer zur Anzeige verpflichtet.

(2) Anschluß- und Benutzungspflichtige sind dem Landkreis zur Auskunft über Art, Beschaffenheit, Menge und Herkunft des zu entsorgenden Abfalls verpflichtet und haben über alle Fragen Auskunft zu erteilen, die die Abfallentsorgung betreffen.

(3) Der Anschlußpflichtige hat das Aufstellen der zugelassenen Abfallbehälter sowie das Betreten des Grundstücks zum Zwecke des Einsammelns und zur Überwachung der Getrennthaltung von Abfällen nach § 5 Abs. 2 und Verwertung von Abfällen nach § 3 Abs. 3 durch den Landkreis zu dulden.

§ 19 Gebühren

(1) Für die Inanspruchnahme der öffentlichen Einrichtung Abfallentsorgung erhebt der Landkreis zur Deckung der Kosten Gebühren nach Maßgabe einer besonderen Satzung.

(2) Die Gemeinden setzen nach Maßgabe der Abfallgebührensatzung des Landkreises in dessen Auftrag die für die Abfallentsorgung zu erhebenden Benutzungsgebühren fest und ziehen sie für diesen ein.

(3) Die Kasse der Gemeinde ist Vollstreckungsbehörde.

§ 20 Bekanntmachungen

Die in dieser Satzung vorgesehenen Bekanntmachungen des Landkreises erfolgen im Amtsblatt des Landkreises ... Sie können außerdem in regelmäßig erscheinenden Druckschriften und in ortsüblicher Weise in der kreisangehörigen Gemeinde veröffentlicht werden. Örtlich begrenzte Hinweise werden in Abstimmung mit dem Landkreis von den Gemeinden veröffentlicht.

§ 21 Ordnungswidrigkeiten

(1) Ordnungswidrig im Sinne von § 7 Abs. 2 der Niedersächsischen Landkreisordnung handelt, wer vorsätzlich oder fahrlässig

1 ...
2 ...
3 ...

(2) Die Ordnungswidrigkeit kann mit einer Geldbuße von bis zu 10.000,-DM geahndet werden.

§ 22 Inkrafttreten

Diese Satzung tritt am ... in Kraft. Gleichzeitig tritt die Satzung des Landkreises ... vom ... außer Kraft.

Literatur

Abwassertechnik: (hg. von der abwassertechnischen Vereinigung e.V. (ATV) in St. Augustin), Lehr- und Handbuch der Abwassertechnik, Band I: Wassergütewirtschaftliche Grundlagen, Bemessung und Planung von Abwässern (zit.: Abwassertechnik Bd. I), Band II: Entwurf und Bau von Kanalisationen und Abwasserpumpwerken (zit.: Abwassertechnik Bd. II), Band III: Grundlagen für Planung und Bau von Abwasserkläranlagen und mechanische Klärverfahren, 3. Aufl. Berlin und München 1982/83 (zit.: Abwassertechnik Bd. III)

Abwassertechnologie: (hg. im Auftrag der gtz vom Institut Fresenius GmbH und dem Forschungsinstitut für Wassertechnologie in Aachen), Entstehung, Ableitung, Behandlung, Analytik der Abwässer (korrigierter Nachdruck) Berlin u.a. 1988 (zit.: Abwassertechnologie)

Alternativkommentar: Reihe Alternativkommentare, Kommentar zum Grundgesetz für die Bundesrepublik Deutschland in zwei Bänden, Bd. 1 (Art. 1-37) 2. Aufl. Neuwied 1989 (zit.: Alternativkommentar-Bearbeiter)

Baars, Bodo A.: Konsequenzen aus dem neuen Abfallgesetz des Bundes für Landkreise und kreisfreie Städte, Stuttgarter Berichte zur Abfallwirtschaft Band 25, Regelungsmöglichkeiten und Regelungsnotwendigkeiten nach Inkrafttreten des neuen Abfallgesetzes des Bundes - Beitrag zum 51. Abfalltechnischen Kolloquium, Bielefeld 1987 (zit.: Baars in: Konsequenzen aus dem neuen AbfG)

Bälder, Karl-Heinz: Recht der Abfallwirtschaft, Gesamtdarstellung einschließlich technischer und wirtschaftlicher Aspekte, Abfallwirtschaft in Forschung und Praxis Bd. 8, Bielefeld, Darmstadt 1979 (zit.: Bälder)

Barthelmess, Jochen: Kommentar zum Wohnraumkündigungsschutzgesetz und Miethöhegesetz, 5. Aufl. Düsseldorf 1995 (zit.: Barthelmess)

Berger, Klaus: Ökologische Verantwortung. Ein Ziel für die Umwelt- und Verbraucherbildung Erwachsener. Berger u.a., Theorie und Praxis der Erwachsenenbildung, Bad Heilbrunn 1991 (zit.: Berger in: Ökologische Verantwortung

Bergmüller, Reinhard: Die Neuordnung des Abfallrechts durch das Gesetz über die Vermeidung und Entsorgung von Abfällen (Abfallgesetz - AbfG) vom 27. August 1986, BayVBl. 1987, 193 (zit.: Bergmüller, BayVBl. 1987, 193)

Beuermann, Rudolf: Mietenüberleitungsgesetz und Miethöhegesetz, Kommentar, 1. Aufl. Berlin 1995 (zit.: Beuermann)

Biermann, Johannes: Rechtszwang zum Kontrahieren, Iherings Jahrbücher Bd. 32, Jena 1893, S. 267 ff. (zit.: Biermann)

Bilitweski, Bernd/**Härdtle**, Georg/**Marek**, Klaus: Abfallwirtschaft - Eine Einführung, 2. Aufl. Berlin, Heidelberg 1990 (zit.: Bilitewski/Härdtle/Marek)

Birn, Helmut: Abfallbeseitigungsrecht für die Betriebliche Praxis, Loseblattsammlung in 2 Bänden, Augsburg 1977, Stand: Juli 1993 (zit.: Birn-Bearbeiter)

Birn, Helmut: Kreislaufwirtschafts- und Abfallgesetz in der betrieblichen Praxis, Loseblattsammlung in 2 Bänden, Augsburg, Stand: Juli 1997 (zit.: Birn, KrW-/AbfG)

Blank, Hubert: Gerechtigkeit und Praktikabilität der Betriebskostenabrechnung, DWW 1992, 65 (zit.: Blank, DWW 1993, 65)

ders.: Das Vierte Mietrechtsänderungsgesetz, Teil 1: Die Änderungen des Miethöhegesetzes, des Wirtschaftsstrafgesetzes und des Wohnungsvermittlungsgesetzes, WM 1993, 503 (zit.: Blank, WM 1993, 503)

ders.: Mietrecht von A bis Z (Beck-Rechtsberater), 15. Aufl. München 1995 (zit.: Blank, Mietrecht)

Blume, Hartwig/**Brune**, Dietrich: Entsorgungstechnologien, Überblick über den Entwicklungsstand der Verfahren zu Sammlung, Transport, Verwertung, Behandlung und Beseitigung von Siedlungsabfällen, Abfallwirtschaft in Forschung und Praxis Bd. 25, Berlin 1988 (zit.: Blume/Brune)

Bodanowitz, Jan: Organisationsformen für die kommunale Abwasserbeseitigung, Schriftenreihe an der Universität Münster Bd. 21, Köln 1993 (zit.: Bodanowitz)

Brehm, Evamaria (hg. vom BUND): Deponie Erde - Das große Buch vom Müll, 2. Aufl. Baden-Baden 1991 (zit.: Brehm)

Brinkhaus: Das Rohrnetz städtischer Wasserwerke, München und Berlin 1930 (zit.: Brinkhaus)

Bub, Wolf-Rüdiger: Das 4. Mietrechtsänderungsgesetz, NJW 1993, 2897 (zit.: Bub, NJW 1993, 2897)

Büdenbender, Ulrich: Energierecht, Eine systematische Darstellung des gesamten Rechts der öffentlichen Energieversorgung, Köln 1982 (zit.: Büdenbender)

Bülck: Vom Kontrahierungszwang zur Abschlußpflicht, Dissertation Kiel 1940 (zit.: Bülck, Diss. Kiel 1940)

Bydlinski, Franz: Zu den dogmatischen Grundfragen des Kontrahierungszwanges, AcP 180 (1980), 1, (zit.: Bydlinki, AcP 180 (1980), 1)

Contzen: Der Kontrahierungszwang bei marktbeherrschenden Unternehmen, Dissertation Köln 1965 (zit.: Contzen, Diss. Köln 1965)

Damrath, Helmut/**Cord-Landwehr**, Klaus: Wasserversorgung, 10. Aufl. Stuttgart 1992 (zit.: Damrath/Cord=Landwehr)

Danner, Wolfgang: Die Neuordnung der Geschäftsbedingungen in der Versorgungswirtschaft, BB 1979, 76 (zit.: Danner, BB 1979, 76)

Das neue Wasserrecht für die betriebliche Praxis: Recht und Technik der Abwasserbeseitigung, der Wasserversorgung, der Lagerung und des Transports wassergefährdender Stoffe, Bd. 1-5, Loseblattsammlung Augsburg, Stand September. 1993 (zit.: Das neue Wasserrecht)

Das Wasserbuch (hg. von der Katalyse e.V.):Trinkwasser und Gesundheit, bearbeitet von verschiedenen Autoren, Köln 1990 (zit.: Das Wasserbuch)

Derleder, Peter: Der Mieter als Eigentümer, WM 1993, 514 (zit.: Derleder, WM 1993, 514)

Deubert, Michael (hg. von Franz-Ludwig Knemeyer): Kommunale Kompetenzen im Bereich der Abfallwirtschaft, Schriften zur Öffentlichen Verwaltung Bd. 38, Köln und Würzburg 1992 (zit.: Deubert)

Dopheide, Josef W. (hg. von der Landwirtschaftskammer Westfalen-Lippe): Grundzüge des Abfallrechts, Recht in der Landwirtschaft Bd. 13, Münster 1989 (zit.: Dopheide)

Dyllik: Management der Umweltbeziehungen - Öffentliche Auseinandersetzungen als Herausforderung, Wiesbaden 1989 (zit.: Dyllik)

Ehlers, Dirk: Die Entscheidung der Kommune für eine öffentlich-rechtliche oder privatrechtliche Organisation ihrer Einrichtungen und Unternehmen, DÖV 1986, 897 (zit.: Ehlers, DÖV 1986, 897)

Ehlers, Henning: Die Problematik des Kontrahierungszwangs in der Wettbewerbsordnung, Dissertation Hamburg 1979 (zit.: Ehlers, Diss. Hamburg 1979)

Eichmann: Die vergleichende Werbung in Theorie und Praxis, Köln u.a. 1967 (zit.: Eichmann)

Eiser, Ernst/**Riederer**, Johann/**Obernolte**,Wolfgang/**Danner**, Wolfgang: Energiewirtschaftsrecht - Kommentar, Bd. I Loseblattsammlung München, Stand August 1995 (zit.: Eiser/ Riederer/Obernolte/Danner)

Emmerich, Volker: Neueste Entwicklungen im Mietrecht, DWW 1993, 313 (zit.: Emmerich, DWW 1993, 313)

Erbel, Alfons/**Kaupert**, Walter (hg. von Rüdiger Göb): Müll und Abfall, Schriftenreihe Fortschrittliche Kommunalverwaltung Bd. 2, Köln 1965 (zit.: Erbel/Kaupert)

Erman, Walter: Handkommentar zum BGB Bd. I, 8. Auflage Münster 1989 (zit.: Erman-Bearbeiter, Bd. I)

Esser, Josef/**Schmidt**, Eike: Schuldrecht Bd. 1 Allgemeiner Teil Teilbd. 1, 8. Aufl. Heidelberg 1995, (zit.: Esser/Schmidt, SchR Bd. I AT)

Evers, Hans- Urich: Das Recht der Energieversorgung, 2. Aufl. Baden- Baden 1983 (zit.: Evers)

Fikentscher: Wettbewerb und gewerblicher Rechtsschutz, München u.a. 1958 (zit.: Fikentscher)

Fischer-Dieskau, Hans-Joachim/**Pegande**, Hans-Günther/**Schwender**, Heinz Werner, weitergeführt von H.-G. Pegande, H.W. Schwender und G. Heix: Wohnungsbaurecht, Kommentar in 4 Bänden, Loseblattsammlung Essen 1976, Stand: Februar 1988, Bd. 4: Kommentar zur Zweiten Berechnungsverordnung - Neubaumietenverordnung 1970 (zit.: Fischer=Dieskau/Pegande/ Schwender, Bd. 4)

Foerster, Karin: Untersuchung der Einflüsse auf die Restmüll- und Bioabfallbeschaffenheit durch Einführung der Verwiegung am Beispiel der Stadt Niddatal (Hessen; Wetteraukreis) Müll und Abfall 1997, 452 (zit.: Foerster, Müll und Abfall 1997, 452)

Franke, Herbert/**Geldmacher**, Günther: Die Neuregelungen im Mietrecht durch das 4. Mietrechtsänderungsgesetz (4. MRÄG) - Änderungen des BGB, ZMR 1993, 548 (zit.: Franke/ Geldmacher, ZMR 1993, 548)

Frotscher, Werner (hg. von C.F. Menger und A.v.Mutius): Die Ausgestaltung kommunaler Nutzungsverhältnisse bei Anschluß- und Benutzungszwang, Schriften zum deutschen Kommunalrecht Bd. 4, Siegburg 1974 (zit.: Frotscher)

Gaßner, Hartmut/**Versmann**, Andreas: (Hg.): Neuordnung kommunaler Aufgaben im Kreislaufwirtschafts- und Abfallgesetz - Ein Leitfaden für die Praxis mit Beiträgen verschiedener Autoren, Abfallwirtschaft in Forschung und Praxis Bd. 82, Berlin 1996 (zit.: Bearbeiter in: Gaßner/Versmann)

Gieseke, Paul/**Wiedemann**, Werner/**Czychowski**, Manfred: Wasserhaushaltsgesetz unter Berücksichtigung der Landeswassergesetze und des Wasserstrafrechts, Kommentar, 4. Aufl. München 1985 (zit.: Gieseke/Wiedemann/Czychowski)

Gottschalk, Wolf: Private-Public-Partnership in der Versorgungswirtschaft, Der Städtetag 1996, 553 (zit.: Gottschalk, Der Städtetag 1996, 553)

Grasmeier, Karl: Rohrnetze der Grundstücksentwässerung, München 1968 (zit.: Grasmeier)

Grombach,Peter/**Haberer**, Klaus/**Merkl**, Gerhard/**Trüeb**, Ernst U.: Handbuch der Wasserversorgungstechnik, 2. Aufl. München 1993 (zit.: Grombach/Haberer/ Merkl/Trüeb)

Gröttrup, Hendrik: Die kommunale Leistungsverwaltung - Grundlagen der gemeindlichen Daseinsfürsorge, Schriftenreihe des Vereins für Kommunalwissenschaften e.V. Berlin, Band 37, Stuttgart 1973 (zit.: Gröttrup)

Habeck-Tropfke, Hans-Hermann: Müll- und Abfalltechnik, 1. Aufl. Düsseldorf 1985 (zit.: Habeck=Tropfke)

Hackl, Karl: Vertragsfreiheit und Kontrahierungszwang im deutschen, österreichischen und italienischen Recht, Berlin 1980 (zit.: Hackl)

Handbuch des deutschen Wasserrechts (hg. von H. Frhr. v. Lersner und H. Roth): Neues Recht des Bundes und der Länder Bd. 1, von Wüstenhoff, Alexander/Kumpf, Walter, Loseblatt-Textsammlung und Kommentare, Berlin 1958 Stand: Juni 1994 (zit.: Hdb. des dt. Wasserrechts-Bearbeiter)

Handbuch für Klärfacharbeiter (hg. von der Abwassertechnischen Vereinigung e.V. (ATV): München 1978 (zit.: Hdb. für Klärfacharbeiter)

Handbuch für Wassermeister: Wissenswertes für den Betrieb von Wasserversorgungsanlagen, bearbeitet von K.J.Soine', A.Baur, G.Dietze, W.Müller und D.Weideling, München 1988, (zit.: Handbuch für Wassermeister)

Hanke, Albert: Das Mietrechtsänderungsgesetz ist verabschiedet. Einleitung eines neuen Mietensystems? DW 1993, 411 (zit.: Hanke, DW 1993, 411)

Hansmeyer, Karl Heinrich/**Schneider**, Hans Karl: Umweltpolitik - ihre Fortentwicklung unter marktsteuernden Aspekten, Göttingen 1990, (zit.: Hansmeyer/ Schneider)

Henke, Wilhelm: Praktische Fragen des öffentlichen Vertragsrechts - Kooperationsverträge-, DÖV 1985, 41 (zit.: Henke, DÖV 1985, 41)

Henkel, Heinrich: Einführung in die Rechtsphilosophie, Grundlagen des Rechts, München u.a. 1964 (zit.: Henkel)

Henseler, Paul: Das Recht der Abwasserbeseitigung, Köln u.a. 1983 (zit.:Henseler)

Hermand, Jost: Grüne Utopien in Deutschland - Zur Geschichte des ökologischen Bewußtseins, Frankfurt/a.M. 1991 (zit.: Hermand)

Hermann, Hans P./**Recknagel**, Henning/**Schmidt-Salzer**, Joachim: Kommentar zu den allgemeinen Versorgungsbedingungen, Bd. 1 Heidelberg 1981 (zit.: Hermann/Recknagel/Schmidt= Salzer, Bd. 1), Bd. 2 Heidelberg 1984 (zit.: Hermann/Recknagel/Schmidt=Salzer, Bd. 2)

Honert, Siegfried/**Rüttgers**, Jürgen: Landeswassergesetz Nordrhein-Westfalen, Kommentar, 2. Aufl. Köln 1990 (zit.: Honert/Rüttgers)

Hosang, Wilhelm/**Bischof**, Wolfgang: Stadtentwässerung, 6. Aufl. Stuttgart 1976 (zit.: Hosang/Bischof)

Hoschützky, Arnold/**Kreft**, Hansjürgen: Recht der Abfallwirtschaft, Kommentar, Loseblattsammlung Köln, Stand: Februar 1992 (zit.: Hoschützky/Kreft)

Hösel, Gottfried/**von Lersner**, Heinrich Frhr.: Recht der Abfallbeseitigung des Bundes und der Länder, Kommentar zum Abfallbeseitigungsgesetz, Loseblattsammlung in 5 Bänden, Berlin 1972 Stand: August 1994 (zit.: Hösel/v.Lersner)

Hoyningen-Huene, Gerrick von: Die Inhaltskontrolle nach § 9 AGB-Gesetz, Kommentar, 1. Aufl. Heidelberg 1992 (zit.: Hoyningen=Huene)

Huber: Wirtschaftsverwaltungsrecht Bd. 1, 2. Auflage Tübingen 1973 (zit.: Huber)

Husmann, Wilhelm: Praxis der Abwasserreinigung, 3. Aufl. Berlin u.a. 1969 (zit.: Husmann)

Imhoff, Karl/**Imhoff**, Klaus R.: Taschenbuch der Stadtentwässerung, 27. Auflage München 1990 (zit.: Imhoff und Imhoff)

Jacobi, Klaus-Otto: Die Rechtsformen kommunaler Versorgungsunternehmen im Wandel der Zeit, VKU-ND 505 (Anlage), 1 (zit.: Jacobi, VKU-ND (Anlage), 1)

Jauernig, Othmar: Kommentar zum BGB, 7. Aufl. München 1994 (zit.: Jauernig-Bearbeiter)

Keller, Egon (Hg.): Abfallwirtschaft und Recycling, 1. Aufl. Essen 1977 (zit.: Keller-Bearbeiter)

Kittner, Harry/**Starke**, Wolfgang **Wissel**, Dieter: Wasserversorgung, 6. Aufl. Berlin 1988 (zit.: Kittner/Starke/Wissel)

Kilian, Wolfgang: Kontrahierungszwang und Zivilrechtssystem, AcP 180 (1980), 47 (zit.: Kilian, AcP 180 (1980), 47)

Klebe: Möglichkeiten und Folgen der Wahl eines Trägers öffentlicher Verwaltung zwischen den Gestaltungsformen des öffentlichen und privaten Rechts, Dissertation Marburg 1960 (zit.: Klebe)

Knüppel, Hans-Christian: Neue Haftungsbestimmungen für die Energieversorgung, NJW 1980, 212 (zit.: Knüppel, NJW 1980, 212)

Köhler, Wolfgang: Handbuch der Wohnraummiete, 3. Aufl. München 1988 (zit.: Köhler)

Köller, Henning von: Leitfaden Abfallrecht, Ein Ratgeber für Betriebsbeauftragte für Abfall, Entsorger und Verwaltung (Abfallberater), Abfallwirtschaft in Forschung und Praxis Bd. 34, 4. Aufl. Berlin 1995 (zit.: v. Köller)

König, Hans-Günther: Bayrisches Wasserrecht, Köln u.a 1988 (zit.: König)

Koppe, P./**Stozek**, A.: Kommunales Abwasser, 2. Aufl. Essen 1990 (zit.: Koppe/ Stozek)

Köppke, K.-E./**Wokittel**, F.: Privatwirtschaftliche Organisationsformen in der Abfallwirtschaft, AJ 1996, 44, (zit.: Köppke/Wokittel, AJ 1996, 44)

Koschare, Erich: Die Haus- und Grundstücksentwässerung, 3. Aufl. Köln-Braunsfeld 1966 (zit.: Koschare)

Kreuels, Peter: Das Vierte Mietrechtsänderungsgesetz, ZMR 1994, 49 (zit.: Kreuels, ZMR 1994, 49)

Kufe: Ökonomie und ökologische Umwelt, MuA 1989, 553 (zit.: Kufe, MuA 1989, 553)

Kumpf, W./**Maas**, K./**Straub**, H. (hg. V. H. Straub, G. Hösel, W. Schenkel): Müll- und Abfallbeseitigung -Müllhandbuch-, Handbuch über die Sammlung, Beseitigung, und Verwertung von Abfällen aus Haushaltungen, Gemeinden und Wirtschaft, Loseblattsammlung in 5 Bd. Berlin 1964, Stand: Juni 1988 (zit.: Kumpf/Maas/Straub)

Kunig, Philip/**Schwermer**, Gerfried/**Versteyl**, Ludger-Anselm: Abfallgesetz Kommentar, 2. Aufl. München 1992 (zit.: Kunig/Schwermer/Versteyl)

Kunze/Schmidt: Gemeindeordnung für Baden-Württemberg, Kommentar 1956 (zit.: Kunze/Schmidt)

Larenz, Karl: Lehrbuch des Bürgerlichen Rechts, Allgemeiner Teil, 7. Aufl. München 1989 (zit.: Larenz, AT), Lehrbuch des Schuldrechts Bd. I Allgemeiner Teil, 14. Aufl. München 1987 (zit.: Larenz, SchR)

Ludwig, Wolfgang/**Cordt**, Adolf/**Stech**, Jürgen/**Odenthal**, Hans: Kommentar zur Elektrizitäts-, Gas- und Wasserversorgung Bd. 1, Loseblattsammlung Stand: Mai 1992 Neuwied/Kriftel/ Berlin, (zit.: Ludwig/Cordt/Stech/Odenthal)

Ludwig, Wolfgang/**Odenthal**, Hans: Die Allgemeinen Wasserversorgungsbedingungen, Kommentar zur AVBWasserV, 3. Auflage Köln 1986 (zit.: Ludwig/ Odenthal)

Martz, Georg: Siedlungswasserbau, Teil 1: Wasserversorgung, 1. Auflage Düsseldorf 1971 (zit.: Martz)

Maurer, Hartmut: Allgemeines Verwaltungsrecht, 8. Auflage München 1992 (zit.: Maurer)

Medicus, Dieter: Schuldrecht Bd. I Allgemeiner Teil, 6. Auflage München 1992 (zit.: Medicus, SchR I), Schuldrecht Bd. II Besonderer Teil, 5. Auflage München 1991 (zit.: Medicus, SchR II)

Meffert: Marketing und Konsumerismus, ZfB 1975, 69 (zit.: Meffert, ZfB 1975, 69)

Miet- und Wohnungsrecht (hg. Von M.J. Schmid): MieWo - Texte und Erläuterungen in 2 Bänden, Loseblattsammlung Neuwied, Darmstadt 1986 Stand: September 1989 (zit.: MieWo-Bearbeiter)

Morell, Klaus-Dieter: Kommentar zur Verordnung über Allgemeine Bedingungen für die Versorgung mit Wasser (AVBWasserV), Loseblattsammlung Berlin, Stand: November 1994 (zit.: Morell)

Monhemius, Kerstin Ch.: Umweltbewußtes Kaufverhalten von Konsumenten, Ein Beitrag zur Operationalisierung, Erklärung und Typologie des Verhaltens in der

Kaufsituation, Schriften zu Marketing und Management Bd. 18, hg. von H. Meffert, Frankfurt/a.M. 1993 (zit.: Monhemius)

Müller, K. R./**Schmitt-Gleser**, Gerhard: Handbuch der Abfallentsorgung, Kommentar in 5 Bd., Loseblattsammlung Landsberg, Stand: August 1994 (zit.: Müller/Schmitt=Gleser-Bearbeiter)

Münchener Kommentar (hg. von K. Rebmann und F.J. Säcker): Kommentar zum Bürgerlichen Gesetzbuch, Allgemeiner Teil Bd. 1 (§§ 1 -240, AGB-Gesetz), 3. Aufl. München 1993 (zit.: MüKo-Bearbeiter), Schuldrecht Allgemeiner Teil Bd. 2 (§§ 241 -432), 3. Aufl. München 1994 (zit.: MüKo-Bearbeiter), Schuldrecht Besonderer Teil I Bd. 3 (§§ 433-606), 3. Aufl. München 1995 (zit.: Müko-Bearbeiter), Schuldrecht Besonderer Teil -HalbBd. 2 (§§ 652 - 853), 2. Aufl. München 1986 (zit.: Müko-Bearbeiter)

Mutschmann, Johann/**Stimmelmayr**, Fritz: Taschenbuch der Wasserversorgung, 11.Aufl. Stuttgart 1995 (zit.: Mutschmann/Stimmelmayr, 11. Aufl.) und 8. Aufl. Stuttgart 1983 (zit.: Mutschmann/Stimmelmayr, 8. Aufl.)

Neumann, M.: Die administrative Bewältigung der Abfallbeseitigung, Dissertation Göttingen 1973 (zit.: Neumann, Diss. Göttingen 1973)

Nipperdey, Hans Carl (hg. von J.W. Hedemann): Kontrahierungszwang und diktierter Vertrag, Schriften des Instituts für Wirtschaftsrecht an der Universität Jena -Nr. 1, Jena 1920 (zit.: Nipperdey)

Nisipeanu, Peter: Abwasserrecht, Praxis des Verwaltungsrechts Heft 4, München 1991 (zit.: Nisipeanu)

Noack, Werner: Das Abwasserkataster, Erstellung systematischer Grundlagen für Planung und Betrieb von Abwasseranlagen und deren Auswertung, Berlin 1985 (zit.: Noack)

Obernolte, Wolfgang/**Danner**, Wolfgang: Kommentar zum Energiewirtschaftsrecht Bd. I, Loseblattsammlung München, Stand: Mai 1994 (zit.: Obernolte/ Danner)

Ökologische Verantwortung: Ein Ziel für die Umwelt- und Verbraucherbildung Erwachsener, Beiträge von Klaus Berger u.a., Theorie und Praxis der Erwachsenenbildung, Bad Heilbrunn 1991 (zit.: Berger in: Ökologische Verantwortung)

Otto, Franz: Neue Regelungen für Vermieter und Mieter, ZMR 1994, 52 (zit.: Otto, ZMR 1994, 52)

Pautz, Dieter/**Pietrzeniuk**, Hans-Joachim: Abfall und Energie, Einsparung und Nutzung von Energie durch Verbrennung, Pyrolyse, Biogas, Recycling und Abfallvermeidung; Abfallwirtschaft in Forschung und Praxis Bd. 13, Berlin 1984 (zit.: Pautz/Pietrzeniuk)

Palandt, Otto: Kommentar zum Bürgerlichen Gesetzbuch, 56. Aufl. München 1997 (zit.: Palandt-Bearbeiter)

Pegande, Hans-Günther/**Frantzioch**, Hans: Gesetz zur Regelung der Miethöhe - Miethöhengesetz (MHG)- Kommentar, Essen 1994 (zit.: Pegande/Frantzioch)

Peters: Lehrbuch der Verwaltung, Berlin 1949 (zit.: Peters)

Pöpel, Franz: Abwassertechnik und Gewässerschutz, Loseblattsammlung in 2 Teilen, Heidelberg 1975, Stand: Juni 1996 (zit.: Pöpel)

Praxis der Gemeindeverwaltung: Landesausgabe Niedersachsen, Ratgeber für die tägliche Arbeit aller Kommunalpolitiker und der haupt- und ehrenamtlichen Beamten in Gemeinden, Städten, Ämtern und Landkreisen, Loseblattsammlung in 21 Bänden Wiesbaden, Stand: Dezember 1994 (zit.: Praxis der Gemeindeverwaltung)

Püttner: Die öffentlichen Unternehmen, Verfassungsfragen zur wirtschaftlichen Betätigung der öffentlichen Hand, Dissertation Köln 1969 (zit.: Püttner)

Queitsch, Peter Otto Paul: Kreislaufwirtschafts- und Abfallrecht, Erläuterte Ausgabe Köln 1995 (zit.:Queitsch)

Raffee/Wiedmann: Der Wertewandel als Herausforderung für Marketingforschung und Marketingpraxis, Marketing ZFP 1988, 198 (zit.: Raffee/Wiedmann, Marketing ZFP 1988, 198)

Reuss (hg. von Külz und Naumann): Öffentliche Wirtschaftsverwaltung mit privatrechtlichen Gestaltungsmitteln, in: Staatsbürger und Staatsgewalt, Bd. II 1963 (zit.: Reuss in: Staatsbürger und Staatsgewalt)

Roth, Horst (Hg.): Wasserhaushaltsgesetz, Wasserrecht und Wasserwirtschaft Bd. 20, 2. Aufl. Berlin 1988 (zit.: Roth)

Sack, Rolf: Das Anstandsgefühl aller billig und gerecht Denkenden und die Moral als Bestimmungsfaktoren der guten Sitten, NJW 1985, 761 (zit.: Sack, NJW 1985, 761)

Sattler, Klaus/**Emberger**, Jürgen: Behandlung fester Abfälle - Vermeiden, Verwerten, Sammeln, Beseitigen, Sanieren; Verfahrensweise - Technische Realisierung - Rechtliche Grundlagen, 3. Auflage Würzburg 1992 (zit.: Sattler/ Emberger)

Sautter, Bruno (hg. von Walter Töpner): Einführung in das Abwasser- und Abwasserabgabenrecht, Erläuterungen mit Abdruck der wichtigsten Rechtsvorschriften, Schriftenreihe "Gefährliche Stoffe" Bd. 18, Wiesbaden 1991 (zit.: Sautter)

Schiefer, Bernd: Unternehmen und Beteiligungen der nordrhein-westfälischen Kreise (1980-1989), NWVBL 1991, 5 (zit.: Schiefer, VWVBL 1991, 5)

Schilling, Walter: Neues Mietrecht 1993 -Texte, Materialien, Erläuterungen, 1. Aufl. Köln 1993 (zit.: Schilling)

Schilling, Walter/**Meyer**, Thomas: Neues Mietrecht 1993 - Eine Zwischenbilanz, ZMR 1994, 497 (zit.: Schilling/Meyer, ZMR 1994, 497)

Schilling, Wolfgang: Operationelle Siedlungsentwässerung, Konzeptionen zur Abflußsteuerung und Speicherbewirtschaftung in Entwässerungssystemen, München und Wien 1990 (zit.: Schilling, Entwässerung)

Schläger, Edwin: Wohnraummietrecht und Umweltschutz, ZMR 1994, 189 (zit.: Schläger, ZMR 1994, 189)

Schmeken, Werner: Die Abfallwirtschaft und ihre Organisationsformen, Der Städtetag 1989, 239 (zit.: Schmeken, Der Städtetag 1989, 239)

ders.: Organisationsformen der Abfall- und Abwasserbeseitigung in den neuen Bundesländern, StuG 1991, 28 (zit.: Schmeken, StuG 1991, 28)

Schneider, Martina: Abfallbeseitigung durch kommunale und private Unternehmen, Beitrag im "Handbuch zur Planung von Abfallbehandlungsanlagen" von

Karl J. Thome-Kozmiensky, Berlin 1989 (zit.: Schneider in: Hdb. zur Planung von Abfallbehandlungsanlagen)

Schulte-Beckhausen, Sabine: Daseinsvorsorge im Europäischen Binnenmarkt, Der Städtetag 1996, 761 (zit.: Schulte-Beckhausen, Der Städtetag 1996, 761)

Schweer, Joseph: Diskriminierungsverbot und Kontrahierungszwang, Dissertation Münster 1962 (zit.: Schweer)

Schwering: Dürfen Gemeinden wirtschaften? Gemeinden sollen wirtschaften! Der Städtetag 1954, 141 (zit.: Schwering, Der Städtetag 1954, 141)

Seifert, Andreas: Aktuelle Fragen aus dem Bereich der Gas- und Wasserversorgung, Gas- und Wasserfach/Recht und Steuern 1993, 41 (zit.: Seifert, GWF/R+S 1993, 41)

ders.: Rechtliche Aspekte des Einbaus von Wohnungswasserzählern, Gas- und Wasserfach/Recht und Steuern 1995, 3 (zit.: Seifert, GWF/R+S 1995, 3)

Smith, Norman: Mensch und Wasser, Bewässerung · Wasserversorgung - Von den Pharaonen bis Assuan, München 1978 (zit.: Smith)

Soergel, Hans Theodor: Kommentar zum Bürgerlichen Gesetzbuch, Bd. 1 Allgemeiner Teil (§§ 1-240), 12. Aufl. Stuttgart u.a. 1987 (zit.: Soergel-Bearbeiter), Bd. 3 Schuldrecht II (§§ 433-515, AGB-Gesetz), 12. Aufl. Stuttgart u.a. 1991 (zit.: Soergel-Bearbeiter)

Staudinger, Julius von: Kommentar zum Bürgerlichen Gesetzbuch, Allgemeiner Teil Bd. I (§§ 134-163) 13. Aufl. Berlin 1996, Recht der Schuldverhältnisse Bd. II (§§ 243-254, AGBG), 12. Aufl. Berlin 1983, Recht der Schuldverhältnisse 2. Buch, Mietrecht I (§§ 535-563), 13. Aufl. Berlin 1995, Recht der Schuldverhältnisse Bd. II (§§ 823-832), 12. Aufl. Berlin 1986 (zit.: Staudinger-Bearbeiter)

Stein, Dietrich/**Niederehe**, Wilhelm: Instandhaltung von Kanalisationen, 2. Aufl. Berlin 1992 (zit.: Stein/Niederehe)

Sternel, Friedemann: Mietrecht aktuell, 3. Aufl. Köln 1996 (zit.: Sternel)

Stier, E/**Baumgart**, H.-C./**Fischer**, M.: Handbuch für Ver- und Entsorger, Bd. 3: Fachrichtung Abwasser, München 1989 (zit.: Stier/Baumgart/Fischer)

Stiens: Inhalt und Auswirkungen der AVBWasserV, GWF/Wasser 1980, 578 (zit.: Stiens, GWF/Wasser 1980, 578)

Strobach, Karl Heinz: Müllbeseitigung aus Wohnungen und Wohnhausanlagen-Bau und Betrieb geeigneter Anlagen-, Heidelberg 1972 (zit.: Strobach)

Struß, Stephan (hg. v. Rolf Stöber): Abfallwirtschaftsrecht, Studien zum öffentlichen Wirtschaftsrecht Bd. 20, Köln u.a. 1991 (zit.: Struß)

Tabasaran, Oktay (Hg.): Abfallbeseitigung und Abfallwirtschaft, Düsseldorf 1982 (zit.: Tabasaran-Bearbeiter)

Taschenbuch der Wasserwirtschaft: Gemeinschaftswerk vieler Autoren, 5. Aufl. Hamburg 1971, (zit.: Autor in: Taschenbuch der Wasserwirtschaft)

Tegethoff, Wilm/**Büdenbender**, Ulrich/**Klinger**, Heinz: Das Recht der öffentlichen Energieversorgung - Kommentar Bd. I, Loseblattsammlung Düsseldorf, Stand: Oktober 1987 (zit.: Tegethoff/Büdenbender/Klinger)

Teubner: Standards und Direktiven in Generalklauseln, Möglichkeiten und Grenzen der impierischen Sozialforschung bei der Präzisierung der Gute-Sitten-Klauseln im Privatrecht, Frankfurt/a.M. 1971 (zit.: Teubner)

Thiele, Robert: Niedersächsische Gemeindeordnung, Kommentar München 1982 (zit.: Thiele)

Thome-Kozmiensky, Karl J. (Hg.): Sammlung, Umschlag, Transport von Abfällen mit Beiträgen verschiedener Autoren, München 1989 (zit.: Thome=Kozmiensky)

Wasserversorgungsbericht des Bundesministers des Innern (hg. vom Bundesminister des Innern): Bericht über die Wasserversorgung in der Bundesrepublik Deutschland, Berlin: Mai 1982 (zit.: Wasserversorgungsbericht des Ministers des Innern); Teil B Bd. 3: Wasserbedarfsprognose (bearb. v. Dietmar Winje/Josef Iglhaut) Berlin 1983 (zit.: Wasserversorgungsbericht des Ministers des Innern, Teil B Bd. 3); Teil B Bd. 4: Wassersparmaßnahmen (bearb. v. Karl August Möhle), Berlin 1983 (zit.: Wasserversorgungsbericht des Ministers des Innern, Teil B Bd. 4)

Weiland, Paul: Der Einfluß des Verbraucherschutzrechts auf die Neugestaltung der Allgemeinen Versorgungsbedingungen, Elektrizität und Gas für Tarifkunden, ET 1980, 175 (zit.: Weiland, ET 1980, 175)

Wellmann, Susanne: Abwasserentsorgung, Rechtsgrundlagen und organisatorische Gestaltungsoptionen, München und Wien 1996 (zit.: Wellmann)

Wetzel, Arno: Technische Hydrobiologie - Trink-, Brauch-, Abwasser, Leipzig 1969 (zit.: Wetzel)

Wicke, Lutz/**Haasis**, Hans Dietrich/**Schafhausen**, Franzjosef/**Schulz**, Werner: Betriebliche Umweltökonomie, Eine praxisorientierte Einführung, München 1992 (zit.: Wicke/Haasis/Schafhausen/Schulz)

Wittkämper, Gerhard W.: Umweltschutz - Einführung in Umweltpolitik und Umweltverwaltung unter Berücksichtigung des Umweltrechts, Regensburg/Berlin/ Bonn 1992 (zit.: Wittkämper)

Wolff: Verwaltungsrecht I, 8. Aufl. Baden-Baden 1971(zit.: Wolff)

Wolf, Manfred/**Horn**, Norbert/**Lindacher**, Walter F.: AGB-Gesetz Kommentar, Gesetz zur Regelung des Rechts der Allgemeinen Geschäftsbedingungen, 3. Aufl. München 1994 (zit.: Wolf/Horn/Lindacher)

GPSR Compliance

The European Union's (EU) General Product Safety Regulation (GPSR) is a set of rules that requires consumer products to be safe and our obligations to ensure this.

If you have any concerns about our products, you can contact us on ProductSafety@springernature.com

In case Publisher is established outside the EU, the EU authorized representative is:

Springer Nature Customer Service Center GmbH
Europaplatz 3
69115 Heidelberg, Germany

Batch number: 10844669

Printed by Printforce, the Netherlands